Anuário
Direito e Globalização

1

A Soberania

PIDIG
Programa Interdisciplinar Direito e Globalização
UERJ

Anuário
Direito e Globalização

1

A Soberania

Dossiê
Coordenado por
Celso de Albuquerque Mello

RENOVAR
1999

Todos os direitos reservados à
LIVRARIA E EDITORA RENOVAR LTDA.
MATRIZ: Rua da Assembléia, 10/2.421 — Centro — RJ
CEP: 20011-000 — Tels.: (21) 531-2205 / 531-1618 / 531-3219 — Fax.: (21) 531-2135
LIVRARIA: Rua da Assembléia, 10 - loja E — Centro — RJ
CEP: 20011-000 — Tels.: (21) 531-1316 / 531-1338 — Fax.: (21) 531-2135
FILIAL RJ: Rua Antunes Maciel, 177 — São Cristóvão — RJ
CEP: 20940-010 — Tels.: (21) 589-1863 / 580-8596 / 860-6199 — Fax: (21) 589-1962
FILIAL SÃO PAULO: Rua Santo Amaro, 257-A — Bela Vista — SP
CEP: 01315-001 — Tels.: (11) 3104-9951 / 3104-5849

http://www.editoras.com/renovar   *e-mail* renovar@ibm.net

Conselho Editorial

Arnaldo Lopes Sussekind — Presidente
Carlos Alberto Menezes Direito
Caio Tácito
Luiz Emygdio F. da Rosa Jr.
Celso de Albuquerque Mello
Ricardo Pereira Lira
Ricardo Lobo Torres
Vicente de Paulo Barretto

Capa
Ana Sofia Mariz

N° 0851

CIP-Brasil. Catalogação-na-fonte
Sindicato Nacional dos Editores de Livros, RJ.

A636   Anuário : direito e globalização, 1 : a soberania / dossiê coordenado por Celso de Albuquerque Mello. — Rio de Janeiro: Renovar, 1999.
356p. ; 23cm.

ISBN 85-7147-143-6

1. Soberania. 2. Relações econômicas internacionais. 3. Direito internacional público e direito interno. 4. Mercosul. 1. Mello, Celso de Albuquerque.

CDD-341.04

Proibida a reprodução (Lei 5.988/73)
Impresso no Brasil
Printed in Brazil

ANUÁRIO DIREITO E GLOBALIZAÇÃO

Revista do PIDIG
Programa Interdisciplinar Direito e Globalização
Faculdade de Direito
Pós-Graduação em Direito

Este número foi elaborado por:

Prof. Dr. André-Jean ARNAUD
Directeur de Recherche au CNRS
Centre de Théorie du Droit
Université de Paris (Nanterre)

Directeur du
Réseau Européen Droit et Société /
European Network on Law and Society (RED&S)
Maison des Sciences de l'Homme, Paris
www.msh-paris.fr/red&s/

Diretor do
Programa Interdisciplinar Direito e Globalização
UERJ, Rio de Janeiro
www.fdir.uerj.br/pidig/
ajamsh@aol.com et aja@uerj.br

ANUÁRIO DIREITO E GLOBALIZAÇÃO

Revista do PIDIG
Programa Interdisciplinar Direito e Globalização
Faculdade de Direito
Pós-Graduação em Direito

COMITÊ CIENTÍFICO
Prof. Antonio Celso Alves Pereira, Reitor da UERJ
Prof. Gustavo Tepedino, Diretor da Faculdade de Direito da UERJ
Prof. Ricardo Lira, Professor Titular da Faculdade de Direito da UERJ
Prof. Luiz Henrique Nunes Bahia, Diretor da NUSEG

COMITÊ EDITORIAL
Prof. Celso de Albuquerque Mello, Coordenador do Programa de Pós-Graduação em Direito da UERJ, Diretor da Publicação
Prof. André-Jean Arnaud, Co-diretor do PIDIG, Editor-Chefe do *Anuário*
Prof. Vicente Barretto, Co-diretor do PIDIG
Profª Heloisa Helena Barbosa, Vice-Diretora Adjunta da Faculdade de Direito da UERJ

COMITÊ CONSULTIVO
Profª Alba Zaluar, IMS/UERJ
Prof. Boaventura de Souza Santos, Universidade de Coimbra
Prof. Celso Fernandes Campilongo, USP
Prof. Cesar Caldeira, UNIRIO
Prof. Edmundo Lima de Arruda Jr., UFPr
Profª Fanny Tabak, PUC/RJ
Prof. Frederico A. de Carvalho, UERJ
Prof. Geraldo Tadeu Moreira Monteiro, UERJ
Prof. Jacques Commaille, CNRS, Paris
Prof. José Gabriel Assis de Almeida, UNIRIO
Prof. Luiz Edson Fachin, UFPr
Profª Márcia Ruchiga Assis de Almeida, Universidade Cândido Mendes
Profª Miriam Saraiva, UERJ
Profª Nadia de Araujo, PUC/RJ
Prof. Paulo Roberto de Almeida, IBRI
Prof. Ricardo Lobo Torres, UERJ
Prof. Sergio Adorno, USP
Prof. Vincenzo Ferrari, Universidade de Milan
Profª Wanda Capeller, Universidade das Ciências Sociais, Toulouse

---

As opiniões emitidas pelos autores são de sua própria responsabilidade, e não comprometem o Comitê Editorial do *Anuário Direito e Globalização* ou o Editor.

Tabela de Matérias

PRIMEIRA PARTE
DOSSIÊ « SOBERANIA »
Coordenador: Professor Celso de Albuquerque Mello

Celso de Abuquerque Mello, *A Soberania Através da História* 7
André-Jean Arnaud, *Da regulação pelo direito na era da globalização* 23
Daniel Sarmento, *Constituição e Globalização: A Crise dos
   Paradigmas do Direito Constitucional.* 53
Paulo Casella, *A Globalização e Integração Econômica* 71
Ana Cristina Paulo Pereira, *Organização Mundial do Comércio:
   uma ameaça à soberania estatal?* 99
Wanda Capeller, *A Transnacionalização do Campo Penal:
   Reflexões sobre as Mutações do Crime e do Controle* 113
Tarso Genro, *Democracia, Direito e Soberania Estatal* 135

SEGUNDA PARTE
VARIAÇÕES SOBRE DIREITO E GLOBALIZAÇÃO

Vicente de Paulo Barretto, *Direitos fundamentais e Mercosul.* 147
Carlos Padrós Reig, *On Globalization and Competition among
   Legal Orders in the Field of Banking Regulation.* 159
Luiz Edson Fachin, *A Desinstitucionalização do Modelo Familiar:
   Possibilidades e Paradoxos sob o Neoliberalismo* 207
Vincenzo Ferrari, *Sistemi giudiziari in perenne crisi. Riflessioni sul
   caso italiano.* 221
Paulo Roberto de Almeida, *Dilemas da Soberania no Mercosul:
   Supranacional ou Intergovernamental?* 239
Gustavo Tepedino, *Tecniche legislative ed interpretative
   nell'armonizzazione del diritto privato comunitario:
   l'esperienza del Mercosul* 263
Márcio Monteiro Reis, *O Estado contemporâneo e a Noção de Soberania.* 277

TERCEIRA PARTE
RESENHAS E NOTÍCIAS

EM TORNO DE ALGUNS LIVROS...

Pedro Rodrigues, Política externa e integração como objeto de estudo
  acadêmico e de reflexões diplomáticas : 299
   Paulo Roberto de Almeida: Relações internacionais e política externa
   do Brasil: dos descobrimentos à globalização
   Paulo Fagundes Vizentini: A política externa do regime militar
   brasileiro:
   multilateralização, desenvolvimento e construção de uma potência
   média (1964-1985)
   Paulo Roberto de Almeida: Mercosul: fundamentos e
   perspectivas
Luiz Edson Fachin, Reflexões e desafios na virada do século:
   Gustavo Tepedino: Temas de Direito Civil............................. 303
Miguel Angel Ciuro Caldani :
   Noam Chomsky, Heinz Dieterich Steffan: *La Aldea Global* 305
Daniel Nogueira Leitão :
   Ricardo Seitenfus, Deisy Ventura: Introdução ao Direito Internacional
   Público 306
José Gabriel Assis de Almeida:
   João Paulo dos Reis Velloso, Luciano Martins (coord.): A Nova
   Ordem Mundial em Questão 308

VARIA

EM TORNO DE ALGUMAS PESQUISAS...

Nadia de Araujo, *O Mercosul e o Ensino Jurídico: Propostas para
  inserção no atual currículo de ensino*............................... 317
Miriam Gomes Saraiva, *A política externa brasileira e os processos de
  integração regional*... 324
José Gabriel Assis de Almeida, *Compatibilidade entre o Mercosul e
  a Ordem Jurídica Brasileira*... 333
Márcio Monteiro Reis, *Aplicação das normas oriundas do Mercosul
  no Brasil*... 335

PIDIG – Apresentação 345
   English Summary 348

Dossiê
« A Soberania »

---

coordenado por
Celso de Albuquerque Mello

A Soberania através da História

Celso A. Mello[1]

1. Introdução; 2. Noção; 3. Grécia e Roma; 4. Idade Média; 5. I. Moderna; 6. I. Contemporânea; 7. A soberania e as organizações internacionais; 8. A era da globalização; 9. Conclusão.

1. A nossa intenção é estudar a noção de soberania através das diferentes épocas históricas para verificarmos se ela ainda realmente existe nos dias de hoje, isto é, na era da globalização.

Parece-nos que as duas últimas décadas do século XX estão conduzindo à reformulação ou mesmo ao desaparecimento de um conceito fundamental do D. Público e também do Estado desde o seu aparecimento. Estado e Soberania foram noções que caminharam irmanadas desde o século XVI até o final do século XX, uma não existia sem a outra. A pergunta que poderemos deixar no ar sem resposta, vez que não somos futurólogos, é a seguinte: haverá ainda um Estado no futuro sem soberania?

2. A noção de soberania foi sempre vista como uma «qualidade» do poder. Assim, Estado soberano era aquele que não dependia de outro Estado. Em uma outra linguagem, poder-se-ia dizer uma mesma coisa, é o Estado independente politicamente. Não havia no DIP uma preocupação de independência no campo econômico, vez que a «economia-mundo» (I. Wallerstein) já tinha tido início com a era dos descobrimentos iniciada pelos europeus. A economia de um Estado estava sempre entrelaçada com a do outro, o que criava uma dificuldade para se falar em independência econômica. Todavia, não se pode negar que havia sempre um grupo de Estados mais soberanos economicamente do que outros, eram os que tinham as economias dominantes, ou seja, aquele pequeno grupo de Estados europeus (depois entraram os EUA, e mais recentemente o Japão) que realmente domina a economia internacional.

Contudo, o direito se preocupa acima de tudo com a noção formal de soberania. A qualificação de um Estado como soberano é um ato político que tem a noção jurídica como um simples instrumento.

---

[1] Professor da UERJ, Rio de Janeiro.

No século XX a soberania passa a ser vista como um feixe de competências que o Estado possui e que lhe é outorgado pela ordem jurídica internacional. Estado soberano, como tem sido afirmado, é aquele que se encontra direta e imediatamente subordinado à ordem jurídica internacional.

Quem decide quais são os Estados que se encontram nesta situação é aquele grupo de Estados «que contam» realmente nas relações internacionais. É a velha «estória» de que uns são mais iguais do que outros.

A meu ver, não há uma definição integralmente sólida do que seja a soberania. Este é um conceito jurídico indeterminado. Este tipo de conceito, segundo Barbosa Moreira[2], «parece ter surgido na literatura do Direito Administrativo» e que eles são «simples indicações de ordem genérica, dizendo o bastante para tornar claro o que lhe parece essencial, e deixando ao aplicador da norma, no momento da «subsunção», quer dizer, quando lhe caiba determinar se o fato singular e concreto com que se defronta corresponde ou não ao modelo abstrato, o cuidado de «preencher os claros», de cobrir os «espaços em branco». A doutrina tem uma opinião bastante uniforme sobre esta noção. J. E. Faria[3] escreve: «Os "conceitos jurídicos indeterminados" são expressões vagas utilizadas pragmaticamente pelo legislador com a finalidade de propiciar o ajuste de certas normas a uma realidade cambiante ou ainda pouco conhecida; graças a esses conceitos, o intérprete pode adequar a legislação às condições socioeconômicas, políticas e culturais que envolvem o caso concreto e condicionam a "aplicação da lei"». O administrativista espanhol García de Enterría[4] se refere aos conceitos juridicamente indeterminados de um modo mais sofisticado, mas semelhante aos autores já citados. Para este autor, eles «são conceitos de valor ou de experiência», bem como são «comuns a todas as esferas do Direito». A aplicação de um conceito desta natureza «é um processo regulado, que se esgota no processo intelectivo de compreensão de uma realidade» e neste processo «não interfere em uma decisão de vontade do aplicador, como é próprio de quem exerce uma potestade discricional». Daí o juiz poder «fiscalizar» a sua aplicação, vez que é um caso de «aplicação e interpretação da lei».

Rigaux[5] mostra a dificuldade de se interpretar as noções de «ordem pública» e de «bons costumes», bem como a necessidade para se aplicar estas noções «indeterminadas» de uma «ordem jurídica suficientemente estruturada e

---

[2] José Carlos Barbosa Moreira - Regras de Experiência e Conceitos Juridicamente Indeterminados, «in» Temas de Direito Processual - Segunda Série - 1980, pg. 64, Editora Saraiva, S. Paulo.

[3] José Eduardo Faria - A Eficácia do Direito na Consolidação Democrática, «in» Lua Nova, n. 30, 1993, pg. 62, CEDEC, S. Paulo.

[4] Eduardo García de Enterría e Tomás-Ramón Fernandez - Curso de Direito Administrativo, 1991, pgs. 393 e 394, Editora Revista dos Tribunais, S. Paulo, trad. de Arnaldo Setti.

[5] François Rigaux - Introduction a La Science du Droit, 1974, pgs. 163 e 164, Editions Vie Ouvrière, Bruxelas.

estável» para «exprimir a consciência jurídica coletiva em presença de situações particulares», ou ainda, mostra «a força do precedente», mas que esta não é absoluta. Tais considerações são aplicáveis à palavra soberania, e tem ainda como agravante que a ordem jurídica internacional não é «estruturada» e muito menos, estável.

Engisch[6], que trata também do tema, escreve que «os conceitos absolutamente determinados são muito raros no Direito». Os «indeterminados» não são descritivos, mas normativos (ele não nega que os descritivos sejam também normativos), mas neste caso ele quer dar um significado especial: «no fato de que é sempre preciso uma «valoração» para aplicar, no caso concreto, um conceito normativo». E observa que o «poder discricionário» significa uma «valoração pessoal».

A extensão que damos ao estudo dos conceitos jurídicos indeterminados prende-se a duas razões: o pequeno estudo no Brasil sobre eles e ao fato de que nunca encontramos um autor (talvez, devido ao nosso pouco conhecimento) que caracterizasse a soberania como tal. É com base nesta noção que vamos estudar a soberania e mostrar as suas variações através da História, bem como devemos entendê-la na idade da globalização.

3. Na Grécia a soberania já é encontrada, tendo em vista que as cidades-Estado tinham como fim a autarquia, isto é, a auto-suficiencia. A palavra soberania ainda não existia, daí alguns autores utilizarem para as cidades-Estados a expressão independência. A prova da existência desta são os institutos que regiam as relações internacionais, como o envio de representantes diplomáticos, conclusão de tratados em pé de igualdade, a realização de confederações, bem como a arbitragem para a solução dos litígios internacionais. Tudo isto era facilitado pela existência de cidades-Estados que tinham mais ou menos uma igualdade de poder, como Atenas e Esparta, o que fazia com que a igualdade do fato conduzisse a uma igualdade jurídica. Um outro fator que teve um papel preponderante no desenvolvimento do DIP na Grécia Antiga foi a existência de um meio cultural homogêneo com valores semelhantes.

Em Roma o DIP vai quase que desaparecer, vez que vai surgir um único Estado supranacional. Ora, para existir o DIP é preciso que haja uma pluralidade de Estados. Assim, o DIP em Roma deixa de ser internacional para se transformar em supranacional. O «jus gentium», aplicado pelo pretor peregrino, é um direito elaborado por Roma. É ele o direito que temos como o mais próximo do DIP. Se estas observações são válidas para a maioria das relações existentes entre Roma e os povos estrangeiros, não quer dizer que as

---

[6] Karl Engisch - Introdução ao Pensamento Jurídico, 3ª edição, 1972, pgs. 170 e segs., especialmente, pgs. 173 e 183, Fundação Calouste Guilbenkian, Lisboa, trad. e prefácio de J. Baptista Machado.

relações internacionais, isto é, relações entre coletividades políticas que se tratam com igualdade tenham desaparecido por completo. A prova desta afirmação é que Roma conhecia um tipo de tratado denominado de «foedus», que era um acordo de aliança entre iguais. Contudo, o predomínio de Roma, que era quase absoluto, fez com que não se desenvolvesse a noção de soberania e nem a de autarquia como existia na Grécia.

4. É na Idade Média que a palavra soberania vai surgir, bem como começa a se esboçar a noção jurídica.

M. David estuda a origem da soberania na sagração do rei em que este faz o seu juramento e limita assim o seu poder em relação aos súditos. A limitação do poder seria uma das características da soberania. Salienta este autor que o juramento teve uma posição privilegiada nas monarquias bárbaras a partir do século VI. Devido à «insegurança... o poder central não pode se impor territorialmente» e o juramento é o meio de ligar os súditos ao monarca. Este elo não é mais territorial, mas pessoal[7]. O juramento servia para demonstrar a autoridade da Igreja por cima da dos reis («auctoritas sacrata pontificam») virtude do que dizia o papa Gelásio ter ela «uma densidade maior»[8]. E, ao mesmo tempo, o monarca fica submetido a certos deveres, vez que o juramento limita os seus poderes.

O mesmo pesquisador francês[9] apresenta no início de seu volume duas observações: a) desde os últimos trinta anos do século XIII que existem as palavras soberano e soberania, que são de uso corrente no século XIV; b) que nos períodos históricos anteriores ao século XIII já existiam as noções abrangidas pela palavra soberania, mesmo com a inexistência desta palavra. As palavras utilizadas eram «autoritas», para designar a «autoridade suprema e a recusa de toda ingerência de um superior do nível de uma potência reconhecida legítima», e a palavra «potestas», que é o «poder público»[10].

A palavra soberania tem origem no latim «superanus», que é «o grau supremo da hierarquia política», que «exprime a idéia de primazia, mas que pode também invocar um grau de superioridade». Assim, ele pode ter um «alcance absoluto», como também «relativo»[11]. Pode-se lembrar que o sufixo «anus» dá a impressão de que a palavra soberania teve uma origem popular.

---

[7] Marcel David - Le Serment du Sacre du IX au XX siècle. Contribution a l'Etude des limites juridiques de la souveraireté, «in» Revue du Moyen Age Latin, Janvier-Mars, 1950, T. VI, n. 1, pgs. 5 e 6, Estrasburgo.

[8] *Idem*, pg. 7.

[9] Marcel David - La Souveraineté et les Limites Juridiques du Pouvoir Monarchique du IX au XV Siècle, vol. II, 1954, pg. 14, Librairie Dalloz, Paris.

[10] *Idem*, pg. 17.

[11] *Ibidem*.

Alguns outros dados podem ser fornecidos. Felipe de Beaumanoír (1283) já escrevia «cada barão é soberano no seu baronato».

É no final do século XIII que surge esta palavra do médio latim (para outros, vem de «superioritas», do baixo latim), que é quando tiveram início as lutas entre os senhores feudais e a realeza e o imperador, e este com o Papado. É da Idade Média que data a fórmula «rex superiorem non recognoscen com in regno suo est imperator», que significava: a) não reconhecerem os denominados «reis livres» qualquer superior; b) cada um deles (reis livres) possuía uma jurisdição plena (que tinha sido do imperador) no seu reino. Duas correntes existem a respeito desta fórmula: a) uma, de que até o século XIII «o rei dentro do seu reino» era superior a qualquer outro» e exercia «direitos públicos limitados ou delegados» e não significaria uma completa independência do imperador; b) outra, de que significaria completa independência do imperador. A interpretação varia de um povo para outro, mas a idéia parece ter sido a de independência do Império. Pode-se recordar ainda a fórmula de Huguccio de Pisa (1190); rex in regno suo dicitur imperator».

Em 1303, o jurista Guillaume de Nogaret já havia proclamado que «o rei de França é imperador no seu reino».

Não se pode esquecer que a noção de soberania vai destruir as relações feudais, daí autores modernos afirmarem que ela vai privilegiar a burguesia.

5. É na Idade Média que a noção de soberania vai se afirmar devido ao aparecimento do capitalismo, que vai criar o Estado moderno. Capitalismo e Estado são duas noções concomitantes. O capitalismo não existe sem o Estado, vez que este é o sustentáculo daquele.

A soberania sempre teve um aspecto econômico, daí Hawtrey[12] afirmar que a moderna teoria da soberania surgiu da «separação de soberania e propriedade», isto é, com o fim do feudalismo.

É com Jean Bodin que a teoria da soberania vai ter o seu maior formulador, quando o jurista francês publica a sua obra «Os Seis Livros da República», em 1576. A sua famosa definição de soberania é curta e simples, mas de grande profundidade: «é o poder («puissance») absoluto e perpétuo de uma República... ». Para mostrar o aspecto absoluto, ele faz a distinção entre a lei e o contrato, afirmando que este obriga a ambas as partes, enquanto a lei vem de quem tem a soberania, obrigando a todos os seus súditos e pode não obrigar a si mesmo. A soberania só é limitada pelo direito natural e pelo direito das gentes[13].

---

[12] R. G. Hawtrey – Economic Aspects of Sovereignty, 1952, pg. 6, Longman, Green and Co., Londres.

[13] Jean Bodin – Les six livres de la République, edição e apresentação de Gérard Mairet, 1993, pgs. 111 e segs.., Le Livre de Poche, Paris.

Pode-se observar que o livro de Bodin é publicado poucos anos após a Noite de São Bartolomeu, que ocorreu em 1572 e ensangüentou a França na repressão aos huguenotes. A luta entre católicos e huguenotes dividia e, portanto, enfraquecia a França no contexto internacional. Dentro de uma linha semelhante de raciocínio, Goyard Fabre chama a atenção para o fato de Bodin criticar as «estruturas do feudalismo», e observa esta autora que a obra de Bodin é a «conclusão doutrinária de uma história da monarquia francesa que, após dois séculos ao menos, já era anti-senhorial e antifeudal», vez que o poder se esfacelava neste sistema[14]. Pode-se acrescentar ainda que os próprios huguenotes desenvolviam uma doutrina defendendo o direito de resistência. Bodin, até 1570, tinha se sentido dentro do quadro «constitucionalista» medieval e na sua obra «Método» (1566) defende uma soberania limitada. É no seu livro de 1576 que ele abandona esta posição e vai se tornar no grande teórico do absolutismo[15]. A sua teoria vai ser recebida na Espanha e na Inglaterra[16].

Não se pode esquecer que o absolutismo vai consolidar o Estado moderno e transforma a sociedade internacional em uma sociedade interestatal. O Estado é unicamente o Estado-soberano. A noção de soberania é indispensável para a formação da sociedade internacional, mas também esta sociedade reforça a noção de soberania. É uma relação simbiótica entre o mundo jurídico interno e o mundo jurídico internacional do Estado.

O absolutismo vai formar uma burocracia e exércitos, que reforçarão o poder central, e este é que tem o monopólio do poder para as relações internacionais. A quem o absolutismo vai beneficiar: o próprio rei, a burguesia ou a nobreza é assunto que os próprios autores da esquerda não chegam a um acordo.

6. Pode-se afirmar que no século XVIII tem início a política de equilíbrio do poder a partir do tratado de Utrecht (1713), apesar dele já ter existido nas cidades do norte da Itália no século XV. Em termos continentais, foi Lorde Bolingbroke, no próprio século XVIII, quem o pensou pela primeira vez em termos continentais. O equilíbrio europeu, como tem sido assinalado pelos historiadores das relações internacionais, visava a defender as grandes monarquias. Este sistema, como diz a sua denominação, visa a evitar que um Estado sozinho passa impor a sua vontade aos demais. Ele assegura que não haja uma superpotência dominante nos assuntos europeus. Daí já ter sido observado que ele é uma «espécie de compromisso entre a soberania... e o

---

[14] Simone Goyard – Fabre – Jean Bodin et le Droit de la République, 1989, pgs. 111, PUF, Paris.

[15] V. Julian H. Franklin – Jean Bodin et la Naissance de la Théorie Absolutiste, 1993, PUF. Paris, trad. de Jean Fabien Spitz.

[16] The Cambridge History of Political Thought 1450-1700, coordenado por J. H. Burns com a assistência de Mark Goldie, 1991, pg. 309, Cambridge University Press, Cambridge.

princípio do interesse coletivo». Ele não visa à paz, mas a evita a dominação da Europa por uma única potência, o que conduziria a uma diminuição ou desaparecimento da soberania dos demais Estados. A sua preocupação central estava na política externa dos Estados, daí a não existência de intervenções nos assuntos internos.

A Revolução Francesa é que realmente marca o início da Idade Contemporânea e vai, com Napoleão quebrar por um curto período o princípio do equilíbrio europeu. A França vai ser o berço de uma disputa doutrinária sobre quem é o titular da soberania, vez que a monarquia desaparecera. A discussão é em volta das expressões soberania nacional e soberania popular, isto é, se o seu titular é a nação como um todo, ou se cada indivíduo que integra a população do Estado tem uma parcela na sua titularidade. Contudo, a noção de soberania do Estado nas relações internacionais é mantida de modo inalterado.

Após a queda de Napoleão, é instituída no Congresso de Viena a Quádrupla Aliança (Rússia, Prússia, Áustria e Inglaterra), que se transforma, em 1818, na Pentarquia com o ingresso da França.

A Europa passa a ser governada por um «Diretório» que visava à solução em comum dos grandes problemas do continente. Ao contrário, do princípio do equilíbrio europeu o então concerto europeu passa a ter interesse nos assuntos internos, como no Congresso de Troppau (1820), em que é firmado um protocolo estabelecendo que não seria admitido no mundo europeu um governo surgido de movimento revolucionário. Uma política deste teor conduz obviamente a um desrespeito à noção de soberania em nome de um interesse da denominada sociedade internacional, que, na verdade, nada mais é do que a política de alguns Estados mais poderosos.

Em 1822, no Congresso de Verona, se decide a intervenção na Espanha a ser realizado pela França. Esta resolução é desaprovada pela Inglaterra que se retira da Pentarquia, o que vai acarretar o fim desta.

O mundo europeu volta ao princípio do equilíbrio continental. No século XIX, talvez o mais longo dos séculos, tem início com a Revolução Francesa e se prolonga até à 1ª Guerra Mundial, vai ser marcado pela idéia de soberania nas relações internacionais.

A política externa e interna é individualista, vai ser a «Era das Revoluções», mas é também a «Era do Capital». O liberalismo econômico conduz a um individualismo na política, mas também na política externa que é dominada pela figura do Estado nacional. Há um verdadeiro darwinismo nas relações internacionais, só deve se transformar em Estado a nação que dispuser de meios econômicos para sobreviver como tal.

A própria filosofia política influenciada pelo hegelianismo conduz a um verdadeiro endeusamento do Estado, vez que ele é a encarnação do espírito universal, e a mais importante das realizações do homem.

O Direito, influenciado por este pensamento, vai afirmar que o Estado não pode se obrigar a nenhuma norma jurídica que não tenha emanado da sua própria vontade. Em defesa da soberania surge o voluntarismo jurídico. Fala-se ainda em soberania absoluta, quando na verdade esta jamais existiu. O próprio Jean Bodin, como vimos, admitiu a limitação pelo direito natural e o direito das gentes. A expressão soberania absoluta pode ter valor no discurso político, mas não na realidade da vida internacional. A palavra Estado só tem sentido em uma sociedade internacional. Se houvesse um único Estado mundial, a palavra Estado não teria qualquer significado e talvez não fosse nem denominado de Estado mundial, mas apenas de governo mundial. Nunca houve de fato uma soberania absoluta, a não ser na cabeça dos juristas, porque ela inviaria uma sociedade internacional e o próprio DIP que surge concomitantemente com ela.

Após a 1ª Guerra Mundial, apesar do aparecimento de organizações internacionais, a idéia de uma soberania sem limites ainda vai se manifestar em Estados totalitários, como na URSS e na Alemanha, apenas para citar como exemplo duas grandes potências européias. Assim, ambos os Estados defendem o primado do D. Interno em relação ao DIP. A Liga das Nações é uma organização internacional enfraquecida em cujo Conselho (órgão máximo) há as grandes potências como membros permanentes e os demais como membros não permanentes (eram seis). O Pacto ainda mostra respeitar a soberania dos Estados ao reconhecer que estes têm o direito de recorrrer à guerra, desde que tenha expirado o prazo de três meses da decisão do Conselho. É apenas a «moratória da guerra». Ora, o direito à guerra foi sempre considerado uma das manifestações do Estado soberano.

Entretanto, a igualdade decorrente da soberania não é total, como em todos os Estados, se virem deste modo, terem um mesmo nível de soberania. Markus[17] observa:

> *Uma Grande Potência (do ponto de vista jurídico) é um Estado cuja situação no conjunto do Direito Internacional Positivo é preponderante:*
>
> *Esta posição preponderante se reconhece:*
> *1º) na influência da Grande Potência na «criação» do Direito Internacional;*
> *2º) na influência da Grande Potência no «conteúdo» do Direito Internacional».*

É preciso lembrar que, em 1938, a «doutrina» de Lorde Cranborne[18] exposta em relatório para o «Comitê para a colocação em funcionamento dos princípios do Pacto». Cranborne formulou uma distinção entre «Estados essenciais para a Organização e os outros Estados». Fornece a seguinte explicação:

---

[17] Joseph Markus - Grandes Puissences - Petites Nations et le Problème de l'Organisation Internationale, 1947, pg. 23, Editions de la Baconnière, Neuchatel.

[18] *Idem*, pgs. 40 e 41.

> *«Em um sentido mais popular e talvez, mais prático, a universalidade poderia ser considerada como realizada quando a sociedade compreendesse todos os Estados cuja colaboração em razão de sua superfície, de sua força material, de sua situação geográfica, de sua influência política ou cultural, ou em razão de não importar que fator fosse considerado como essencial para o funcionamento eficaz da Sociedade. No sentido absoluto, seria assim para todos os Estados; do ponto de vista relativo, a fórmula seria mais verdadeira para alguns Estados que para outros, e por razões de comodidade poder-se-ia chamar as primeiras de Estados essenciais.*
>
> *Neste sentido, o que se entenderia realmente, não na teoria, mas na prática, por "universalidade" seria "uma participação" que compreenderia "todos os Estados essenciais", isto é, aqueles sem cuja participação nenhum plano de cooperação internacional poderia produzir os resultados desejados».*

A tese de Lorde Cranborne[19], segundo Markus, concretizou-se em diversas oportunidades, entre elas na Carta da ONU, em que vamos encontrar os 5 Grandes com o direito de veto no Conselho de Segurança, que é o mais importante órgão da ONU e o único com um real poder decisório.

Salienta ainda o mesmo autor[20]:

> *«Exprimindo a doutrina Cranborne, com nossas palavras, podemos dizer que o seu sentido é a exigência de que todos os Estados, Grandes Potências de facto, se tornem Grandes Potências de jure».*

E acrescenta:

> *«A política hegemônica constitui em todas as épocas o domínio reservado das Grandes Potências»*[21].

Explica que a hegemonia «se coloca entre a influência e a dominação. Abusamos nas citações da obra de Markus porque este autor quebrou alguns tabus, como, por exemplo, mencionando o pensamento de Lorde Cranborne, que a doutrina tem procurado esquecer, porque ele mostra a realidade da sociedade internacional interestatal, vez que desmistifica as doutrinas dos juristas que tentam justificar «juridicamente o direito de veto no Conselho de Segurança. Mostra ainda a exposição acima a não existência da igualdade jurídica de modo pleno, isto é, o não reconhecimento da soberania, bem como importantes áreas em que o DIP não penetrou ou apenas juridiciza o fato, sem se importar com a idéia de justiça.

Em 1938, a Tcheco-Eslováquia é entregue a Hitler pelo acordo de Munich, que a aniquila sem se importar se era ou não um Estado soberano.

A doutrina considerava no início da 1ª Guerra Mundial a existência de 43 Estados, isto é, entidades soberanas, sendo 21 Estados europeus, 21 americanos e mais o Japão. Considerava-se que China, Russia e Sião não estavam plenamente incorporados à sociedade internacional, bem como a Libéria e a

---

[19] *Ibidem*, pg. 41.
[20] *Ibidem*.
[21] *Ibidem*, pg. 43.

Abissinia. Antes da 2ª Guerra Mundial, segundo uma parte da doutrina, já existiam 75 Estados. Ou seja, novos Estados surgiram nos Balcãs, mas também todos os considerados soberanos tinham ingressado na sociedade internacional.

O número de soberanias cresceu, mas não a idéia de igualdade, a mais importante conseqüência da soberania, aplicando-se o velho adágio «par in parem non habet jurisdictio».

Enfim, a igualdade conduz a regra de não interferência.

7. A Carta da ONU consagra o respeito à soberania. O Art. 1 fala na igualdade de «direitos» e na «autodeterminação dos povos» que figuram assim entre os seus «Propósitos. Para realizar a estes, «a Organização e seus Membros» deverão agir «de acordo com os seguintes Princípios»:

> *«A organização é baseada no princípio da igualdade de todos os seus membros.*
>
> *7. Nenhum dispositivo da presente Carta autorizará as Nações Unidas a intervirem em assuntos que dependem essencialmente da jurisdição de qualquer Estado ou obrigará os Membros a submeterem tais assuntos a uma solução, nos termos da presente Carta; este princípio, porém, não prejudicará a aplicação das medidas coercitivas constantes do Capítulo VII».*

Falar em igualdade é mencionar a soberania, vez que aquela só existe como uma decorrência desta. Entretanto, há ainda uma menção expressa à soberania com a denominação de «jurisdição doméstica», ou ainda, como a doutrina tem utilizado a expressão «domínio reservado». A exceção do capítulo VII é que ele se refere a «Ação Relativa a Ameaças à Paz, Ruptura da Paz e Atos de Agressão». O Capítulo VII, até 1990, quando ocorreu a Guerra do Golfo, só tinha sido utilizado uma vez quando da independência da Rodésia, que instalou governo de minoria branca, que consagrou a política do «apartheid» e foi aprovada no Conselho de Segurança a aplicação de sanções de natureza econômica. A tal ponto isto ocorria, isto é, o não uso do Capí tulo VII, que um internacionalista escreveu que ele pertencia ao «museu das instituições internacionais».

A grande questão consiste em se saber o que pertence à jurisdição doméstica do Estado. Três critérios foram propostos: a) material ou objetivo - existiriam assuntos que pela sua própria natureza fariam parte do domínio reservado dos Estados. Ele foi consagrado na reserva n. 4 apresentada pelo Senador Lodge ao Pacto da Liga das Nações, afirmando que os EUA poderiam declarar livremente os assuntos pertencentes à sua jurisdição doméstica; b) jurídico - deixariam de fazer parte da jurisdição doméstica os assuntos regulamentados pelo DIP. É de se recordar que toda e qualquer matéria pode vir a ser internacionalizada. Tudo vai depender do grau de desenvolvimento da sociedade internacional e do DIP que a regulamenta; c) Político - existem certos assuntos que são da competência exclusiva dos Estados, mas que, em virtude de certas circunstâncias, adquirem relevância para a ordem internacional. Há uma parte da doutrina que afirma não serem assuntos internos sinônimos de jurisdição doméstica, porque também existem assuntos externos, que pertencem à jurisdição doméstica como é o caso da manutenção ou ruptura de relações diplomáticas, ou ainda, o reconhecimento de governo.

Na política internacional tem-se utilizado o critério jurídico-político. De qualquer modo, não se pode definir de modo «a priori» o que pertence ou não à jurisdição doméstica do Estado, porque ele não é possível de determinação.

A soberania tem um aspecto interno e um aspecto externo.

O primeiro se manifesta nos diferentes poderes do Estado: no Legislativo, Executivo e Judiciário. Ele é a consagração do direito de autodeterminação, isto é, o direito do Estado de ter o Governo e as leis que bem entender sem sofrer interferência estrangeira. O aspecto externo é o direito à independência que se manifesta no: a) direito de convenção; b) direito à igualdade jurídica; c) direito de legação; d) direito ao respeito mútuo.

De qualquer modo, em nenhum dos seus aspectos há um caráter absoluto, pelo conteúdo, ele só se manifesta licitamente se o fizerem dentro dos limites fixados pelo DI. A violação destes limites acarreta a responsabilidade internacional do Estado.

A própria noção de soberania e, em conseqüência, de domínio reservado é mutável de acordo com o momento histórico, assim, em 2/4/91, a França denuncia na ONU a tragédia dos curdos no Iraque e defende a existência de um direito de ingerência, tendo em vista que há uma internacionalização dos direitos humanos.

Em 30/4/91 a ONU já estava lá presente com acampamentos que arvoravam a sua bandeira.

Quem decide na ONU se um assunto pertence ou não à jurisdição doméstica é o órgão que vai decidir a questão. Pode-se escrever que existe uma tendência em recusar a caracterização da questão como jurisdição doméstica e considerá-la uma matéria internacional. Há uma visão de que a sociedade internacional forma um todo e os seus interesses predominam sobre os dos Estados individualmente. Um exemplo típico são os direitos humanos, que pertenciam ao domínio constitucional e hoje estão internacionalizados, constituindo um verdadeiro valor na sociedade internacional que deve servir de orientação a qualquer interpretação do DIP, isto é, do direito que a regulamenta.

A Resolução da Assembléia Geral da ONU, intitulada Declaração relativa aos princípios do direito internacional relativos às relações amigáveis e a cooperação entre os Estados, conforme a Carta das Nações Unidas, aprovada em 1970, estipula:

«O princípio relativo ao dever de não intervir nos assuntos pertencentes à competência nacional de um Estado, conforme a Carta.

Nenhum Estado nem Grupo de Estados têm o direito de intervir, diretamente ou indiretamente, por qualquer razão que seja, nos assuntos internos ou externos de

> um outro Estado. Em conseqüência, não somente a intervenção armada, mas também qualquer outra forma de ingerência ou toda ameaça, dirigidas contra a personalidade de um Estado ou contra seus elementos políticos, econômicos e culturais, são contrários ao direito internacional.
>
> O uso da força para privar os povos de sua identidade nacional constitui uma violação de seus direitos inalienáveis em princípio de não intervenção.
>
> Todo Estado tem o direito inalienável de escolher seu sistema político, econômico, social e cultural sem qualquer forma de ingerência da parte de não importa qual outro Estado».

Pode-se observar que no final deste dispositivo há uma restrição que mostra a internacionalização da vida humana no século XX:

> «Nada nos parágrafos que precedem não deverá ser interpretado como afetando as disposições da Carta das Nações Unidas relativas à manutenção da paz e da segurança internacionais».

Pode-se salientar que a Carta da Organização de Unidade Africana também consagra «defender a soberania», «a igualdade soberana», «a não intervenção nos assuntos internos do Estado» e o «respeito à soberania».

A Carta da OEA coloca o art. 3, letra b):

> «A ordem internacional é constituída essencialmente pelo respeito à personalidade, soberania e independência do Estado...».

O art. 18 proíbe qualquer forma de intervenção.

É interessante observar que coube à delegação dos EUA defender e explicar o § 7 do art. 2 da Carta da ONU na Conferência de São Francisco. O Pacto da S. D. N. limitava mais a soberania do Estado do que a Carta da ONU, e aparentemente teria havido um retrocesso. Uso a palavra «aparentemente» tendo em vista que a soberania estatal durante um longo período foi mais defendida pela divisão da sociedade internacional em blocos capitalista e comunista, do que pelo § 7 do art. 2 da Carta. O veto paralisou a ONU de 1945 a 1990, quando a URSS, enfraquecida, não dispõe mais de meios para vetar no Conselho de Segurança as ações militares empreendidas pela ONU. Surge assim um Estado que podemos denominar de «supersoberano» que são os EUA. O mundo, na melhor das hipóteses, passa a ser governado por um Diretório formado pelos 5 Grandes. Enfim, se eles decidirem que um assunto está dentro do Capítulo VII da Carta da ONU, a noção de jurisdição doméstica deixa de ser aplicada. Pode-se dizer que o critério político, mencionado acima, passa a ser o mais importante.

A ONU, por outro lado, contribuiu de maneira decisiva para o aumento do número de Estados soberanos na sociedade internacional com a sua política de descolonização e de defesa do princípio da autodeterminação dos povos. Entretanto, o Terceiro Mundo tem mais uma soberania formal do que real, vez que eles têm uma dependência econômica das grandes potências e estão em uma situação de «neocolonialismo».

Um outro fator de aumento do número de Estados nesta situação foi o aparecimento dos «micro-Estados» ou «Estados exíguos» na sociedade internacional e o seu ingresso na ONU, que apenas por este fato já os está qualificando de soberanos, mas na verdade não têm um território, ou um número de habitantes, ou ainda uma economia que lhes permita exercer a soberania.

Um outro caso que podemos citar em que a soberania começa a desaparecer é o tocante ao direito de retirada da ONU. Um Estado, ao ingressar nesta organização, não tem mais o direito de sair dela, o que era permitido na Liga das Nações. Pode-se mesmo afirmar que isto é um progresso em favor da solidariedade internacional.

É contudo nos casos de organizações criadas para promoverem a integração econômica que a noção de soberania começa de fato a ser minada de maneira violenta. São as denominadas organizações supranacionais, que se distinguem das organizações intergovernamentais. As mais desenvolvidas são as três comunidades européias que vêm realizando a integração econômica de quinze países. Finalmente, vem a conclusão do Tratado de Maastricht, aprovado no Parlamento Europeu em 1992, e é instituída a União Européia, que trata da política externa e de segurança com a de cooperação no campo da justiça e dos negócios internos, etc. O euro passa a ser a moeda única. Contudo, há algo bastante curioso, é que a União Européia não tem personalidade internacional, assim os seus contratantes visam a evitar que ela seja considerada um superestado, mas de fato ela tem as funções de um superestado.

No plano internacional há uma divergência entre o fato e o direito. Este exprime a política jurídica do Estado, ou se quisermos a aparência que o Estado quer que seus atos tenham perante a sociedade internacional, ou ainda, é um refúgio para os Estados, a fim de poderem voltar atrás em caso de emergência. O fato atende as necessidades do Estado pressionado pelas relações internacionais. Não há duvida de que nas políticas de integração econômica os Estados têm renunciado a setores importantes da sua soberania. Elas são criadas e movidas pelos Estados, são instrumentos para a defesa econômica dos Estados, tendo assim este efeito paradoxal, isto é, defendem a economia estatal, mas para que isto ocorra, eles renunciam em favor de um organismo internacional a uma série de suas competências soberanas, Elas são a mais importante estratégia dos Estados para se defenderem da globalização, que veremos adiante.

As denominadas teses do integracionismo, funcionalismo e neofuncionalismo tentam explicar a «integração» na ordem internacional.

A tese integracionista tem o seu maior expoente em Karl Deutsch[22], que afirma ser uma «comunidade de segurança» um grupo de pessoas que se tornam «integradas». A integração se caracteriza por um «sentido de comunidade», com instituições que assegurem por um «longo tempo» as «expectativas de mudança pacífica», o «sentido de comunidade» ocorre quando as pessoas acreditam ter chegado a um comum acordo com os demais membros do grupo. É necessário existir uma simpatia externa e lealdade, bem como consideração recíproca, uma identificação de interesses, percepção de necessidade e comunicação. A mais importante das condições é a possibilidade de aptidão política e dos principais entes políticos que se integrarem. É ainda relevante um crescimento econômico. Deve haver uma mobilidade das pessoas. Em resumo as condições são as seguintes: a) compatibilidade dos principais valores; b) um modo de vida próprio; c) expectativa de ganhos econômicos; d) aumento das potencialidades políticas e administrativa; e) crescimento econômico; f) comunicação social; g) um alargamento da elite política; h) mobilidade das pessoas; i) busca de comunicação; j) previsibilidade de comportamento externo, etc. Outros elementos podem conduzir ao integracionismo, por exemplo, uma ameaça externa. A integração pode ter início apenas em uma área central.

Para Mitrany[23] o funcionalismo tem a sua origem no fato de que o Estado não pode atender aos grandes problemas sociais e econômicos atuais, que as divisões territoriais dos Estados são arbitrárias. Daí a sugestão de que as organizações internacionais que se fundamentam em uma «função» e não «em território» é que poderiam «resolver os problemas socioeconômicos fundamentais».

Ele observa que a cooperação começa por aspectos técnicos e não políticos, o que acaba por eliminar a «suspeita» entre os Estados. Haveria assim um aumento do número de organismos internacionais, que acabaria por conduzir à instituição de uma coordenação entre eles.

A tese de Haas[24] é denominada de neofuncionalismo e se distingue da de Mitrany no sentido do que este considera a integração política como sendo uma conseqüência da cooperação técnica, enquanto Haas considera ser também necessária uma ação política suplementar. Para este autor, os Estados devem ser unidos por aquilo que os aproxima e não pelo que os diferencia. Defende as organizações internacionais, tendo em vista que os Estados, em tempo de paz, devem trabalhar em conjunto. Os Estados delegarão cada vez maiores

---

[22] Karl Deutsch «et allii»- Political Community and The North Atlantic Area, 1957, pgs. 3-116, Princeton University Press, Princeton.

[23] Chadwick F. Alger - L'organisation internationale vue sons l'angle du fonctionalisme et de l' integration, «in» Le concept d'organisation internationale, coordenado por Geoges Abi-Saab, 1980, pgs. 135-137, UNESCO, Paris.

[24] Ernst P. Haas - Beyond The Nation-State, 1964, pgs. 1-30, Stanford University Press, Stanford.

competências às organizações financeiras» (ex. OIT), o que aceleraria a integração internacional. Esta tese recebeu vários critérios, por exemplo, a unificação alemã foi feita sem a integração funcional.

Uma outra tese é a de Lindberg[25], que adotando uma orientação sistêmica (interações que produzem decisões devido a estímulos do meio ambiente), afirma que a integração européia ocorreu quando os Estados tiveram uma série de demandas de difícil solução em nível nacional e de modo competitivo. Por outro lado, esta cooperação desenvolverá as instituições internacionais.

A grande vantagem das teses que selecionamos e expusemos é que elas «chamaram a atenção dos pesquisadores sobre os contextos sociais (nacionais e internacionais) de que decorrem os organismos internacionais»[26]

Na verdade, qualquer uma delas, no aspecto que nos interessa neste trabalho, conduz a uma redação ou limitação da soberania de cada Estado individualmente. O contexto social conduz os Estados às organizações internacionais visando ou não a uma integração econômica e uma vez constituídos os Estados acabam por delegar a elas cada vez mais as suas competências soberanas.

8. Antes de entrarmos nas características e efeitos da globalização, devemos definir esta palavra. Ela significa a integração econômica da sociedade internacional realizada pelas empresas comerciais, ou se quisermos, pelas empresas transnacionais. Uma definição mais completa é fornecida por Hesse[27]:

> «Globalização da economia significa que as fronteiras entre os países perdem importância, quando se trata de decisões sobre investimentos, produção, oferta, procura e financiamentos. As conseqüências são uma rede cada vez mais densa de entrelaçamentos das economias nacionais, uma crescente internacionalização da produção, no sentido de que os diferentes componentes de um produto final possam ser manufaturados em diferentes países, e a criação de mercados mundiais integrados para inúmeros bens, serviços e produtos financeiros. A globalização também abarca os mercados de trabalho. Aumentaram as migrações de mão-de-obra entre países... Nenhum país pode retirar-se da rede de integração econômica internacional sem no mínimo, temporariamente, ocasionar perdas na assistência social para si e para os outros países».

Na década de 80 surge o neoliberalismo com Margaret Thatcher (assumiu o cargo de Primeiro Ministro em 1979) e Ronald Reagan (sobre a presidência dos EUA em 1981), esta é considerada por todos os autores a «década perdida»

---

[25] Leon N. Lindberg - Decision - Making and Integration in The Europan Community, «in» International Political Communities. An Anthology, 1966, pgs. 199 e segs., Doubleday and Company, Nova York.

[26] C. Alger, op. cit., pg. 133.

[27] Helmut Hesse - Globalização, «in» Dicionário de Ética Econômica, organizado por Georges Enderle «et alii», 1997, pg. 305, Editora Universidade Vale dos Sinos, S. Leopoldo, trad. de Brenno Dischinger «et alii».

na América Latina. O mercado é a «lei» definitiva. Em inúmeros setores a livre concorrência é apenas uma farsa. O neocapitalismo acarreta imenso desemprego mesmo nos países ricos. O livre mercado só visa ao lucro e o aspecto social é abandonado. O neocapitalismo vai gerar o fenômeno da globalização.

Wallerstein[28] chama a atenção para o fato de que «as múltiplas tensões terão como primeira vítima a legitimidade das estruturas estatais e conseqüentemente a manutenção da ordem».

Hobsbawm [29] assinala:

> «Talvez a característica mais impressionante do fim do século XX seja a tensão entre esse processo de globalização cada vez mais acelerado e a incapacidade conjunta das instituições públicas e do comportamento coletivo dos seres humanos de se acomodarem a ele».

A globalização, conforme a sua definição acima, mostra que o Estado perdeu o contrle sobre a sua economia devido ao volátil capital especulativo e à interdependência econômica[30].

A noção de soberania se transforma cada vez mais em uma palavra oca sem conteúdo. É um mero critério formal na caracterização do Estado.

Ela é entretanto um fenômeno que provoca a sua antítese, que é o localismo, ou ainda, se quisermos o etnocentrismo que tem renascido com grande intensidade. Tem sido observado que tal fato ocorre devido à perda de pontos de referência ou de apoio que os indivíduos necessitam para conduzir a sua vida. A conseqüência é o esfacelamento de alguns grandes Estados e o aparecimento de pequenos Estados extremamente vulneráveis as empresas transnacionais que promovem a globalização.

Vivemos assim o início da era de desaparecimento do Estado e, em conseqüência, da soberania.

9. A Conclusão que podemos apresentar é no sentido de que a soberania foi um conceito utilizado na luta da formação do grande Estado nacional e fundamental nas relações internacionais durante alguns séculos.

A noção de soberania se transformou em uma noção sem conteúdo fixo e que tende a desaparecer com a formação social denominada Estado.

---

[28] Immanuel Wallerstein - As Agonias do Liberalismo, «in» Lua Nova, 1994, n. 34, pg. 131, Centro de Estudos de Cultura Contemporânea, S. Paulo.

[29] Eric Hobsbawm - Era dos Extremos. O breve século XX 1914-1991, 1995, pg. 24, Companhia das Letras, S. Paulo, trad. de Marcos Santarrita.

[30] Erich Weede, *op. cit.*, pg. 307.

Da regulação pelo direito na era da globalização[1]

André-Jean Arnaud[2]

SÍNTESE – Vivemos uma época confusa e complexa do ponto de vista da regulação da sociedade pelo Direito. Os processos de globalização e intensas interações provocam, com efeito, um movimento paradoxal de enfraquecimento e fortalecimento do Estado. Este, de fato, em sua função soberana de promotor do Direito, está sendo progressivamente suprido, substituído, ou mesmo suplantado. Mas, ao mesmo tempo, o Estado é chamado a desempenhar múltiplos papéis, como os de citadela, de guardião e de estratégico. Um dos aspectos mais inovadores dessas transformações relaciona-se provavelmente com a importância que vem adquirindo a sociedade civil na produção normativa. Trata-se de uma verdadeira participação no âmbito governamental? A análise parece mais sugerir um modo sui generis *de gestão, que conhecemos por «governança».*

Se tivermos de reunir em torno de algumas palavras-chave as atuais interrogações e dúvidas dos colegas juristas, cientistas políticos e economistas, três delas logo revelariam as preocupações destes últimos: alteridade, complexidade e mundialização[3]. Em outras palavras, os questionamentos primordiais que inquietam os pesquisadores dessas disciplinas têm a ver com a regulação sob diversos aspectos: eficácia da regulação tradicional pela via do direito; validade de outras formas de regulação social; concepção da desregulamentação como apelo indireto a um outro direito[4] apto a dominar a

---

[1] Este texto encontra-se no livro *O Direito entre Modernidade e Globalização*, e foi reproduzido com a autorização da Editora RENOVAR (RJ).

[2] Directeur de Recherche au CNRS (Université de Paris/Nanterre). Directeur du Réseau Européen Droit et Société, Maison des Sciences de l'Homme, Paris. Codirecteur du PIDIG [Programa Interdisciplinar Direito e Globalização], UERJ, Rio de Janeiro.

[3] Como testemunho disso podemos citar as interrogações iniciais expressas nos programas dos colóquios e congressos organizados por cientistas políticos assim como economistas. Encontramos a mesmas preocupações nos mais recentes congressos organizados tanto pela *American Law and Society Association* como pelo Comitê de Pesquisa em Sociologia do Direito da Associação Internacional de Sociologia.

[4] Jacques CHEVALLIER, "Les politiques de déréglementation", em *Les déréglementations* (Economica, Paris, 1988), fêz essa observação perspicaz, e quase visionária dez anos atrás, de que a desregulamentação significava não menos direito direito, mas um outro direito.

complexificação das relações sociais assim como a *mundialização* dessas relações que trouxeram perturbações nas respostas clássicas a esses problemas.

A partir daí poderiam ser compreendidos os fenômenos que afetam as tradicionais fontes do direito, e que vários observadores identificam. Estes observam inicialmente o aparecimento de um direito "de textura aberta" com o deslocamento dessas fontes para os poderes privados econômicos, com uma participação maior dos atores privados, e a tomada em consideração de "valores" oriundos dos sistemas econômico ou técnico-científico. Eles percebem também o crescente papel das fontes "soft" do direito (cartas, códigos de bom comportamento, etc.) que, ao adquirir força coercitiva, viriam a se tornar "hard". Eles evocam, por fim, um recuo do Estado visível através do desenvolvimento da normalização e da certificação, mas com uma contrapartida, a da associação do setor privado com os poderes públicos na produção do direito.

Duas problemáticas fundamentais surgem aqui. A primeira diz respeito à validade contemporânea dos postulados fundadores da regulação pelo direito; a segunda, ao impacto e os efeitos da mundialização dos intercâmbios sobre a regulação jurídica. As duas problemáticas estão de tal forma intimamente ligadas que seria artificial dissociá-las, nem que fosse pela necessidade da análise. Além disso, cada uma é atravessada pelos três conceitos-chave que destacamos anteriormente e que se mostram preciosos fios condutores para a compreensão desses fenômenos.

As questões fundamentais que se nos apresentam são muitas, e fazem pouco dos territórios disciplinares tradicionais. Elas dizem respeito, essencialmente, de um lado às relações contemporâneas entre poder, direito e conhecimento. É preciso também reservar um espaço importante para o problema da articulação da regulação pelo direito do Estado com outras formas de regulação jurídica, notadamente aquelas que são colocadas em destaque pelos estudos sociojurídicos e políticos recentes sobre o pluralismo jurídico. E preciso igualmente dedicar atenção particular às formas de se considerar a crescente complexidade das interações que se tecem no âmbito da regulação pelo direito, como na dialética entre regulação pelo direito e as outras formas de regulação estranhas à intervenção do direito do Estado.

Quisemos tentar, nos limites do gênero que focalizamos aqui, a abertura de um debate optando por uma reflexão que associe a maioria desses questionamentos sobre as formas de produção do direito em nossas sociedades contemporâneas. E uma vez que, no fundo, a questão consiste no questionamento do Estado, Estado soberano, senhor, proferidor e dispensador do direito, regulador dos comportamentos e controlador da execução das normas Juridicas e das regras que delas decorrem, começaremos por discutir sobre o lugar que ocupa o direito estatal, atualmente, na regulação, antes de nos interrogarmos sobre as formas contemporâneas de produção e de implementação dessa norma. Em outras palavras, nos questionaremos inicialmente sobre a diversidade dos locais de produção contemporânea de regulação e mais particularmente da norma jurídica, antes de examinarmos as modalidades segundo as quais ela se torna efetiva.

Do lugar do direito estatal
na regulação social contemporânea

Permitimo-nos lembrar alguns truísmos, a fim de não deixar qualquer ambigüidade pairar sobre os termos. Que, por "regulação jurídica", entendemos geralmente esse tipo de regulação social que passa pelo canal do direito. Que, quando falamos de direito, entendemos geralmente um conjunto de regras positivas estabelecidas e controladas pelo Estado, o "direito imposto". Dizer o direito, atributo da soberania estatal segundo a concepção moderna do direito e do Estado, foi considerado durante muito tempo como a forma por excelência de regulação social. Essa visão nos foi legada pela filosofia "moderna", isto é, o pensamento jurídico e político que se constitui entre o fim da Idade Média e o século XIX. As coisas mudaram muito. Nos anos 50, um estudante de direito nunca ouvia um professor falar sobre "produção do direito" nem de "regulação"; entretanto, este último termo tornou-se hoje um "*paradigma importante* das ciências sociais"[5].

Ao mesmo tempo, uma outra perturbação se manifestou: a autonomia dos Estados-nações viu-se bastante comprometida pela interdependência que se desenvolve no seio de uma economia globalizada. E bem verdade que a dependência recíproca entre os países criou uma submissão inconcebível no passado pelos Estados soberanos. Oficialmente, a soberania dos Estados não é recolocada em questão; mas, de fato, os governos recentemente sofreram, e sofrem cada vez mais, uma erosão de sua autoridade devido, entre outras, à porosidade das fronteiras[6], à dificuldade de controlar os fluxos transfronteiriços monetários, de mercadorias e de informação, aos avanços tecnológicos. As pressões sofridas pelos governos nacionais provêm ao mesmo tempo do ponto mais alto e do mais baixo: da globalização, por um lado, e dos movimentos localmente enraizados, por outro.

A questão da soberania estatal encontra-se, pois, no ponto central de toda a problemática da regulação pelo direito. Que essa soberania seja recolocada em

---

[5] Cf. Jacques CHEVALLIER, "De quelques usages du concept de régulation", em *La régulation entre droit et politique*, sob a dir. de Michel MIAILLE, L'Harmattan, Paris, 1995, pág. 71-93.

[6] "Os avanços tecnológicos tornaram as fronteiras mais porosas. Os Estados conservam a sua soberania, mas os governos sofreram uma erosão em sua autoridade." (Commission on Global Governance, *Our Global Neighborhood*, Oxford University Press, New York, 1995, pág. 11.).

questão, fragmentada, dividida - nem que fosse apenas - e é toda a autoridade da regulação jurídica que se torna problemática. Além mesmo da dúvida sobre a autoridade da regulação pelo direito, é sobre a sua propria oportunidade, sobre a sua efetividade e sobre a sua eficácia que recaem as suspeitas. O desafio é imenso.

Podemos até entrever um movimento de desequilíbrio da soberania em direção a uma outra forma de organização política global, com uma tendência à "perda da autoridade exclusiva dos Estados em reconhecer a soberania; (à) transferência de autoridade metapolítica para agentes ou instituições não-estatais; (ao) fim do monopólio do Estado sobre a coerção legítima; e à desterritorialização das reivindicações de autoridade por parte dos Estados[7].

Ora, sob esse ponto de vista, nos encontramos, por assim dizer, esquematicamente, diante de vários graus de intervenções cujo efeito está em reduzir o poder total do Estado no seu papel de produtor de direito: falaremos respectivamente de direito estatal *substituído,* de direito estatal *suprido,* e de direito estatal *suplantado.* Essa abordagem tem seus riscos. Ela pode transmitir uma impressão de soluções fixas, ao passo que tudo é, na matéria, essencialmente movente, flexível. O argumento que permite falarmos hoje de "substituição" será amanha motivo para falarmos, quem sabe, de suprir, talvez até de excluir, ou do inverso. Nós optamos pelos três momentos indicados acima, sem intenção de dar uma imagem definitiva. Ainda mais porque vemos, aqui, uma dialética permanente entre o movimento histórico de tendência à globalização e as resistências baseadas em uma tradição que já provou seu acerto.

O direito estatal substituído

A produção do direito estatal encontra substitutos tanto a montante quanto a jusante do local de sua intervenção tradicional. A montante está atualmente a questão dos acordos regionais que domina, neste ponto, os debates. Esses acordos se multiplicam. Um dos mais desdobrados hoje é a União Européia. A CEE, é bem verdade, foi figura de vanguarda, na matéria[8]. Mas a União Européia não é mais, hoje em dia, uma exceção. Outros acordos importantes se distribuem doravante em vastos setores econômicos do planeta, como: o

---

[7] Janice E. THOMSON, "State Sovereignty in International relations: Bridging die gap Between Theory and Empirical Research", em *Internacional Studies Quarterly*, 39, 1995, pág. 214.

[8] Alguns desdobramentos foram consagrados ao pluralismo na União Européia em *O Pensamento Jurídico Europeu*, Lisboa, Editora Internacional, 1995, 2ª Parte, cap. 1. Cf. também o nosso estudo "Legal Pluralism and the Building of Europe" em *Legal Polycentricity. Consequences of pluralism in Law*, sous la dir. de Hanne PETERSEN et Henrik ZAHLE, Dartmouth Publ., Aldershot, 1995, pág. 149-169.

NAFTA: (Associação de Livre Comércio da América do Norte); o MERCOSUL (cone sul da América Latina); a ASEAN (Associação das Nações do Sudoeste da Ásia); o CCG (Conselho de Cooperação do Golfo); o CARICOM (Comunidade das Caraíbas) e outros.

Essa eclosão espetacular e brutal de acordos ditos "regionais" (no sentido de regiões do globo) tende a modificar totalmente a estrutura tradicional do direito, pela transformação que ela opera sobre as soberanias como a tradição nos havia legado. No cerne desses acordos, sem dúvida, os Estados-nações continuam a ser a referência para toda tomada de decisão referente ao contexto nacional. Da mesma forma, no nível internacional, as organizações que congregam os Estados-nações se limitam a ditar os parâmetros de regulação. Mas assim mesmo, entre os dois, inseriu-se progressivamente, ao sabor dos acordos econômicos, um escalão de regulação intermediária, que requer a intervenção do direito.

Estamos presenciando o renascimento de um pluralismo jurídico. O surgimento de regras de direito próprias a esses diversos acordos regionais aumenta a complexidade dos sistemas jurídicos dos Estados participantes. Ao lado das normas de direito propriamente ditas, aquelas que se impõem em virtude de pactos e de textos, existe toda uma normatividade que emana das concepções e das vivências dos sujeitos e dos grupos que pertencem a essas comunidades, e que transformam a paisagem da soberania nacional tradicional. Além disso, uma reaproximação política se produz inevitavelmente, a longo prazo, entre os Estados membros desses acordos, de onde resulta uma progressiva substituição por estes últimos em detrimento do poder estatal de dizer o direito.

O direito estatal também é substituído, cada vez mais, por instancias que se situam, conforme a hierarquia tradicional, abaixo dele. Podemos assinalar, com exemplos, o deslocamento da produção jurídica em direção aos poderes privados econômicos, a importância do papel desempenhado pelas corporações, os códigos de conduta privados, o desenvolvimento de um direito negociado, a jurisdicização crescente da normalização técnica.

Na França, por exemplo, o poder normativo dos organismos de direito privado mobiliza a atenção dos juristas[9]. Mas esses são obnubilados pela questão da compatibilidade entre o poder regulamentar exercido por um certo número de organismos de direito privado, e os atributos da autoridade pública. Para além dessa problemática muito tipicamente francesa, surgem duas conclusões, bastante próprias a suscitar reflexões. É interessante registrar, de um lado, observações que têm relação com os problemas levantados na matéria

---

[9] Cf. Solange PAJAUD-GUEGUEN, *Essai sur le pouvoir normatif des organismes de droit privé* (Tese Direito, Toulouse 1, 1995, sob a orientação do Prof. Jean Arnaud MAZÈRES).

pelas condições específicas da ordem social e econômica, e, de outro lado, a permanência do controle da autoridade estatal. Se as regulamentações privadas podem de forma útil substituir o direito, isto nunca é feito, pelo menos em nosso sistema jurídico, à margem dele, e muito menos contra ele.

Poderíamos acrescentar aqui toda a matéria referente à deslocalização, à desconcentração, à descentralização: instâncias locais substituindo o poder central em sua autoridade soberana de dizer o direito. Isto ocorre ainda no âmbito da hierarquia das normas que caracteriza nosso sistema jurídico. Isto não quer dizer que os fatos do dia-a-dia, no campo, não possam modificar as relações de poder e enfraquecer, ao mesmo tempo que a centralidade do poder, o próprio poder do Estado[10].

Convém acrescentar a esses exemplos o surgimento das formas de negociação, de mediação, de conciliação introduzidas em doses cada vez maiores nos procedimentos judiciais na maioria dos Estados. O Estado, ao mesmo tempo que conserva o controle do Processo, delega de alguma forma a possibilidade de dizer o direito a um número maior de pessoas, entre as quais surge um conflito, e com uma latitude maior. Assim fazendo, e de maneira recorrente, o Estado não acaba por conceder aos cidadãos e às instâncias locais ou alternativas às quais eles são confiados, a possibilidade de suplantá-lo? Tocamos, neste ponto, na dificuldade que existe em traçar uma fronteira precisa entre o que se deve à substituição e o que se deve à suplência.

Um caso exemplar nos é fornecido pelas relações que foram recentemente estabelecidas entre direito e política pública? Cada vez mais, o trabalho do governo se dirige para a produção de disposições de ação estruturadas que se inserem em programas que comportam orientações, às quais estão associados os parceiros provenientes da sociedade civil. Esses parceiros, até então, ou não intervinham ou não tinham outra maneira de se manifestar que não fosse a de se constituir em grupos de interesse ou de pressão. Uma política pública se caracteriza pela função de pilotagem ou de gestão social exercida pelo Estado, pelos instrumentos de gestão utilizados, e pelo tipo de uso que se faz do direito[11]. É esse ponto que nos interessa aqui[12].

---

[10] Demonstrou-se, por exemplo, como a mudança leva a mellior sobre a tradição nas relações entre poder do Estado-nação e gestão local: cf. Samuel HUMES, *Local Governance and National Power.- A Worldwide Comparison of Tradition and Change in Local Government*, HarvesterW]ieatlieaf-IUL&, New York/Haia, 1991.

[11] Cf. Jean-Claude THOENIG, "Politicas Públicas" em *Dicionário Enciclopédico de Teoria e Sociologia do Direito*, Rio de Janeiro, Renovar, 1999, e a bibliografia que ele cita.

[12] Cf. Patrice DURAN, "Piloter l'action publique, avec ou sans le droit?" em *Droit et management public*, n° especial de *Politiques et Management public*, 11/4, 1993, pág. 1-45. No mesmo volume, encontraremos artigos complementares de Pierre LASCOUMES, Jacques CAILLOSSE, Jacques CHEVALLIER, Yann TANGUY, Jean-Bernard AUBY e Patrick HOCREITERE. Cf. também, no

Existem, na verdade, poucos juristas que ainda acreditam firmemente que soluções simples, tiradas de um direito monolítico, podem responder à complexidade das situações contemporâneas. As políticas públicas constituem um modo de controle que se insere em um conjunto de tipos de regulação bastante variado para este estilo. Se ocorrer que elas sejam utilizadas através do direito, isto entretanto não constitui a regra. À obediência cega do cidadão ao direito, porque ele é o direito, sucedeu progressivamente uma avaliação da eficiência, da eficácia, do desempenho das normas propostas, por parte daqueles mesmos que são os seus destinatáros. De forma que o direito não saberia ser hoje representativo do conjunto da atividade pública.

O direito possui, entretanto, uma especificidade: ele é o instrumento de coerção de que dispõe o Estado para exercer o controle que a ele pertence com exclusividade. Pois "gerir" ou "guiar" não significa "controlar"[13]. Aquele que pretende utilizar uma outra forma de regulação social não pode deixar de se referir a isto. Uma regulação social não pode, com efeito, libertar-se das disposições jurídicas fundamentais que definem o caráter público da ação, a repartição dos papéis institucionais, a legalidade das ações, a legitimidade das autoridades de decisão e de controle. Mas existe também, ao mesmo tempo, um grave risco de instrumentalização do direito, na medida em que este vale menos para a regra promulgada do que por sua utilidade na implementação das políticas públicas (como, aliás, dos programas de ação).

O direito estatal suprido

É por isto que podemos falar, de alguma maneira, de suprimento do direito estatal, quando as políticas públicas ou os programas de ação tomam a dianteira do direito no sentido tradicional, na instalação de uma regulação social. Existe uma série de formas de implementar essas políticas que não passam pela utilização do direito. Existe igualmente uma série de políticas públicas cuja natureza, longe de ser regulamentar, é ora distributiva, ora redistributiva, ora constitutiva[14]. E existe também uma série de questões de governo que não se ajustam às nomenclaturas jurídicas tradicionais.

âmbito internacional: Ralph C. BRYANT, *International Coordination of National Stabilization Policies,* cap. 3: "Coordination Analyzed through the Lenses of Policy Optimization", pág. 35-45.

[13] Comp. Amita ETZIONI, *A Responsive Society. Collected Essays on Guiding Deliberate Social Change,* Jossey-Bass Publ., 1991, e M. LANDAU e R. STOUT, "To Manage is Not to Control" na *Public Administration Review,* março-abril 1979, citados por Patrice DURAN, *op. cit.,* respectivamente pág. 5 e pág. 8.

[14] Theodore J. LOWI "American Business, Public Politics, Cases Studies, and Political Theory", em *World Politics,* 16, 1964, pág. 677 sq. e ID., "Four Systems of Policy, Politics, and Choice" em *Public Administration Review,* 39, 1972.

Entre estes últimos, aqueles que dizem respeito aos problemas de clima, de ambiente, de segurança e de economia não podem mais ser tratados isoladamente pelos Estados-nações. Eles estão ligados de muito perto às questões de equilíbrio mundial. O local de predileção para uma suplência do direito estatal é, portanto, prioritariamente fornecido no nível da administração planetária da previsão ou da gestão das dificuldades que podem se apresentar com relação a essas matérias.

É a respeito dessas questões relativas ao clima que os governos nacionais parecem ter tomado o caminho na direção da renúncia de uma regulação ligada à sua soberania. Trata-se, de fato, de uma matéria de aparência anódina, de qualquer forma suscetível de ser deixada sem grande problema aos especialistas, sem um controle excessivo dos Estados.

Em matéria de clima e de ambiente, portanto, os apelos seguidos a um direito se reduzem a uma espécie de reconhecimento de sua ineficácia. Ele se encontra, pois, por necessidade, e diante da necessidade de ação, suprido por políticas públicas que, por outro lado, se revelam internacionais, e até mesmo – e é aí que são empregados termos em uma acepção inédita – "globais"[15] ou "transnacionais[16]. O qualificativo, que evoca muito bem o fato de que as nações são ao mesmo tempo atravessadas e ultrapassadas pelo fenômeno, está associado às necessidades dos negócios, do comércio, das grandes empresas. É que o desenvolvimento destas últimas se encontra intimamente ligado às questões da poluição e do ambiente. No entanto, tomadas em si mesmas, elas também mostram o desenvolvimento de uma suplência do direito estatal por um tipo de regulação mundial que, algumas vezes, ultrapassa os Estados ou os atravessa sem que eles possam agir eficazmente para se opor a isso.

O fenômeno também pode ser observado em matéria de relações econômicas. Depois de meio século, e sobretudo a partir dos anos 1980, vimos desenvolver-se brutalmente uma interdependência econômica que os anglo-saxões denominam "deep integration" – uma espécie de fusão – das

---

[15] O termo "global" rapidamente passou a designar fenômenos relativos ao globo terrestre, e principalmente às questões climáticas, cuja gestão se mostra estar além do âmbito das leis internacionais tradicionais. Assim, em 1990, reuniu-se em Ottawa uma conferência sobre as mudanças climáticas e a segurança na superfície do globo. O título do documento publicado estabelece nitidamente a diferença entre "global" e "internacional": *Climate, change, global security, and international governance...*, de Kermeth Bush (Canadian Institute for International Peace and Security, Ottawa, 1990). Cf. também *Global environmental change and international governance*, Oran R. YOUNG, George J. DEMKO, Kilaparti RAMAKRISHNA (eds.), Univ. Press of New England, Hanover, NH, 1996. É interessante notar que a edição do mês de junho de 1996 do *Journal du CNRS* (n° 78) se intitula: "Climat. Enquêtes sur le changement global".

[16] *Transnational Environmental Law and its impact on Corporate Behavior: A Symposium on the Practical Impacts of Environmental Laws and International Institutions on Global Business Development* (Boston, 1991), Eric J. URBANI, Conrad P. RUBIN, Monica KATZMAN (eds.), Transnational Juris Publ., Irvington/Hudson, NY, s.d. (1994).

economias nacionais em uma economia globalizada. As economias nacionais se tornam cada vez mais sensíveis aos acontecimentos e às políticas (públicas) surgidas no exterior, ou que escapam ao controle dos governos.

A Segunda Guerra Mundial já havia dado um golpe no sistema das "grandes potências" como reguladoras tradicionais da ordem econômica internacional. A França e o Reino Unido saíram consideravelmente enfraquecidas do conflito. Em seguida, novos poderes políticos e econômicos surgiram. Ao mesmo tempo, as mudanças de modelos do crescimento econômico dos últimos decênios produziram novos pólos de dinamismo. Assim, o Japão e a Alemanha tomaram a dianteira nas estatísticas econômicas. Essas transformações geraram incerteza.

Estas observações nos levam à questão que, em suma, prova ser a questão fundamental: se os Estados-nações continuarem a estar politicamente organizados em torno de governos nacionais, o que ocorrerá com a soberania deles em um contexto onde a integração econômica em profundidade – ou globalização – continuará provavelmente ainda por muito tempo a corroer as diferenças entre as economias nacionais e a solapar a autonomia das políticas implementadas pelos governos nacionais?[17]

Sérios problemas surgiram. Profundas transformações afetam, sem dúvida, o mundo político, econômico e financeiro, que têm, por sua vez, repercussões importantes sobre a vida social dos cidadãos. Os antagonismos crescentes entre a tradicional soberania política nacional e a integração econômica transfronteiriça cada vez maior marcam não apenas o comércio internacional, mas também as economias nacionais. Os agentes econômicos, com efeito, deverão revisar as suas estratégias e rever as suas atividades.

Os Estados se encontram diante de um desafio: governar em matéria econômica quando não são os donos do mercado mundial; ou então pesar o bastante para que a gestão da economia global não lhes escape. Quando se diz que, com o "governo de empresa", passamos de um modelo de patrimonialização para um modelo de contratualização, isto dá bem a medida da transformação radical que se opera[18]. A estabilidade requer um equilíbrio cuidadosa e habilmente estabelecido entre a liberdade dos mercados e a prestação de bens públicos. Ora, mesmo subdesenvolvidas, as estruturas de gestão mundial, destinadas a perseguir as obrigações de política pública em um mundo interdependente, vêm suprir as decisões estatais na matéria. O GATT,

---

[17] Cf. Janice E. THOMSON, "State Sovereignty, *op. cit.*; Peter A. TOMA, Robert F GORMAN, *International Relations, Relations : Understanding Global Issues*, Brooks/Cole Publ. C°, Pacific Grove, Ca., 1991.

[18] Alain COURET, "*Le gouvernement d'entreprise. La corporate governance*", no *Dalloz Hebdomadaire*, 22, 8 de junho de 1995, pág. 163-167.

por exemplo, não hesitou em negociar acordos até sobre os fluxos transfronteiriços gerados pelos serviços e pelas indústrias baseadas na informação. É verdade que "as diferenças entre sistemas de criação de direito comercial, de impostos, de seguro social, de tomada de decisão administrativa, de gestão das sociedades, de direito do trabalho [...] têm um efeito sobre a maneira como as empresas rivalizam com as dos outros países no comércio e nos investimentos diretos". Isto trouxe queixas, pois essa situação traz "uma fricção de sistemas fundada sobre um sentimento de injustiça e de incompreensão[19]. A convenção de Marrakech e o estabelecimento de uma Organização Mundial do Comércio[20] situam-se nessa linha: quer dizer que a suplência está destinada a crescer, e até se transformar em evicção por parte da autoridade estatal em matéria de decisão econômica.

O mesmo pode ser dito quanto à segurança. A natureza da segurança global mudou. Centrada tradicionalmente na segurança dos Estados, ela se orienta rumo à segurança de todas as pessoas e do conjunto dos habitantes do planeta[21]. Algumas idéias prevalecem, fundamentadas na construção da confiança, da cooperação, da transparência, do desarmamento progressivo, da conversão das economias de guerra e das indústrias de armamento, da desmobilização, da desmilitarização[22]. Esses objetivos ultrapassam as fronteiras nacionais. E tanto isto é verdade que vemos intervenções cada vez mais freqüentes acontecerem em questões internas dos países por motivos de segurança global.

Em se tratando de segurança global, há dificuldades em estabelecer uma fronteira entre a segurança no sentido militar, e a segurança vinculada às considerações econômicas ou humanitárias. A estratégia sugerida é uma estratégia preventiva "compreensiva", no sentido weberiano do termo. Ela está centrada em causas ao mesmo tempo políticas, sociais, econômicas e ambientais. É verdade que muitas crises têm por origem a pobreza e o subdesenvolvimento.

A globalização deste tema da segurança, escapando progressivamente à soberania dos Estados-nações, acarreta uma mudança do próprio sentido desse conceito. Ele se estende, de fato, chegando a criar um novo conceito, o da "segurança humana"[23] que visa as ameaças crônicas à dignidade: a fome, as

---

[19] *Our global Neighborhood, op. cit.*, p. 138.

[20] Sobre a convenção de Marrakech (15 de abril de 1994), o GATT e a OMC, cf. Maurice-Pierre ROY, "L'Organisation Mondiale du Commerce", em *Droit Prospectif. Revue de la Recherche Juridique* (Aix-en-Provence), 1995/3, pág. 763-798.

[21] *Common Responsibility in the 1990's: the Stockholm Initiative on Global Security and Governance (April 22, 1991),* Prime Minister's Office, Stockholm, 1991.

[22] *Our Global Neighborhood, op. cit.*, p. 84.

[23] Cf. *Humand Develpment Report*, 1994.

doenças, a repressão. Acrescente-se a isso a proteção contra as rupturas súbitas e brutais dos modelos da vida cotidiana. Sem esquecer essa parte da segurança do planeta que passa pela proteção do ambiente, e a manutenção do equilíbrio climático que evocamos anteriormente. A segurança global oferece, portanto, aos Estados múltiplos motivos para intervenção nos assuntos que, até aqui, não teriam sido motivo para sua preocupação. Os Estados são levados, em nome da segurança global, a participar da antecipação e da prevenção das crises, mesmo que, no plano individual, não tenham a menor vontade de se imiscuir com o que se passa do lado de fora de suas fronteiras.

No que se refere especificamente ao problema da produção da norma jurídica, podemos a justo título levantar algumas questões quanto à autoridade dos Estados nesse processo. O que ocorre com a soberania de um Estado que se encontra em posição de minoria por sua não adesão? E, em caso de adesão, o que ocorre com a soberania dos Estados que não dão o seu aval a uma das missões previstas? Falamos aqui, e para o momento, de Estado suprido: o Estado suplantado não está muito distante.

O direito estatal suplantado

O direito estatal corre o risco de ser concretamente suplantado por outros tipos de regulação global em decorrência do aparecimento de ordens espontâneas que escapam à regulação estatal, bem como pela ameaça que pesa sobre o equilíbrio internacional.

Um tema bastante comum, por exemplo, nos dias de hoje, é o surgimento dos mercados financeiros espontâneos. Esses mercados "amigáveis se desenvolvem sem autoridade de mercado quando são organizados, e sem regras de organização externamente fixadas, quando são amigáveis"[24]. As companhias multinacionais, transformadas em agentes centrais da globalização das relações econômicas, escapam largamente à regulação tanto nacional quanto internacional. O direito estatal, que tem sempre, em princípio, o monopólio do direito, surge como uma estrutura cada vez mais ausente quando se trata de relações jurídicas de fato, que se fazem cada vez mais à margem do direito estatal.

Isto também pode ser observado na questão, cada vez mais desenvolvida, das formas alternativas de solução de conflitos que surgem e funcionam fora da regulação estatal no sentido estrito e que, conseqüentemente, escapam ao controle do Estado. Essas formas fazem atualmente parte da cultura jurídica

---

[24] Marie-Anne FRISON-ROCHE, "Le cadre juridique de la mondialisation des marchés financiers", em *Banque et droit*, n° 41, maio-junho de 1995, pág. 46. Cf. também André-Jean ARNAUD et Beinan XUE-BACQUET, "Le droit des marchés financiers entre modernité et globalisation", dans *L'Année Sociologique*, 1999/1.

tanto das grandes empresas quanto dos indivíduos que, por motivos que variam de uma sociedade para outra, preferem passar sem a ordem judiciária instaurada e controlada pelo Estado – mesmo sem a proteção que possam esperar dela. Nessas hipóteses, o Estado se vê suplantado sem querer na sua prerrogativa de "proferidor de direito". Os sociólogos nos ensinam, precisamente, que o direito perde atualmente terreno em favor de formas alternativas de regulação social e de solução de conflitos; que os direitos do homem não são um conceito abstrato, mas assumem formas variadas conforme as culturas que os reconhecem, sem o que se trataria de uma nova marca de etnocentrismo europeu; e que a ética, a religião, as regras de convívio que emanam do grupo se tornam cada vez mais freqüentes, Tudo isto ocorre à margem do Estado, e até mesmo contra ele[25]. Eles nos ensinam, também, que não se trata de uma panacéia, que os abusos são numerosos, que é preciso temer, aliás, os efeitos perversos dessas novas formas de vida sociojurídica.

Mas é quando se trata do equilíbrio internacional que podemos com mais facilidade, no momento atual, observar como o Estado se deixa suplantar na sua prerrogativa de proferir o direito. Seria interessante lembrar que o equilíbrio das nações foi o motor da regulação jurídica das grandes potências" durante o século XVI, na Europa[26], como resultado da conjunção de uma prática e de um pensamento políticos. Ao lado de um François I manobrando diante de Carlos Quinto, ou de um Wolsey mudando as alianças da coroa da Inglaterra segundo as necessidades de um tal "equilíbrio", vimos nascer obras como a *Querela Pacis* de Erasmo, ou o *De Jure Belli ac Pacis* de Grotius. Eles fundamentaram o direito internacional sobre o princípio do equilíbrio entre as nações. Encontramos aí regras modernas, claras, sistemáticas, bem como (já!) ajustificativa para a ingerência nos assuntos internos dos países estrangeiros. Esta última foi motivada pela ética (uma ética ocidental) e apresentada como o único meio de levar ajuda a minorias oprimidas, de restabelecer os princípios "universais" ou "naturais" violados publicamente, de manter um "equilíbrio" ameaçado por algum soberano que concentrasse em suas mãos um tal poder que seus vizinhos não teriam mais nenhuma chance de igualdade em um confronto armado.

Como sabemos, essa busca de um equilíbrio europeu resultou em uma Europa de nações. A situação contemporânea seria um tipo de revanche do universalismo da filosofia "moderna" do direito e do Estado através da globalização? Fala-se muito do desenvolvimento de princípios, de estratégias,

---

[25] Bibliografia fundamental. "Alternativo" em *Dicionário Enciclopédico de Teoria e Sociologia do Direito, op.cit.* Cf. também meus textos: "Du jeu fini au jeu ouvert. Réflexions additionnelles sur le droit postmoderne", em *Droit et Société*, 17-18, 1991: 38-55; "Droit et Société: du constat à la construction d'un champ commun", em *Droit et Société*, 20/21, 1992: 17-38.

[26] Cf. a introdução de *O Pensamento Jurídico Europeu, op.cit.*

de normas de administração e de desenvolvimento de políticas públicas mundialmente aceitas. Isto é flagrante em campos como a proteção mundial da saúde, a salvaguarda generalizada dos direitos do Homem, ou a vontade de extensão dos regimes políticos democráticos ao conjunto dos países da superfície do planeta. Tomemos este último ponto, bastante revelador de uma perda progressiva de autonomia por parte dos Estados em matéria de regulação pelo direito.

É ao mesmo tempo de cima e de baixo que se implementa progressivamente uma democracia à ocidental na superfície do globo[27]. De cima: a ONU clama por umaimplementação globalizada da democracia. Daí, mergulhamos no paradoxo. De um lado, é por intermédio do direito e das instituições internacionais que ela conta fazê-lo; do outro, vemos na realidade, os países ainda denominados "grandes potências mundiais" se erguerem – à margem do direito e das instituições internacionais – como promotores da democracia. De um lado, enaltecemos o papel dos Estados na aplicação de um direito internacional em virtude da sua soberania, que lhes dá legitimidade na produção da regulação jurídica e da coerção. Mas de outro lado, os EUA fazem o bloqueio a Cuba, enquanto que os aliados de Washington não se furtam a criticá-lo por agir solitariamente[28].

Repetimos com pesar que a Corte de Justiça de Haia foi pouco a pouco marginalizada, e clamamos pela instituição de uma Corte Criminal Internacional. Ressaltamos o exemplo do Centro de Solução de Conflitos em matéria de investimentos criado em 1965[29]. Mas, ao mesmo tempo, o Tribunal Penal Internacional de Haia se pergunta como fazer comparecer Ratko Mladic e Radovan Karaszic, e a França se opõe, na ONU, à criação da Corte Criminal Internacional[30].

---

[27] Cf. David HELD, *Democracy and the Global Order: From the Modern State to Cosmopolitan Governance*, Polity Press, Cambridge, Reino Unido, 1995; Benjamin R. BARBER, *Jihad vs. McWorld*, Times Books, Random House, 1995; ID., *Strong Democracy. Participatory Politics for a New Age*, Univ. of California Press, Berkeley/Los Angeles, CA., 1984; ID., "Global Democracy or Global Law: Which Comes First?" em *Indiana Journal of Global Legal Studies*, 1 /1, 1993, pág. 119-137; Zehra F. ARAT, *Democracy and Human Rights in Developing Countries*, Lynne Rienner Publ., Boulder, CO., 1991; Robert PINKEY, *Democracy in the Third Worl*, Lynne Riener Publ., Boulder, CO., 1994; Francis FUKUYAMA, "Liberal Democracy as a Global Phenomenon" em *Political Science and Politics*, V, 24/4, pág. 659-664.

[28] "Paris apela para o respeito à legalidade internacional ", *Le Monde*, 4 de setembro de 1996, pág. 3. "Parece ser eminentemente desejável que a mundialização não desemboque em uma estruturação imperial da sociedade internacional" (Brigitte STERN, "Les ÉtatsUnis et le droit impérialiste", em *Le Monde* de 12 de setembro de 1996, pág. 12).

[29] *Our Global Neighborhood, op. cit.*, 310, 323, 326 e passim.

[30] Cf. *Le Monde*, respectivamente de 27 de junho de 1996, pág. 16, e de 6 de setembro de 1996, pág. 6.

E se nos comprazemos em mostrar a proximidade que existe entre o direito nacional e o direito internacional em razão da forma de produção bastante similar, introduzimos, em contrapartida, a idéia de que a democracia não seria talvez um assunto somente dos Estados. Vemos até surgir uma nova definição do direito internacional, que leva à intervenção de outros agentes além do Estado: "O direito internacional compreende o conjunto de regras e de princípios jurídicos aplicados entre os Estados e também entre eles e outros agentes, aí incluídos os da sociedade civil global e outras organizações internacionais. [...] O desafio, hoje - como no âmbito nacional - está em manter o respeito para com o direito que foi desenvolvido. [...] Embora os Estados sejam soberanos, eles não são livres para fazer individualmente aquilo que desejam."[31]

Eis que surge a democratização global por baixo. São os "movimentos sociais", inicialmente, que, nos países que não possuem uma tradição ou uma situação democrática, criam uma definição alternativa da democracia, baseada na necessidade de ampliar esta última, e para nela incluir práticas sociais e culturais, que não sejam somente as do Estado[32]. Daí resulta uma nova concepção de cidadania, e é através desta que o próprio conceito de democracia será renovado.

Moradia, saúde, educação, direitos dos agricultores sem terra, defesa do meio ambiente, preocupações ecológicas, igualdade de raças e de sexos, livre utilização do corpo e liberação dos comportamentos ligados à sexualidade motivam o aparecimento de grupos de luta pela igualdade de direitos e a instalação de democracias efetivas. As pessoas, a partir da base, reclamam o direito à diferença, de tal forma que a diferença não seja mais uma fonte de desigualdade, e que um Estado não tenha mais qualquer direito a rechaçá-la sob o pretexto de estabelecer uma igualdade como base de um regime democrático. A cidadania é então entendida como um estatuto, mas também substancialmente como um conjunto de atitudes, de papéis e de espectativas, que não obedecem necessariamente a delimitações territoriais[33].

Porém, quando olhamos para os fatos, constatamos que estamos muito longe de um projeto desse tipo no plano mundial. A maioria das decisões que afetam milhões de pessoas são tomadas fora das fronteiras de seus países, sem o seu consentimento, e até mesmo sem que elas saibam. Elas são tomadas pelos governos dos países centrais, pelas empresas transnacionais, por instituições inacessíveis como o FMI, o Banco Mundial, o G 7. Da mesma forma, muitas

---

[31] *Our Global Neighborhood, op. cit.*, pág. 304 sq.

[32] Evelina DAGNINO, "An Alternative World order and the Meaning of Democracy", em *Global Visions, Beyond the New World order*, South End Press, Boston, 1993, pág. 239 sq.

[33] Richard FALK, "The Making of Global Citizenship", em *Global Visiotts, op. cit.*, pág. 39 sq.

das medidas adotadas para salvar, por exemplo, o meio ambiente "global" aparecem sob outro ângulo como um "imperialismo verde"[34]. Algumas, fundamentadas em uma argumentação irreprochável do ponto de vista dos países centrais, como a redução da poluição ou a luta contra a superexploração dos recursos naturais, ou ainda em matéria de agricultura, são recebidas no cotidiano como mais entraves para o desenvolvimento de países menos desenvolvidos ou mais endividados, e até mesmo obstáculos desmesurados para a manutenção da vida de seres humanos nos países mais pobres. Está claro que os "diktats" externos suplantam muitas vezes o Estado na sua soberania de regulação social, a despeito de todas as aparências.

Em resumo, "quer que o deploremos ou quer que nos alegremos, nossos países não mais constituem, e cada vez menos constituirão no futuro, os lugares no seio dos quais as políticas economicas poderão ser conduzidas"[35]. Nos últimos decênios, o direito estatal não parou de perder o seu "império". Atualmente, coexistem no mesmo espaço político ordens jurídicas estatais e não-estatais que são um desafio à concepção moderna de Estado e de direito. A intensificação generalizada das práticas transnacionais assim como os acordos regionais interestatais contribuem para a contestação das soberanias nacionais, tais como foram tradicionalmente concebidas, e para a globalização de conceitos e de práticas jurídicas que lembram antigas reivindicações dos antipositivistas. Estes não cessaram historicamente de se colocar em guarda contra a onipotência do Estado contra a inviolável "liberdade natural" do indivíduo – os direitos do homem são anteriores ao aparecimento do Estado. Muitos dentre eles reclamaram infatigavelmente a liberdade do comércio para além das mesquinharias das regulamentações estatais que se dizem protetoras dos cidadãos em detrimento do comércio – essa livre concorrência que o neoliberalismo reivindica hoje em nome da lei do mercado.

É forçoso constatar que não podemos mais falar de regulação social, de regulação jurídica, de produção normativa, de produção do direito, de tomada de decisão política... sem levar em consideração a fragmentação da soberania e a segmentação do poder que caracterizam as sociedades contemporâneas. Fragmentação, porque o princípio de que o Estado tem a autoridade suprema sobre todas as matérias no interior de suas fronteiras territoriais não se verifica mais nos fatos. Segmentação, porque, na medida em que essa fragmentação coincide com os domínios de ação específicos, o poder se encontra fracionado em campos de regulação relativamente autônomos, tendo cada um seu objeto, seus agentes e suas formas de decisão e de implementação dessas decisões.

---

[34] Cf. Vandana SHIVA, "The Greening of the Global Reach", em *Global Visions, op. cit*, pág. 53 sq.

[35] Dominique STRAUSS-KAHN, "Souverains mais solidaires", em *Le Monde*, 15 de maio de 1992. O autor era então ministro da Indústria e do Comércio Exterior do governo francês.

Entende-se, portanto, que as formas de produção da regulação – e mais precisamente as formas de produção do direito – não podem deixar de ser afetadas.

Formas contemporâneas de produção e de implementação das normas jurídicas

A situação contemporânea é ao mesmo tempo confusa e complexa. Percebe-se, com efeito, uma sólida permanência das formas de produção normativas tradicionais, nos interstícios da qual vêm infiltrar-se tipos de produção jurídica que poderíamos qualificar como "pósmodernos" na medida em que constituem uma superação – e muitas vezes *a contrario* – da filosofia "moderna" do direito e do Estado.

Estado descentrado, Estado reforçado

A permanência de uma produção jurídica do tipo tradicional se deve a um certo número de fatores. Existe, inicialmente – mas não insistiremos neste ponto –, toda uma série de matérias nas quais a persistência de uma produção de regulação pelo direito não traz qualquer problema. O mesmo ocorre com muitas matérias que tocam no que, nos direitos que se relacionam com a nossa tradição jurídica, diz respeito ao direito civil. Trata-se, também, de uma série de efeitos perversos que fazem com que um Estado descentrado tenda a reforçar-se. Trata-se, enfim, da dificuldade que existe, na realidade, em distinguir o "global" do "internacional". Essa última situação contribui para desenvolver uma imagem do Estado, que poderíamos esboçar sob duas rubricas: como uma última cidadela contra a invasão do "global", ou como o último ator capaz de representar o papel do guarda.

O Estado Cidadela

Não é de hoje que se fala do desencantamento do Estado[36]. E no entanto o Estado ainda está aí, e bem sólido. Ele até mostra, depois que previsto o seu declínio, ou até declarada a sua morte, uma volta à cena espantosa. Para muitos, com efeito, e apesar de todos os defeitos que ninguém se cansa de atribuir-lhe, ele surge como o único agente de peso suscetível, em muitos casos, de proteger contra essa nova "ordem global" que se introduz através da economia.

Mesmo que esse refortalecimento do Estado apareça para os futuristas da gestão mundial como um obstáculo a um verdadeiro governo global, a prática

---

[36] Helmut WILLKE, *Entzauberung des Staates,* Athenâum, Königstein, 1983.

contemporânea reconhece que os Estados e os seus governos ainda são primordiais. Embora se mostre problemático, o Estado ainda é o melhor agente para que se obtenham os resultados esperados de tomadas de decisão que muitas vezes o ultrapassam, e para incorporar a essas decisões os controles e as salvaguardas necessárias.

Não há dúvidas de que não cabe uma visão maniqueísta sobre a questão. Muito curiosamente, o próprio Estado participa, sob diversos aspectos, da sua própria descentralização. Podemos analisar este processo de maneira muito diferente do que parece, e ver na propensão do Estado, para organizar a sua própria descentralização, uma forma de recuperar o seu poder, talvez de assegurar a sua expansão segundo novas modalidades. As políticas de retorno a uma maior responsabilidade comunitária, quando são sustentadas pelo Estado, ressoam como uma estratégia de poder[37]. Ao estabelecer, ele mesmo, as regras do jogo dessas comunidades, assegura uma reprodução da sua imagem que, no fim das contas, leva a um questionamento da distinção até aqui clara entre o que dizia respeito a uma regulação do Estado e do que não dizia. O direito estatal, com efeito, pode se desengajar e ao mesmo tempo estar mais presente. De um lado, por exemplo, ele se desengaja progressivamente e de forma confessada da sua função de Estado-de-bem-estar; mas, ao mesmo tempo, desenvolve o seu apoio às corporações e ao capital transnacional. De um lado, ele parece perder a sua soberania se engajando em um processo comunitário (por exemplo, no nível da União Européia); mas, ao mesmo tempo, ele reforça a sua posição com sua presença forte nos organismos comunitários e supra-estatais de segurança pública.[38]

Pode-se dar uma explicação desse fenômeno através da distinção entre direito e regulamentação[39]: é através desta que o Estado estaria se reintroduzindo, mesmo que de uma maneira "larvar", nas questões econômicas. E isto não é absolutamente inexato; mas, ao mesmo tempo, podemos nos indagar se essa visão ainda não é um tanto maniqueísta; pela definição restritiva que ela apresenta do direito, constitui um retorno aquém da concepção positivista comumente aceita por nós; além disso, ela não leva em grande conta as diferenças de cultura jurídica – notadamente entre a nossa concepção romano-canônica e a concepção do direito e a prática jurídica anglo-saxônica;

---

[37] Sobre o fato de que as experiências alternativas terminam por reforçar o controle do Estado, cf. Stanley COHEN, *Visions of Social Control,* Polity Press, Cambridge, 1985, pág. 30-31, citado por Wanda DE LEMOS CAPELLER, "Fênix e o Eterno Retomo: a dialética entre a "imaginação criminológica" e a força do Estado", em Edmundo LIMA DE ARRUDA JR *et al., Lições de Direito Alternativo 2,* Editora Acadêmica, São Paulo, 1992, pág. 66-67.

[38] Cf. "Globalisation de la démocratie ou globalisation du contrôle?" em Wanda DE LEMOS CAPELLER, *L'engrenage de la répression,* LGDJ, Paris, 1995, pág. 195-215.

[39] Marie-Anne FRISON-ROCHE, "Les enjeux de la dérégulation", em *Revue des Deux Mondes,* set. 1996, pág. 68-78.

tal concepção, enfim, não integra talvez um certo numero de fatores que modificam radicalmente a natureza do processo contemporâneo de produção da nova regulação.

Seja como for, existe uma série de efeitos perversos de uma segmentação da qual poder-se-ia pensar que atuaria sistematicamente em detrimento do Estado. Da fragmentação da soberania estatal, poder-se-ia também induzir o aparecimento de uma nova lógica que substituiria aquela, simples, da delegação de autoridade pela sociedade civil ao Estado. Não é assim que ocorre. Nós não percebemos (pelo menos não por enquanto) modelo coerente de lógica clara neste desenvolvimento diferenciado do Estado. Os ritmos de desengajamento são diferentes, os processos são mesmo, algumas vezes, contraditórios. Não existe uma dialética rigorosa do descentramento e do recentramento.

Isto se deve provavelmente, pelo menos em parte, à diversidade dos modos de apreensão destas questões. De um lado, pretende-se restaurar a função reguladora do mercado, considerada como uma ordem espontânea[40], eficaz e garantidora da liberdade. Tal afrontamento praticado segundo regras e decidido por uma superioridade de habilidade, de força ou de sorte[41] não é limitado pelo emprego da violência, reduzida "à manutenção em vigor efetivo de regras de justa conduta uniformes e igualmente aplicáveis a todos"[42]. A intervenção por via da autoridade, em um tal contexto, só faria criar a desordem : a lei deve se limitar a melhorar as oportunidades de todos. Essa idéia de um Estado mínimo, condena toda medida protecionista como imoral e injusta[43]. De outro, mantém-se a concepção de um Estado como última proteção para os seus cidadãos, mesmo à custa de medidas protecionistas. Até mesmo os Estados Unidos, ao produzirem um *Communication Decency Act* (1 de fevereiro de 1996) para lutar contra a pornografia na rede INTERNET, dificilmente controlável devido às suas dimensões, não fogem à regra. A China, temendo a subversão, toma medidas para controlar os servidores. A Europa age da mesma forma para levar os próprios operadores a controlar as informações que eles colocam em linha.

Além disso, existe um paradoxo no fato da globalização diminuir o papel do Estado. E a este último, na realidade, e por mais estranho que isso possa parecer, que cabe assegurar a melhor regulação possível da esfera social no

---

[40] Friederich A. HAYEK, *Law, legislation and liberty*, trad. francesa *Droit, législation et liberté*, t. 2, *Le mirage de la justice sociale*, PUF, Paris, 1981, ch. 10, "L' ordre de marché ou catallaxie", p.129 sq.

[41] *Ibid.*, p. 139.

[42] *Ibid.*, p. 148.

[43] Faz-se aqui referência, obviamente, aos desenvolvimentos de Robert NOZICK, *Anarchie, État et Utopie*, trad. française, PUF, Paris, 1988.

difícil contexto sócio-econômico, descrito acima como sendo conseqüência da globalização das trocas. Ele o faz através de políticas públicas, mas sobretudo editando regras de direito. Na realidade, ao Estado cabe oficialmente o papel de melhorar o funcionamento do mercado, de promover a eqüidade e de proteger os trabalhadores vulneráveis. A intervenção dos poderes públicos se justifica plenamente pelo fato que eles podem se apoiar sobre os movimentos sociais locais. Eis aqui um outro paradoxo: ao fazê-lo, o Estado garante uma participação da sociedade civil na produção da regulação jurídica. Também paradoxalmente, a globalização das trocas proporciona, pela mesma ocasião, um novo impulso aos sindicatos que são racionalmente os interlocutores natos para toda negociação coletiva sobre os salários e as condições de trabalho no seio das empresas. Cúmulo do paradoxo: é da regulamentação estatal – em princípio marginalizada pelo aparecimento de múltiplos centros de decisão de regulação – que se espera ou se requer ainda fixar as regras do jogo entre empregados e empregadores: direitos e deveres reciprocos, regras de higiene, regras de segurança...

Ao mesmo tempo que se faz cada vez menos presente em razão do aparecimento de autoridades concorrentes, o Estado consegue se reforçar no decorrer desta dinâmica complexa que se estabelece entre o global e o local. E ele o faz, no essencial, segundo modalidades de produção da norma jurídica tradicional.

O Estado-gendarme

Não somente o Estado-nação está longe de estar moribundo, mas ele é até mesmo instigado a desenvolver seu poder tradicional de regulação e de coerção pelo direito. É, de fato, com ele que contam as instâncias supra-estatais para implementar, no interior das fronteiras nacionais, as decisões que são tomadas no exterior.

Até mesmo aqueles que advogam por uma "governância global" proclamam bem alto: "O Estado de direito foi a pedra angular ética de toda sociedade livre; respeitá-lo é tão essencial para a comunidade de vizinhança global quanto para a comunidade nacional. Falar de "governance" global sem direito seria contraditório. Sua primazia é uma précondição para uma *"governance"* global efetiva"[44]. Eles não hesitam em afirmar a necessidade de utilizar os poderes do Estado para estimular de forma equilibrada as energias de um setor privado que garanta lucro, aquelas dos mercados globais, assim como a competividade e para garantir a segurança, um quadro de regulação

---

[44] Commission on Global Governance, *Our Global Neighborhood,* op. cit, p. 67, e ch.6 sobre o reforço do Estado de direito no mundo inteiro.

para a competitividade, um meio ambiente de qualidade e um sentido de eqüidade e de coesão social.

Este indispensável apelo ao Estado tradicional, que chega a ser mesmo um *leitmotiv*, é bastante paradoxal visto que o objetivo confesso dos autores deste relatório sobre a governância global consiste em reformar a ONU para reforçar os poderes desta instituição em detrimento daqueles dos Estados-membros. No final do seu relatório, retomam o tema em termos pouco duvidosos: "A comunidade de vizinhança global do futuro deve ser caracterizada pelo direito, não pela ausência de direito"; mas sem esconder o paradoxo: "A produção do direito evoluiu, mas a sua progressão no centro do sistema presente permanece uma herança do passado. Ela convinha a uma comunidade mundial abrangendo relativamente poucos Estados e onde a tecnologia, a população e o meio ambiente não constituíam temas de preocupação. Tratava-se de uma abordagem "de lazer" – como se fosse um passatempo de clube – da produção do direito internacional, que simplesmente, não pode mais servir à sociedade global contemporânea."

Em suma, os Estados-nações continuam indispensáveis para desempenhar o papel de guardas, de "gendarmes" de uma ordem internacional que não pode mais ser objeto de uma regulação pelo direito internacional clássico – sem todavia, questionar a natureza consensual do direito internacional em si. Ainda se diz: "A fraqueza do sistema jurídico internacional, hoje, é largamente um reflexo da fraqueza do sistema internacional no seu conjunto." Enquanto se espera uma reforma em profundidade da regulação internacional, são os Estados que continuam a ser os produtores de direito e também os encarregados de sua aplicação[45].

Estado descentrado, Estado reforçado: no domínio específico do controle, Stanley Cohen já havia enunciado este princípio. Podemos generalizá-lo aqui ao conjunto do direito. O Estado, no contexto econômico e financeiro mundial, desempenha ainda um papel capital, e principalmente de fortaleza e de "gendarme", mesmo se devemos relativizar as diferenças entre funções que se mostram muitas vezes complementares.

Estado anêmico, novas diplomacias

A essa permanência de uma produção jurídica de tipo tradicional se soma a emergência de um tipo de produção jurídica que poderia ser qualificada de "pós-moderna". Ela provém da renovação da concepção do papel do Estado, levado a se transformar amplamente em estratego, bem como do forte retorno

---

[45] *Ibid*, p. 329-333, *passim*.

da sociedade civil, que o Estado tem que levar em consideração e o qual ele deve levar em conta.

O Estado-estrategista

Pode-se perguntar se o essencial do papel do Estado consiste nas funções onde ele continua exercer um poder, no final das contas, bem tradicional de enunciador de direito; sua verdadeira função não seria hoje, preferivelmente, a de "definir as regras do jogo e harmonizar os comportamentos dos atores econômicos"[46], em outras palavras, a de ser "um regulador"?

É um tema comumente debatido nas nossas comunidades científicas; e um dos principais interesses da controvérsia consiste provavelmente na análise da passagem da ação política do modo de governo à governância. A idéia é de que as regras estabelecidas no após-guerra não podem mais assegurar uma boa estabilidade da ordem internacional. Hoje, os grandes poderes tradicionais são confrontados com as exigências do resto do mundo que tem o seu recado a dizer na governância global. Tudo isso é agravado pela corrupção, pela criminalidade, pelas forças que se aproveitam desta instabilidade. As noções de cidadania, de soberania e de autodeterminação são desafiadas.

Diz-se de alguns campos da soberania que eles devem ser exercidos coletivamente[47]. De fato, territorialidade, independência, não-intervenção perderam progressivamente os seus significados: permeabilidade crescente das fronteiras, fluxo global da moeda, das ameaças, das imagens, das idéias, fizeram desabar as barreiras nacionais que protegiam a autonomia e o controle estatal. Muitas das ameaças sobre a humanidade decorrem de problemas que nascem no seio das nações (guerras civis, conflitos étnicos). A soberania territorial está ameaçada igualmente pelos "movimentos transfronteiriços ilícitos". Além disso, a gestão dos negócios nacionais tem, cada vez mais, repercussões que ultrapassam as fronteiras, como as alterações nas políticas de taxas de juro na Alemanha, no Japão ou nos Estados Unidos, que têm efeitos imediatos sobre a dívida nacional e as perspectivas de emprego nos outros países do mundo. É preciso levar ainda em conta os interesses fundamentais da humanidade que prevalecem às vezes sobre os direitos ordinários dos Estados particulares.

Em síntese, os Estados continuam a assumir importantes funções e devem ter os meios para realizá-las. Mas isto só pode ocorrer com o consentimento permanente e a representação democrática das pessoas. Eles são progressivamente requisitados mais no sentido de implementar estratégias com base nos

---

[46] Jacques CHEVALLIER, *Institutions politiques*, LGDJ, Paris, 1996, p. 158.

[47] *Our Global Neighborhood, op. cit.*, p. 67: "Os países devem aceitar que, em certas áreas, a soberania deva ser exercida coletivamente."

interesses dos cidadãos, do que funcionar no sentido *top-down* para o bem-estar destes últimos e segundo os padrões dos governantes. Sob as condições da globalização, como o Estado vai governar? *Governo* : eis, aliás, uma palavra que convém dissecar. Governar é exercer um poder, o "poder governamental", ligado à soberania do Estado. Designa-se por "governo", na linguagem corrente, esta parte da estrutura estatal que detém o poder de dirigir um Estado, de agir de forma adequada para tal, de executar as diretivas do ou dos detentores da soberania. A efetividade deste governo depende da "governabilidade" de que ele dispõe num contexto determinado"[48]. Se essa governabilidade diminui ao ponto de entravar sua ação, será que se pode ainda dizer do governo que ele governa? Não seria conveniente procurar um termo que correspondesse mais especificamente à margem de manobra de que ele dispõe? Alguns termos tendem precisamente a se substituir aos de "governo", de "lei" e mesmo de "regulamentos" : são os de "governância", de "políticas públicas", de "ação direta", de "resolução de conflitos"[49].

Tratando-se especificamente de "governo", os anglo-saxões dispõem de dois termos : "*government*" e "*governance*". Este último, associado à palavra "global", no sentido exposto mais acima, passou a sugerir uma espécie de condução dos negócios que não estaria absolutamente ligada a uma onipotência do tipo daquela que é atrelada à soberania estatal. Seria mais do que "pilotagem" ou "condução" ou "orientação" (facilmente identificado com o termo inglês "*control*"[50]) e menos do que "governo" propriamente dito.

A Comissão sobre a "Global Governance" definia a "governance" como "a soma das diversas vias através das quais indivíduos e instituições, tanto da esfera pública como da esfera privada, conduzem seus negocios comuns"[51]. Trata-se, pois, antes de mais nada, de uma gestão, de uma administração, mas que não se reduziria a gerencia ou intendência. Isto supõe também autoridade, mas uma autoridade compartilhada : enquanto que a ação do poder executivo exclui toda escolha de ação que não a sua, a condução dos negócios "globais" exige uma gestão coletiva. Evocar o governo pela "governance" remete, portanto, a uma visão radicalmente diferente daquela que nos legou a filosofia política "moderna" da soberania estatal. Nós utilizaremos o termo "governância" para designar o que não tem ainda equivalência em um

---

[48] Assim, fala-se de uma menor governabilidade contemporânea das democracias ocidentais, cf. Jacques CHEVALLIER, *Institutions politiques*, op. cit., p. 69, citando Michel CROZIER, na RFAP, n. 15, *1980*.

[49] Sobre este aspecto, ver por exemplo a síntese feita por Christine B. HARRINGTON, "Popular justice, Populist Politics: Law in Community Organizing" in *Social & Legal Studies*, 1/2, 1992, p. 180 sq.

[50] Cf. Jacques CHEVALLIER, "O conceito de regulação", *op. cit.*, p. 86.

[51] *Our Global Neighborhood*, *op. cit.*, p. 2 (TDA).

vocabulário estabelecido para dar conta de uma realidade que não tem nada a ver com aquela que nós começamos a viver.

Este tipo de olhar evoca os propósitos defendidos sobre a regulação. Pelo próprio fato de que a regulação se torna um paradigma, ela tem semelhança com a uma orientação da ação no contexto de um sistema organizado, mantendo trocas com o seu meio ambiente e implementando processos de adaptação. Será que devemos nos surpreender com isso quando se sabe de um lado que a regulação se tornou uma palavra-chave das análises econômicas e financeiras e, de outro lado, que os Estados contemporâneos são instados – seja pelo direito ou pelo modo que melhor lhes pareça – a assegurar, antes de tudo, a regulação da economia e dos mercados financeiros?[52]. O perigo é tão grande que nossos melhores juristas denunciam "uma verdadeira decomposição do sistema jurídico pelo mercado"[53].

Falar de regulação implica um outro interesse, pressupondo a "idéia de *harmonia dos interesses*", a possibilidade de "fazer coletivo a partir do individual" ao mesmo tempo que a "racionalidade da organização social", um "universo social pacificado", e a imagem de "um terceiro regulador", uma instância capaz, por sua posição de exterioridade e de superioridade em relação aos interesses em jogo, de trazer de volta a diversidade à unidade, a heterogeneidade à homogeneidade, a desordem à ordem[54]. Aplicada à ação do Estado, a regulação é assim susceptível de restituir a este último uma legitimidade, fazendo dele "o princípio da ordem e da coesão"[55]. Mas "regulação" se aplica também, em contrapartida, ao "mercado" dotado, segundo a doutrina neoliberal, de uma função reguladora bem mais susceptível que o Estado de harmonizar racional e eqüitativamente os comportamentos. Ao Estado, é então solicitado, consequentemente, conduzir políticas de desregulação[56]. Em última instância, pode-se falar de "governância" sem governo[57].

O Estado se torna, em larga medida, um estrategista. Os chefes de Estado se transformam sem pudor em caixeiros viajantes. As reestruturações das

---

[52] Cf. Jean-Louis LE MOIGNE, v° "Regulação" em *Dicionário Enciclopédico de Teoria e Sociologia do Direito, op.cit.* Na mesma obra, ver também Jacques COMMAILLE, v° "Regulação social".

[53] Jean-Arnaud MAZÈRES, "L' un et le multiple dans la dialectique marché-nation" in *Marché et Nation. Regards croisés,* STERN, Brigitte (org.), Montchrestien, París 1995. p.145.

[54] Jacques CHEVALLIER, "O conceito de regulação", *op. cit.*, p.87-88.

[55] *Ibid., eod.loc.*

[56] Cf. p. ex. T. DAINTITH, (ed.), *Law as an Instrument of Economic Policy: Comparative and Critical Approaches,* New York, 1988; M.F. TOINET, H. KEMPF, D. LACOME, *Le libéralisme à l'Américaine. Le droit étatique et le Marché,* Paris, 1989.

[57] Cf. James N. ROSENAU et Ernst-Otto CZEMPIEL (eds.), *Governance without Government: Order and Change in World Politics,* Cambridge, Univ. Press, Cambridge (UK) New York, 1992, mesmo se a obra é bastante centrada nas questões de organização e de relações internacionais.

forças armadas se desviam em problemas de ética política e jurídica: é necessário optar pelo voluntariado ou pela benevolência do serviço militar nacional voluntário? Da mesma forma, o Estado se esgota em táticas para obter, com relação às políticas públicas de proteção do meio ambiente ditadas em escala mundial, soluções de compromisso com os caçadores, os agricultores, os reflorestadores, os industriais e os ecologistas[58].

A redução da atividade estatal em matéria de produção de normas de regulação se torna crucial em um contexto de globalização da economia sob a égide do "mercado". Ao ponto que o grande problema contemporâneo, em matéria de regulação jurídica, consiste em saber se a regulação globalizada é realmente, e no fundo, apenas um simples prolongamento atualizado, da regulação nacional – uma extensão, por imitação, da regulação internacional – fundada sobre a concepção "moderna" da soberania do Estado e da produção estatal do direito. Perceber uma mudança da natureza da regulação sob o efeito da globalização do comércio seria, ao contrário, fundamental pelas conseqüências que isto poderia trazer a médio e longo prazos sobre a nossa relação com o Estado, com a sua soberania, com o seu direito e com as instituições reproduzidas a partir do modelo do Estado como são as instituições de governo regional e internacional.

A governancia se opera, com mais freqüência, através de políticas públicas, que aparecem assim como estratégias destinadas a preservar a identidade de uma comunidade contra agressões externas. Estas políticas podem ser locais, nacionais, regionais. Elas podem também ser globais, se a comunidade a preservar é a do planeta.

A ação direta é a de grupos constituídos que estabelecem no terreno verdadeiras estruturas de ação, em função de laços, de interesses e de objetivos comunitários. Os movimentos sociais são majoritários na origem destas estruturas. Sua ascensão eventual (e relativamente freqüente) ao rol de organizações não-governamentais lhes permite participar no processo de elaboração das normas de regulação. Estas últimas são jurídicas? A distinção precedente entre governância, políticas públicas, ação direta e resolução de conflitos se confirma útil aqui: o direito, de fato, desempenha um papel mínimo na governância e na ação direta. Ele pode ter um papel mais importante nas políticas públicas e na resolução de conflitos – nas quais, repitamos, os tribunais não desempenham mais hoje o único papel, mesmo se ele permanece ainda aparentemente central nas nossas sociedades. Mas, de qualquer maneira, o direito assim evocado é um direito radicalmente diferente daquele que nos

---

[58] Isto é evidente, por exemplo, com a implementação da diretiva "HABITAT", instaurada pelo Conselho de Ministros da Comunidade Européia no mês de maio de 1992, prevendo o estabelecimento de Zonas Especiais de Conservação antes de 2006, e a criação de um esquema global de proteção da natureza e da biodiversidade na Europa com a rede "Habitat 2000".

legou nossa tradição cultural, em particular pelo seu modo de produção. Ele associa cada vez mais, neste campo, a sociedade civil ao trabalho de seus governantes.

O retorno da sociedade civil

É o conjunto das questões ligadas às identidades, às culturas, ao retorno de um conceito de nação não necessariamente ligado ao do Estado que precisaria ser aqui evocado. E também a questão do regionalismo – no sentido de comunidades regionais a partir das quais parecem se delinear novas fronteiras através do mundo, e cuja abordagem não pode ser isolada do contexto global[59]. Dessa forma, o retorno do cidadão através de acordos regionais é um fato novo que coloca em questão a onipotência estatal em matéria de regulação da sociedade. Numerosas novas associações surgem aspirando intervir na produção normativa no âmbito de sua ação específica: no que diz respeito à Europa, por exemplo, associações para prevenção de acidentes domésticos, de consumidores para uma defesa mais eficaz de seus interesses, de trabalhadores sociais, associações mutualistas para um projeto de carta social européia, associação de defesa da infância, de promoção da adoção etc.

O retorno da sociedade civil se manifesta de forma crescente. Isto ocorre de maneira muito visível, nas contestações recorrentes, sobres os assuntos mais diversos, do Estado, do qual justamente se espera que elas emanem, para reivindicar uma participação na elaboração da regulação social, ou até mesmo na elaboração das regras de direito. O que se passa no nível local oculta, com freqüência, uma realidade mais global, que consiste no desenvolvimento de uma contestação generalizada do Estado como modo soberano de regulação das condutas privadas e coletivas, das relações sociais, e geralmente sobre a maneira pela qual ele não consegue gerir uma economia cujas rédeas lhe escapam cada vez mais. Reclamava-se do Estado uma proteção: e já que ele não consegue assegurá-la, procura-se em "outro lugar", procura-se "de outra maneira".

É assim que os movimentos de cidadãos assumem amplitude por toda a parte. É dessa forma que se desenvolvem as Organizações não-governamentais[60], por intermédio das quais as forças sociais organizadas tencionam se

---

[59] Comissões regionais especializadas da ONU esforçam-se em associar as "regiões" à "*governance*" global e em formá-las neste sentido. Cf. *Our Global Neighborhood, op. cit.*, p. 286 sq.

[60] Cf. o caso de Mr. Rafe POMERANCE, Presidente de *Friends of the Earth* (FOE) no início dos anos 80. Ele tinha criado uma parceria entre os EUA e as ONGs canadenses trabalhando sobre as chuvas ácidas. De 1986 à 1993, ele foi *Senior Associated the World Resources Institute (WRI)*, onde se dedicou aos aspectos científicos e de política pública das questões relativas à mudança climática do globo e ao buraco de ozônio. Em 1996, ele foi *Deputy Assistant Secretary of State* para o Meio Ambiente e o Desenvolvimento. Ele foi, assim, chefe da delegação dos Estados

elevar até o nível onde são tomadas decisões intergovernamentais. Agindo em interação uns com os outros, é preciso ainda levar em conta as sociedades internacionais e o mercado global de capitais, sem esquecer os *mass media* globais, cuja influência é considerável, principalmente desde o desenvolvimento das comunicações por redes informatizadas (INTERNET, CompuServe, etc.) e por satélites. Existem, atualmente, novos atores nas tomadas de decisão em matéria política, econômica, social, cultural, ambiental, etc., os quais não é mais possível ignorar.

O termo "*governance*" se revela assim, muito apropriado. Estes atores, de fato, não atuam no campo da ação governamental no sentido estrito. Trata-se da implementação de um processo complexo de tomada de decisão interativa, dinâmica, projetiva, chamada a evoluir constantemente para responder às circunstâncias variáveis. A contribuição de uma diversidade de pessoas e de instituições competentes e interessadas em uma solução satisfatória da gestão se confirma, então, inestimável. Parceria, redes, atores globais, tornam-se conceitos que se substituem à velha idéia da tomada de decisão soberana *top-down* em nome da autoridade pública. O fato de compartilhar a informação, o saber, os recursos e as capacidades, permite desenvolver políticas e práticas mútuas nos interstícios da intervenção estatal ou interestatal sobre questões de interesse comum.

Não se deve ocultar o fato de que se a questão da falta de participação do cidadão está resolvida pelo menos em parte, outros problemas surgem, notadamente, pelo fato da multiplicação do número de atores, o que aumenta a complexidade, já não desprezível, dos processos de decisão. Alguns dos projetos das diversas entidades representadas se revelam compatíveis, outros não. Alguns são motivados por interesses positivos para a humanidade e para o espaço que ela ocupa, mas outros são negativos, interesseiros, e até mesmo destrutivos. Os Estados-nações, únicos detentores legítimos da soberania, possuem, no final das contas, a última palavra; mas é certamente positivo que eles sejam, não obstante, levados a ajustar seus meios a todas as forças que surgem, aproveitando-se, ao mesmo tempo, dos recursos que elas oferecem.

Tem-se um bom exemplo deste diálogo social, desta troca de experiências e de informações, no âmbito dos órgãos institucionais europeus. Existem redes de especialistas nacionais, na maioria das areas que podem ser objeto de políticas públicas. Diversos organismos assistem as autoridades. Por exemplo, há um Comitê econômico e social no qual participam notadamente os parceiros sociais, ou então a Fundação Européia para a Melhoria das Condições de Vida

---

Unidos nas negociações sobre a mudança climática e na Convenção sobre a Biodiversidade. Ele proferiu uma conferência de grande interesse, sob o patrocínio do *Global Studies Research Program* da Universidade de Wisconsin, em Madison, em abril 1996.

e de Trabalho (Dublin), que tem por missão promover a política social da comunidade. Têm também vários comitês de especialistas que participam da elaboração dos textos preliminares, que resultam nas recomendações ou convenções tomadas pelo Comitê de Ministros do Conselho da Europa: mais de dez comitês de direção apenas para os assuntos relativos aos problemas da família e dos trabalhadores sociais[61]; Conferência permanente dos poderes locais e regionais da Europa, que discute igualmente os problemas sociais, como o desemprego dos jovens ou a sua situação no meio urbano; Comitê de especialistas responsáveis pela fiscalização da Carta Social européia de 1961; Organização Internacional do Trabalho, que fiscaliza o Código europeu da seguridade social de 1964 etc.

As Organizações Internacionais Não-governamentais (ONG) desempenham hoje, e cada vez mais, um papel crucial na produção da norma jurídica, não apenas na Europa, mas no plano internacional. Várias dentre elas têm status consultivo oficial[62]. Certamente, a cooperação entre as instâncias dirigentes das alianças regionais ou as instituições internacionais de um lado e as organizações não-governamentais, de outro, padece ainda freqüentemente de uma falta de institucionalização. Todavia, as coisas se aperfeiçoam progressivamente. Da simples troca de informações, passa-se à participação nas reuniões das organizações regionais ou internacionais, e em seguida, à associação com negócios correntes; com freqüência, as ONG são convidadas oficialmente a participar das sessões plenárias de diversas assembléias. Elas recebem a ordem do dia e os documentos de trabalho; elas até participam às vezes das reuniões e da redação dos relatórios de algumas comissões; elas cooperam freqüentemente com os comitês de especialistas governamentais[63].

---

[61] Comitê de direção para os direitos do homem, Comitê de direção sobre a política social, Comitê de direção para o emprego e o trabalho, Comitê de direção para a seguridade social, Comitê de direção para os problems criminais, Comitê europeu sobre a população, Comitê europeu da saúde, Comitê europeu sobre as migrações, Comitê europeu de cooperação jurídica, Comitê europeu para a igualdade entre as mulheres e os homens, Conselho de cooperação cultural.

[62] Confederação dos Organismos da Família, União Internacional dos Organismos da Família. Movimento Internacional ATD - Quarto Mundo, Confederação Européia dos Sindicatos, Conselho Internacional da Ação Social (I.C.S.W.) etc.

[63] Na Europa, por exemplo, desde 1976, existe uma Comissão de coordenação das ONG, eleita pela Conferência plenária anual. O secretariado é assegurado pela Direção dos Assuntos Políticos. Essa Comissão foi complementada, em 1982, por uma Comissão mista composta de parlamentares europeus e de membros da Comissão de coordenação das ONG (Res.754/1981 da Assembléia). Cumpre citar ainda a cooperação no ambito do Conselho da Europa de parceiros sociais representados de um lado pela Confederação Européia de Sindicatos, e, de outro, pela União das Confederações da Indústria e dos Empregadores da Europa, que discutem, a cada ano, seus problemas comuns e fixam um programa de atividades e de cooperação com os Comitês de direção co concernentes. No nível da Comunidade Européia, existe uma cooperação institucionalizada com os parceiros sociais no seio do Comitê Econômico e Social, da Fundação Européia para a melhoria das condições de vida e de trabalho, e do Comitê permanente de Emprego. O fato de não existirem regulamentações particulares sobre as relações com as ONG, não implica que os parceiros sociais e

No plano da governância global, pode-se encontrar os mesmos esquemas. Basta lembrarmos da ação daquela Comunidade de Santo Egídio, que tinha lançado o que se chamou de "Apelo de Assise", e em seguida de Roma[64]. Seus membros conseguiram a paz em Moçambique (Roma 1992) e tentaram uma plataforma assinada pela oposição argelina em janeiro de 1995. Eles estão presentes em Burundi, em Kosovo, na Guatemala. Estamos em presença, aqui, de um verdadeiro direito negociado[65].

No plano global, emergem sistemas sobrepostos de tomadas de decisão, que dependem da consulta, do consenso, de "regras do jogo" flexíveis.[66] Em um prazo mais ou menos longo, isto implicará uma reforma e um reforço do sistema existente de instituições intergovernamentais, para torná-lo compatível com a intervenção de grupos privados e independentes. A questão que é aqui colocada diz respeito ao papel das Nações Unidas. Mas como se surpreender disso quando é o próprio princípio de soberania do Estado-nação que está em jogo?

Dessa participação crescente, desta flexibilidade inevitável que é conseqüência de uma vontade de responder a novos problemas e de se esforçar para uma nova compreensão dos velhos problemas, bem como para implementação de uma ação complexa, é sem dúvida uma certa noção da democracia que sai vitoriosa. Mas basta que estes conceitos se imponham concretamente na elaboração da regulação jurídica contemporânea, e a questão fundamental passa a ser então, reconsiderar a função do direito na condução das sociedades contemporâneas.[67] Já há algum tempo estes problemas agitam o

---

os diversos grupos de interesse sejam mantidos à distância. Ao contrário, num estágio preliminar, eles são com freqüência consultados pela Comissão. Quanto ao Parlamento europeu, ele se esforça por institucionalizar a participação dos grupos de interesse nas reuniões comumente chamadas de "reuniões intergrupos", realizadas entre os parlamentares e os representantes das ONGs, nas salas dos grupos políticos. Existe assim, um Intergrupo para os problemas das pessoas da terceira idade que funciona com o *Eurolink-Age* (Reino Unido). Da mesma forma, a Confederação dos Organismos da Família, junto à Comunidade Européia se esforça no sentido de influenciar a legislação e os programas da Comunidade, notadamente em matéria de consumo, de assuntos sociais, de educação (Parlamento europeu, Documento n. A2-55/86, DE 16/8/1986, p.11 (citado no Consellio da Europa, RS-Inf. (89) 1).

[64] Respectivamente 27/10/86 e 10/10/96.

[65] Cf. ainda P URAN, op. cit., p. 33 sq. Cf. também Jan KOOLMAN (ed), *Modern Governance. New Government-Society Interactions,* Sage Publ., Londres/ Newbury Park, Cal., 1993. (Política e Governo na Europa, Administração Pública); Robert D. PUTNAM, "Bowling Alone. America's Declining Social capital", in: *Journal of Democracy,* 6/1, 1995, p. 65-78.

[66] *Our Global Neighborhood, op. cit.,* p. 146 sq.

[67] Patrice DURAN, *op. cit.* Ver também James N. ROSENAU, "Governance in the Twenty-first Century", in *Global Governance,* 1, 1995, p. 13-43; Mihaly SIMAL, *The Future of Global Governance: Managing Risk and Change in the International System,* US Inst. of Peace Press, Washington, DC, 1994; Richard A. FALK, *On Human Governance. Toward a New Global Politics,* Pensylvania State Univ., Press, University Park, Pa., 1995.

mundo anglo-saxão, apegado, por tradição, a tudo que diz respeito ao mercado e à livre circulação de bens e de serviços. Existe, por este fato, uma abundante literatura norte-americana... e uma prática levada a sério e ação pragmática!

* *
*

Em suma...

Estamos em presença de duas problemáticas muito diferentes. Uma, tradicional e de origem "moderna", repousa sobre os pressupostos que a regulação social se faz primeiramente pelo direito e que o Estado é soberano e tem um poder exclusivo sobre o direito. Outra, contemporânea, emergente, baseia-se sobre novos pressupostos: que nem toda a regulação social passa necessariamente pelo direito, que a melhor regulação social não é forçosamente o direito, e que o Estado perde terreno na sua soberania, inclusive no que diz respeito ao direito.

Résumé

De la régulation par le droit à l'heure de la globalisation. Quelques observations critiques – *Nous vivons une époque confuse et complexe du point de vue de la régulation des sociétés par le droit. Le mouvement de globalisation des échanges entraîne, en effet, un mouvement paradoxal d'affaiblissement et de renforcement de l'État. Ce dernier est tantôt relayé, tantôt suppléé, tantôt même supplanté dans sa fonction souveraine de diseur de droit. Mais il est, en même temps, appelé à jouer un triple rôle de rempart, de gendarme et de stratège. L'un des aspects les plus innovants de ces transformations tient probablement dans la part croissante que prend la société civile dans la production normative. S'agit-il d'une véritable participation au gouvernement ? L'analyse tendrait plutôt à suggérer un mode sui generis de gestion, qui a pour nom «gouvernance».*

Mots-clé: *État – Globalisation – Gouvernance – Gouvernement – Régulation.*

Summary

On Legal Regulation in the Global Age: Some Critical Comments – *From the viewpoint of the regulation of societies by Law we live in a confused and complex age. Indeed, globalization leads to a paradoxical process of State weakening and reinforcing. The State is sometimes «relayed», sometimes «supplemented» and even sometimes «substituted» in its sovereign role as the maker of law. However, the State also has to play a threefold role as bastion, policeman and strategist at the same time. One of the most innovative aspects in this State transformation probably lies in the growing part which civil society takes in normative production. Does this represent a true participation in government ? Rather it would seem that this feature reveals a sui generis mode of management, named «governance».*

Keywords: Globalization – Governance – Government – Regulation – State.

Constituição e Globalização:
A crise dos paradigmas do Direito Constitucional

Daniel Sarmento*

> *"A descoberta de que a terra se tornou o mundo, de que o globo não é mais apenas uma figura astronômica, e sim o território no qual todos encontram-se relacionados e atrelados, diferenciados e antagônicos - essa descoberta surpreende, encanta e atemoriza."*
>
> Octavio Ianni[1]

Introdução:

Embalada pelo progresso tecnológico, a globalização econômica se acelera, tornando-se uma força irresistível. O vertiginoso desenvolvimento no campo da informática e das telecomunicações verificado neste final de século encurtou drasticamente as distâncias e ampliou os mercados, aproximando da realidade a metáfora da "aldeia global". No mundo de hoje, um evento ocorrido em outro continente, a milhares de quilômetros, pode influenciar as nossas vidas quase que instantaneamente. Oscilações na Bolsa de Tokio repercutem, às vezes no mesmo dia, sobre a taxa de juros que o cidadão brasileiro de classe média paga em seu cheque especial. Neste cenário, constatamos, entre perplexos e assombrados, que idéias e conceitos profundamente enraizados em nosso imaginário se esclerosaram, tornando-se imprestáveis para explicar a realidade cada vez mais complexa que nos cerca.

O Direito, como não poderia deixar de ser, não assiste impávido a estas transformações. A globalização aprofunda a crise dos paradigmas[2] do Direito

---

* O Autor é Procurador da República e Professor de Direito Constitucional da Universidade Cândido Mendes

[1] *Teorias da Globalização*, 2ª ed., Civilização Brasileira, Rio de Janeiro, 1995, p.13.

[2] Sobre o papel dos paradigmas e das suas alterações no desenvolvimento científico, veja-se a clássica obra de Thomas Kunh, *The Structure of Scientific Revolutions*, Chicago, University of Chicago Press, 1962.

Moderno, construídos ao longo de séculos de história e tradição. As novas variáveis econômicas, políticas e sociais emergentes do processo de globalização implodem os pilares fundamentais sobre os quais se alicerçou o pensamento jurídico ocidental, desafiando o jurista a reexaminar os institutos e conceitos que formam o seu instrumental técnico sob novas perspectivas, despindo-se de preconceitos e dogmas.

No Direito Constitucional, este quadro ganha contornos ainda mais dramáticos, já que os conceitos-chave que formam o arcabouço teórico da disciplina, como os de Estado e de soberania, passam a ser questionados e relativizados, levados pelo "arrastão" da globalização. Instaura-se, com isso, um verdadeiro "mal-estar no constitucionalismo"[3], na medida em que os seus fundamentos basilares vão se revelando anacrônicos, e não surgem novos modelos teóricos suficientes para enquadrar, sob o ângulo jurídico, a realidade contemporânea das nossas comunidades políticas.

Nesse contexto, duas atitudes tornam-se comuns entre os juristas. Há os que, talvez por medo do desconhecido, negam as transformações, pugnando pela conservação dos institutos jurídicos tradicionais, congelados no tempo, como se eles vigorassem em um mundo etéreo e pudessem resistir olimpicamente às mutações que sacodem a sociedade. Mas há também os que incorrem no vício oposto, pretendendo, arrogantemente, erigir novas categorias conceituais do nada, desconstruindo todo o saber jurídico tradicional sedimentado ao longo de séculos, como se ele fosse de nenhuma valia. Porém, entre estes extremos é possível buscar um ponto de equilíbrio, no qual, por um lado, se reconheça a necessidade da reformulação de idéias e conceitos da ortodoxia constitucional, para torná-los mais compatíveis com a realidade contemporânea, mas, por outro, não se abandone, em nome de modismos estéreis e fúteis, os valores humanitários que inspiraram o advento e a evolução do constitucionalismo.

A idéia deste estudo é a de analisar, em linhas esquemáticas, o impacto do processo de globalização sobre a teoria constitucional, flagrando as tensões que se delineiam entre as lógicas antagônicas que presidem estas duas searas. Não desconhece o autor destas linhas que a relevância e a complexidade da questão proposta mereceriam uma abordagem muito mais aprofundada, incompatível com os modestos limites deste trabalho e do seu expositor. Também não se pretende, nesta sede, apresentar respostas prontas para todas as intrincadas questões jurídicas, políticas e filosóficas que a problemática tratada enseja.

---

[3] A expressão é de J.J. Gomes Canotilho em artigo intitulado *Mal-Estar da Constituição e Pessimismo Pós-Moderno*, in Lusíada, Série de Direito, 1991, p. 57/65, e representa uma paródia à clássica obra de Sigmund Freud, "Mal-Estar na Civilização".

Nosso propósito não é o de expor certezas, mas o de semear dúvidas. Afinal, como dizia um famoso filósofo, "a dúvida é o preço da pureza".

A Trajetória do Constitucionalismo: das Luzes aos nossos dias

O constitucionalismo surge no século XVIII[4], na esteira do Iluminismo e do Racionalismo, consagrando a idéia de limitação dos poderes do Estado com vistas à proteção dos direitos individuais do cidadão. Durante a Ilustração, foram edificados os pilares do jusnaturalismo racionalista, que centrava as suas preocupacões no ser humano, considerando-o como ente dotado de direitos que precediam ao Estado, e que deveriam ser assegurados pela ordem jurídica.

Desde o Renascimento, o conceito de soberania já havia se sedimentado, marcando a superação do feudalismo e o advento do Estado-Nação[5]. Contudo, com o constitucionalismo, a fonte do poder soberano desloca-se da pessoa do monarca para a Nação, à qual se atribui a titularidade do Poder Constituinte. De fato, a fórmula utilizada para a racionalização do poder pelo Iluminismo era a Constituição, lei escrita e superior às demais normas, que deveria estabelecer a separação dos poderes do Estado com o objetivo de contê-los - *le pouvoir arrêt le pouvoir,* como afirmou Montesquieu - e garantir os direitos individuais do cidadão. Nesta linha, proclama a Declaração dos Direitos do Homem e do Cidadão de 1789, que o Estado que não prevê a separação de poderes nem garante os direitos individuais, não possui de fato uma Constituição.

O constitucionalismo, em sua fase inicial, consagra no plano jurídico o ideário da burguesia, ao abolir os direitos estamentais do clero e da nobreza, garantindo a igualdade formal perante a lei, a liberdade e a propriedade privada, e criando, com isso, o arcabouço institucional necessário para o florescimento do capitalismo. A cosmovisão subjacente a esta etapa de desenvolvimento do Direito Constitucional era o liberalismo político e econômico. O papel do Estado cifrava-se à garantia da justiça e da segurança interna e externa, deixando para a "mão invisível do mercado" o equacionamento de todas as questões surgidas no plano social e econômico.

A tradução normativa desta filosofia política é representada pela Constituição garantia, que se limita a estruturar o Estado e a proclamar certos direitos dos cidadãos, com o fito de protegê-los do próprio Estado. O

---

[4] Com esta afirmação, não se pretende negar a existência de conceitos embrionários de constituição, na Antigüidade e na Idade Média, mas sim ressaltar que o Iluminismo implicou em uma verdadeira ruptura com os padrões jurídicos anteriores, inaugurando um novo conceito de relação entre o poder político e os que a ele se sujeitam, que marca o advento do constitucionalismo.

[5] Sobre as raízes históricas e filosóficas do conceito de soberania, veja-se a análise profunda levada a cabo por Simone Goyard-Fabre em *Les Principes Philosophiques du Droit Politique Moderne,* PUF, Paris, 1997, p. 46/164

constitucionalismo cuida então de reconhecer e garantir os chamados direitos de 1ª geração, que representam, basicamente, trincheiras contra a intervenção arbitrária do Estado no domínio individual (liberdade de expressão, liberdade de associação, direito de ir e vir, etc.). Tais direitos são assegurados pelo Poder Público sobretudo através de uma abstenção, razão pela qual o Estado que os tutela pode ser mínimo.

Também por influência do Iluminismo, ressurge nesta fase o ideal da democracia, que, presente na *polis* grega, permanecera obscurecido por muitos séculos. Porém, em razão da inviabilidade prática da democracia direta no mundo moderno, a democracia é posta em prática pelo Estado Liberal não nos mesmos moldes em que fora concebida na Grécia antiga, mas através da representação política: os cidadãos não exercem diretamente o poder, mas elegem representantes para exercê-lo em seu nome. Nascem, daí, os direitos políticos, que visam possibilitar a participação dos membros de uma comunidade no poder que a rege.

Contudo, com o passar do tempo, a realidade tornara patente que as conquistas do constitucionalismo liberal não bastavam para assegurar a dignidade do homem. A industrialização, realizada sob o signo do *laissez-faire, laissez-passer*, criara um quadro dramático de miséria humana, gerada pela exploração ilimitada da mão-de-obra pelo capital. Neste cenário cinzento, surgem, dos mais variados flancos, contestações às liberdades burguesas, consagradas pelas Revoluções do século XVIII. Sob perspectivas diferentes, o marxismo, o socialismo utópico e a doutrina social da Igreja Católica questionavam o capitalismo selvagem, criado e nutrido sob a sombra do constitucionalismo liberal.

Porém, a extensão do direito de sufrágio a parcelas cada vez mais amplas da população permitira que as demandas por mudança do *status quo* também viessem à tona no universo jurídico, através da edição de normas consagradoras de novos direitos[6]. Surgiam assim os direitos sociais, que exigiam uma atuação positiva do Estado no sentido de garantir condições mínimas de vida para a população (direito à saúde, à educação, ao trabalho, etc.). Tais direitos não visavam proteger o homem do Estado, mas da sua exploração pelo próprio homem, pressupondo uma presença mais marcante do Poder Público no cenário econômico, com o objetivo de reduzir as desigualdades sociais. Estes novos direitos penetram no Direito Constitucional a partir da Constituição mexicana de 1917, e da Constituição de Weimar de

---

[6]. É verdade que talvez estes direitos não tivessem se consolidado se não fosse a Revolução bolchevique na Rússia. O medo de uma revolução semelhante nos países de capitalismo mais desenvolvido certamente contribuiu para que a burguesia aceitasse com menor resistência a instituição de certos direitos sociais. Dava-se o dedo para não perder a mão.

1919, irradiando-se destas para praticamente todas as cartas constitucionais promulgadas a partir da década de 30.

Ocorre que a promoção dos direitos sociais exigia do Estado a formulação e implementação de políticas públicas. O Estado, com isso, afastava-se da sua posição anterior, marcada pelo absenteísmo, e assumia o papel de protagonista na arena econômica e social. O Estado Liberal transformava-se no Estado Social[7], preocupando-se agora não apenas com a liberdade, mas também com o bem-estar dos seus cidadãos.

Estas alterações do perfil do Estado evidentemente se refletem sobre o constitucionalismo. As constituições, que antes apenas cuidavam do fenômeno estatal, tornam-se mais ambiciosas, passando a ocupar-se dos mais diversos assuntos, traçando metas e programas de ação a serem desenvolvidos pelas forças políticas. No afã de conformar a realidade social, as novas constituições passam a valer-se com freqüência de normas de índole programática, voltadas para a alteração do *status quo*. A constituição dirigente[8] substitui a constituição garantia.

No quarto final do século XX, as Constituições começam a se ocupar de uma nova tipologia de direitos, de natureza transindividual, relacionados à qualidade de vida do cidadão. Tais direitos não possuem titular certo, mas pertencem a uma série indeterminada de sujeitos, caracterizando-se pela indivisibilidade do seu objeto. Entre tais direitos de 3ª geração, avultam, pela importância, o direito ao meio ambiente ecologicamente equilibrado e à preservação de valores culturais e espirituais, tais como os relacionados à proteção do patrimônio cultural e artístico.

Sem embargo, a partir das duas crises do petróleo na década de 70, instaura-se uma crise no *Welfare State,* que põe em cheque a lógica do dirigismo estatal. O Estado, que havia se expandido de modo desordenado, tornando-se obeso e burocrático, tinha dificuldades em assegurar, no mundo dos fatos, as promessas generosas contidas em sua Constituição. A explosão de demandas reprimidas tornara extremamente difícil a obtenção dos recursos financeiros necessários ao seu atendimento. Por outro lado, o envelhecimento populacional gerava uma perigosa crise no financiamento da saúde e da

---

[7] Veja-se, sobre o assunto, Paulo Bonavides, *Do Estado Social ao Estado Liberal*, 6ª ed., São Paulo, Malheiros, 1996

[8] O conceito de constituição dirigente foi desenvolvido com maestria na obra do Prof. José Joaquim Gomes Canotilho, *Constituição dirigente e vinculação do legislador: contributo para a compreensão das normas constitucionais programáticas*, reimp. ,Coimbra, Coimbra Ed., 1994.. Tal obra teve enorme influência no pensamento jurídico brasileiro, tendo penetrado de modo profundo nas linhas gerais da Constituição de 1988.

previdência social - pilares fundamentais sobre os quais se esteara o Estado Social[9].

Neste cenário, o Estado passa a ser freqüentemente associado à ineficiência, à corrupção e ao desperdício. O seu papel de protagonista do processo econômico submete-se a intenso questionamento, imperando o ceticismo em relação ao seu potencial como ferramenta de transformação social. Sob tal perspectiva, torna-se hegemônico o discurso da privatização e da desregulamentação, encampado por inúmeros países, sob a batuta de órgãos internacionais como o FMI e o Banco Mundial.

Sem embargo, é interessante observar que o Brasil chega a esta fase sem ter se beneficiado das conquistas do Estado Liberal e do Estado Social. Aliás, a rigor, não é correto falar-se em período liberal do Estado brasileiro, já que nossa economia sempre gravitou em torno de um Estado Cartorial[10], cujas tetas têm sido a fonte inesgotável de alimento do capitalismo nacional. Da mesma maneira, pode-se afirmar que poucos foram os frutos que o nosso arremedo de Estado Social legou às classes desfavorecidas. Impulsionada por duas ditaduras, a expansão do Estado, com a criação de centenas de empresas estatais, pouco contribuiu para amenizar a miséria e as gritantes desigualdades sociais que têm flagelado o sofrido povo brasileiro.

Nestas últimas duas décadas do século XX, a globalização econômica tem alimentado o processo de esfacelamento do Estado Providência, na medida em que vai corroendo o seu poder de efetivamente subordinar os fatores econômicos e sociais presentes em cada comunidade. Como observou André-Nöel Roth,

> "O desenvolvimento das forças econômicas a um nível planetário diminui o poder de coação dos Estado nacionais sobre estas. A mobilidade acrescida aos meios de produção e às operações financeiras, o crescimento dos intercâmbios e a internacionalização das firmas, impossibilitam a aplicação de políticas do tipo keynesiano em um só país. O Estado está limitado em suas políticas fiscais e intervencionistas (em termos de alcance interno) pelas coações da competência econômica mundial."[11]

Assim, variáveis internacionais, em relação às quais o Estado é absolutamente impotente, tornam-se, cada vez mais, condicionantes da vida doméstica das nações. Com isso, a crença de que seria possível, através de uma Constituição dirigente, imprimir os rumos da vida de uma comunidade política, converte-se numa longínqua utopia.

---

[9] Sobre a crise do Welfare State, consulte-se Antthony Giddens, *Para Além da Esquerda e da Direita*, trad. Álvaro Hattnher, São Paulo, Ed. Unesp, 1994, especialmente p. 153/225.

[10] Veja-se, a propósito, Raymundo Faoro, *Os Donos do Poder*, 9ª ed, Ed. Globo, 1991.

[11] In *Direito e Globalização Econômica*, Org. José Eduardo Soares Faria, São Paulo, Malheiros, 1996, p.18.

Observa-se, porém, que o ocaso do Estado-Nação não está sendo acompanhado pelo surgimento de alguma outra instituição que possa legitimamente substituí-lo. E, evidentemente, a crise do Estado contagia a Constituição, que tende a perder a sua centralidade no processo de regulação da vida social. Este quadro se dramatiza na medida em que se constata a inexistência, no arsenal do direito contemporâneo, de outro instrumento que possa desempenhar o papel atribuído pela modernidade à Constituição. Assim, o futuro que se antevê para o constitucionalismo do próximo milênio é, no mínimo, incerto e nebuloso.

A Desnacionalização do Direito

A mudança estrutural da ordem internacional é uma das causas mais visíveis do sepultamento definitivo da idéia de que o Estado é o titular do monopólio da produção de normas jurídicas.

Com efeito, enquanto o Estado Nacional perde o viço, tragado pela força incoercível do processo de globalização econômica, se robustecem as instâncias supranacionais de poder. Sob este ângulo, opera-se uma mudança qualitativa do Direito Internacional que, paulatinamente, deixa de preocupar-se apenas com as relações mantidas por Estados, passando a converter-se em fonte de direitos subjetivos para os indivíduos. Antes caracterizado por seu débil poder coercitivo (*soft law*), o Direito Internacional vai adquirindo novos mecanismos de atuação, com a criação de cortes internacionais, cujas decisões vão, com o passar dos tempos, tornando-se obrigatórias e vinculantes no âmbito dos ordenamentos domésticos dos Estados.

Sob o rótulo da desnacionalização do direito, podemos apontar três processos distintos, que, conquanto sujeitos a lógicas e a imperativos diferentes, têm por denominador comum a relativização da soberania do Estado. São eles a universalização da tutela dos direitos humanos, a integração dos Estados através de blocos regionais, e a expansão de um direito paralelo ao dos Estados (*lex mercatoria*), adotado pelas empresas transnacionais, por força da dispersão das suas atividades econômicas por diversos territórios.

Universalização da proteção dos direitos humanos

A partir do término da 2ª Guerra Mundial, foram instituídos diversos mecanismos internacionais de tutela dos direitos fundamentais, acompanhando a tendência de consolidação de uma ética universalizante, centrada na promoção da dignidade da pessoa humana.

De fato, após a barbárie do nazi-fascismo, tornou-se hegemônica a compreensão de que a violação dos direitos fundamentais não pode ser concebida como preocupação doméstica dos Estados, devendo antes ser considerada questão de legítimo interesse da comunidade internacional[12]. Afinal, a realidade demonstrara tragicamente que ao Estado, que é muitas vezes o maior opressor dos direitos fundamentais, não pode ser confiada com exclusividade a tarefa de proteger estes mesmos direitos. O objetivo da universalização é chegar ao ponto em que, nas palavras de Norberto Bobbio, os direitos humanos *"serão os direitos do homem enquanto cidadão daquela cidade que não tem fronteiras, porque compreende toda a humanidade; ou, em outras palavras, serão os direitos do homem enquanto cidadão do mundo."*[13]

Para aproximar-se deste ideal, foi necessária a criação de uma complexa estrutura normativa na ordem internacional, que permitisse a responsabilização do Estado por violação dos direitos humanos, com a estruturação de órgãos e instâncias supranacionais de controle. Tal processo tem o seu marco inicial na Declaração Universal dos Direitos do Homem, de 1948, que consagra uma plataforma universal de promoção dos direitos fundamentais, contendo tanto direitos civis e políticos como sociais e econômicos. Os direitos proclamados na Declaração de 1948 foram, por sua vez, reiterados no Pacto Internacional dos Direitos Civis e Políticos e no Pacto Internacional dos Direitos Econômicos e Sociais, ambos de 1966, que são dotados de inequívoca força jurídica na esfera internacional.

Porém, a tutela dos direitos fundamentais no âmbito internacional apresenta uma série de dificuldades concretas. A enorme heterogeneidade cultural dos povos do mundo torna extremamente complexo o estabelecimento de denominadores comuns na tutela dos direitos humanos. Tal realidade, aliada às deficiências do instrumental coercitivo hoje disponível para as instâncias de poder supranacional, dificulta tremendamente a instituição de garantias efetivas dos direitos formalmente reconhecidos, sobretudo através de orgãos dotados de caráter jurisdicional[14].

Por isso, a proteção dos direitos humanos através de instituições de âmbito regional tem se revelado mais frutífera, já que Estados situados em contextos históricos, culturais e geográficos mais próximos, têm menos dificuldade em superar aquelas barreiras que são quase intransponíveis no plano global. Assim, instrumentos como a Convenção Européia de Direitos Humanos de 1950, a

---

[12] Cfr. Flávia Piovesan, *Direitos Humanos e o Direito Constitucional Internacional*, São Paulo, Max Limonad, 1996, p. 140/141

[13] *A Era dos Direitos,* Trad. Carlos Nelson Coutinho, Rio de Janeiro, Editora Campus, p. 30.

[14] Cfr. Clémerson Merlin Clève, *Proteção Internacional dos Direitos do Homem nos Sistemas Regionais Americano e Europeu,* in *Temas de Direito Constitucional*, São Paulo, Ed. Acadêmica, 1993, p. 132/133.

Convenção Americana de Direitos Humanos de 1969, e a Carta Africana de Direitos Humanos de 1981, são de vital importância para o funcionamento do sistema internacional de proteção dos direitos fundamentais.

No âmbito regional, tem sido mais fácil a instituição de órgãos de controle, tais como as Comissões e as Cortes de Direitos Humanos. Nesse particular, a tendência geral é no sentido da progressiva aceitação pelos Estados da jurisdição destas instâncias supranacionais, cuja atuação transforma-se assim num importante instrumento de promoção e garantia dos direitos fundamentais, que pode complementar ou corrigir a tutela prestada a estes no âmbito interno dos Estados[15].

Porém, resta ainda um caminho longo a ser percorrido, na medida em que ainda são pontuais e episódicas as intervenções de entidades supranacionais na proteção dos direitos humanos, em que pese a freqüência e a magnitude das violações a estes direitos, observadas sobretudo nos países subdesenvolvidos.

A integração regional

O processo de integração entre países situados na mesma região geográfica, da qual a Comunidade Européia é o exemplo mais cintilante, propicia o surgimento de órgãos e entidades que passam a partilhar a soberania com os Estados. Em alguns casos, estas novas instâncias de poder assumem funções tipicamente estatais, como editar normas jurídicas e dirimir conflitos de interesse.

No caso da Comunidade Européia, esta integração, iniciada sob perspectiva exclusivamente econômica nos albores da década de 50, tem alcançado patamares inéditos, de tal forma que alguns estudiosos já antevêem a formação, em futuro próximo, de um único estado federativo na Europa.

Nesse sentido, a estrutura institucional da Comunidade, caracterizada pela existência de órgãos independentes dos Estados, dotados de funções legislativa (produção do direito comunitário derivado), executiva e judiciária, é signo eloqüente da superação dos paradigmas tradicionais do direito internacional, fundados na soberania do Estado-Nação.

Convém observar que a configuração da atual estrutura da Comunidade Européia só foi possível na medida em que os Estados que a ela aderiram abriram mão de parte de sua soberania, alguns através de emendas às suas constituições. Tal fato revela a inviabilidade prática da manutenção de alguns

---

[15] . No Brasil, encontra-se em discussão no Congresso Nacional o projeto de decreto-legislativo aprovando a submissão nacional à jurisdição da Corte Interamericana de Direitos Humanos, o que ainda não se dá nos dias atuais.

postulados tradicionais do Direito Constitucional, tais como o da indivisibilidade da soberania.

Po outro lado, o fermento para a consolidação jurídica da Comunidade Européia tem sido, sem dúvida, a jurisprudência criativa do seu Tribunal de Justiça, que vem sedimentando, ao longo do tempo, princípios do direito comunitário que subvertem a lógica monolítica da soberania ilimitada dos Estados. Entre tais princípios, cabe citar, tanto pela importância como pelo caráter inovador com que se revestem, o da aplicabilidade direta[16], por força do qual as normas elaboradas pelos órgão comunitários tornam-se imediatamente vinculantes dentro dos Estados, sem a necessidade de qualquer processo de recepção ou incorporação ao ordenamento doméstico de cada país; o do primado do direito comunitário[17], em razão do qual se reconhece às normas editadas pela Comunidade a primazia em relação às leis internas de cada Estado; e o da subsidiariedade, segundo o qual a Comunidade Européia só deve exercer competências e funções que o Estado não puder desempenhar a contento.

Na verdade, tal é a magnitude das transformações jurídicas geradas pela experiência comunitária, que alguns autores, liderados por Peter Häberle[18], têm sustentado a existência de um verdadeira Constituição Européia, representada pelos tratados institutivos da Comunidade, ao lado dos princípios jurídicos fundamentais partilhados pelos Estados que a compõem. Coloca-se, com isso, a questão, ainda não definitivamente equacionada, da definição do espaço próprio das constituições dos Estados, em face da "Constituição Européia"[19], bem como do possível conflito entre estas. Este último problema tem suscitado complexas discussões, tais como a levada a cabo pela Corte Constitucional alemã, em julgamento proferido no ano de 1993, sobre a constitucionalidade do Tratado de Maastrich. Em tal decisão, decidiu-se que o Tratado de Maastrich é válido à luz da Constituição alemã, mas que o Tribunal tedesco poderá controlar a aplicação e a interpretação dada a ele pelas autoridades comunitárias, caso estas venham futuramente a ofender à Lei Fundamental da Alemanha[20].

---

[16] O *leading case* onde se estabeleceu tal princípio na jurisprudência da Comunidade Européia foi caso Van Gend en Loos vs. Holanda, de 1962.

[17] O *leading case* de tal princípio é o caso Costa vs. Enel, julgado pelo Tribunal de Justiça da Comunidade Européia em 1964.

[18] *Derecho Constitucional Común Europeo*, Trad. Emilio Mikunda Franco, in *Derechos Humanos y Constitucionalismo ante el Tercer Milenio*, Coord. Antonio-Enrique Pérez Luño, Madrid, Marcial Pons Ed., 1996, p. 187/223.

[19] Vide, a respeito, Francsico Lucas Pires, *Introdução ao Direito Constitucional Europeu*,

[20] BverfGE 89, 155. Vide, a respeito, Konrad Hesse, *Elementos de Direito Constitucional da República Federal da Alemanha*, Trad. Luís Afonso Heck, Porto Alegre, Sérgio Antonio Fabris Editor, 1998. p. 99/106.

Porém, outras experiências de integração regional ainda se encontram em estado menos avançado, não tendo ainda se afastado do modelo tradicional do Direito Internacional Público. É o caso do Mercosul, cuja configuração institucional não tem o caráter inovador da Comunidade Européia, não se distanciando dos padrões mais ortodoxos das organizações internacionais do DIP, que ainda se baseiam na premissa da soberania dos Estados que as integram.

De qualquer forma, os processos de integração regional hoje existentes transcendem a dimensão puramente econômica, penetrando no universo jurídico e suscitando questões de difícil equacionamento para o Direito Constitucional, cujos pilares teóricos foram edificados para uma ordem internacional composta por Estados autarquizados, "voltados para o próprio umbigo".

A Lex Mercatoria

A mobilidade dos meios de produção e a volatilidade do capital internacional atuam hoje no sentido de libertar os agentes econômicos transnacionais das amarras do direito interno dos países em que operam. A fragmentação das suas atividades empresariais entre diversos países, permite que os grupos econômicos multinacionais acatem seletivamente as legislação nacional em matéria tributária, trabalhista, administrativa, etc, concentrando seus investimentos onde esta lhe seja mais favorável[21].

Hoje, os conglomerados empresariais transnacionais tornaram-se os protagonistas não estatais da vida econômica mundial, concentrando um poder gigantesco. Tais empresas buscam planejar a sua atuação e disciplinar o seu relacionamento recíproco valendo-se de regras próprias de conduta, que não se confundem com as leis de qualquer Estado Nacional, mas que antes representam praxes aceitas pelos agentes do mercado em que atuam.

A carência de recursos, investimentos e empregos, leva muitos Estados a atrair tais empresas, flexibilizando o seu direito interno para permitir a utilização da *lex mercatoria* pelos grupos multinacionais. Os países que não o fazem são abandonados pelo capital sem pátria, que vai buscar abrigo nos Estados cujo ordenamento for mais benévolo.

Com isso, surge um novo direito comum, que tende a ser universalizado entre os atores econômicos internacionais, produzido não pelo Estado ou por qualquer organização internacional, mas pelo próprio mercado, com base na lógica que lhe é inerente. Esta nova realidade é atemorizante, na medida em

---

[21] Cfr. José Eduardo Soares Faria, *Direito e Globalização Econômica*, op. cit., p. 11

que o mercado não tem ética, pois objetiva a expansão do lucro, ainda que à custa do agravamento de problemas sociais e do desrespeito aos direitos humanos. Portanto, o direito estatal, fortemente ancorado na ética comunitária, vai sendo substituído por regras informais de conduta baseadas na exclusiva preocupação com a eficiência econômica.

Porém, o Estado Nacional vê-se impotente para enfrentar tal situação, pois não dispõe de armas que lhe permitam submeter à sua regulação jurídica o capital internacional. Por outro lado, a estratégia do fechamento tem se revelado trágica para todos os países que a adotaram, gerando a obsolescência da economia interna e o empobrecimento do povo. Portanto, delineia-se, na agenda dos Estados-Nacionais, um dramático impasse, onde "se correr o bicho pega, e se ficar o bicho come".

Paradoxos de uma Era de Transição

A crise nos paradigmas do Direito Constitucional não ocorre de forma repentina. Pelo contrário, ela reflete um complexo processo ainda curso, decorrente de uma multiplicidade de fatores heterogêneos, cujos resultados ainda não estão completamente definidos. Atravessamos, na verdade, uma era de transição, onde os cânones tradicionais da teoria constitucional já não respondem plenamente às exigências da sociedade contemporânea, mas ainda não surgiram princípios suficientemente sólidos para substituí-los. Assim, ainda é prematuro falar-se em um novo direito constitucional da pós-modernidade. Porém, a partir de alguns dados já conhecidos, pode-se entrever um quadro pródigo em paradoxos e incertezas, envolvendo as questões centrais que a teoria constitucional terá de enfrentar nos próximos anos

Dentre tais questões, avulta a da tutela dos direitos humanos. Estes, com efeito, converteram-se no centro de gravidade da filosofia constitucional contemporânea, inserindo-se na agenda não só dos Estados Nacionais, como também de toda a comunidade internacional. Porém, ao debilitar a força dos Estados, o processo de globalização econômica subtrai dos mesmos a capacidade efetiva de promover, no mundo real, os direitos humanos proclamados pelas constituições e pelas declarações internacionais.

Este quadro assume contornos ainda mais dramáticos no que tange aos direitos sociais, que, por definição, pressupõem uma intervenção ativa do Estado no domínio econômico. Ora, a globalização econômica corrói os pilares do *Welfare State,* na medida em que reduz drasticamente o poder do Estado de implementar as políticas públicas necessárias à garantia dos direitos de 2ª geração. Por outro lado, apesar de toda a evolução dos organismos supranacionais competentes, estes ainda estão muito longe do ponto em que poderão substituir o Estado, no papel de responsável primário pela promoção dos direitos sociais. Assim, cria-se uma perigoso vácuo, que tende a aprofundar a miséria e a injustiça social, sobretudo nos países do capitalismo periférico, como o Brasil, que são os que mais sofrem os efeitos excludentes do processo de globalização.

Ainda em relação aos direitos fundamentais, a sua universalização tem ensejado inúmeras dificuldades, relacionadas à sua imposição em contextos culturais diferenciados[22]. Neste particular, cumpre observar que o processo de globalização atua de forma bastante dialética. Por um lado, tal processo acarreta uma certa homogeneização das práticas culturais, favorecendo a consolidação de uma ética comum aos povos, e criando com isso um ambiente propício para a tutela dos direitos fundamentais no plano supranacional. Entretanto, por outro lado, a superexposição das diversas culturas a costumes exógenos às vezes produz o resultado inverso, fermentando fundamentalismos dos mais diversos matizes, e minando as bases necessárias para a sedimentação de uma pauta axiológica mínima compartilhada, indispensável à proteção dos direitos humanos na esfera global.

Neste cenário, coloca-se a apaixonada disputa entre o universalismo e o multiculturalismo. Esta polêmica centra-se na discussão a respeito da própria natureza dos direitos humanos: são eles a projeção jurídica de uma ética transcedental, ou representam antes um subproduto da cultura individualista européia, desenvolvida durante a Modernidade? São os direitos fundamentais a expressão de valores metajurídicos universais, que o direito positivo apenas reconhece e cristaliza, ou traduzem eles a sedimentação jurídica de interesses historicamente datados, circunscritos a comunidades específicas, situadas no tempo e no espaço?

O multiculturalismo, em sua vertente mais radical, adota a segunda resposta às indagações acima, sustentando, a partir daí, que o universalismo dos direitos humanos encobre uma forma artificiosa de imperialismo cultural, através da qual a civilização ocidental, hegemônica no processo de globalização, pretende impor a sua cosmovisão e os seus valores às comunidades periféricas.

Porém, sob a perspectiva inversa, cabe indagar se a Humanidade tem o direito de se silenciar diante de atrocidades cometidas em nome de tradições irracionais e da auto-determinação dos povos (tome-se como exemplo a prática de extirpação do clitóris imposta a mulheres em algumas culturas árabes). Ou ainda, questionar se não terá a comunidade internacional o dever de intervir em Estados quando estes, ainda que amparados pela vontade majoritária do seu

---

[22] Veja-se, a propósito, Jürgen Habermas, *L'Intégration Républicaine*. Trad. Rainer Rochlitz, Paris, Fayard, 1998, p. 245/256.

povo, promoverem violações em massa de direitos humanos, tais como o massacre de minorias nacionais étnicas e religiosas.

Na verdade, o dilema entre universalismo e multiculturalismo na proteção dos direitos humanos não pode ser resolvido com respostas simples e reducionistas. Por um lado, não parece razoável invocar o relativismo cultural para legitimar costumes e instituições absolutamente contrárias à dignidade humana, como o *apartheid* ou o regime indiano de castas. Mas, por outro lado, a universalização dos direitos humanos não deve implicar em homogeneização cultural, imposta à revelia das comunidades periféricas, pois estas detêm o sagrado direito de manter vivos os seus valores e tradições. Equilibrar os termos desta complexa equação, é uma das tarefas mais delicadas que se impõe ao direito contemporâneo.

Outro déficit que envolve o direito de nossa era relaciona-se à sua legitimidade democrática. De fato, um dos pilares centrais da teoria jurídica da modernidade consistia na legitimação das suas normas, por força da elaboração das mesmas por representantes eleitos pelo povo. Desde a Ilustração, entende-se que o caráter democrático do direito repousa na sua formulação através de mecanismos institucionalizados que assegurem o predomínio da vontade majoritária, sem embargo da necessidade de respeito aos direitos das minorias. É certo que a democracia representativa atravessa, não é de hoje, uma crise gerada pelo descrédito em relação aos canais tradicionais de representação popular. Porém, no âmbito dos Estados, tal crise tem sido mitigada através da adoção e do fortalecimento de instrumentos de democracia participativa, tais como o plebiscito, a iniciativa popular das leis, etc.

Contudo, a natureza policêntrica do direito contemporâneo empresta novos contornos a tal questão. Hoje, a regulação social brota também de várias fontes externas ao Estado[23], que, no mais das vezes, não se submetem a qualquer mecanismo de controle democrático. A globalização econômica acentua este quadro, exponenciando a importância das fontes supranacionais de normas jurídicas, que, com o sem o aval do Estado (e.g. *Lex Mercatoria),* acabam disciplinando amplos domínios da vida social. Tal realidade está presente, por exemplo, no direito comunitário europeu, que vem sendo fortemente criticado por ser fruto da elaboração de tecnocratas não eleitos - os eurocratas - que

---

[23] Cfr. Boaventura de Souza Santos, *O Discurso e o Poder: Ensaio sobre a sociologia da retórica jurídica.* Porto Alegre, Sérgio Antonio Fabris Editor, 1988, p. 64/78.

tomam decisões da maior relevância, que não se submetem ao crivo das populações interessadas[24].

Como, ao que parece, o deslocamento de parte da atividade normativa do Estado para instâncias supranacionais apresenta-se como corolário inevitável do processo de globalização, a solução para este déficit democrático deve passar pela democratização destas instâncias, através da articulação de mecanismos de controle popular sobre o seu funcionamento, bem como da eleição, sempre que factível, dos seus agentes.

Enfim, delineia-se no horizonte um quadro tingido com cores sombrias para o constitucionalismo dos próximos anos. São muitas as perplexidades e dúvidas que acometem o espírito, quando se pensa na necessidade que terá o direito contemporâneo de equacionar questões tão intrincadas como as que o processo de globalização suscita no cenário jurídico.

A Falácia do Constitucionalismo Pós-Moderno

Poucos conceitos são tão povoados de dúvidas, incertezas e ambigüidades como o de pós-modernismo, fugindo inteiramente ao escopo deste trabalho dissecá-lo[25]. Na síntese precisa de António M. Hespanha,

> *"O pós-modernismo representa, em geral, uma reacção contra as tendências generalizadoras e racionalizadoras da modernidade, ou seja, da época da cultura européia que, desde o Iluminismo até o cientismo triunfante (no domínio das ciências duras e no domínio das ciências sociais) da nossa época, crê, por um lado, que o nível mais adequado para conhecer e organizar é o geral, o global, e que, por outro lado, esse conhecimento e essa organização são progressivos e aditivos, representando vitórias sucessivas sobre a irracionalidade e a desordem. Os seus valores centrais são, portanto, a generalidade e a abstracção, a racionalidade, a planificação e a hétero-disciplina, a funcionalidade. A reacção pós-modernista dirige-se contra tudo isto. Ao geral opõe o particular; ao gigantismo do grande opõe a beleza dopequeno (small is beautiful); à eficácia da perspectiva macro opõe a subtileza da perspectiva micro; ao sistema opõe o caso; à hétero-regulação opõe a auto-regulação; ao funcional opõe o lúdico; ao objectivo opõe o subjectivo; à verdade opõe a política"*[26]

No plano jurídico-político, o pós-modernismo é normalmente associado ao esgotamento do projeto iluminista de sociedade, à descrença no poder

---

[24] Cfr. Ignacio Forcada Barona, *El sistema institucional de las comunidades europeas*, in *Instituciones de Derecho Comunitario*, Rosario Huesa Vinaxia (coord.), Valencia, Tirant lo blanch libros, 1996, p. 82/83. Todavia, o mencionado problema foi de alguma maneira mitigado após o Tratado de Maastrich, de 1992, com a expansão das competências do Parlamento Europeu, cujos membros são eleitos..

[25] Veja-se, a propósito, Boaventura de Souza Santos, *Introdução a uma Ciência Pós-Moderna*, Rio de Janeiro, Ed. Graal, 1989. Para uma abordagem crítica do pós-modernismo, Sergio Paulo Rouanet, *Mal-Estar na Modernidade*, São Paulo, Companhia das Letras, 1991.

[26] . *Panorama Histórico da Cultura Jurídica Européia*. Publicações Europa-América. 1997, p. 246.

emancipador da razão e do direito, à desconfiança em relação ao universalismo ético e ao diagnóstico da impraticabilidade da regulação estatal de uma sociedade cada vez mais complexa e fragmentada. Cabe ressaltar, porém, que não há um único pós-modernismo jurídico, mas vários, que variam substancialmente, abarcando todo o espectro político, da extrema direita à extrema esquerda[27].

Para resolver à crise que atravessa o direito, o pós-modernismo propõe, em apertada síntese, a substituição do modelo jurídico da modernidade, fundado no monopólio estatal do uso legítimo da força e da produção de normas jurídicas, por um sistema jurídico policêntrico, voltado para a auto-regulação e para a resolução consensual dos conflitos[28]. O direito pós-moderno torna-se mais flexível e menos autoritário. O Estado cada vez menos dita normas imperativas de conduta, de baixo para cima, e cada vez mais procura soluções negociadas com as partes interessadas. Ao invés de obrigar, através de regras coercitivas, o Estado tenta induzir os atores sociais à observância de comportamentos que considera positivos. Em outras palavras, o direito estatal é reduzido ao mínimo, a partir da constatação de que ele, além de ineficiente, sufoca e engessa a sociedade[29].

No plano constitucional, o pós-modernismo tende a esvaziar a Constituição do seu conteúdo substancial e de sua carga axiológica, convertendo-a em norma procedimental de uma era pós-intervencionista. Na síntese precisa de Canotilho, a Constituição pós-moderna, em termos tendenciais,

> "*é um estatuto reflexivo que, através do estabelecimento de esquemas procedimentais, do apelo a auto-regulações, de sugestões no sentido da evolução político-social, permite a existência de uma pluralidade de opções políticas, a compatibilização dos dissensos, a possibilidade de vários jogos políticos e a garantia da mudança através da construção de rupturas.*"[30]

Portanto, a perspectiva pós-moderna despreza a força normativa da Constituição[31], desconsiderando, de modo nihilista, as virtualidades que tem a Lei Maior de, de alguma maneira, conformar a realidade social, promovendo os

---

[27] Cfr. André-Jean Arnaud, *Entre Modernité et Mondialization: Cinq leçons d'histoire de la philosophie du droit et de l'Etat,* Paris, L.G.D.J., 1998, p. 148/151.

[28] Cfr. José Ribas Vieira, *Teoria do Estado: A Regulação Jurídica,* Rio de Janeiro, Ed. Lumen Juris, 1995.

[29] É sob esta perspectiva que foi articulada a teoria sistêmica de Niklas Luhmann e de Gunther Teubner, que concebem o direito como sistema aupoiético, ou seja, como um sistema cerrado, auto-reprodutor, totalmente autônomo em relação à sociedade. Veja-se, sobre esta teoria, Teubner, *O Direito como sistema autopoético,* trad. José Engrácia Antunes, Lisboa, Fundação Calouste Gulbenkian, 1989..

[30] *Direito Constitucional e Teoria da Constituição,* Coimbra, Livraria Almeidina., 1998, p. 1235.

[31] O conceito de força normativa da Constituição foi desenvolvido pelo constitucionalista germânico Konrad Hesse, estando desenvolvido em artigo com este nome publicado na obra *Escritos de Derecho Constitucional,* 2ª ed., Madrid, Centro de Estudios Constitucionales, 1992, p. 55/78.

valores fundamentais de uma comunidade política. A aplicação do ideário pós-moderno ao direito constitucional corresponderia à retirada do texto constitucional das normas programáticas, bem como daquelas tingidas por algum colorido ideológico. O resultado seria uma constituição insossa, próxima ao figurino pré-weimariano do constitucionalismo liberal.

Trata-se, no nosso entendimento, de uma compreensão perniciosa do fenômeno constitucional, que extrai da Constituição o seu caráter de epicentro axiológico do ordenamento jurídico e de norma legitimadora do Estado[32]. Esta ótica revela-se cruel, sobretudo em países subdesenvolvidos como o Brasil, pois quando a Constituição abandona o projeto de emancipação das classes desfavorecidas, ela passa a coonestar, com o seu silêncio de Pilatos, o *status quo* de profunda injustiça social.

Portanto, se, por um lado, é inegável a crise do constitucionalismo moderno, por outro, a solução preconizada pelo pós-modernismo não a resolve. Não se cura a doença matando o doente. Parafraseando Habermas, podemos dizer que, também no Direito Constitucional, o projeto da modernidade está ainda inacabado.

Conclusão

As Constituições não são entidades etéreas que sobrepairam ao mundo da vida. Pelo contrário, elas são normas historicamente situadas, nas quais devem se refletir as grandes questões que agitam a sociedade em que vigoram. Por isso, é natural que o processo de globalização, que tantos abalos vem produzindo no mundo contemporâneo, ecoe também nos domínios do Direito Constitucional.

Sigmund Freud, em célebre passagem de sua obra[33], descreve três grandes momentos de ruptura na história do pensamento, nos quais o homem, por força dos avanços da ciência, teve de modificar as suas crenças mais profundas: quando descobriu, com Copérnico, que o planeta onde habita não é o centro do universo, mas um grão de pó perdido na imensidão do espaço; quando aprendeu, com Darwin, que é apenas o fruto aleatório da seleção natural e não a concretização terrena de um projeto divino; e quando descobriu, com o próprio Freud, que não domina nem mesmo a própria vontade, que é controlada pelo seu inconsciente.

---

[32] Sobre a natureza axiológica da Constituição, e a sua necessária simbiose com o universo da ética, veja-se a recente obra de Ronald Dworkin, *Freedom's Law: The moral reading of the american constitucion*, Cambridge, Harvard University Press, 1996.

[33] *Obras Completas*, trad. Luiz Lopes-Ballesteros y de Torres, Editorial Biblioteca Nueva, Madrid, tomo III, cap CI.

Os abalos gerados pela globalização no Direito Constitucional comparam-se, em magnitude e profundidade, às revoluções epistemológicas descritas pelo pai da psicanálise. De fato, o processo de globalização incide sobre a viga-mestre que esteia o constitucionalismo moderno, que é a própria noção de Estado soberano.

Há dois séculos, defendia Kant, na sua Paz Perpétua, que a humanidade deve constituir um só Estado sob a forma federal, abolindo fronteiras e criando um direito cosmopolita e uma cidadania universal. Será que a globalização levará à confirmação da sua previsão? Qualquer resposta a esta indagação seria uma exercício inconseqüente de futurologia. Porém, uma coisa é certa: o Estado-Nação, plenamente soberano, regido por uma Constituição juridicamente ilimitada, não existe mais. O que será constituído a partir dos seus escombros, é difícil vaticinar.

Porém, é preciso ter os pés no chão. A Constituição ainda exerce um papel fundamental nas engrenagens da sociedade moderna. A constatação de que ela não pode tudo, não significa que não possa nada. No atual estágio da civilização, o projeto constitucional da modernidade ainda tem o seu espaço garantido. Assim, e sobretudo em países marcados pelo estigma da injustiça social, como o Brasil, é importante apostar nas virtualidades da Constituição, até para usá-la como escudo contra os efeitos excludentes da globalização.

Soberania, Integração Econômica e Supranacionalidade

Paulo Borba Casella*

Considerações conceituais : modelos e parâmetros. – Soberania e supranacionalidade na integração euro-comunitária. – Configuração atual e dilemas do MERCOSUL. – Inferências e projeções.

Considerações conceituais : modelos e parâmetros

> *"O conhecimento da politeia, i.e., o governo da pólis, é coisa que nutre os homens, bons homens, se for nobre, maus homens, se for baixa."*
>
> PLATÃO, *Menexenus*[1].

> *"o mundo ocidental se encontra hoje novamente no lugar em que se achava Anaximandro, ou seja, ante o ápeiron, isto é, ante o intelectualmente inapreensível, ante o indeterminado e o inaprendido, como fundamento propriamente dito do mundo."*
>
> Alfred WEBER, *História da Cultura* (1935)[2].

1. Atender ao honroso convite dos juristas Celso D. de Albuquerque MELLO e André-Jean ARNAUD, para abordar a questão do presente ensaio, "soberania, integração econômica e supranacionalidade" representa, simultaneamente, satisfação, pela oportunidade de refletir, em conjunto, sobre temas de interesse comum e de intrigante atualidade, e desafio de escrever sobre o tópico mais complexo e mais controvertido de qualquer processo de integração. A sugestão temática traz a chancela do mestre, que apontou para o

---

* Professor de direito internacional e integração (USP); advogado (CASELLA, CUNHA e MARQUES Advogados); doutor e livre-docente em direito internacional; 19 livros publicados.

[1] PLATÃO, Menexenus (editado por G. P. GOOLD; trad. R. G. BURY; in PLATO Complete Works, ed. bilingue, LOEB Classical Library, vol. IX, pp. 329/381, n. 238 C; 1ª ed. 1929, reprint 1989).

[2] WEBER, Alfred, Historia de la Cultura (do original Kulturgeschichte als Kultursoziologie, 1935, ed. A. W. Sijthoff, Leyden; versión española de Luís RECASENS Siches, México, FCE, 1ª ed. em esp. 1941; 13ª reimpr., 1991).

cerne da matéria. O presente ensaio, assim, há de ser julgado, antes como tentativa que como resultado. A missão, com relação aos temas do governo da polis, como já o apontava PLATÃO, diz respeito a todos os homens, e a qualidade desse conhecimento e dessa reflexão haverão de ter impacto sobre a realidade : boa, se for nobre, e má, se for baixa.

A integração, por definição, ainda que essencialmente econômica, ao menos quanto ao seu objeto e seu motor, tem desdobramentos políticos, jurídicos e socio-culturais indissociavelmente ligados a qualquer tentativa de implementação. Nesse sentido, a integração econômica abala as categorias legais e institucionais clássicas, e nos coloca diante do quadro de ápeiron, de que nos falava WEBER (1935), ou seja, "ante o intelectualmente inapreensível, ante o indeterminado e o inaprendido, como fundamento propriamente dito do mundo".

2. O binômio integração e soberania simultaneamente descreve estado da matéria e programa de ação. Os dois fenômenos concomitantemente colocados impõem direcionar a escolha com relação aos rumos que deverão ser tomados.

A integração, enquanto transformação de conceitos institucionais e jurídicos, em razão dos objetivos e necessidades, colocados pelos processos regionais de integração, em curso no mundo, e na Europa, desde o início dos anos 50, adota como perspectiva de análise sobretudo seus desdobramentos legais e institucionais. Em maior ou menor grau todo e qualquer esforço de construção de integração haverá de se defrontar com a questão da soberania e a configuração ou não de elementos supranacionais, na gestão e esforço de consolidação desse processo, representando a supranacionalidade o tópico dileto de debate, como de aferição de modelos.

A supranacionalidade suscita o ponto crucial do abrangente fenômeno da integração, com amplo espectro de desdobramentos, políticos, econômicos, legais, bem como sociais e culturais. De universo em franca expansão seria este, justamente, o tópico mais relevante ou mais especificamente inovador, do ponto de vista jurídico, mostrando as características dessa configuração política e ordenamento legal, ao mesmo tempo interno e supranacional, em toda a gama de evolução conceitual e sistemática, que traz aos ramos do direito tradicional, sejam estes o direito internacional como o direito administrativo, o direito econômico como o direito público, em vista das necessidades e condicionantes impostas pelo processo de integração, tal como paradigmaticamente ilustra a experiência, em curso na União Européia, e em maior ou menor grau vão experimentando todas as demais configurações regionais de construção de espaços, que poderiam ser enfeixados sob a rubrica da integração.

3. Estão sendo pacifica e gradualmente transformados e transtornados moldes e parâmetros legais seculares ou multiseculares, em decorrência das imposições teleológicas da integração, abalando o conceito de soberania, em favor de fenômeno novo, até 1951 conhecido somente em teoria, que se positiva com o Tratado de Paris (1951)[3], ou alterando substancialmente a delimitação tradicional monismo-dualismo, ocorrendo a interpenetração ou concomitância entre "direito interno" e "direito internacional", público e privado.

Diante do fenômeno da integração, cujo conteúdo é essencialmente econômico, coube ao direito encontrar soluções inovadoras, partindo-se da constatação das necessidades e da inexistência de modelos pré-determinados, onde inovações nunca antes experimentadas foram surgindo e tiveram, além de sua relevância específica no caso da União européia, também valor paradigmático, na medida em que permitem situar necessidades básicas e soluções possíveis, muito especialmente em dois campos : (a) a existência e atuação de tribunal supranacional, com competência direta e exclusiva, em todas as questões relacionadas com a interpretação e aplicação desse ordenamento legal comunitário, e (b) a regulação da atividade econômica e seus efeitos supranacionais, mediante políticas comuns, indo desde direito da concorrência, às normas "anti-dumping" e subsídios, até políticas comuns em matéria econômica e monetária, social e setoriais, incluindo políticas energética e industrial, proteção do meio ambiente e do consumidor, políticas de desenvolvimento regional e políticas comuns em matéria de educação, cultura, ciência e tecnologia e outras.

4. A confluência da integração e soberania, em relação à questão da supranacionalidade, pode ser o ponto de partida para estudo sistemático e abrangente do direito da integração, como ramo do direito, com institutos e métodos próprios, mas sobretudo exigências próprias, tanto na Europa como, em moldes análogos em nosso Continente : do Pacto Andino aos esforços Centro Americanos, do NAFTA ao MERCOSUL, sem esquecermos a ALCA.

Não se trata, todavia, nem se procure a construção de teoria geral do direito, pertinente à integração, ou destacar seus pressupostos teóricos absolutos, mas de analisar os elementos cuja ocorrência se repete nos casos concretos, no qual a formulação e resultados vão sendo alcançados, alterando significativamente os contextos institucionais e econômicos antes nacionais, e representando pólo de atração de interesse regional e mundial.

---

[3] Tratado de Paris, de 18 de abril de 1951, que institui a Comunidade Européia do Carvão e do Aço, em vigor à partir de 25 de julho de 1952, com as alterações posteriores.

A configuração de possível teoria geral deverá ter ao menos um protótipo inteiramente configurado, o que até hoje não foi alcançado. Não deve ser esperado, ter respostas teóricas definitivas sem termos ainda modelo concretamente completado. Algumas inferências e recorrências poderão, contudo, ser extraídas, a partir do estudo comparativo de distintas tentativas e modalidades de integração. Sem pretender automatismo no transplante de conceitos, a reflexão sobre distintas experiências em matéria de integração pode ser o ponto inicial de um enfoque institucional do processo de integração, como todo, considerando sobretudo seus desdobramentos legais e econômicos, cuja negligência pode comprometer irremediavelmente resultados possíveis, mesmo quando exista a combinação da viabilidade da tentativa e da vontade política de implantar projetos.

A reflexão de ênfase jurídico-institucional ainda é escassa, predominando enfoques econômico-políticos, como no esforço encetado pela Argentina, Brasil, Paraguai e Uruguai, com adesão posterior do Chile e da Bolívia, no contexto do MERCOSUL, esperando reflexão a respeito de necessidades e pressupostos da integração e seu contexto regulador.

5. A falência dos modelos estritamente intelectuais de percepção do mundo coloca a necessidade de superar o ápeiron de ANAXIMANDRO, para buscar nova captação da realidade, a partir de dados concretos : da experiência de renovação institucional e econômica, dos contextos regionais onde está a integração sendo implantada, como também ser parâmetro para repensar o papel e a atuação do Estado, não esquecendo objetivos maiores, vendo a máquina estatal como ferramenta ou meio, não como fim em si mesma.

Paradoxo sempre presente, caberá ao direito da integração regular fenômeno essencialmente econômico, no qual – como ademais, em todos os fenômenos econômicos – as representações psicológicas podem ser preponderantes. Impõe-se, outrossim, evitar a tentação de profecias fáceis, uma vez que o profeta possa basear sua atuação em fatos já acontecidos, como, ainda, evitar extremos inadequados, que podem ir da excessiva euforia ao excessivo negativismo __ retomando os neologismos de "euroforia" e "eurofobia" __ procurando manter linha de análise coerente com os fins que se quer alcançar, ou seja a compreensão da necessidade e da extensão da regulação da integração em diversos campos, com destaque para a dimensão econômica, e o imperativo de preservação da liberdade do mercado. Antes de ter alcançado os patamares atuais, o processo foi longo e, às vezes, penoso, tendo passado por vários impasses, e esforços de retomada. Este é quadro que pode parecer bastante surpreendente, em se tratando de estruturas institucionais todavia provisórias, que, ademais, sequer alcançam meio século de existência.

O enfoque do ordenamento jurídico integrado, além das complexas e intrincadas questões que suscita, visto tratar-se de mutação evolutiva ou híbrido que congrega elementos de direito internacional e de direito público interno, caracteriza fenômeno novo, que não cessa de causar perplexidades. A construção de espaços econômicamente integrados está mostrando ser, além da criação de direito comum, também impulsionadora de direito uniforme, em outros campos não diretamente relacionados[4].

Soberania e supranacionalidade na integração euro-comunitária

> *"L'insertion de la Communauté dans les relations internationales ne laisse pas de troubler les conceptions et les categóries établies. C'est que, par sa nature, la Communauté est tout autant irréductible au phénomène étatique qu'a celui des organisations internationales"*
>
> Robert KOVAR, "La contribution de la Cour de Justice au développement de la condition internationale de la Communauté Européene" (1978)[5]

> *"Does it still make sense to refer to the Community as a supranational system? And, indeed, what do we mean when speaking of such a system?"*
>
> Joseph H. H. WEILER, "The Community System : the Dual Character of Supranationalism"(1981)[6]

6. A União européia é regulada, em âmbito interno, por normas que compõem ordenamento jurídico sui generis, de caráter derivado unilateral, à partir dos tratados constitutivos, supranacional porém diretamente aplicável, vinculando tanto as instituições comunitárias como os Estados-membros, além das pessoas físicas e jurídicas, criando direitos e obrigações, diretamente incidentes sobre todos. Existe ordenamento jurídico comunitário autônomo e integrado aos direitos nacionais, decorrente da assinatura dos tratados

---

[4] Nesse sentido : Erik JAYME (hrsgb.), Ein internationales Zivilverfahrensrecht für Gesamteuropa – EuGVÜ, Lugano-Übereinkommen und die Rechtsentwicklungen in Mittel- und Osteuropa (Heidelberg, C. F. Müller Verlag, 1992); Erik JAYME, "Direito internacional privado e integração : as Convenções Européias" (in Integração jurídica interamericana – as Convenções Interamericanas de Direito Internacional Privado (CIDIP's) e o direito brasileiro, coord. P. B. CASELLA e N. de ARAUJO; apres. G. E. do NASCIMENTO E SILVA; S. Paulo, LTr Ed., 1998); P. B. CASELLA, "Economic integration and legal harmonization, with special reference to Brazil" (in Uniform Law Rev. NS vol. III, 1998-2/3, pp. 287/304).

[5] KOVAR, Robert, "La contribution de la Cour de Justice au développement de la condition internationale de la Communauté Européenne" (C. D. E., 14. 1978, ns. 5-6, pp. 528/573).

[6] WEILER, Joseph H. H., "The Community System : the Dual Character of Supranationalism" (Y. E. L., 1. 981, pp. 267/306).

constitutivos, pela qual os Estados-membros limitaram voluntariamente sua soberania.

O extraordinário desenvolvimento alcançado pela União européia, contudo, não representou a superação de todos os impasses teóricos-doutrinários a respeito da natureza jurídica da União e de seu ordenamento, sendo, todavia, objeto de extensos e complexos debates, não somente quanto às suas implicações jurídicas, bem como políticas e institucionais. O debate a respeito da natureza jurídica da União sofre influências nacionais e condicionantes teóricas das ordens as mais variadas.

7. A formação do direito comum acompanha a estruturação da UE, sendo, ao mesmo tempo, instrumento e expressão desse processo de integração. A implementação dos objetivos do processo de integração comportou e exigiu a criação de ordenamento interno, com extensão e alcance muito mais considerável do que as regulamentações internas de outras organizações internacionais, chegando ao ponto de caracterizar ramo independente da ciência jurídica. A inquietação e mesmo a perplexidade a respeito da natureza federal e dos efeitos do assim chamado "federalismo europeu", concomitantes à percepção da extensão meta-econômica da instituição precedem e acompanham a formação da União, e acompanham sua evolução.

Para situar a matéria, pode esta ser examinada sob diversas óticas, dentre as quais se pode adotar, em primeiro lugar, a do direito das organizações internacionais, antes de passar a análises críticas do conceito de supranacionalidade, qualificado de "amorfo e impreciso", por autores como WEILER, sem contudo encontrar melhor definição a respeito.

8. O direito das organizações internacionais é reconhecido, sem maiores controvérsias, como o ramo do direito internacional público, cujo objeto é regular o capítulo das relações entre Estados, visando permitir a realização de objetivos, que exijam mecanismos e sistemas institucionais aperfeiçoados, atuantes em caráter permanente, regidos por técnicas próprias e o contexto relacional de tais instituições com os sujeitos originais de direito internacional.

Os elementos de direito constitucional internacional __ tendo em mente a União européia, segundo já apontava Walter Ganshof van der MEERSCH (1975), ou perspectiva brasileira, no enfoque de Celso D. de Albuquerque MELLO (1994)[7], afirmam-se de modo preciso e sistemático quando a

---

[7] GANSHOF van der MEERSCH, Walter, L'ordre juridique des Communautés Européennes et le droit international (RCADI, 1975-V, t. 148, pp. 1/433). Entre nós, pioneiro no exame dessa temática, Celso D. de Albuquerque MELLO, Direito constitucional internacional (Rio, Renovar, 1994).

comunidade internacional, tendo alcançado, entre os sujeitos de direito que a compõem, grau de solidariedade suficiente, vem a constituir, em vista de objetivos a serem alcançados em comum, uma organização internacional, e as regras dessa organização, determinadas pelo tratado constitutivo, são enquadradas por dispositivos que regem o funcionamento de seus órgãos.

9. Classificando as organizações internacionais, em função de suas estruturas e das características de suas funções, como assinalou Michel VIRALLY (1972)[8], percebe-se que os Estados, na medida de suas necessidades, são levados a "criar instrumentos de cooperação, cuja extensão, competência e poderes são determinados pela natureza e pelo grau de cooperação exigido em cada setor de atividade.

Não existem, assim, em função da diversidade e especificidade dos fins, possibilidade de alcançar classificação cristalizada e estável das organizações internacionais. Certamente, qualquer organização internacional representará a associação de diversos Estados, em razão de necessidades compartilhadas, visando a realização de objetivos comuns, bem como comportando a criação de instituições e mecanismos institucionais próprios, destinados a assegurar à organização a existência de vontade distinta daquela de seus integrantes, bem como a estabilidade necessária para a consecução de seus objetivos, mas dentro de tais moldes, as variações caso a caso podem assumir dimensões totalmente diversas.

10. O dado mais marcante para a caracterização de organização internacional, segundo o relevante ensinamento de Paul REUTER, desde seu curso na Haia (1961), sobre os princípios de direito internacional público, seria a "existência de vontade própria da organização, elemento solidário da expressão de sua personalidade jurídica", onde justamente, na linha do mesmo Paul REUTER (1976), se encontrem "grupos de Estados suscetíveis de manifestar de maneira permanente vontade juridicamente distinta daquela de seus membros", também na linha das considerações a respeito desenvolvidas por Rui Manoel Moura RAMOS, em seu excelente estudo (1994), sobre o enquadramento normativo e institucional da Comunidade[9].

---

[8] VIRALLY, Michel, "De la classification des organisations internationa-les" (in Misc. van der Meersch, Bruxelas, 1972, pp. 365 ss.).

[9] Paul REUTER, Principes de droit international public (RCADI, 1961-II, t. 103, pp. 425/656); REUTER, "Affaires étrangères et Communautés Européennes" (Nice, Aff. Étr., 5. 1959, pp. 365/388); REUTER, Droit international public (Paris, PUF, 5ª ed., 1976); Rui Manoel Moura RAMOS, Das Comunidades à União Européia : estudos de direito comunitário (Coimbra, Coimbra Ed., 1994).

Elemento essencial da organização internacional, como tal uniformemente reconhecido pela doutrina, será a existência e a capacidade de manifestar vontade jurídica própria, distinta da vontade dos Estados que a integram, por meio de órgãos, e segundo mecanismos estipulados pelos atos constitutivos da organização.

Tal enfoque tem a vantagem de situar os elementos pragmaticamente mais relevantes sem exigir nem colocar a questão da personalidade jurídica, no plano internacional.

11. As organizações internacionais, "realidade da sociedade internacional, não possuem definição fornecida por norma internacional", como aponta Celso D. de A. MELLO (1982, etc., 1997)[10]. Na falta de tal configuração, podem ser retomadas as definições doutrinárias, para situar fenômeno dos mais marcantes do século, na linha do já referido MELLO, como de A. P. SERENI, em curso na Haia (1959)[11], sobre Organizações econômicas internacionais e direito interno dos Estados, segundo a qual organização internacional é "associação voluntária de sujeitos de direito internacional, constituída por meio de atos de direito internacional, e submetida, nas relações entre as partes, a normas de direito internacional, que se concretiza em entidade de caráter estável, munida de ordenamento jurídico interno, bem como de órgãos e instituições que lhe sejam próprios, por meio dos quais atinja finalidades comuns dos associados, desempenhando funções particulares e exercendo poderes que lhe foram conferidos para tal fim".

O ordenamento jurídico interno da organização internacional pode comportar mecanismos de elaboração de normas por suas próprias instituições, com base em poderes estipulados em sua carta constitutiva. O fenômeno denominado de "autolegislação" desenvolveu-se e evoluiu de modo todo especial no seio da União européia. Como observa Walter GANSHOF van der MEERSCH "as estruturas, e de modo geral, o sistema institucional das organizações internacionais, bem como os mecanismos de realização de seus objetivos se desenvolvem". A UE representaria o estágio mais avançado dessa evolução.

12. No caso da UE, justamente, está ocorrendo mudança qualitativa, e não somente quantitativa, como se ressalta, porquanto, a organização, em razão da

---

[10] Celso D. de Albuquerque MELLO, Curso de direito internacional público (antes Rio, Freitas Bastos, 7a. ed., 1982, vol. I., cap. XXIV, pp. 413 ss.; doravante, Rio, Renovar, 11a. ed., 1997).

[11] A. P. SERENI, International economic institutions and the municipal Law of States (RCADI, 1959-I, t. 96, pp. 129/239).

implementação de solidariedade crescente entre seus Estados-membros, passa da cooperação à integração, realizando, assim, sob diversos aspectos, organização de caráter verdadeiramente supranacional.

A nota mais característica da UE seria ter alcançado a integração jurídica a partir da identificação de interesses econômicos coincidentes entre os Estados-membros. Essa combinação de objetivos políticos mediante a utilização de meios econômicos constituiria, assim, a grande inovação, e possivelmente a explicação para o sucesso da UE.

13. Por outro lado, impõe-se, igualmente, reconhecer que a simples coordenação de objetivos econômicos não exigiria a formação de estruturas tais como as instituições da UE. Outros exemplos, tais como a OMC, a OCDE, ALADI, Pacto Andino, NAFTA ou MERCOSUL, mostram que a cooperação econômica pode ser conseguida __ ou não __ com estruturas muito mais simples. A especificadade da UE, justamente, se coloca pela conjugação de objetivos econômicos e políticos, encontrando sua expressão no *corpus iuris communis* : foi criado amplo sistema de direito público econômico que se superpõe aos direitos nacionais originais na maioria dos campos jurídicos, ao mesmo tempo em que a UE também vem impulsionando poderosamente a integração de normas de direito internacional entre os Estados-membros.

A estrutura institucional da UE reflete o sistema vigente na maioria das organizações intergovernamentais de cooperação política, conjugando a isso o esforço para se alcançar integração de natureza constitucional. Pode-se reconhecer, assim, que a UE oferece combinação de características de organizações tanto econômicas quanto políticas, porquanto se propõe como objetivo médio a progressiva integração econômica entre os Estados-membros, tem como fim último a unificação política da Europa.

Em vista dessa convivência de objetivos, a análise da estrutura da UE e o estudo de seu instrumental jurídico não se limita ao conteúdo econômico do processo de integração, mas deve, sobretudo, atentar para sua dimensão e suas pretensões institucionais, caracterizando o que se convencionou denominar de "supranacionalidade".

Em conclusão, a UE se distingue de outras organizações internacionais interestatais constituídas segundo parâmetros clássicos, na medida em que seu modelo, ou antes, sua inspiração, estaria antes no direito público interno do que no direito internacional clássico.

14. O termo "supranacionalidade" pode ser criticado, mas não se encontrou, todavia outro mais adequado. Isso faz, por exemplo, WEILER,

alegando evocar este "conceitos de era anterior, de altas aspirações que parecem não se coadunar com eventos recentes, tais como a ressurgência de aberta oposição política nacional à Comunidade, ou a menos aberta, porém ainda mais perigosa medida maior ou menor de omissão no cumprimento de obrigações comunitárias, e ciclo contínuo de crises políticas, cujas soluções parecem sempre menos concretas". Contrariamente ao que poderiam fazer supor todos esses problemas, "apesar de tudo, a Comunidade demonstra surpreendente medida de resistência institucional, impressionante registro de integração substantiva e relevante em áreas inicialmente não contempladas".

Falar da UE como sendo supranacional, em sentido literal de "over and above individual states", conforme Arthur H. ROBERTSON (1957)[12], dá visão demasiadamente vaga e antiquada do sistema, porquanto se reconhece que, fossem quais fossem os sonhos do passado, a estrutura presente da Comunidade e seu processo envolvem "pedaços e peças dos governos nacionais".

15. No entanto, na transferência de certas funções a órgãos comuns, bem como em relação a certas hierarquias constitucionais, permanece considerável medida de supremacia, em sentido tradicional, até hoje havendo problemas de ordem constitucional clássica à construção da integração.

Como em todos os modelos "federais" a UE apresenta tensão entre o todo e as partes, em jogo de forças centrífugas e centrípetas, órgãos centrais e Estados-membros, e em muitos aspectos diferiria essencialmente a UE da maioria dos modelos "federais", valendo utilizar este termo antes em seu sentido original de vínculo contratual envolvendo divisão de poder, entre grupos, entre estados, sendo tal uso mais adequado do que a definição das modernas federações, quando aplicado à UE[13].

Cabe ressaltar não somente o caráter dinâmico da integração, com mudanças tanto rítmicas quanto conceituais, como insistir na necessidade de distinguir aspectos políticos e jurídicos do conceito de supranacionalidade[14].

---

[12] ROBERTSON, A. -H., Legal problems of European Integration (RCADI, 1957-I, t. 91, pp. 105/211).

[13] Reflexão de caráter comparativo e interdisciplinar, v. O federalismo mundial e perspectivas do federalismo no Brasil (coord. F. A. de A. MOURÃO et al., S. Paulo, Cons. Bras. de Relações Internacionais, 1997).

[14] Em termos instrumentais WEILER sugere distinguir dois aspectos do conceito de supranacionalidade, por ele denominados "normativo" e "decisional". Supranacionalismo normativo diz respeito ao relacionamento e hierarquia existente entre, de um lado, políticas comunitárias e respectivas medidas legais, e de outro, políticas concorrentes e medidas legais, emanadas dos Estados-membros. O supranacionalismo decisional, ou institucional, de outro lado, dizendo respeito ao quadro institucional e processos de tomada de decisões, e não somente à

16. Em resumo, o conceito de supranacionalidade, e a distinção entre seu conteúdo normativo e decisional, na perspectiva da integração, permite lançar luz nova sobre os problemas teóricos, extraindo algumas observações :
- a distinção e a multiplicidade de mecanismos evolutivos devem alertar para os perigos de ensaiar explicações monolíticas dos fenômenos de integração;
- - a distinção entre as duas faces do supranacionalismo permite explicar, ao menos em parte, os motivos para a disparidade entre as análises jurídica e política da integração européia, pois juristas tendem a focalizar a estrutura normativa enquanto cientistas políticos sintomaticamente evitam isso, concentrando-se no quadro institucional (sem falar, em análises não-institucionais, em disparidades equivalentes entre análise jurídica, econômica e de ciência política); -
- a respeito da questão da soberania, a contribuição de análise meramente estrutural a esse debate não pode deixar de ser muito limitada : a transferência de soberania está inextricavelmente ligada ao peso e importância das áreas substantivas nas quais está ocorrendo essa mesma transferência, embora a distinção entre estas duas facetas possa permitir maior precisão a respeito de que participação em um sistema não somente significa perda de soberania, mas também ganho, em termos de influência de um Estado, sobre os seus parceiros;
- - a distinção entre as duas facetas mostrou ser meio para a identificação de dois eixos com intersecção e múltiplos contrastes, ao longo dos quais a Comunidade oscila, em sistema não unitário : o eixo intergovernamental-federal e o eixo federal-centralizado, com as tensões daí resultantes, sob a forma de exigências contraditórias de uniformidade e diversidade, que continuam se manifestando ao longo dos anos;
- - finalmente, deve ser considerada antes a união do que a distinção entre as duas facetas do supranacionalismo, na qual se poderá tentar encontrar os princípios subjacentes ao que se quer exprimir ao falar de

---

atribuição formal, mas ao efetivo desempenho de poderes, por meio do qual as políticas comunitárias são preparato-riamente iniciadas, debatidas e formuladas, a seguir, promulgadas e finalmente aplicadas.

Dessa forma, alta medida de supranacionalismo normativo denota, em geral, hierarquia na qual as medidas comunitárias terão efetiva precedência sobre as medidas nacionais. A escolha de critérios é bastante simples, e pode ser expressa em termos tradicionais, do mesmo modo que se exprimem, em Estado federal tradicional, relacionamentos entre lei estadual e lei federal : o princípio da autoexecutoriedade, ou do efeito direto, o princípio da supremacia e o princípio da preempção, e a especificidade da manifestação desses princípios na Comunidade.

"sistema supranacional", sendo justamente a concomitante ocorrência de ambos que distingue estruturalmente o ordenamento supranacional de outras organizações internacionais.

17. A própria necessidade de revisão de conceitos jurídicos clássicos, a respeito da UE, mostra a inadequação dos modelos tradicionais, para caracterizar o novo conteúdo. Fez- se, em primeiro lugar, apelo a conjugação do direito internacional, que habitualmente se aplica a formas tradicionais de organização internacional, com o direito interno, que corporifica a estrutura estatal unitária, exprimindo esforços os mais variados para alcançar enquadramentos tendentes a modelos conhecidos, ou ao reconhecimento de tal impossibilidade, para alcançar conclusão semelhante, consistente na proclamação de tratar-se de ordenamento sui generis, não passível de redução a qualquer dos modelos precedentes.

A caracterização do sistema jurídico integrado como ligado a um dos dois conceitos tradicionais (direito internacional ou interno), e ao mesmo tempo, supranacional, acaba incorrendo em circularidade, porquanto o termo "supranacional" ao mesmo tempo deriva e é usado para explicar o fenômeno.

18. Na medida em que a UE exerce, incontestavel e efetivamente, competências internacionais, interessa examinar se, agindo assim, esta reúne seus membros e projeta vontades concordantes nas atividades externas, da mesma forma que, no interior da União, promove a coordenação em torno do interesse integrado.

O dado essencial é a percepção de tratar-se de instituição supra-estatal, dotada de competências decisórias, onde se conjugam tanto as projeções voltadas para o interior como as voltadas para o exterior em vista da consecução dos objetivos. Tal inferência, na linha de R.-J. DUPUY, não é infirmada nem pelo exame dos dispositivos pertinentes do Tratado de Roma, nem tampouco pelo estudo do comportamento efetivo dos órgãos comunitários, no âmbito das relações internacionais.

A própria configuração da UE, enquanto união aduaneira, baseada no binômio das liberdades fundamentais de circulação entre seus Estados-membros combinada com tarifas externas uniformes, coloca para seus integrantes a conseqüente necessidade de abrir mão de políticas estritamente nacionais nos intercâmbios internacionais.

Toda a construção suplementar das políticas comunitárias comuns, nos diversos setores, à partir desses dados iniciais, vem reforçar tal vertente de análise, na medida em que se restringe substancialmente ou deixa de existir campo de ação para os Estados-membros atuarem ou legislarem unilateralmente nessas matérias.

19. A questão das relações externas da UE, ou seja, a "projeção externa da unidade interna", inclusive em suas relações com Estados não-membros, ressalvados os princípios gerais colocados nos Tratados constitutivos, representa desenvolvimento preponderantemente jurisprudencial.

Acompanhando tal colocação, pode-se dizer que "o Tratado CEE não coloca bases perfeitamente coerentes" nessa matéria, sendo o sistema, por outros autores, não sem razão considerado "confuso" e "pouco claro", em constatação acompanhada do reconhecimento da importância da obra de construção pretoriana, à partir das possibilidades, bastante vagas, previstas pelo Tratado CEE, bem como, também, subsidiariamente, pelo Tratado CEEA.

O exame das projeções internacionais da personalidade da Comunidade Européia, matéria comportando múltiplos desdobramentos, pode ser destacado esquematicamente[15], cabendo, em primeiro lugar, examinar o direito de celebrar acordos internacionais (o treaty-making power), o direito de legação ativo e passivo, e o direito de participar de organizações internacionais.

Com relação ao direito de celebrar acordos internacionais, não somente a União Européia, como outras organizações internacionais tradicionais, celebram tratados que vinculam suas instituições, mas neste caso, a maioria dos acordos tem aplicação direta no território dos Estados-membros, referido como "território da União", configurando particular aspecto, no qual a União Européia estaria mais próxima de Estado federal do que de organização internacional tradicional.

Com relação ao direito de legação, ativo e passivo, ou seja a capacidade do Estado de enviar e receber representantes diplomáticos, é elemento da capacidade internacional, sendo considerado um dos "direitos fundamentais dos Estados"[16]. Segundo observa G. E. do NASCIMENTO E SILVA (1989)[17],

---

[15] Cada um destes tópicos comportaria desenvolvimentos específicos, a respeito dos quais considerações mais extensas e bibliografia específica são apontados em P. B. CASELLA Comunidade européia e seu ordenamento jurídico (S. Paulo, LTr Ed., 1994; esp. cap. iv, item 4.3 : "personalidade internacional e relações exteriores", pp. 225/236). Cfr., tb., ERDMANN, P., e P. ROGGE, Die EWG und die Drittländer (Tübingen- Basiléia, Mohr Verlag, 1960).

[16] Atuando, respectivamente, como Estado acreditante e Estado acreditado, nos termos da Convenção de Viena sobre relações diplomáticas, de 1961, art. 2º, "o estabelecimento de relações diplomáticas entre Estados e o envio de Missões diplomáticas permanentes se efetuam por consentimento mútuo", não entrando, assim, em maiores detalhes quanto à capacidade internacional do Estado.Nesta matéria, refiriria abordagem específica : "Reconhecimento de Estado e governo no direito internacional contemporâneo" (in O direito internacional no terceiro milênio : estudos em homenagem V. M. RANGEL, org. J. R. FRANCO da FONSECA e L.O. BAPTISTA, S. Paulo, LTr Ed., 1998, pp. 287/318).

[17] SILVA, Geraldo Eulálio do Nascimento e, Convenção sobre relações diplomáticas (Codificação do Direito Internacional, I (Viena, 1961); Rio, Forense Univ. / Fund. Alexandre de Gusmão, 3a. ed. rev., 1989).

"sendo o chamado direito de legação direito perfeito em princípio, é ele imperfeito na prática, já que nenhum Estado é forçado a manter Missões diplomáticas no exterior, ou a receber em seu território representantes de outros Estados. É bem verdade que a própria existência da comunidade internacional torna necessário que os seus membros, ou que alguns de seus membros, negociem sobre certos pontos e tais negociações seriam impossíveis se um membro pudesse, sempre e em todas as circunstâncias, furtar-se a receber o enviado de outro".

20. Trata-se, assim, em doutrina como na prática, de questão pragmaticamente colocada em termos de reconhecimento mútuo, e de necessidades e conveniência de representação e negociação. Exatamente em moldes estritamente pragmáticos, concomitantemente à ausência de premissas teóricas ou princípios gerais, desenvolveu-se a prática em relação às missões diplomáticas euro-comunitárias junto a terceiros Estados e missões desses Estados junto à União.

Com relação à possibilidade e natureza da participação em organizações internacionais, as relações entre a União e outras Organizações internacionais foram reguladas pelos Tratados constitutivos com inegável reserva, limitando-se estes a prever ligações com determinadas organizações. Deve-se, igualmente referir o art. 116 CE como aplicável nesta matéria, onde "em relação a todas as questões que se revistam de particular para o mercado comum, os Estados-membros limitar-se-ão a empreender ação comum no âmbito das organizações internacionais de caráter econômico". Com estas exceções incidentais, e limitadas à O.N.U., suas agências especializadas, o GATT, o Conselho da Europa, a O.E.C.E., e a remissão suplementar às "organizações internacionais de caráter econômico", o Tratado é mudo com relação à participação orgânica da União em Organizações internacionais, o que poderia levar a supor que tal faculdade lhe fosse negada, em decorrência da ausência de atribuição expressa.

21. A prática internacional mostrou serem excessivamente limitadas as duas fórmulas estipuladas pelo Tratado, exercendo, a União, competências externas exclusivas e de extensão crescente.

Fica, assim, colocada a possibilidade de entendimento que as competências atribuídas à União, em matéria de celebração de acordos internacionais, valeriam, igualmente, para quaisquer atos jurídicos, particularmente no tocante a decisões das Organizações internacionais, com extensão possível à elaboração de resoluções ou recomendações no contexto dessas mesmas Organizações internacionais. O caráter exclusivo das competências euro-comunitárias viria reforçar tal entendimento. A projeção externa da União, sobretudo em matérias econômicas, vem merecendo e ensejando o desenvolvimento de respeitável corpus jurídico, de grande interesse e relevância.

Curiosa superposição, corroborada pela prática, já consolidada, de reconhecimento da Comunidade Européia como sujeito de direito internacional, trata-se de aguardar a configuração definitiva da União, inclusive em suas projeções externas, a partir da evolução e consolidação das estruturas institucionais, e absorção de espetaculares mudanças em curso, como ilustra a implementação da moeda única. O advento da União econômica e monetária representa mais um passo para a possível futura união política?

Configuração atual e dilemas do MERCOSUL

> *"Il recente rinnovato impulso al regionalismo economico commerciale, cioè alla costituzione di zone di libero scambio, unioni doganali, mercati comuni implicanti forme di integrazione economica che vanno ai là del settore commerciale (servizi, investimenti), ha posto all'attenzione degli osservatori una serie di quesiti, sotto il profilo economico-politico e anche giuridico quanto alle cause e alle caratteristiche del fenomeno e alla sua influenza sulla struttura del sistema commerciale multilaterale consacrato dal GATT e ora dagli accordi dell'Uruguay Round."*
>
> Giorgio SACERDOTI e Sergio ALESSANDRINI, *Regionalismo economico e sistema globale degli scambi* (1994)[18]

> *"Todo projeto de unificação econômica deve enfrentar duas questões básicas, embora estreitamente inter-relacionadas: por qual método realizar a unificação e a qual regime submeter o sistema após a unificação?"* (...)
>
> P. B. CASELLA, *Comunidade Européia e seu ordenamento jurídico* (1994)[19]

22. O Mercado Comum do Sul, MERCOSUL, vem se desenvolvendo de modo extraordinário, desde a celebração do Tratado de Assunção (1991) e do Protocolo de Ouro Preto (1994). Não obstante a mutação política substancial do discurso regional, os relevantes progressos econômicos e a permeabilidade socio-cultural que se começa a perceber, permanece, contudo, relativa indefinição desse processo de integração, ultrapassados os patamares de estrita

---

[18] Giorgio SACERDOTI e Sergio ALESSANDRINI, Regionalismo economico e sistema globale degli scambi (Milão, Giuffrè Ed., 1994).

[19] P. B. CASELLA, Comunidade Européia e seu ordenamento jurídico (op. cit., 1994).

co-operação intergovernamental, sem que tenha havido opção clara pela configuração institucional[20], permanecendo o caráter de provisoriedade.

No caso do MERCOSUL, percebe-se já ter sido ultrapassado o patamar de estrita operação intergovernamental, sem que se reconheça, abertamente, a ocorrência de elementos supranacionais. As soberanias nacionais parecem, todavia, querer permanecer nominalmente intocadas, mas na medida em que se vai de economias estrita ou predominantemente nacionais, para a operação de economia crescentemente integrada, as mutações correspondentes na soberania serão irremediáveis. As construções jurídicas, empiricamente desenvolvidas, terão necessidade de enquadrar as necessidades de atuação, em relação à capacidade para atender as necessidades operacionais do processo de integração e a consecução de seus resultados.

23. Existe correlação direta e necessária entre projeto de integração, sob as diversas configurações possíveis deste e as bases desse projeto : econômicas, legais, politico-institucionais, bem como socio-culturais, que permitam a implantação de tal projeto de integração.

Visando a implantação e consolidação de espaço economicamente integrado, contam-se modalidades possíveis de integração, como tipos principais, a zona de livre comércio, a união aduaneira e o mercado comum, com a possibilidade de evolução subseqüente rumo a um mercado interno ou mercado único, podendo alcançar os patamares de união econômica e monetária, ou mesmo de grau maior ou menor de união política[21].

---

[20] Nesse sentido, v. P. B. CASELLA, Instituições do MERCOSUL (Brasília, Senado Federal / Assoc. Bras. Estudos de Integração, vol. 14 da série Estudos da Integração, 1997), bem como MERCOSUL : exigências e perspectivas (S. Paulo, LTr Ed., 1996, com o prefácio com o qual me distinguiu Celso D. de Albuquerque MELLO).

[21] Sem retomar extensamente a teoria econômica e os conceitos fundamentais do direito da integração, podem ser situados, em suas grandes linhas, estes modelos, onde exigências estruturais crescentes e cumulativas vão sendo colocadas :
- a zona de livre comércio, como forma menos complexa de integração, pressupõe a eliminação de tarifas e barreiras não tarifárias, sejam estas técnicas, fito-sanitárias, quantitativas ou de qualquer natureza, que acarretem restrições ao comércio entre os Estados integrantes;
- a união aduaneira agrega ao modelo anterior a instituição de tarifa externa comum e regime geral de origem, aplicáveis em toda a união alfandegária, em relação a importações procedentes de terceiros Estados;
- o mercado comum adiciona às exigências dos modelos anteriores a supressão de barreiras à livre circulação de pessoas, serviços, mercadorias e capitais entre os Estados-membros, bem como exige grau mínimo de coordenação e harmonização de políticas econômicas comuns, em setores vitais da economia integrada;
- a partir do mercado comum, surge a possibilidade de evolução subseqüente rumo a mercado interno orgânico ou mercado único, podendo chegar a uma união econômica, onde além da supressão de barreiras seja institucionalizada a unidade e organicidade do mercado abrangido

24. O MERCOSUL, desejando configurar-se como mercado comum, terá de fazer face a questões estruturais, para poder pretender alcançar patamares mais coesos de integração, colocando os fundamentos que permitam desenvolver o processo, economicamente bem encetado, de forma a criar mecanismos que transcendam as políticas e os mercados nacionais no âmbito do MERCOSUL. Os pressupostos terão de ser expressos concretamente, mediante a opção por determinado modelo de integração e na implementação operacional.

Ao mesmo tempo em que a consolidação de espaços economicamente integrados constitui mecanismo para aparelhar mercados nacionais, desde que grau suficiente de coordenação e harmonização possam ser alcançados, para atuação internacional mais eficiente, coloca-se esta como tendência generalizada, que vem ocorrendo com nuances e diversidade de rumos e formas, em diferentes quadrantes e momentos históricos, cabendo perquirir em que medida se assegura não somente o perfil de compatibilidade de tais zonas de livre comércio e uniões aduaneiras com as normas do GATT, especialmente seu artigo XXIV, bem como a institucionalização do sistema multilateral, com o advento da Organização Mundial do Comércio (OMC).

25. A passagem do período de transição (1991-1994) para a implementação da zona de livre comércio, seguida da união aduaneira (1995-2001), como fases preliminares desse projeto de integração, que pretende alcançar a configuração de espaço economicamente integrado sob a forma de mercado comum, possivelmente a partir do final dessa etapa (2001) ou ao término da etapa seguinte (2006), representa o momento em que tais questões terão de ser enfrentadas, justamente como se coloca para o MERCOSUL. O ponto de partida estabelecido pelo Tratado de Assunção, de 1991, consolidado no Protocolo de Ouro Preto, de 1994, relativo à estrutura institucional, exigiria que se levasse em conta mais do que as disponibilidades do momento, representando teste de vontade política e visão estratégica, para implantar esse projeto de integração econômica, sob a configuração de mercado comum. A ausência de estrutura institucional, evitada a todo custo qualquer configuração supranacional, representa ao mesmo tempo escolha e risco para o futuro desse espaço economicamente integrado, tal como ora se apresenta, sobretudo a partir da consolidação da união aduaneira, a ser iniciada em 2001.

Trata-se de tentar algo novo, ensaiando mudar a perspectiva, a partir da qual se faça a análise : em vez de nos atermos a enfoque estritamente nacional, utilizando somente o direito interno, seus conceitos e seus mecanismos, ensaiar

---

por esse território, podendo alcançar os patamares de união monetária, ou mesmo de grau maior ou menor de união política.

a captação do momento presente em sua dimensão supranacional, transnacional, internacional, ou regionalmente integrada, como se prefira denominar, para se poder visualizar o papel e importância possíveis do projeto MERCOSUL, não somente como mais um esforço retórico de integração econômica, em âmbito sub-regional, na América que se quer Latina, mas enxergando o papel deste e sua possibilidade de atuação como mecanismo de renovação e revitalização econômica e institucional, além do saneamento político e de costumes administrativos que sua implementação poderia, concomitantemente, ocasionar, tanto em âmbito interno como supranacional.

26. Na atual fase de funcionamento do MERCOSUL, este vem mostrando interessantes desdobramentos na ordem externa, como protagonista e parceiro de negociações bilaterais entre blocos, sem que suas contradições internas e lacunas tenham sido superadas. Mais do que estrita correlação entre custos e benefícios, desejável e necessária como um todo, mas inviável se descermos a setores diferenciados, pode-se ver o atual esforço, além de suas exigências internas, de ordem estrutural, também como impulsionador de mudanças, tanto internas como regionais. Cabe considerar a proposta da integração regional — não somente viável e necessária — mas que, como todo o resto, tem sido tratada pelo seu lado mais comezinho ou aparente, e tem seu futuro posto em xeque pela forma como vem sendo conduzida.

27. Ao mesmo tempo em que se propõem exigências e perspectivas para o MERCOSUL e seu modelo institucional, trata-se, também, de ter presentes os possíveis efeitos e desdobramentos favoráveis que este projeto de integração econômica, tanto pelas imposições de sua própria dinâmica, como pela renovação e reformulação de estruturas concomitantes a tais processos, pode ter na ordem interna, quando se vem tornando mais e mais patente e pungente a necessidade de se repensar o tamanho, o papel e a qualidade da atuação do Estado, não somente entre nós, onde parecem ter sido esquecidos os objetivos maiores, vivendo toda a máquina estatal não como ferramenta ou meio, mas antes como fim em si mesma, bem como no momento em que se ensaia construir algo viável e duradouro, em termos de integração, com nossos vizinhos do Cone Sul.

Justamente o quadro atual nos coloca a possibilidade e necessidade de fazer face às exigências institucionais, diante das quais as gerações futuras avaliarão nossa capacidade de combinar reflexão e atuação, seja no sentido de incidir com eficácia sobre a realidade do mundo, atuando em conformidade com referidas necessidades.

28. Fugindo da alternância de expectativas, seguidas de recaídas de crise e desencanto, concretiza-se o desafio de enfrentarmos a realidade, e concatenarmos propostas de ação, no caso da integração, evitando descompasso entre discursos e metas, e procurando sintonia entre operadores econômicos privados e governo, alinhando programas e resultados, concatenando modelos e perspectivas, sem que fique a universidade à margem do processo, quando esta deveria ser, presença institucional. Há de se eliminar a falta de transparência e regularidade na circulação de informações. Coerência e consistência têm sido virtudes escassas ultimamente, e também têm sido escassamente aplicadas a esforço de compreensão do mundo, onde não se trata de ser contra ou a favor da integração, seja enquanto proposta ou enquanto princípio, já que poucos ou quase ninguém sustentaria seja a viabilidade, seja a conveniência de tese de isolamento econômico, em contexto mundial como o atual.

Aceita a integração como idéia, tem esta de ser viabilizada como proposta, e aí começam as distorções do momento atual : nem o modelo institucional e constitucional, nem o contexto político ou a imaturidade do debate presente tornam viável, ou ao menos se poderia dizer sejam favoráveis à implementação da integração. A partir da viabilização da proposta, deve começar a implementação como programa. Mas tais etapas dificilmente são intercambiáveis temporalmente : ou seja, não se pode implementar programa, que não se tenha antes viabilizado como proposta, que, por sua vez, não se tenha, antes, ainda, aceito como idéia.

29. É preciso concentrar esforços de reflexão e compreensão, no sentido de se determinar o quanto se tem e se pode mudar na ordem supranacional, e mais especificamente o que se pretende e como se pode pretender alcançar com nossos vizinhos a integração, sem estruturar correspondente modelo institucional, como ilustra o MERCOSUL.

Parecendo-me inviável abordar a integração em abstrato, como categoria apriorística ou simples anseio, a premissa comunitária européia afigura-se como possibilidade útil se não inevitável, para tentar compreensão criativa da integração, somada à insatisfação conceitual, lógica e também quanto aos resultados, em razão da circularidade do debate e de boa parte da doutrina latino-americana a respeito do tema e dos cíclicos fracassos de sucessivos projetos e esforços regionais ou sub-regionais de integração.

30. A análise do direito da integração, inicialmente voltada a casos específicos, como os distintos e sucessivos esforços continentais ou sub-regionais interamericanos, que precedem ou são concomitantes ao

MERCOSUL ou em outros continentes, com destaque para a União Européia, partindo de casos concretos, poderá chegar a formulações de ordem genérica conceitual. Com inevitável proeminência se coloca o caso da Comunidade Européia e seu ordenamento jurídico — onde ficou colocado o quadro estrutural e conceitual do até hoje mais bem sucedido e mais desenvolvido exemplo e experiência em matéria de integração, tendo a grande e mais significativa inovação decorrido da constatação de que as crises continuam ocorrendo, mas a continuidade do processo de integração é resguardada pela existência de mecanismos institucionais para viabilizar a superação de sucessivos impasses, utilizando o modelo econômico-institucional desde a consolidação do mercado comum, até a entrada em vigor da "moeda única", na Europa integrada.

Não se pode pretender tratar de integração, arriscando pouco fundamentadas generalizações a respeito de tal processo sem analisar antes a experiência mais completa e mais bem realizada em tal sentido, justamente enfocando por que essa experiência conseguiu superar o ponto de resistência, diante do qual soçobraram todos os esforços anteriores : o poder soberano dos Estados-membros, traçando a linha divisória decisiva para a distinção entre diferentes modelos que se autodenominam "de integração". Mais do que o rótulo, ou o desejo expresso, será decisivo, para determinar a configuração institucional de qualquer processo de integração, detectar a ocorrência ou não de mecanismos supranacionais; se e em que medida se criam instâncias legislativas, administrativas e judiciais supranacionais. Por esse motivo se justifica per se o estudo da integração na perspectiva da União Européia, em seu quadro institucional e ordenamento jurídico, perquirindo o que tornou eficaz essa tentativa enquanto outras não vão além do discurso ou de estágios incipientes de implementação.

31. Tais estudos e esforços de compreensão, além do relato do caso específico, tiveram como têm o propósito de situar o fenômeno da integração, suas exigências e possibilidades de implementação e consolidação de espaço economicamente integrado, sobretudo em relação ao caso concreto do MERCOSUL. O estudo comparativo pode evidenciar semelhanças e diferenças entre o caso MERCOSUL e o parâmetro comunitário europeu, onde o encadeamento lógico e conseqüências práticas estarão sendo, aqui, desenvolvidas e colocadas em relação ao caso MERCOSUL. Não se faz necessária longa perquirição para demonstrar que a experiência comunitária européia não pode ser descartada com a perigosa facilidade com que o fazem expoentes brasileiros de enfoque tradicional da doutrina como da experiência em matéria de integração econômica, considerando, com perigoso simplismo, seja o exemplo europeu demasiadamente específico e tanto geográfica como

conceitualmente circunscrito ao âmbito no qual foi ensaiado, para que possa validamente ser tomado como parâmetro, ignorando — deliberada ou inadvertidamente? — o que esse modelo tem de original e de eficaz para edificar a integração.

32. Em lugar de descartar a experiência comunitária européia e aceitar como inquestionável o pressuposto da soberania estatal é preciso ver em que perigosa extensão esta ficção ou dogma político tem sido usado para esvaziar ou ao menos pôr em risco os mais eficazes projetos de integração; na exata medida em que se mantém intocada a soberania do Estado, a integração se transmuta em mecanismos de possível cooperação econômica ou institucional e consulta intergovernamental a respeito de controvérsias, emasculada dos mecanismos que podem viabilizar a superação de crises institucionais e políticas, como se vivenciou justamente na experiência e evolução da integração européia, onde se fizeram presentes tais riscos — especialmente se tivermos em mente casos recentes, desde a França de DE GAULLE ao Reino Unido de Margaret THATCHER — com base em alegações distintas e efeitos igualmente deletérios para os fins comunitários.

Enquanto se aceitar o pressuposto da soberania como dogma que não precisa entrar em discussão nem reformulação quando se ensaia a integração, provavelmente não se irá além do estágio da utilização de expedientes formalmente adequados, através dos quais os Estados se ponham de acordo para constatar a ocorrência de discordâncias, sem estruturar mecanismos eficazes para a superação de tais impasses, tornando-os ineficazes para a consecução de seus fins. A ocorrência de tais mecanismos marcará a distinção entre cooperação e integração. Esta a distinção fundamental, substancialmente mais relevante do que gradações teóricas ou a nomenclatura oficial, adotada por diferentes projetos de integração.

33. O exemplo europeu, não obstante ou talvez justamente em suas marchas e contramarchas, é vital para se compreender criticamente outros processos semelhantes, como o que ora alvissareiramente se enceta no Cone Sul do Continente Americano. Tanto a oportunidade como a viabilidade econômica estão claramente colocadas, se não efetivamente comprovadas pelo setor privado : dependerá de visão e determinação política, consideráveis doses de humildade e honestidade intelectual, além de árduo e persistente trabalho, para levar a cabo tal empreitada.

Sem esquecer nem negligenciar tantos e tão graves problemas que assolam nosso Brasil, cabe não perder a oportunidade histórica de construir efetiva e viável integração econômica com os vizinhos do Cone Sul. Não se sustenta a argumentação de tempo : o MERCOSUL ainda se configura como zona de livre comércio, esboçando união aduaneira em implantação, através da adoção de código aduaneiro e tarifa externa comum, porque ainda não teve tempo de ser verdadeiro mercado comum. A tese é tão falaciosa como a pretensão de manter intocada a soberania estatal, enquanto se afirma querer a integração; não se trata somente de tempo, trata-se de mudar toda a tônica do processo : os pressupostos, os meios e os fins são conceitualmente diversos; não se começa pela cooperação entre Estados demasiadamente soberanos e ao menos nominalmente independentes para se chegar a espaço economicamente homogêneo e integrado, onde fluam livremente os fatores de produção econômica, no qual circulem pessoas, serviços, mercadorias e capitais. 34. Impõe-se mudança conceitual e estrutural para tanto, combinada com a amplitude de visão e firmeza de vontade política.

Entre os modelos de zona de livre comércio, união aduaneira e mercado comum existem gradações estruturais bem como diversidades conceituais, além de inevitáveis divergências quer quanto aos meios como em relação aos fins. Tal diversidade conceitual e divergência quanto aos meios e fins são ilustradas pela contraposição, na Europa, de projetos com temática e enfoque distintos : a experiência da Associação européia de livre comércio, a EFTA, orientando-se em um sentido e a experiência comunitária em outro. A evolução histórica mostrou qual proposta e qual ênfase era mais viável, na medida em que os países integrantes da EFTA, quer isoladamente, através de pedidos de adesão, quer enquanto bloco, através do Espaço Econômico Europeu, se agregaram à União Européia, como recentemente ilustram a Áustria, Finlândia e Suécia.

Há décadas persistimos no mesmo erro, desde os Tratados de Montevidéu, primeiramente o de 1960, no contexto da ALALC, e posteriormente, o de 1980, no contexto da ALADI : são mais de trinta anos de muito discurso e parcos resultados. Corremos o risco de perpetuar tais modelos como ilustraria a recorrência do mesmo modelo, na proposta de criação da ALCSA, em 1994. Se realmente desejarmos mudança qualitativa no processo de integração no contexto sub-regional, está na hora de mudarmos o modelo; persistindo nele, escassas são as chances de se alcançar resultados conceitualmente mais relevantes, e que possam perdurar além da presente fase de entusiasmo inicial. 35. Enfatizar os resultados alcançados pelo MERCOSUL, ao término do período de transição, em lugar de aparelhá-lo adequadamente para o futuro, é tão falacioso como pernicioso : o sucesso está ocorrendo, mas sem o dado estrutural que viabilize seu funcionamento, além do momento atual de comprometimento dos governos nacionais e interesse dos operadores privados, pode vir a repetir-se a esclerose precoce que acometeu esforços anteriores de integração na América Latina, condenando-os à inação futura.

Nesse sentido é inestimável a contribuição comunitária européia, sem pretender transposições diretas, nem copiar mecanismos, mas atentando para a dinâmica política do processo de integração, tal como por vez primeira, se alcançou na Europa, cabendo ter presente esta experiência como ponto de referência para se colocar em bases viáveis o esforço de construção do MERCOSUL, cientes e conscientes das especificidades e diversidade rítmica e dinâmica própria do processo em curso entre nós, como frisa o preâmbulo do Protocolo de Ouro Preto, de 1994, mencionando a "dinâmica implícita em todo processo de integração e a conseqüente necessidade de adaptar a estrutura institucional do MERCOSUL às mudanças ocorridas".

36. As exigências e perspectivas de modelo institucional para o nosso MERCOSUL estão em aberto; as gerações seguintes terão condição de avaliar com maior clareza por onde passava a linha divisória entre a viabilidade e a ilusão, entre mais um projeto grandiloqüente, esvaziado por embaraços aduaneiros de fronteira, e a efetivação de espaço econômico realmente apto a ser chamado de "mercado comum". Não é só questão de tempo; é também questão de rumo : muitos caminhos podem levar a resultados semelhantes, mas é indispensável assegurar a viabilidade do processo, é preciso controlar, constantemente, a exatidão entre o plano e o percurso, onde, mais uma vez, estamos, como formula o Protocolo de Ouro Preto, de 1994, "conscientes da importância dos avanços alcançados e da implementação da união aduaneira como etapa para a construção do mercado comum".

É preciso, inexoravelmente, evitar os desvios de rota, ou então, vamos eliminar de pauta o tema da integração, visto que a esta ninguém nos obriga. Mas, se realmente queremos a integração, vamos empreender esforço viável para construí-la, ou descartar a pretensão. O Brasil, hoje, tem muitos problemas sérios, dentre os quais, certamente, outros mais prementes do que a integração com os três parceiros do MERCOSUL, na medida em que dados estatísticos oficiais apontam a existência de 60 milhões de brasileiros pobres e indigentes. A iniqüidade da constatação deveria fazer calar outros clamores. A escolha está sendo vivida : estamos engajados e trabalhando pela integração. Temos de exercer nossas capacidades de análise e crítica para evidenciar necessidades e buscar soluções, vinculadas à integração.

37. Além de sua utilidade como elemento gerador de economia de escala e competitividade internacional, proponho, projetar pouco mais adiante a análise da integração e seus modelos institucionais, aplicada ao caso MERCOSUL, porquanto esta pode, também, ser caminho para construir País politicamente mais digno, socialmente mais humano, juridicamente mais justo,

demograficamente mais desenvolvido, economicamente mais eficiente, na medida em que consigamos substituir algumas estruturas internas retrógradas e viciadas por estruturas novas, de caráter supranacional, mais transparentes, mais instrumentais, menos soberanamente indiferentes ao ser humano em todas as suas dimensões : sua dignidade, sua integridade física e moral, suas oportunidades de vida, sua cidadania, no sentido mais amplo do termo.

Dentre os erros e acertos vividos no Brasil de hoje pode a integração ser o caminho de relevante renovação econômica, social, política e institucional, pode ser estímulo para o crescimento e o desenvolvimento, pode ensejar redução de iniqüidades, mais do que meras desigualdades regionais e sociais, pode permitir estruturar bloco econômico internacionalmente relevante, que poderia se inserir como interlocutor presente e respeitável no cenário internacional, mas tudo isso permanece em aberto. Resta saber se estaremos à altura da missão que se coloca, tanto dentro de casa, em visão estritamente brasileira, como em relação aos vizinhos, sabendo, com estes, construir algo novo, dentro do projeto MERCOSUL.

38. O fenômeno da integração econômica, sobretudo em sua dimensão jurídica, como exemplifica a União Européia, traz fascinantes inovações conceituais e institucionais nesse esforço de construção de entidade nova, de caráter supranacional, cuja implementação está transcendendo os limites clássicos dos ordenamentos jurídicos internos, das tradicionais soberanias estanques, em favor de fenômeno cuja relevância transcende seu estrito âmbito territorial de aplicação. Considerar, criativamente, o fenômeno da integração, a partir da experiência européia, para, justamente ir além do caso europeu, e procurar captar e transmitir o que e quanto se possa passar de útil adiante, para tentativas encetadas em outros quadrantes.

39. O arcabouço institucional da União Européia e do ordenamento jurídico comunitário não foram obra do acaso no modelo europeu, mas tomando como pressupostos os princípios enunciados nos tratados, ensejou ao Tribunal Europeu papel e espaço para a consolidação da implementação do espaço economicamente integrado. A identidade e a continuidade da integração em curso no MERCOSUL, sem prejuízo da diversidade do objeto como do enfoque deste em relação ao caso anterior são claros. A lição a ser tirada, contudo, permanece, na medida em que não basta detectar a ocorrência de discordâncias, sem que esta se faça acompanhar pela correspondente estruturação de mecanismos eficazes para a superação de tais impasses, tornando-os ineficazes para a consecução de seus fins.

Inferências e projeções

> *"Il faut chercher en toutes choses la fin principale et puis apres les moyens d'y parvenir. (...) Et jaçoit que celuy qui a trouvé la fin de ce qui est mis en avant, ne trouve pas tousjours les moyens d'y parvenir (...) qui ne sçait la fin et definition du subject qui luy est proposé, cestuy-là est hors d'esperance de trouver jamais les moyens d'y parvenir."*
>
> Jean BODIN, *Rep.* I.I.27 (1576)[22]

40. O presente trabalho escolheu o enfoque da dicotomia entre soberania e integração regional como a pedra de toque que permite a sistematização do estudo da integração, no esforço de captação do MERCOSUL em sua dimensão estrutural, para a perquirição de exigências e perspectivas de seu modelo. Além e ao lado da adequada configuração institucional, atente-se para o papel do direito, simultaneamente propulsor e regulador, em processo de integração. É tentativa de mostrar o que necessitamos para poder finalmente encetar esforço verdadeiro, rumo à integração, deixendo de lado a retórica, o ufanismo ciclotímico, que irremediavelmente acaba tombando no vazio, para irmos, pragmaticamente, passo a passo, destacar áreas e matérias, trabalhar dentro do quadro no qual se quer construir a integração.

41. Logicamente a seleção de uma matéria ou aspecto foi impositiva: nunca se poderia pretender abarcar a totalidade do universo da integração, a partir da dicotomia entre soberania e integração, confrontando os casos da União Européia e do MERCOSUL. Está se travando aceso debate, cuja relevância e complexidade nos obrigam a descartar os automatismos, tanto mais cômodos, quanto mais solidamente reiterados sem questionamentos, para se abrir espaço para a dúvida, impulsionando a idéia, não somente pelo que se alcança, como também pelo que se mostra ainda estar para ser feito, em esforço integrado.

42. Para novas necessidades impõe-se encontrar novas soluções, já advertia a escolástica medieval O exame destas questões, como as confluências e confrontações entre soberania, integração regional e supranacionalidade, não precisam ser enfatizadas. A realidade está colocada. A efetividade da análise fica marcada pela provisoriedade, diante da velocidade com a qual estão as mudanças ocorrendo. As mudanças em curso no mundo atual estão modificando as categorias antes conhecidas das relações internacionais, em ritmo crescente. Enquanto setores mais conservadores, do direito e da política,

---

[22] Jean BODIN, Les six livres de la République (Paris, 1576; 10a. ed., Lyon, Gabriel Cartier, 1593; ed. rev. C. FRÉMONT, M.-D. COUZINET, H. ROCHAS, Paris, Fayard, 6 vols., 1986).

todavia hesitam, com relação à possibilidade teórica e aceitação prática de mudanças da soberania, em contextos de integração regional, a globalização econômica já nos lança para as exigências conceituais e operacionais da etapa seguinte, da configuração desse mundo globalizado. O direito tem dificuldade em aceitar e manejar tais conceitos, na medida em que tende a regular quadros estáticos, pretendendo imobilizar a realidade mediante normatização. Dentre tópicos de destaque nessa confrontação entre norma e contexto, inexoravelmente surge a soberania na integração econômica e as controvérsias a respeito da supranacionalidade.

43. O enfoque da soberania na integração econômica suscitará, inevitavelmente, a questão da supranacionalidade. Não obstante se possa criticar o conteúdo do termo, por considerá-lo vago, ou mesmo amorfo, por outro lado, mesmo seus críticos (eg., WEILER), utilizam a expressão, fazendo alguns reparos ou nuances ao conceito, na falta de outro melhor, para a caracterização do fenômeno de mutações da configuração da soberania, em processo de integração, tão logo sejam ultrapassados os patamares de estrita co-operação intergovernamental. Sem que tenha havido clara opção por referida configuração, no caso do MERCOSUL, percebe-se já ter sido ultrapassado o patamar de estrita operação intergovernamental, sem que se reconheça, abertamente, a ocorrência de elementos supranacionais.

44. As soberanias nacionais podem permanecer nominalmente intocadas, mas na medida em que se vai além do que anteriormente existia, substituindo economias estrita ou predominantemente nacionais por economias integradas, as mutações correspondentes na soberania serão irremediáveis, pelas construções jurídicas, empiricamente desenvolvidas, para enquadrar as necessidades de atuação, em relação à capacidade para atender as necessidades operacionais do processo de integração e a consecução de seus resultados. Quando a lei, seja interna como internacional perde, esquizofrenicamente, o contato vital com a realidade, esta encontra seus próprios caminhos.

45. Curiosamente, no MERCOSUL de hoje, sem ter sido feita a opção política por tribunal para dirimir as questões pertinentes à integração, temido antes como configuração política do que reconhecido como ferramenta juridicamente indispensável para assegurar a continuidade e consolidação da construção da integração, vemos a Comissão de Comércio do MERCOSUL, que originariamente haveria de ser tão somente instância administrativa de gestão da implementação da Tarifa Externa Comum (TEC), durante as duas fases quinquenais de sua progressiva convergência, despontar como a gestora

do direito do MERCOSUL, em razão das dezenas de casos a esta submetidos dizendo respeito ao conteúdo e aplicação da norma MERCOSUL. Sem ter sido para isso criada ou aparelhada, está a CCM desempenhando in absentia o papel de um tribunal no MERCOSUL!

46. Ensaiando projeção ao contexto internacional de realidade interna, que fica como indagação final deste trabalho, será que nossa falta de verdadeira Constituição, no sentido de corpo sistemático de princípios e normas fundamentais, dando configuração jurídica e política adequada ao Estado e ao Governo, pois a sociedade se auto-regula, quando a norma está ausente, será que essa nossa carência interna, se projeta no contexto integrado, refletindo nossa dificuldade em ver a 'constituição' do MERCOSUL? Tivemos Constituições de fachada, durante períodos menos brilhantes de nossa história e temos todavia Constituição meramente formal, tanto quanto permanece cerca de um terço da população nacional abaixo do que eufemisticamente é chamada a "linha da pobreza", pelo discurso tecnocrático. Tanto mais por que esta Constituição de 1988 da República, depois de anos de atraso, quis tudo abranger e perde-se em contradições teóricas e impossibilidades práticas as mais lamentáveis, que, passada uma década sequer encetamos o redirecionamento. Vivemos de remendos (jurídicos como políticos). Será que por não termos sido, até hoje, capazes de fazer efetivo e eficaz conjunto de princípios e normas na ordem interna, igualmente incapazes estaríamos para perceber e fazer face à essa necessidade no contexto regional integrado? Será que vamos ser capazes de superar essa aparente dicotomia entre soberania e integração econômica, para enfrentar de modo mais criativo e assertivo a realidade desse mundo crescentemente internacionalizado?[23] Os desafios do tempo presente são consideráveis. Espero saibamos estar à altura da missão, refletindo e agindo de modo consentâneo com os imperativos categóricos da realidade.

---

[23] Nesse sentido, como esforços de reflexão a respeito do papel do direito internacional no atual contexto internacional, a partir de casos e situações correntes, lembraria : P. B. CASELLA, Direito internacional : a vertente jurídica da globalização (Porto Alegre, Ed. Síntese, 1999), bem como a obra de mão-comum, situando aspectos da interação e interferências entre processos regionais e o contexto mundial, MERCOSUL : integração regional e globalização (pref. Fernando A. A. MOURÃO, S. Paulo, LTr Ed., 1999).

Organização Mundial do Comércio : uma ameaça à soberania estatal ?

Ana Cristina Paulo Pereira[1]

A Regularização do Comércio Internacional pela OMC

Desde 1º de janeiro de 1995, a Organização Mundial do Comércio (OMC) constitui o principal órgão regulador do comércio internacional, possuindo personalidade de direito internacional público, independente da dos seus Membros.

Com a institucionalização da OMC, a regularização do comércio internacional passa a ser organizada no seio de uma estrutura permanente, e não mais através de um simples acordo – o Acordo Geral sobre Tarifas e Comércio (GATT[2]) – do qual os Estados eram Partes Contratantes.

Contudo, não podemos esquecer que as origens da OMC repousam no referido acordo, adotado em 1947, que por sua vez nasceu do insucesso da Carta da Havana, a qual, se houvesse entrado em vigor, teria instituído a Organização Internacional do Comércio (OIC), essa sim uma verdadeira organização internacional.

Com efeito, devido a demora na aprovação da Carta da Havana[3], vinte e três países, dentre os quais o Brasil, reunidos em Genebra no ano de 1947, decidiram negociar entre si reduções de suas respectivas tarifas alfandegárias, bem como estabelecer um quadro normativo, baseado essencialmente no capítulo IV da Carta da Havana, versando regras de condutas para as Partes Contratantes no tocante à regularização do comércio exterior.

O GATT, fundado essencialmente nos preceitos da economia de mercado, possuía como objetivo maior a liberalização do comércio, isto é, a eliminação

---

[1] Doutora em Direito pela Universidade de Paris I (Panthéon-Sorbonne), Professora Adjunta da Faculdade de Direito da Universidade do Estado do Rio de Janeiro (UERJ).

[2] *General Agreement on Tarifs and Trade.*

[3] Alguns Estados a criticavam por ser muito liberal, outros por ser muito intervencionista.

das barreiras comerciais aplicadas pelos Partes Contratantes, notadamente daquelas que visam proteger a produção doméstica da concorrência internacional.

Com esse intuito, desde 1997 foram realizados diversos ciclos de negociações entre suas Partes Contratantes, também conhecidos por «*rounds*», para que estes pudessem fazer ofertas de redução tarifárias, bem como modificar ou introduzir cláusulas complementares ao arcabouço jurídico original[4].

Dentre esses ciclos de negociações destaca-se o «Uruguai *Round*», iniciado em 1986 e findo em 1994 com a adoção da «Ata Final em que se Incorporam os Resultados da Rodada Uruguai de Negociações Comerciais Multilaterais», na qual encontra-se inserido o «Acordo de Estabelecimento da Organização Mundial do Comércio» (doravante, Carta da OMC).

A OMC passa a ser a «guardiã» de todos os acordos firmados pelos Estados durante o referido «*round*», incluído o próprio GATT de 1947, que modificado e completado por novos dispositivos, torna-se o GATT 1994.

Com o advento da OMC, a regulação do comércio internacional não mais se restringe aos bens (objeto dos Acordos Multilaterais sobre o Comércio de Bens : GATT 1994 e demais acordos setoriais, inseridos no Anexo 1A :), estendendo-se igualmente a outros setores do comércio, quais sejam : o comércio de serviços (objeto do Acordo Geral sobre o Comércio de Serviços – GATS[5], Anexo 1B) e a propriedade intelectual (objeto do Acordo sobre Aspectos dos Direitos de Propriedade Intelectual Relacionados ao Comércio – TRIPs[6], Anexo 1C)[7].

A OMC constitui-se, igualmente, em um foro para as negociações entre seus Membros acerca de suas relações comerciais multilaterais, sendo também responsável pela administração do mecanismo de solução de controvérsias, bem como do mecanismo de exame das políticas comerciais de seus Membros e dos acordos plurilaterais concluídos entre alguns de seus Membros.

Sabendo-se que as regras contidas nos diferentes acordos geridos pela OMC têm por intuito regular as condutas de seus Membros no tocante à elaboração e à aplicação de sua política comercial externa, resta-nos agora

---

[4] Os ciclos de negociações ocorridos desde a criação do GATT foram em número de oito : Genebra Round (1947); Annecy Round (1949), Torquay Round (1950 – 1951), Genebra Round (1955 – 1956); Dillon (1959 – 1962); Kennedy Round (1963 – 1967); Tóquio Round (1973 – 1979) e Uruguai Round (1986 – 1993), ao final dos quais o GATT já contava com cerca de cento e vinte e cinco Partes Contratantes.

[5] *General Agreement on Services.*

[6] *Trade-Related Aspects of Internacional Property Rights.*

[7] Existe um acordo plurilateral na OMC, isto é, vigente para apenas alguns de seus Membros, que versa o comércio eletrônico. Tal Acordo deverá, provavelmente, ser estendido aos demais Membros da OMC durante o round de negociações multilaterais previsto para o final do ano de 1999, já conhecido como «round do milênio».

determinar a que ramo do Direito pertencem, já que por versarem objeto específico (relações comerciais internacionais) e apresentarem certas particularidades podem levar a uma certa hesitação quando de sua classificação em um dos ramos do Direito.

Classificação das Regras da OMC em um dos Ramos do Direito

As regras estabelecidas nos diferentes acordos da OMC compõem o que denominamos de direito internacional do comércio.

No entanto, não devemos confundir tal disciplina jurídica com o direito do comércio internacional, vez que este regula as relações comerciais que se estabelecem entre particulares, ou eventualmente entre Estados enquanto agem como particulares.

Assim sendo, entendemos o direito internacional do comércio como a disciplina jurídica que regula a conduta dos Estados no tocante à sua política de comércio exterior. Trata-se, portanto, de regras contidas em instrumentos de direito internacional público que têm por destinatários os próprios Estados que participaram de sua elaboração.

Por conseguinte, defendemos a posição de que o direito internacional do comércio é uma ramificação do direito internacional público, em que pese a tese defendida por alguns juristas franceses de que tal direito seria um ramo do direito internacional econômico, o qual, ao seu turno, constituiria uma disciplina autônoma, independente, portanto, do direito internacional público[8].

Ao nosso ver, o direito internacional econômico não possui nenhuma especificidade relativa à fonte (instrumentos), ao conteúdo (grau normativo) ou à sanção de suas regras que o diferencie do direito internacional público, admitindo-se, contudo, que sua originalidade estaria talvez no fato de que sua elaboração tenha sido presidida da vontade de adaptar suas regras à realidade econômica, e não o contrário, ou seja, adaptar a realidade econômica ao direito.

Podemos citar como exemplo do pragmatismo das regras internacionais aplicadas às relações econômicas o fato do sistema normativo da OMC não fazer abstração da desigualdade econômica existente entre seus diferentes Membros. Ao contrário, existem regras específicas a certas categorias de países, que buscam, através do estabelecimento de um tratamento desigual, compensar as deficiências econômicas de seus membros em desenvolvimento ou menos desenvolvido, ainda que haja dúvidas quanto à real eficiência de tais regras.

---

[8] Julliard, Carreau e Flory, «Manuel de Droit International Economique, L.G.D.G, Paris, 3ª ed., 1990.

Qualquer que seja a teoria adotada - direito autônomo, inserido no âmbito maior do direito internacional econômico, ou uma ramificação do direito internacional público - é fato que as regras previstas no sistema jurídico da OMC limitam o poder do Estado no tocante ao exercício de sua atividade legislativa em matéria de comércio exterior.

A questão que se coloca é : a política comercial externa de um Estado é um domínio reservado à competência estatal, advindo daí que não pode ser objeto de regulamentações internacionais sob pena de ferir a soberania do Estado ?

O Princípio da Não-Ingerência nos Assuntos de Competência Interna

Enquanto sujeitos de direito internacional, os Estados possuem competências que lhes são inerentes, destacando-se, dentre estas a competência originária para criar o direito internacional, porquanto a competência das organizações internacionais é derivada, já que dependem da vontade inicial dos Estados de atribuir-lhes, ou não, tal competência.

Contudo, o exercício da competência legislativa do Estado na esfera internacional é conjuntivo, isto é, pressupõe a participação dos demais Estados que, a partir daí se obrigam em virtude da norma internacional adotada. Assim sendo, um Estado não possui competência para criar o direito internacional através de ato unilateral, no máximo poderá influenciá-lo[9].

Outro limite que incide no exercício da competência legislativa internacional é a existência do princípio da não ingerência dos Estados e das organizações internacionais nos assuntos de competência interna dos Estados.

Com efeito, referido princípio estabelece o poder soberano do Estado no âmbito interno, que possui, portanto, competência exclusiva para determinar qual o seu estatuto político, econômico, social, bem como para dispor de seus recursos econômicos e naturais da maneira que melhor convenha ao seus interesses[10].

A partir do princípio da não-ingerência, podemos deduzir que existem certas matérias que não podem ser objeto de regulamentação internacional, sob pena de haver uma violação à soberania interna do Estado. Referido princípio encontra-se consagrado em duas resoluções da Assembléia Geral da ONU, ambas intituladas «Exame e princípios do direito internacional versando as rela-

---

[9] O prof. Jacques Mourgeon admite, em última análise, que o ato unilateral poderia obrigar somente seu autor *vis-à-vis* da Sociedade Internacional, e uma vez que não houvesse recusa clara e em número expressivo dos demais Estados (Curso de Direito Internacional Público, Universidade de Toulouse I, França, 1988 – 1989).

[10] O exercício da soberania estatal sobre esse último aspecto está previsto na «Carta de Deveres e Direitos Econômicos dos Estados», adotada pela Assembléia Geral da ONU, em 1974.

ções amicais e a cooperação entre os Estados conforme à Carta da ONU», quais sejam :

1) Resolução n.º 1815, de 18 de dezembro de 1962, que prevê, de maneira imprecisa, o princípio da não intervenção de outros Estados no direito nacional, dentre outros, e

2) Resolução n.º 2625, de 04 de novembro de 1970, mais ampla, que estabelece, dentre outros, o princípio segundo o qual os Estados têm o dever de não intervir nas competências de um outro Estado[11].

Paradoxalmente, constata-se que tanto as resoluções da Assembléia Geral como a própria Carta da ONU encorajam a cooperação entre os Estados, inclusive em matéria econômica. Ora, como promover tal cooperação sem que haja o estabelecimento de normas comuns aos Estados pactuantes ?

Certamente, não podemos negar que o comércio exterior é uma das atividades mais diretamente visadas pela política econômica dos Estados. Devido à sua função econômico-social, poderíamos afirmar que a elaboração e implementação da política de comércio exterior de uma nação compete exclusivamente ao Estado, segundo seus próprios interesses e objetivos.

O sistema normativo da OMC, como veremos em seguidas, incide diretamente sobre setores que, em princípio, somente poderiam ser objeto de determinações unilaterais, dado o lugar estratégico que ocupam nos planos de desenvolvimento de uma nação.

Os Domínios sob o Controle da OMC

Além do comércio de bens, encontram-se submetidos à regulamentação internacional setores econômicos que, até a conclusão dos acordos do Uruguai Round, encontravam-se essencialmente regularizados pelas legislações nacionais de seus Membros. Referimo-nos, especificamente, ao comércio de serviços e à propriedade intelectual.

O comércio de bens é, portanto, o mais antigo domínio sob controle multilateral, pois já era objeto de regularização pelo antigo GATT de 1947, passando, com o advento da OMC, a compor o rol dos acordos integrantes desta instituição.

---

[11] Tratando-se de duas resoluções da Assembléia Geral da ONU fica a questão concernente ao seu valor normativo, embora tenham sido adotadas por unanimidade. Preferimos, portanto, deduzir que tais resoluções limitam-se a constatar e explicitar princípios já existentes, que já seriam direito costumeiro antes mesmo de serem declarados pela Assembléia Geral da ONU, mesmo porque, dificilmente, poderíamos acreditar que os Estados tivessem conferido à Assembléia Geral da ONU competência para estabelecer princípios relativos à competência estatal, pois são os únicos a deter a competência das competências.

De modo geral, apontamos como principais regras internacionais que incidem nessa esfera a consolidação tarifária, que impede um Membro de aumentar uma alíquota do imposto de importação, uma vez oferta como definitiva; o tratamento da nação mais favorecida, que prevê vantagens iguais para todos os Membros; o tratamento nacional, que proíbe um Membro de discriminar contra o produto importado em relação ao produto nacional similar; e a obrigação de eliminar todas as barreiras comerciais não tarifárias, tais quais o estabelecimento de cotas e a proibição de importar.

Mas, como dissemos anteriormente, o sistema normativo da OMC não mais se limita ao comércio de bens, vez que desde sua entrada em vigor, em 1995, o comércio de serviços e a propriedade intelectual passaram a constituir os mais novo domínios sob o controle multilateral, como conseqüência direta de pressões exercidas pelos países desenvolvidos que procuravam, dessa forma, a abertura do comércio de serviços e uma proteção maior e mais eficaz aos direitos de propriedade intelectual[12].

No tocante ao comércio de serviços (regularizados no âmbito do GATs), os Estados aceitaram fazer ofertas voluntárias de liberalização de determinados setores, isto é, permitiram o acesso de empresas estrangeiras a certas atividades específicas antes reservadas às empresas nacionais, com base no tratamento da nação mais favorecida e do tratamento nacional. Por outro lado, há também o compromisso dos Membros da OMC de respeitar critérios gerais que incidirão sobre o exercício de suas atividades legislativas na matéria, destacando-se as obrigações de :

a) aplicação transparente e a publicação de leis, normas administrativas e regulamentações, inclusive a obrigação de responder a todo pedido de informação feita por um outro Membro;

b) imediata revisão das decisões administrativa por um órgão público em prosseguimento a uma demanda de um outro Membro;

c) harmonização das condições e procedimentos em matéria de qualificação, normas técnicas e condições em matéria de licenças utilizadas para autorizar a prestação de um serviço;

d) prevenção dos abusos por parte dos prestadores de serviços que beneficiam de um monopólio, bem como a eliminação das práticas restritivas da concorrência;

e) eliminação das restrições aos pagamentos e transferências internacionais realizados no âmbito das transações correntes;

---

[12] A introdução desses novos setores nas negociações do Uruguai fora fortemente combatida por países em desenvolvimento, dentre os quais lideravam o Brasil e a Índia, além da Argentina, Cuba, Egito, Nicarágua, Nigéria, Peru, Tanzânia e a Ex-Iugoslávia (conhecidos como o «Grupo dos dez»)

f) revisão das disciplinas de subsídios a fim de que não tenham efeitos de distorção no comércio de serviços.

Quanto à propriedade intelectual, o Acordo sobre os Aspectos da Propriedade Intelectual Relativos ao Comércio (TRIPs) impõe aos Membros um *standart* mínimo de proteção «adequada e efetiva» da propriedade intelectual, que deverá ser respeitado pelas legislações internas, aplicadas com base no tratamento da nação mais favorecida e no tratamento nacional.

O Acordo TRIPs estabelece, em primeiro lugar, padrões de proteção que deverão ser acordados por seus membros aos seguintes produtos intelectuais: autoria de obras (incluídos os *softwares*, filmes, gravações sonoras e televisivas e as interpretações artísticas); marcas comerciais de produtos e serviços; indicações geográficas de origem; desenhos industriais (inclusive de desenhos têxteis); resultados de testes e outros dados confidenciais referentes aos medicamentos e aos produtos químicos para a agricultura; invenção, através de patentes (mencionados, expressamente, os medicamentos).

Concomitantemente, referido Acordo prevê que cada Membro deverá possuir procedimentos e vias de recurso para garantir a aplicação efetiva e não discriminatória dos direitos de propriedade intelectual, sem, contudo, exigir a criação de instâncias específicas e distintas das já existentes nos respectivos Estados. Apesar desta aparente liberdade deixada aos Membros da OMC, vale dizer que o Acordo TRIPs versa sobre os poderes que o juiz ou a autoridade competente deverá dispor para impedir a violação dos direitos de propriedade intelectual, como por exemplo a aplicação de medidas provisórias ou o bloqueio, na fronteira, de mercadorias pirateadas para que não sejam colocadas no mercado.

Diante da inevitável intervenção da OMC em assuntos que, em princípio, seriam da exclusiva competência interna dos Estados, constata-se que, em contrapartida, seu sistema institucional-normativo fora construído sob bases que tentam salvaguardar, o tanto quanto possível, o que restou da soberania de seus Membros na matéria.

Características do sistema normativo da OMC

Antes de mais nada, vale ressaltar que o sistema normativo da OMC não constitui direito supranacional, pois sua validade na ordem jurídica de cada Membro deve ser auferida pelas respectivas autoridades nacionais de conformidade com seus procedimentos internos[13].

---

[13] No Brasil, a Carta da OMC foi aprovada pelo Congresso Nacional em 15 de dezembro de 1994 (Decreto Legislativo n.º 30) e promulgada pelo Presidente da República em 30 de dezembro de 1994 (Decreto n.º 1.355/94).

Advém daí que a participação ou a retirada de um Estado da OMC decorre de um ato voluntário, embora, na prática, seja pouco provável que um governo consiga promover o comércio exterior de seu país estando excluído de uma das organizações internacionais mais eficazes da ordem internacional[14].

A soberania estatal ficou assegurada igualmente no tocante à estrutura institucional da OMC, vez que seus dois principais órgãos – Conferência Ministerial e Conselho Geral - são compostos por representantes de todos os Membros e para a tomada de decisões substanciais é necessário o consenso, sabendo-se que cada Membro da OMC tem direito a um voto, o que assegura a aplicação do princípio da igualdade jurídica dos Estados nesse aspecto.

Ressalta-se, por outro lado, que qualquer proposta de alteração dos dispositivos do sistema normativo da OMC deve preceder de uma decisão afirmativa da Conferência Ministerial, que na falta do consenso poderá adotá-la por maioria de 2/3. Todavia, a alteração aprovada pelo Conferência Ministerial deverá ainda ser submetida à aceitação dos Membros.

Com efeito, a entrada em vigor da alteração dependerá da aceitação posterior de 2/3 dos Membros[15] e valerá apenas para aqueles que a aceitaram formalmente. Contudo, caso a natureza da alteração seja essencial para alcançar os objetivos da OMC, o Estado que não aceitá-la deverá retirar-se da OMC, salvo se a Conferência Ministerial consinta, por consenso, na sua permanência.

Todavia, a Carta da OMC não concede a seus Membros o direito de reserva, mas permite que a Conferência Ministerial, em circunstâncias excepcionais, acorde, por maioria de ¾, uma derrogação temporária a um Membro com relação aos dispositivos previstos na própria Carta ou em um dos Acordos Multilaterais de Comércio.

Por outro lado, convém lembrar que o sistema normativo da OMC não impõe um direito uniforme aos seus Membros, apenas estabelece as regras e princípios básicos que devem nortear suas condutas quando da elaboração e aplicação de sua legislação interna atinente ao comércio exterior. São regras que, em realidade, estabelecem os limites dentro dos quais os Estados podem agir. Nesse sentido, a Carta da OMC estabelece que todo Membro deverá assegurar a conformidade de suas leis, regulamentos e procedimentos administrativos com os dispositivos contidos na ordem jurídica da OMC.

---

[14] A OMC conta atualmente com 132 países, inclusive Cuba e Rússia, e desde alguma tempo encontra-se em análise o pedido de admissão da China.

[15] Excetuadas as alterações aos artigos IX da Carta da OMC, I e II do GATT 1994, II.1 do GATS, e 4 do Acordo sobre TRIPS, que exigem a aceitação de todos os membros.

Dessa forma, podemos afirmar que os Membros da OMC possuem uma relativa liberdade quando do exercício de sua competência legislativa em matéria de comércio exterior, aplicando suas próprias regras à atividade em questão. A finalidade, portanto, do arcabouço normativo da OMC não é de uniformizar os diferentes direitos, mas de estabelecer padrões de comportamento, tornando, em última análise, mais previsível a política de comércio exterior de seus Membros.

Um exemplo que ilustra tal assertiva é o princípio da consolidação tarifária, pois não se trata aqui da obrigação de aplicar uma determinada tarifa alfandegária em relação à importação de um determinado produto, pois o direito fiscal continua sendo matéria reservada à competência estatal, cabendo a cada um dos Membros determinar unilateralmente a alíquota do imposto de importação. Trata-se, isto sim, de não aumentar tal alíquota ou não introduzir novas tarifas de importação sempre que o Estado houver feito uma oferta tarifária, designada como consolidada e, portanto, definitiva, no âmbito das negociações multilaterais do GATT.

Outra característica marcante do sistema normativo da OMC é que ao mesmo tempo que são impostos aos Membros normas e princípios limitadores de suas condutas, existem diversas possibilidades de escapar a tais obrigações sempre que se encontrarem diante de situações consideradas excepcionais e respeitadas as condições previstas nos acordos constitutivos da OMC.

Assim sendo, vamos encontrar nos acordos sobre o comércio de bens (GATT 1994 e Acordos setoriais) e no acordo sobre serviços (GATs) regras maleáveis e flexíveis, conhecidas como cláusulas derrogatórias e de salvaguardas, que vêm consagrar o princípio do «*rebus sic standibus*», ou seja, o princípio de que as obrigações são mantidas desde que as circunstâncias do momento do compromisso permaneçam tais quais.

Forçosamente, constatamos que tais cláusulas escapatória condicionam toda forma de compromisso à evolução da ordem econômica e social do Estado em causa, enfraquecendo um outro princípio de direito internacional, o «*pacta sunt servanda*», ou seja, a obrigação de respeitar e aplicar o compromisso assumido.

Quanto às obrigações relativas à propriedade intelectual, observa-se que os Estados não beneficiam de uma grande margem de manobra para defender seus interesses individuais. De fato, embora o Acordo TRIPs enuncie princípios que autorizem seus Membros a adotar medidas que visem a proteção da saúde e da nutrição pública, bem como evitar os abusos cometidos pelos titulares dos direitos de propriedade intelectual e as práticas restritivas de comércio, tais princípios devem ceder lugar às regras materiais que exigem uma proteção maior dos direitos de propriedade intelectual, que possuem, portanto, primazia sobre os princípios enunciados.

Em realidade, a principal liberdade deixada aos Estados no âmbito do Acordo TRIPs foi quanto ao prazo de implementação do Acordo, em função de certas obrigações e categorias de membros. Com efeito, enquanto para os países desenvolvidos a data limite para que adaptassem suas legislações fora estabelecida para 1º de janeiro de 1997, os países em desenvolvimento dispõem de quatro anos suplementares, de modo geral, e de nove anos para acordar proteção através de patentes a produtos ou setores tecnológicos antes fora de proteção, excluídos os medicamentos e os produtos químicos para a agricultura[16].

Vistas as formas como um Membro poderá derrogar ou beneficiar de pleno direito de uma exceção à aplicação das regras e princípios da OMC, vale ressaltar que tais possibilidades não o deixam ao abrigo do controle multilateral, realizado este, essencialmente, através do mecanismo de solução de controvérsias que funciona no interior da própria instituição, e cuja competência jurisdicional fora reconhecida pelos Membros quando da ratificação ou adesão à Carta da OMC.

O Exercício do Poder Jurisdicional da OMC

Sempre que um Membro estimar que a conduta de um outro Membro está anulando ou comprometendo uma vantagem por ele obtida em virtude de um dos acordos constitutivos da OMC, ou que a realização de um objetivo que ele poderia legitimamente esperar alcançar em virtude de tais acordos encontra-se bloqueado em decorrência de tal atitude, o mesmo poderá acionar o mecanismo de solução de controvérsias da OMC, ainda que não tenha havido uma violação das regras contidas em seu arcabouço normativo[17].

Porém, como o objetivo de um contencioso no âmbito do comércio não é necessariamente de punir o Estado faltoso, mas, sobretudo, de continuar mantendo as relações comerciais nas melhores condições possíveis, antes de entrar no procedimento contencioso propriamente dito, o Membro da OMC deverá, obrigatoriamente, recorrer ao mecanismo de consultas, cujo a finalidade não é a de determinar quem tem razão, e muito menos de sancionar um eventual

---

[16] Tais produtos deverão, a partir de 1º de janeiro de 1995, ser protegidos através de um sistema *sui generis*, que obriga todos os membros da OMC a aceitar os pedidos de depósito e protegerem a novidade da invenção, já reconhecida em outro Estado, a partir do pedido, ainda que a patente somente venha a ser efetivamente acordada após um período de 10 anos.

[17] Certamente, em não havendo violação de uma regra da OMC, será um tanto quanto impossível condenar o Membro acusado, ante à dificuldade de se estabelecer um elo de causalidade entre o efeito gerado e o ato submetido ao controle da OMC.

«culpado», mas sim de encontrar, pelas próprias partes, uma solução mutuamente satisfatória.

Somente em falhando a via da consulta é que o Membro poderá pedir ao Órgão de Solução de Controvérsias (OSC)[18] a instauração de um grupo de especialistas («*panels*»), o qual decidirá a questão, determinando qual a conduta que o membro «faltivo» deverá adotar.

O relatório do grupo especial será automaticamente autorizado pela OSC, salvo consenso contrário de seus membros, ou se houver apelação - relacionada a uma questão de direito - ao Órgão de Apelação, cuja deliberação deverá, igualmente, ser automaticamente adotada pelo OSC, salvo consenso contrário.

Uma vez autorizado o relatório do grupo especial ou a deliberação do Órgão de Apelação pelo OSC, suas determinações são obrigatórias, devendo, portanto, ser acatadas pelo Membro ao qual se destinam. O não cumprimento dentro de um prazo máximo de 15 meses permitirá ao membro vencedor da ação, e aos demais membros que se apresentaram como partes interessadas na controvérsia, a aplicação de medidas de retorsão contra o mesmo, mediante autorização automática do OSC, salvo consenso contrário[19].

Note-se, portanto, que os Estados abdicaram de grande parte de sua soberania à OMC, que passa a ser competente para determinar qual a conduta a ser adotada por seus membros no âmbito de sua política comercial externa. O não respeito de tais normas, como acabamos de observar, conduz, em última análise, à aplicação de medidas coercitivas contra o Membro violador.

Contudo, faz-se mister ressaltar que, obviamente, o grau de impacto da medida de retorsão sobre o Membro «faltivo» dependerá do autor da medida, já que, o aumento de uma tarifa alfandegária, por exemplo, por um país que representa um pequeno mercado consumidor, pouco afetará as exportações do Membro que se quer punir, sobretudo se este for um país desenvolvido. Nesse caso, o Membro vencedor da «batalha judicial» não terá poder econômico suficiente para reverter efetivamente a situação que lhe é desfavorável.

Por esse motivo, acreditamos que a eficácia do mecanismo de solução de controvérsias somente seria plena se a recusa em implementar uma decisão do OSC engendrasse a aplicação de medidas coercitivas de forma multilateral, isto é, por todos os demais membros da OMC. Forçosamente, devemos admitir que tal proposta é completamente irrealista e não condiz com os interesses econô-

---

[18] Composto de representantes de todos os membros da OMC.

[19] O antigo sistema vigente no seio do GATT 1947 estabelecia o critério do consenso positivo, ou seja, qualquer medida coercitiva somente poderia ser autorizada se obtivesse a anuência de todas as Partes-Contratantes, inclusive da parte contra qual a medida seria eventualmente aplicada; prática que resguardava ao máximo a soberania dos Estados nesse aspecto.

micos individuais dos Estados que, não sendo atingidos por uma determinada conduta, ficariam desmotivados para reclamar o cumprimento do Direito.

Conclusão

Em matéria econômica, e notadamente em matéria de comércio internacional, entendemos que a tese da soberania ressalta sobretudo de uma lógica puramente política, já que não pode ter aplicação em um domínio caraterizado pela interdependência dos Estados.

Mas essa interdependência deve ser encarada em seu aspecto material, isto é, como uma interdependência simplesmente econômica e não, segundo certos jusinternacionalistas, como um conceito jurídico, que viria substituir a idéia de soberania dos Estados[20]. Ora, não podemos esquecer que o conceito jurídico de interdependência somente é válido para as organizações regionais, ao modelo da União Européia, na qual ocorre uma institucionalização da interdependência com o objetivo último de alcançar uma estrutura pré-federal.

A interdependência de que falamos é, portanto, aquela que se estabelece nas relações econômicas como um todo, e particularmente no comércio internacional, já que exportadores e importadores são o verso e o reverso da mesma medalha, um não pode existir sem o outro; motivo pelo qual o sistema em vigor deve possibilitar a participação, em maior ou menor escala, de todos em tal atividade.

Advém daí que o comércio internacional releva, como seu próprio nome indica, do interesse de todos os Estados, os quais, em realidade, procuram agir em favor de seus agentes econômicos, seja promovendo suas exportações, seja protegendo a indústria doméstica. Há, portanto, um objetivo comum a todos os Estados, mas conflitante quanto ao resultado.

Toda a complexidade de interesses - ora complementares, ora divergentes – que anima o comércio internacional, deve ser organizada dentro de uma estrutura comum a todos que dele participam. Daí a necessidade de se estabelecer uma ordem jurídica internacional capaz de exprimir os interesses comuns dos Estados, ainda que em aparência, já que, notoriamente, todas as organizações internacionais à vocação econômica, criadas a partir da 2ª guerra mundial, são de inspiração anglo-saxônica e, por conseguinte, defendem os postulados do capitalismo[21].

---

[20] Julliard, Carreau e Flory sustentam que a interdependência seria o postulado do direito internacional econômico (op. cit.).

[21] Chega-se, inclusive, a afirmar que tais organizações «foram criadas pelos e para os países desenvolvidos à economia de mercado».

Certamente, se do ponto de vista formal constatamos que houve uma grande preocupação da OMC em respeitar a soberania dos Estados, do ponto de vista material, isto é, do conteúdo de suas regras, já não podemos dizer o mesmo, já que aos seus Membros somente resta uma pequena margem de manobra para conduzir sua política comercial externa, o que faz com que o Estado não seja mais o senhor absoluto de seus atos nessa esfera, ainda que o comércio internacional continue sendo um setor essencial para o desenvolvimento econômico de uma nação.

Com a criação da OMC, e antes mesmo com a adoção do GATT em 1947, a soberania do Estado quanto à elaboração e à implementação de sua política de comércio exterior deixa de ser integral e torna-se residual, pois, doravante, deve moldar-se às novas regras internacionais por ele mesmo pactuadas.

Presencia-se, portanto, no âmbito do comércio exterior, uma autolimitação voluntária pelos Estados de sua competência normativa interna, no interesse de obter maiores vantagens para seus agentes econômicos e, sobretudo, para a nação como um todo; ao menos é o que expressa o preâmbulo da Carta da OMC, que ora transcrevemos em parte :

«*As partes do presente Acordo,*

Reconhecendo que as suas relações na esfera da atividade comercial e econômica devem objetivar a elevação dos níveis de vida, o pleno emprego e um volume considerável e em constante elevação de receitas reais e demanda efetiva, o aumento da produção e do comércio de bens e de serviços, permitindo ao mesmo tempo a utilização ótima dos recursos mundiais em conformidade com o objetivo de um desenvolvimento sustentável e buscando proteger e preservar o meio ambiente e incrementar os meios de fazê-lo, de maneira compatível com suas respectivas necessidades e interesses segundo os diferentes níveis de desenvolvimento econômico...».

Poderíamos encontrar na finalidade buscada, qual seja, a necessidade de desenvolvimento de uma nação (não só em termos econômicos mas também em termos sociais) uma justificativa válida para a perda de parte da soberania estatal. Mas se esta é realmente a finalidade última da ordem internacional em vigor, parece-nos, outrossim, que a OMC não está cumprindo com o objetivo ao qual se propôs, caso contrário como explicar o descontentamento manifesto de cidadãos europeus, à ocasião da comemoração oficial dos 50 anos do GATT, realizada em Genebra no início do corrente ano ? [22]

---

[22] O sistema normativo da OMC, baseado essencialmente nos postulados do liberalismo econômico, é acusado de ser um dos responsáveis pela crise do desemprego que abala grande número de países, enquanto, paradoxalmente, o comércio internacional continua crescendo em termos gerais.

Bibliografia

ASSIS GRIECO (Francisco de), «O Brasil e a Globalização Econômica», São Paulo, Aduaneiras, 1997.
CARREAU (Dominique), FLORY (Thiébaut) e JUILLARD (Patrick), «Droit International Economique», Paris, LGDJ, 3ª ed., 1990.
NORONHA GOYOS JR. (Durval de), «A OMC e os Tratados da Rodada Uruguai», São Paulo, Observador Legal Editora, 1995.
PAULO PEREIRA (A. Cristina), «Le Cadre Juridique des Relations Commerciales Internationales des Estats Membres du Mercosur», Tese de doutorado, Universidade de Paris I (Panthéon-Sorbonne), 1996.
Resultados da Rodada Uruguai do GATT, São Paulo, Aduaneiras, 1995.

A Transnacionalização no Âmbito Penal: Reflexões sobre as Mutações do Crime e do Controle

Wanda de Lemos Capeller*

*SÍNTESE*** — *Podemos observar, nos últimos anos, um crescimento dramático do crime organizado transnacional, fenômeno que ultrapassa a esfera regional e local, e atinge uma dimensão global. Essas mutações no campo criminal mostram que os modelos de controle do "mundo como rede hierarquizada" estão, hoje, obsoletos. Para melhor tratar este assunto, propomos adotar aqui as noções de "localizmos globalizados" e de "globalizmos localizados, que permitem analisar não somente as políticas anti-drogas, mas também o surgimento de novas instituições supranacionais de controle. Na realidade, como consequência deste novo tipo de criminalidade, desenvolve-se na atualidade uma lógica de segurança exacerbada que está criando as bases para a difusão de uma ideologia de segurança supranacional*

Neste fim de século, os Estados não são mais prisioneiros de seus próprios territórios, espaços traçados por arquitetos desconhecidos[1]! Na realidade, como consequência dos processos de globalização, os limites territoriais, pelos quais as Nações tanto lutaram entre si, estão sendo superados, principalmente em termos econômicos e sociais. Espaços vencidos, certezas destruídas, os

---

* Professora Visitante da UERJ. Professora na Université des Sciences Sociales de Toulouse e Pesquisadora no LEREPS-CIRESS, Centre Interdiciplinaire de Recherche sur les Systèmes Sociaux (Université de Toulouse I). Membro do *International Institute for the Sociology of Law*, Honorary Member of the *Global Studies Research Program* (Univ. of Wisconsin, Madison). Honorary Member of the *Socio-Legal Studies Program* (LSA - Madison, Wi). Membro do *Conseil d'Administration de l'Association Française Droit et Société*,. Membro do *Comité Éditorial de la Revue Droit et Société*, Membro do GERN – *Groupe d'Étude et de Recherche sur les Normativités* (CNRS/Paris).
** Esboço de tradução por Célia Barbosa Abreu Slawinski e Pedro Gonçalves da Rocha Slawinski. Texto revisto por Wanda Capeller.
[1] M.-F.DURAND, J. LÉVY et D. RETAILLE, *Le monde: espaces et systèmes*, Paris, Presses de la Fondation nationale des sciences politiques/Dalloz, 1993.

processos de globalização dão mostras de uma "intensificação dramática", e caracterizam-se por uma imensa complexidade e ambiguidade[2].

Ora, a globalização é um fenômeno multi-facetado, que afirma-se em todos as áreas, sejam econômicas, sociais, políticas, culturais, religiosas ou jurídicas. De fato, um crescente aumento da circulação de capitais, de bens, de pessoas, de informações, provoca importantes mudanças na vida cotidiana das pessoas. A intensificação da mobilidade social, os problemas ligados ao desemprego e à precariedade do emprego, o acirramento das desigualdades, a proliferação das micro-guerras (quando os velhos territórios são novamente reivindicados), os múltiplos tipos de tráficos (armas, drogas, mulheres, crianças, órgãos, animais selvagens), as transformações nas formas de crime e de controle, todos esses fenômenos surgem como resultado dos processos de globalização.

A intensidade dessas interações transnacionais tem um impacto considerável sobre o Direito. A transnacionalização da esfera jurídica, considerada como um fenômeno sem precedentes, constitui, atualmente, um dos temas centrais da Sociologia Jurídica[3]. Mais especificamente, a transnacionalização do campo penal incita os pesquisadores que trabalham nesta área a repensar o crime e o controle.

Na realidade, as transformações ocorridas na economia mundial repercutem intensamente na esfera do crime, pois novas práticas criminosas começam a surgir em razão dessas mudanças, determinando assim transformações nas estratégias de controle. Aqui, as noções "globalizmos localizados" e "localizmos globalizados", propostas por Boaventura de Sousa Santos[4], são absolutamente heurísticas, pois permitem compreender as interações dialéticas entre as escalas globais e locais, o que é fundamental para tratar as novas formas de crime e de controle que surgem neste mundo globalizado.

A partir deste enfoque, podemos observar certos mecanismos relativos aos novos tipos de criminalidade como, por exemplo, a produção de drogas pelos camponeses pobres de países como a Colômbia, o Peru e a Bolívia. Essa produção mostra bem como desenvolve-se o fenômeno de "localizmo globalizado", pois mesmo contribuindo para o desenvolvimento de uma

---

[2] B. DE SOUSA SANTOS, *Toward a New Common Sense: Law, Science and Politics in the Paradigmatic Transition*, New York/London, Routledge, 1995, p. 252.

[3] O Mestrado do Instituto Internacional de Sociologia Jurídica (Oñati, IISL), desde 1990, tem sido organizado sobre o tema da globalização.

[4] B. DE SOUSA SANTOS, *Toward a New Common Sense, op.cit.*, p. 265 e seguintes.

"cultura global da droga", os indivíduos que aí se encontram continuam localizados e encerrados em sua imensa pobreza[5]. No que diz respeito ao controle, verifica-se que fenômenos de "globalizmos localizados" também podem ser observados, principalmente quando os espaços jurídicos nacionais são forçados a criar um novo tipo de regulação jurídica para adaptar as legislações penais nacionais às estratégias transnacionais, tecendo assim uma teia complexa de relações entre as ordens jurídicas estatais e supra-estatais[6].

A partir deste quadro conceitual desenvolveremos uma reflexão sobre o tráfico de drogas e seu controle. Inicialmente abordaremos o *sistema criminal transnacional* que desafia a atitude insular dos criminólogos. Em seguida, examinaremos os problemas ligados ao controle das drogas na época em que o mundo era considerado como "rede hierarquizada"[7]. Depois, veremos através do exemplo da França, como os "localizmos globalizados" se apresentam no campo penal. Para finalizar, vamos mostrar como os fenômenos de "globalizmos localizados" acabam por impor-se com a criação de novas instituições de controle, e o estabelecimento de novos procedimentos transnacionais neste terreno.

Uma necessária revisão da problemática do crime

Alguns pesquisadores que trabalham sobre o crime e o controle, assumem uma perspectiva exclusivamente local ou regional desses fenômenos, ignorando as novas formas planetárias de criminalidade. Em seu tempo, a criminologia comparativa[8] permitiu abrir fronteiras, representando um avanço frente aos enfoques criminológicos estritamente nacionais, e permitindo romper com a "atitude insular" dos pesquisadores desta área[9]. Hoje, já não estamos a falar em termos comparativos, mas propomos um

---

[5] *Ibid.*, 262.

[6] *Ibid, 250.*

[7] M.-F. DURAND, J. LEVY et D.RETAILLE, *Le monde: espaces et systèmes*, op.cit.

[8] La *criminologie comparative* é a disciplina destinada ao estudo transcultural do crime e da justiça criminal, dentro de duas ou mais sociedades. Cf. W. THORNTON et L.VOIGT, *Delinquency and Justice,* Mc Graw-Hill, 1992, p. 460.

[9] *Ibid*, p. 459 e seguintes.

redimensionamento da questão criminal em escala mundial. Trata-se de analisar um campo em inovação[10], o das relações transnacionais criminais.

Muitos criminólogos "nacionais" declaram ainda, sem hesitar, que as formas de criminalidade são inerentes à estrutura de cada sociedade. Assim, as transformações referentes às formas de criminalidade, e as mutações nos modelos de controle - as políticas criminais[11] –, são vistas como resultantes das condições econômicas, políticas e sociais específicas de cada país[12]. É preciso redefinir urgentemente esta problemática, pois estamos, hoje, frente a uma *nova economia delitiva*. Esta nova economia criminal, e paralela, encontra-se na base da extensão global do fenômeno criminal, e das novas interações neste campo, onde o tráfico de drogas se apresenta como um exemplo maior.

Como consequência desta criminalidade econômica transnacional, desenvolve-se progressivamente uma *nova lógica de segurança,* que não diz respeito apenas a uma *lógica de segurança estatal* ou a uma lógica inter-estatal. A análise das novas formas de organização e de gestão do contrôle, mostra que uma *lógica de segurança transnacional* sobrepõe-se às lógicas de segurança nacionais. De fato, as instituições de cada país, e as políticas criminais de cada Estado, estão sendo reformadas para permitir uma reestruturação global do controle a partir das regiões centrais do mundo.

Na União Européia, atualmente, as políticas de reestruturação do controle são absolutamente prioritárias. Na verdade, algumas questões essenciais fundamentam essas políticas, principalmente : a abolição das fronteiras como fator criminógeno, a expansão da criminalidade transfronteiriça, e o fato de que a simples cooperação policial internacional – nos moldes da Interpol – não é mais suficiente para responder às novas formas de criminalidade[13]. Mas, analisando o que se passa na União Européia, penso que devemos considerar outros aspectos dessa dialética do contrôle, a saber : os conflitos econômicos e políticos Norte-Sul, os conflitos de interesses entre os Estados, os conflitos que

---

[10] G.T.MARX, "Europe in 1992: Some Implications for Research on Policing Across National Bordes", *in* A. –J.ARNAUD et V. OLGIATI (eds), *On Complexity and Socio-Legal Studies: Some European Examples,* Oñãti Proceedings, no. 14, 1993, p. 71-88.

[11] Veja a respeito: M. DELMAS-MARTY, *Modèles et mouvements en politique criminelle,* Paris, Economica, 1983; C. LAZERGES, *Les politiques criminelles,* Paris, PUF, 1987; W. DE LEMOS CAPELLER, *L'engrenage de la répression. Stratégies sécuritaires et politiques criminelles,* Paris, LGDJ, 1995.

[12] W.THORNTON et L.VOIGT, *Delinquency and Justice, op.cit.*, p. 460.

[13] S. BRAMMERTZ, S. DE VREESE et J.THYS, *La collaboration policière transfrontalière, Bruxelles, Politeia, 1993.*

aparecem no interior de cada Estado, os conflitos que se desenvolvem no seio das próprias instâncias estatais, sans esquecer a contaminação entre as esferas legais e ilegais, ou seja, entre os processos econômicos legítimos e ilegítimos.

A compreensão da criminalidade transnacional organizada pressupõe a apreensão de uma *nova economia delitiva*. Precisamos, sim, abandonar as categorias estreitas da criminologia tradicional, incapazes de responder às interrogações que surgem quando investigamos este novo campo de estudos[14]. Trata-se, com efeito, de uma *mudança de paradigma,* pois na análise do fenômeno criminal transnacional, uma abordagem somente local não é suficiente, é preciso considerar o nível global. Neste sentido, uma nova abordagem teórica e conceitual deve ser proposta, suscetível de ultrapassar as categorias criminais individuais, biológicas ou psicosociais que tendem a individualizar o fenômeno criminal. Ademais, toda a reflexão neste campo é essencialmente transdisciplinar, e vemos que outras disciplinas como a Ciência Política e a Economia começam igualmente a interessar-se por essas questões[15].

Um exemplo por excelência do *Sistema Criminal Transnacional* é o tráfico de drogas. Este tráfico se apresenta como um problema multifacetado[16], que abarca não apenas as categorias da criminologia tradicional, mas também aquelas da economia convencional. O mercado internacional da droga, com efeito, revela a existência de passarelas ocultas entre o comércio legal e o comércio ilegal[17], o que monstra que o mercado das drogas não difere de outros mercados, apesar das suas especificidades[18]. De fato, as interações entre

---

[14] J.M.MARTIN et A.T.ROMANO, *Multinational Crime Terrorism, Espionage, Drug & Arms Trafficking,* London/Newburg Park/New Delhi, Sage Publications, 1992; I. TAYLOR, " The International Drug Trade anda Money Laundering: Border Controls and Other Issues" , *European Sociological Review,* vol. 8, no. 2, 1992, p.191; G.T. MARX, "Europe in 1992: Some Implications for Research on Policing Across National Borders" , *op. cit.,* p. 71; S.K. CHATTERJEE, *Drug Abuse and Drug Related Crimes. Some Unresolved Legal Problems,* The Hague/Boston/London, Martinus Nijhoff Publishers, s.d., p.90.

[15] J.M.MARTIN et A.T. ROMANO, *Multinational Crime. Terrorism, Espionage, Drug &Armas Trafficking, op.cit.,* p. 58.

[16] M. A . KLEIMAN et K.D.SMITH, "State and Local Drug Enforcement: In Search of a Strategie", *in* M. TONRY et J. WILSON (dir.), *Drugs and Crime.* Chicago/London, The University of Chicago Press, 1990, p.70.

[17] I. TAYLOR, " The International Drug Trade and Money Laundering: Border Controls and Other Issues", *op.cit.,* p. 191.

[18] M.H.MOORE, "Achieving Discrimination on the Effective Price of Heroin", *American Economic Review,* 63(2), 1973, p. 270-277; ID., "Suppy Reduction and Drug Law Enforcement" dans M. TONRY et J. WILSON(dir.), *Drugs and Crime,* Chicago/London, The University of Chicago Press, 1990.

os mercados legais e os mercados ilegais atingem proporções tão importantes, que é preciso considerar o comércio legal, quando funcionando com procedimentos ilegais, como um setor subsidiário do crime organizado[19].

A análise do tráfico de drogas revela, efetivamente, a existência de um sistema complexo, organizado, que funciona como uma empresa comercial a nível internacional, e que atinge a vida cotidiana das pessoas. O *comportamento sistêmico* dos atores sociais que atuam neste sistema criminal incita a uma reflexão sobre a dialética do controle, e sobre as interações entre o global e o local, que, basicamente, se fundamentam nas esferas econômicas, políticas e culturais de cada país[20].

A história do tráfico de drogas nas sociedades contemporâneas já foi exaustivamente analisado[21]. No entanto, é preciso reconhecer diversas etapas na percepção histórica desse problema : no século XIX, por exemplo, estamos diante de uma percepção essencialmente *régional (ou local)*, principalmente em relação à China[22]. Mais tarde, de uma noção estritamente *local* deste fenômeno, passamos ao reconhecimento de uma certa *reciprocidade*. Os EUA, por exemplo, apesar de sua implicação inicial no tráfico de drogas com a China, consideravam o problema, nesta época, como unicamente *bilatéral*, ou seja, entre a China e a Inglaterra[23].

---

[19] V. RUGGIERO, "Organized Crime in Italy: Testing Alternative Definitions", *Social & Legal Studies*, vol.2, 1993.

[20] J.M.MARTIN e A . T. ROMANO, *Multinational Crime. Terrorism, Espionage, Drug & Armss Traffiching, op. cit.*, p. IX.

[21] F.T.TAGLE, *Ideas Contemporaneas en torno a la Drogas y sus Consecuencias en Materia Legislativa*, México, INACIPE, 1992; A . A . BLOCK, *Perspectives on Organizing Crime*, Kluwer Academic Publishers, 1991, p. 51 e seguintes.; A . J. ALVAREZ GOMEZ(dir.), *Tráfico y Consumo de Drogas. Una visión alternativa*, México, UNAM/ENEPA, 1991; J.M.MARTIN e A . T. ROMANO, *Multinational Crime. Terrorism, Espionage, Drug & Arms Trafficking, op.cit.*, p.51 e seguintes. W. B. MCALLISTER, " Conflits of Interest in the International Drug Control System", *in* William W. ° WALKER III (dir), *Drug Control Policy: Essays in Historical and Comparative Perspective,* The Pennsylvania State University, 1992, p. 144 e seguintes.; M. KAPLAN, *El Estado Latinoamericano e el Narcotráfico*, México, INACIPE, ed. Porrua, 1991; ID., *Aspectos Sociopolíticos del Narcotráfico*, México, INACIPE, 1992, p. 9 e seguintes.; R. DEL OMO, *Prohibir o domesticar? Politicas de drogas in América Latina,* Caracas, Nueva Sociedad, 1992, p. 25 e seguintes.

[22] W. B. MCALLISTER, "Conflits of Interest in the International Drug Control System", *op.cit.*, p. 144.

[23] J. M. MARTIN e A . T. ROMANO, *Multinational Crime. Terrorism, Espionage, Drug & Arms Traffcking, op.cit.*, p. 53.

No começo do século XX, os EUA e alguns outros países, perceberam que o tráfico de drogas constituia de fato um problema doméstico. Contudo, nessa época, a preocupação maior desses países era a de localizar em *algum outro lugar* a fonte desse mal social. Desta forma, o Extremo Oriente e os países da América Latina foram apontados como os principais países exportadores de drogas[24]. Neste momento, as sociedades ocidentais, e os EUA, estão muito preocupados com o "zelo moral"[25]. Isso determinou a urgência com que as políticas contra o tráfico foram implementadas nesta época. Essas políticas corresponderam perfeitamente às diversas fases da percepção do problema das drogas, e responderam igualmente a uma forte demanda pública interna.

Nos EUA, por exemplo, a primeira Lei sobre essa matéria – *Harrison Act* – foi promulgada em 1914. Desde então, o governo federal e os governos locais produzem uma importante legislação com o objetivo de controlar mais eficazmente o tráfico doméstico da droga[26]. Todavia, até muito recentemente, tanto internamente como em relação aos outros países, os conflitos de interesses condenaram essas políticas criminais legislativas a um fracasso permanente.

Nos últimos anos tomou-se rapidamente consciência da importância dos tráficos que deslocam-se intensamente da escala local para a escala global, e vice-versa. A literatura criminológica tem abordado de fato esses temas, mas (até há pouco), falava-se em termos de crime organizado[27]. Hoje, trata-se de uma criminalidade transnacional organizada sistêmicamente. O crime organizado tornou-se essencialmente multinacional, alicerçando-se nos diversos tipos de tráficos, principalmente no tráfico de drogas[28]. As nações precisam, então, estabelecer os mecanismos multinacionais de controle capazes de enfrentar esse sistema criminal multinacional[29].

---

[24] I. TAYLOR, "The International Drug Trade ad Money Laudering: Border Controls ad Other Issues", *op.cit.*.

[25] H. BEHR, *La droga: potencia mundial,* Barcelona, Planeta, 1981; J.M.MARTIN e A . T. ROMANO, *Multinational Crime. Terrorism, Espionage, Drug & Arms Trafficking, op.cit.,* p.55.

[26] J. M. MARTIN e A . T. ROMANO, *Multinational Crime. Terrorism, Espionage, Drug & Arms Trafficking, op.cit.,* p. 53-54.

[27] A. LAITINEM, " Social Systems and the Control fo Organizational Crime and Power Institutions", International Conference on Sociology of Law, Caracas, 3-8 July, mimeo; D. F. PAGE, *Concepts of Vice, Narcotics, and Organized Crime,* Englewood Cliffs (New Jersey), Prentice Hall, 1991; A . A . BLOCK, *Perspectives on Organizing Crime, op. cit..*

[28] J. M. MARTIN e A . T. ROMANO, *Multinational Crime. Terrorism, Espionage, Drug & Arms Trafficking, op.cit.,* p. 58.

[29] *Ibid.,* p. XI e seguintes. ; G.T. MARX, "Europe in 1992: Some Implications for Research on Policing Across National Borders", *op. cit.,* p. 71.

O sistema criminal multinacional apresenta múltiplas facetas, algumas delas bem visíveis. Constatamos, por exemplo, que inúmeros atores estão organizados em redes da economia privada e pública, estabelecendo uma divisão do trabalho ilegal em bases multinacionais, e sólidos sistemas de canalização de dinheiro "sujo". Esses sistemas criminais multinacionais funcionam com um nível muito alto de violência, e, por vezes, contam com a conivência de governos envolvidos com os tráficos e a corrupção[30].

A história dos tráficos mostra que seu controle é extremamente difícil. Na escala internacional, as políticas econômicas dos países envolvidos no tráfico – sejam eles exportadores ou receptadores das drogas – são determinantes dessas dificuldades.

Um modelo ultrapassado de controle :
o "mundo como rede hierarquizada"

Desde o início do século, várias tentativas de concertação entre os países foram realizadas a fim de controlar o tráfico de drogas, especialmente o que transita do Sudeste asiático e da América Latina em direção aos países centrais. Muitos encontros internacionais foram assim realizados, sob a pressão dos EUA [31], mas todos fracassaram em razão dos conflitos de interesses entre as nações, impedindo a implementação de leis realmente eficazes [32]. Esses conflitos de interesses entre as nações são determinantes, na verdade, das ambiguidades em matéria de controle de drogas.

Para melhor compreender as dificuldades desse controle, é preciso lembrar a importância do tráfico de drogas no âmbito da economia legal dos países industrializados. No século XX, com efeito, alguns países centrais utilizaram o tráfico para financiar suas colônias. A França, por exemplo, deixou correr o tráfico de drogas na Indochina, pois este tráfico produzia o equivalente a 50% de suas despesas coloniais na região[33]. O mesmo se deu com a Inglaterra, pois

---

[30] J. M. MARTIN e A . T. ROMANO, *Multinational Crime. Terrorism, Espionage, Drug & Arms Traffcking, op.cit.,* p. 51; D.F. PAGE, *Concepts of Vice, Narcotics, and Organized Crime, op.cit.,* p. 90 e seguintes.

[31] R. DEL OLMO, *Prohibir o domesticar ? Políticas de drogas en América Latina, op.cit.,* p. 25.

[32] *Ibid., eod,. loc;* W. B. MCALLISTER, "Conflits of Interest in the International Drug Control System", *op.cit.*

[33] J. M. MARTIN e A . T. ROMANO, *Multinational Crime. Terrorism, Espionage, Drug & Arms Traffcking, op.cit.,* p. 53.

o tráfico existente em regiões de seu domínio, financiava as despesas da colonização da Índia.[34]

A responsabilidade das nações em relação ao desenvolvimento dos tráficos de drogas é evidente. Nos anos 60, após a retirada das tropas francesas da Indochina, e a entrada dos Estados Unidos na região do Sudoeste asiático, o tráfico de drogas cresceu de maneira assutadora. Estabelece-se o Triângulo de Ouro, aperfeiçoando todo o sistema de tráficos da região, e permitindo alianças políticas entre americanos e autóctones anticomunistas.

Como consequência dessa política devastadora, as máfias aí encontraram terreno fértil, e, após a guerra do Vietnã, o excedente de drogas desta região foi distribuido para outras regiões do planeta. Países relativamente protegidos das drogas, até meados dos anos 1970, como a Austrália, conheceram, então, uma verdadeira invasão de drogas em seu território[35].

Não vamos analisar aqui os aspectos ideológicos do controle das drogas[36]. Mas, convém lembrar que os governos estabelecem entre drogas e minorias sociais uma estreita relação, para além de uma dimensão meramente simbólica[37]. De todos os modos, nas reuniões internacionais, os representantes nacionais utilizam uma linguagem ideológica e sustentam uma posição moralista. De fato, sob a influência dos norte-americanos – *Harrison Act* de 1914 e *Marijuana Tax Act* de 1937 – as convenções internacionais foram impregnadas de uma visão moralista, levada ao extremo pelos "empresários morais"[38]. Na verdade, as convenções internacionais têm constituido o lugar de afrontamento entre os países signatários dos tratados anti-drogas[39].

Desde 1909, sob a égide dos Estados Unidos, muitos países se reuniram na China para discutir o tráfico relativo a esse país[40]. O objetivo político era a abertura da China ao liberalismo econômico ocidental, permitindo o estabele-

---

[34] *Ibid, p 52;* W. B. MCALLISTER, "Conflits of Interest in the International Drug Control System", *op.cit*

[35] J. M. MARTIN e A . T. ROMANO, *Multinational Crime. Terrorism, Espionage, Drug & Arms Traffcking, op.cit.,* p. 55 e seguintes.

[36] R. DEL OLMO, *Prohibir o domesticar ? Políticas de drogas en América Latina, op.cit.*

[37] *Ibid.;* H. BEHR, *La droga: potencia mundial, op. cit.;* J. HELMER, *Drugs and minority Oppression,* New York, The Seabury Press, 1975.

[38] H. BECKER, *Outsiders. Études de sociologie de la déviance,* Paris, Métailié, 1985.

[39] W. B. MCALLISTER, "Conflits of Interest in the International Drug Control System, *op.cit;* R. DEL OLMO, *Prohibir o domesticar ? Políticas de drogas en América Latina, op.cit.,*p.25.

[40] Em 1909, EUA, Alemanha, China, França, Inglaterra, Itália, Japão, Holanda, Pérsia, Portugal, Rússia, e Sião participaram da *Commission de l'Opium* (Comissão do Ópio) *(Ibid., eod. Loc.).*

cimento de uma zona de livre comércio apta a aceitar o colonialismo europeu[41]. Também na Conferência de Haia, em 1912, os interesses econômicos eram visíveis, o que impediu uma verdadeira concertação sobre este tema entre as nações. Apesar da tentativa de estabelecer uma discussão em escala global, as conclusões dessa Conferência resultaram numa visão estreira, absolutamente doméstica, do problema. De fato, cada nação é considerada responsável unicamente da produção e do tráfico de drogas que ocorre dentro dos limites de seus territórios[42].

Após a Primeira Guerra Mundial, a Liga das Nações abriu uma nova etapa do controle das drogas. O Comitê encarregado do tráfico de drogas (*Advisory Committee on the Traffic in Opium and Other Dangerous Drugs*) foi substituído pelo l'OCB – *Opium Control Board* – com a intenção de reforçar os dispositivos implementados pela Conferência de Haia. Mas, a pressão exercida pelos países presentes nesta organização, em razão de interesses nacionais, enfraqueceram consideravelmente as resoluções desse Comitê[43].

Nos anos 20, os interesses da indústria farmacêutica prevaleceram nos países industrializados. Esses países tentaram, ao mesmo tempo, controlar a produção de matérias-primas e promover o comércio em larga escala de drogas industrializadas, como a heroína, a morfina, e a cocaína. Esses produtos industrializadas, retornavam ao mercado asiático por intermédio dos contrabandistas[44].

Por isso, as Convenções de Genebra de 1925 e 1931, procuraram resolver esta situação, mas certos países se recusaram a assinar esses acordos, porque eram pouco estritos, ou pela razão inversa[45]. De todos os modos, foi o Tratado resultante da Convenção de Genebra de 1936, que instituiu os modelos internacionais de legislação penal para o controle dos tráficos de drogas. Mas, a Segunda Guerra Mundial vem impedir sua aplicação[46].

Depois da Segunda Guerra Mundial, as instâncias de controle das drogas foram transferidas para as Nações Unidas, em especial ao Conselho Econômico

---

[41] S. SCHEERER, "The Popularity of the Poppy", texto apresentado perante a V Conferência do Grupo Europeu de Estudos sobre o Desvio e o Controle Social, Barcelona, mimeo, 1977.

[42] W. B. MCALLISTER, "Conflits of Interest in the International Drug Control System, *op.cit.*, p. 145.

[43] *Ibid.*

[44] *Ibid.*

[45] *Ibid.*

[46] *Ibid.*

e Social e à Organização Mundial da Saúde. Em 1948, em Paris, foram realizados esforços no sentido de reativar este sistema de controle, o que permitiu à OMS uma maior autoridade neste terreno.

Os anos 1950 conheceram uma inflação legislativa em matéria de controle de drogas, mas tampouco isso resolveu o problema dos tráficos. Uma racionalização do sistema pareceu impor-se, e, em 1961, foi realizada a denominada Convenção Unica. Cada Estado vem à Convenção Unica representando seus próprios interesses[47]. Os países participantes foram classificados em cinco categorias, segundo o nível de controle exigido, a saber : "países de controle estrito", "países de controle neutro", " países de contrôle orgânico", "países de controle fraco" e " países manufatureiros".

Os países adeptos de um controle estrito eram os países não produtores de matéria-prima, e não comprometidos com a indústria farmacêutica. Na época, esses países eram a França, a Suécia, o Brasil e da China nacionalista. Eles eram vistos como países vítimas do tráfico de drogas, e sustentavam o comércio de drogas apenas para fins medicinais e científicos. O grupo de "controle neutro" era composto por certos países da África, da América Latina, Luxemburgo e o Vaticano. Esses países adotavam uma atitude passiva durante as discussões.

No grupo de "controle orgânico", encontravam-se os países produtores de matérias primas, como a Turquia, o Paquistão, a Birmânia, a Indonésia, os países da região dos Andes, e os países do Sudeste asiático. Esses países foram o alvo privilegiado do controle internacional. Neste momento, esses países aliaram-se ao grupo de "controle fraco", composto pela antiga URSS e seus países satélites, pois os soviéticos se opunham a um controle no interior de suas fronteiras. Por outro lado, o grupo de países "manufatureiros", onde estavam os países industrializados e seus aliados, defensores de uma política a favor da indústria farmacêutica, propunham sanções para os países produtores de matérias-primas, tentando, ao mesmo tempo, evitar restrições à produção e à pesquisa em escala industrial.

Em 1971, na Convenção de Viena[48], realizada para controlar o aumento do consumo de drogas sintéticas que havia invadido o mercado de drogas, os países defensores de um controle "orgânico" aliaram-se, então, ao grupo de

---

[47] W.B. MCALLISTER, *loc.cit.*

[48] C. TRAUTMAN (dir.), *La lutte contre la toxicomanie et le trafic des stupéfiants*, Paris, La Documentation française, 1990; F. CABALLERO, *Droit de la drogue*, Paris, Dalloz, 1990; R. E. SAAVEDRA e R. DEL OLMO, *La Convención de Viena y el Narcotráfico*, Bogota, Temis, 1991.

controle "estrito", contra os países industriais. Nesta Convenção, os países industriais mudaram de posição, e adotaram a política de controle "orgânico", pois expor-se neste momento ao controle a nível nacional parecia preferível a um controle em escala internacional.

Vemos que, no mundo organizado como "rede hierarquizada", os conflitos estatais impedem a implementação de políticas globais de controle. Esses conflitos inter-estatais mostram a complexidade subjacente aos problemas ligados ao controle no plano internacional. Atualmente, observamos que as políticas locais procuram responder aos imperativos da transnacionalização do controle.

Os "localizmos globalizados" :

O exemplo da França em matéria de controle de drogas

Na França, a análise das políticas de controle de drogas já foi amplamente realizada[49]. O objeto de nossa reflexão centra-se no desenvolvimento da política criminal francesa nesta área, e nos processos de abertura da França à transnacionalização do controle.

Nos anos 70, em todos os países europeus, em razão do aumento da toxicomania na Europa, adotaram-se novas políticas legislativas penais em matéria de drogas. Até este momento, na França, a legislação anti-drogas encontrava-se no *Code de la Santé Publique (*artigos L. 627 a 630.3). Esta legislação considerava como crime o uso, a incitação ao uso (através de propaganda ou provocação), e o tráfico de drogas. A Lei n° 70 – 1320 de 31 de dezembro de 1970 veio preencher as lacunas deste Código.

Mas, as reformas realmente importantes foram realizadas uma década mais tarde, com a promulgação das Leis de 1986 e 1987. De fato, as Leis n° 86-87 de 17 de janeiro de 1986, e n° 87-1157 de 31 de dezembro de 1987, agravam as penas, introduzindo novos dispositivos referentes ao tráfico propriamente dito. A Lei de 1987, principalmente, reforçou as penas referentes ao tráfico de drogas, mas, sobretudo, criou condições para uma melhor coordenação das instâncias estatais de controle. Assim, cria-se o *Institut national de l'enseignement, de la recherche, de l'information et de la prévention sur les*

---

[49] C. TRAUTMAN (dir.), *La lutte contre la toxicomanie et le trafic des stupéfiants, op.cit.;* F. CABALLERO, *Droit de la drogue, op.cit.;* M. DELMAS-MARTY, "Contraintes européennes et politique criminelle", *Revue trimestrielle des droits de l'Homme* (Bruxelles, Nemesis), 12/1992, p. 427-446.

toxicomanies[50]. Mas, na verdade, essa política nacional não apresentou os resultados desejados, provavelmente por ter sido estabelecida fora da cooperação internacional.

No plano nacional, entretanto, ocorreram evoluções importantes referentes ao tráfico, consequência de uma criminalidade cada vez mais sofisticada. A Lei de 31 de dezembro de 1970 havia previsto, de fato, uma severa repressão ao tráfico de drogas, autorizando investigações durante a noite, e prolongando o prazo de prisão preventiva. Mas, no final dos anos 80, novas leis vieram reforçar os poderes públicos, facilitando a repressão e criando incriminações suplementares.

A Lei de 31 de dezembro de 1987, introduziu, assim, novas medidas de repressão ao tráfico, não somente em temas judiciários, mas também em matéria financeira e alfandegária. Nesta Lei, isenções e reduções de penas foram previstas em favor dos "arrependidos", e o prazo de prescrição da ação pública e das penas foi prolongado[51]. Institui-se também, pela primeira vez, o delito de lavagem de dinheiro decorrente do tráfico de drogas, visando principalmente aqueles que dissimulam a proveniência de recursos financeiros. Esta Lei prevê também a confiscação dos bens dos traficantes condenados[52], ampliando, por outro lado, os poderes dos agentes alfandegários, evidentemente sob o controle dos magistrados. De fato, esta Lei lhes confere poderes para submeter a exames medicinais as pessoas suspeitas de dissimular drogas dentro de seus próprios organismos. Mais tarde, a Lei de 23 de dezembro de 1988 prevê outras incriminações para os autores de operações financeiras com o estrangeiro[53].

O novo Código Penal, em vigor desde 1994, reforça também algumas penas relativas ao tráfico de drogas. Neste Código, a disposição mais severa nesta matéria, diz respeito à formação de quadrilha para fins de tráfico de drogas. Este delito é punido com pena de reclusão criminal perpétua, e 50 milhões de francos de multa. Igualmente rigorosa é a repressão à produção e à fabricação de drogas cometida em quadrilha – punida com 30 anos de reclusão criminal (art 222-35-al.2) –, e a importação ou exportação ilícita de entorpecentes, crime punido com as mesmas penas (art 222-36-al.2). Também a pena de multa aplicável à lavagem de dinheiro sujo, passa de 500.000 a 1 milhão de francos.

---

[50] Instituto Nacional de Ensino, Pesquisa, Informação e Prevenção sobre as Toxicomanias.
[51] C. TRAUTMANN(dir.), *La lutte contre la toxicomanie et le trafic des stupéfiants, op.cit.*, p.91.
[52] *Ibid.*
[53] *Ibid.*

Através dessas medidas, procurou-se conferir ao Direito uma maior coerência na repressão às drogas. Contudo, para chegar a isso, foi preciso modificar também os procedimentos penais. O legislador francês criou, então, a Corte de Acordos Especiais, composta de sete magistrados e sem jurados, atendendo assim os dispositivos contidos no artigo 706-26 do Novo Código de Procedimento Penal[54].

Na França, a ação contra o tráfico de drogas tem, na verdade, uma longa história. As "brigadas de entorpecentes" foram criadas entre as Duas Grandes Guerras, e a polícia francesa adquiriu uma boa experiência de cooperação operacional com outras polícias, em razão principalmente da "French Connection"[55]. O dispositivo policial anti-drogas francês baseia-se no *OCRTIS – Office central pour la répression du trafic illicite des stupéfiants-* (Órgão Central para a repressão do tráfico de entorpecentes), criado pelo Decreto de 03 de agosto de 1953. Este orgão é dotado de várias funções : a administração central da Polícia Judiciária, a definição da política geral anti-drogas, a coordenação de serviços de polícia, etc. Com poderes em todo o território nacional, está vinculado assim aos serviços regionais de polícia judiciária. O *OCRTIS* centraliza as informações, e abrita o escritório geral nacional da Interpol. Este orgão, por ter atribuições tão claramente dispostas, provoca periodicamente conflitos, que permanecem latentes, mas podem sempre renascer[56]. A manifestação desses conflitos mostra, em geral, a existência de pluralismos internos estatais.

Esses pluralismos aparecem quando há contradições no interior das instâncias estatais de controle, ensejando desentendimentos entre os diferentes órgãos de controle Na Itália, por exemplo, o Juiz Falcone, antes de ser assassinado, denunciou as ordens et contra-ordens entre o Ministério do Interior italiano

---

[54] Y. BISIOU, " Le cadre légal français", *in* A . OGIEN e P. MIGNON (dir.), *La demande sociale de drogues,* Paris, DGLDT, La Documentation française, 1994, p. 187-188; extraída da obra de C. DEBOCK, *Face à la drogue: quelle politique ?,* Paris, La Documentation française, 1995, p.22 e seguintes.

[55] *Ibid,* p. 97; M. ANDERSON, "The French Police and European Co-operation", *in A System of European Police Co-operation after 1992* (Working Paper Series), Project Group European Police Co-operation, Department of Politics, University of Edimburg, 1991, p. 26 e seguintes. A "French connection" concernente ao tráfico de ópio da Turquia em direção à Marseille, onde a droga era transformada em heroína.

[56] C. TRAUTMANN (dir.), *La lutte contre la toxicomanie et le trafic des stupéfiants, op.cit.,* p. 93 e seguintes.

e a Coordenação da Polícia, o que perturbava o andamento das operações repressivas[57].

É verdade que, nos últimos anos, a colaboração entre os países europeus na luta contra o tráfico de drogas desenvolveu-se muitíssimo. A maioria das leis européias anti-drogas, que datavam das décadas de 60 e 70, foram progressivamente sendo emendadas no sentido de uma política bastante repressiva[58]. Essas reformas foram realizadas para ajustar as políticas nacionais aos projetos de cooperação internacional. Na verdade, essas legislações foram reformadas segundo as Convenções ratificadas por cada país[59].

A segurança supranacional se desenvolve...
apesar dos pluralismos intra e supra estatais

Na Europa, a implementação de estratégias de controle é resultante de um fato essencial : a penetração dos mercados ilegais no funcionamento dos sistemas econômicos legais para além dos limites consentidos pelos Estados. Na verdade, foi somente no começo dos anos 80, que o crime organizado começou sua infiltração desestabilizadora na economia ocidental. Atualmente, a lavagem de dinheiro em escala mundial, por seu volume e em razão de seu fluxo, pode alterar os mecanismos de concorrência internacional, e perturbar os mercados financeiros.

Apesar de que os países europeus afirmam estar protegidos, em seus territórios, das organizações criminosas de tipo mafioso[60], seus governantes sabem que suas economias estão expostas à lavagem de capitais de origem ilícita. Neste sentido, estudos realizados por organismos europeus, mostram que, na Italia, por exemplo, o produto das mafias alcança o valor de 10% do PIB nacional.

---

[57] G. FALCONE, *La lucha contra el crimen organizado*, México, INACIPE, 1991, p. 68.

[58] *Ibid.*, p. 91; C. CERCELLO, *Les concepts pénaux de base des pays membres du Groupe Pompidou en matière de lutte contre le trafic et la consommation de drogue*, ERPC, Université de Montpellier I, 1989, p. 6; F CABALLERO, *Droit de la drogue, op.cit.*, p. 535.

[59] C. CERCELLO, *Les concepts pénaux de base des pays membres du Groupe Pompidou en matière de lutte contre le trafic et la consommation de drogue, op.cit.*, 1989, p. 8.

[60] Quatro fatores foram identificados pela Itália e França para qualificar as organizações mafiosas: uma atividade criminal sistematizada (tráfico de entorpecentes, extorsão de fundos, evasão fiscal, controle de adjudicações públicas, contrabando, jogos clandestinos); um desenvolvimento internacional; métodos modernos e utilização do Direito Tributário e Financeiro, da informática, tudo isso para garantir lucros consideráveis. Cf. *Le Monde*, 20-21 septembre 1992.

Assim, a França estabeleceu recentemente uma nova legislação para fazer frente à lavagem de capitais[61]. De fato, a polícia judiciária francesa descobriu algumas pistas no território francês de investimentos mafiosos ligados ao tráfico de drogas[62]. Por outro lado, os juízes italianos Falcone e Borsellino (depois assassinados) investigaram movimentos de fundos suspeitos, dirigidos da França ao sul da Alemanha. Há poucos anos, na França, a Comissão de Inquérito Parlamentar denunciou "a colonização mafiosa da França", depois da localização de uma rede de drogas atuando na região de Grenoble[63].

Os Estados europeus, em razão das lacunas existentes nas diversas legislações nacionais, têm procurado articular políticas criminais regionais capazes de lutar contra a criminalidade transnacional sistêmica. Entretanto, no processo de construção da União Européia, o controle transfronteiriço é um tema de difícil tratamento político[64].

Ainda recentemente, a literatura sobre o controle, salvo algumas exceções, considerava os países de forma isolada. Os autores se limitavam a observar diferenças existentes nos diversos sistemas jurídicos, sem aludir ao caráter dependente do controle na Europa[65]. Hoje, essas questões começam a mobilizar um certo número de pesquisadores, preocupados com o surgimento de novas instituições repressivas[66]. Paralelamente, os procedimentos transnacionais desenvolvem-se com o aparecimento de novas estruturas decisionais de controle, o que leva-nos a analisar os processos de "globalizmos localizados".

---

[61] Ver a este respeito : J.L.HERAIL et P.RAMAEL, *Blanchiment d'argent et crime organisé. La dimension juridique,* Paris, PUF, 1996.

[62] *Le Monde* du 20-21 septembre 1992.

[63] *Le Monde* du 29 janvier 1993.

[64] I. TAYLOR, "The International Drug Trade anda Money Laundering: Border Controls and Other Issues", *op.cit.,* p. 181.

[65] G. T. MARX, "Europe in 1992: Some Implications for Research on Policing Across National Borders", *op. cit.,* p. 71.

[66] E. NADELMANN, *Cops Across Borders,* PhD thesis, Harvard, 1987; M. FOONER, *Interpol. Issues in World Crime and International Criminal Justice,* Plenum Publishing Corporation, 1989; M. ANDERSON, "The French Police and European Co-operation", *op. cit.;* I. TAYLOR, "The International Drug Trade and Money Laundering: Border Controls and Other Issues", *op. cit.;* G.T. MARX, "Europe in 1992: Some Implications for Research on Policing Across National Borders", *op. cit.*

Os processos de "globalizmos localizados":

O surgimento de novas instituições supranacionais de controle

Em 1971, com a criação do Grupo Pompidou[67], e após sua integração no Conselho da Europa, as instâncias supranacionais de luta contra o tráfico e uso de drogas incitaram os Estados membros a um trabalho de cooperação[68]. O Direito Comunitário europeu e o Direito Comunitário da Sanção Penal começam, então, a desenvolver-se[69]. Neste momento, uma mudança de percepção em relação à criminalidade transnacional se opera também, e a questão da segurança na Europa impõe o surgimento de novas instituições de controle.

Em 1976, a criação do Grupo Trevi marca efetivamente uma nova etapa da Europa da segurança, onde a tendência ao autoritarismo é bastante perceptível[70]. O Grupo Trevi– Terrorismo, Radicalismo, Extremismo e Violência Internacional – reuniu os Ministros da Justiça e do Interior dos países da Comunidade Européia, e constituiu uma célula de trabalho sobre as drogas, que permitiu uma melhor coordenação operacional e colaboração técnica[71].

As reuniões do grupoTREVI, regulares, privadas e informais, coincidem, ao menos em sua origem, com as reuniões da Comissão Européia. As posições assumidas por TREVI são realistas e cépticas em relação à abertura das fronteiras européias, e outras questões relativas à imigração, o terrorismo e à droga[72]. TREVI constituiu quatro sub-grupos de trabalho, centrados nesses problemas: – o grupo 1 sobre o terrorismo; – o grupo 2 sobre a cooperação policial (mais

---

[67] Dentre os países que fizeram parte do Grupo Pompidou, em 1971, estavam: República Federativa da Alemanha, Áustria, Bélgica, Dinamarca, Espanha, Finlândia, França, Grécia, Irlanda, Itália, Malta, Noruega, Países Baixos, Portugal, Reino Unido, Suécia, Suíça e Turquia(C.CERVELLO, *op. cit.*, 1989). O Grupo Pompidou, grupo de cooperação em caráter multidisciplinar em matéria de luta contra o abuso e o tráfico ilícito de entorpecentes, reiniciou, recentemente, suas atividades no domínio repressivo da droga, especialmente sobre navios em alto mar. A atuação do grupo tem conduzido a resultados concretos no domínio de troca de informações. Cf. C. TRAUTMANN (dir.), *La lutte contre la toxicomanie et le trafic des stupéfiants, op. cit.*, p. 91.

[68] C. CERVELLO, *Les concepts pénaux de base des pays membres du Groupe Pompidou en matière de lutte contre le trafic et la consommation de drogue, op.cit.*, p.4.

[69] *Ibid, eod., loc.*

[70] T. BUNYAN, "Towards na Authoritarian European State", *Race and Class*, 32/3, 1991, p.19-27; ID., "A Europe to be Steeped in Racism", *The Guardian* (28 January), 1991.

[71] C. TRAUTMANN(dir.), *La lutte contre la toxicomanie et le trafic des stupéfiants, op. cit.*, p. 91.

[72] I. TAYLOR, "The International Drug Trade and Money Laundering: Border Controls and Other Issues", *op.cit.*, p. 181.

particularmente as trocas de informações entre as polícias); – o grupo 3 sobre o tráfico de drogas; – o grupo 4 sobre a abolição das fronteiras intra-européias e a organização da polícia e da segurança no interior do Mercado Comum Europeu[73]. A Inglaterra, hostil à abertura de fronteiras, encorajou o grupo Trevi à assinatura de um acordo, designando 55 países como indesejáveis, e obrigando os não-europeus a requerer vistos para entrar no espaço da CEE.

Em 1985, a Convenção Schengen é ratificada pela Alemanha, França e Benelux. Esta convenção propõe medidas policiais compensatórias para afrontar a abertura das fronteiras e a livre circulação de pessoas entre os países membros do CEE. Assim constitui-se o "espaço Schengen", atualmente composto pelos seguintes países: Benelux, Alemanha, França, Itália, Espanha, Grécia e Austria.

Os Acordos Schengen estabelecem mecanismos regionais de controle e uma cooperação entre as diversas polícias européias. Instala-se, em Estrasburgo, o Sistema Informático Schengen – Schengen Information System[74]. Em matéria de Direito de asilo, por exemplo, a Convenção fixou as regras de designação do Estado encarregado de instruir casos concretos, a fim de evitar os procedimentos nacionais múltiplos. Dentre as responsabilidades confiadas a esse Estado, figuram o tratamento da questão do asilo, a obrigação de reprimir o requerente que circule irregularmente de um Estado Membro para outro, a missão de afastá-lo em caso de rejeição de sua demanda, e a admissão da família do estrangeiro, em caso de aceitação de sua demanda. A Convenção de Schengen prevê também trocas de informações sobre os requerentes ao asilo econômico ou político.

A França, cuja Constituição prevê que "todo homem perseguido em razão de sua ação, em favor da liberdade, tem direito a asilo político no território da República", encontrou-se em uma delicada situação devido aos Acordos Schengen. A reforma da lei sobre a imigração, em 1993, foi realizada para compatibilizar a legislação nacional às estratégias regionais de controle. O Conselho Constitucional francês, chamado a se pronunciar sobre a reforma, considerou que a lei era inconstitucional, censurando principalmente a disposição que permetia aos prefeitos recusar a admissão de um requerente ao asilo

---

[73] *Ibid., eod. Loc.;* G. T. MARX, "Europe in 1992: Some Implications for Research on Policing Across National Borders", *op. cit.,* p. 74.

[74] I. TAYLOR, "The International Drug Trade and Money Laundering: Border Controls and Other Issues", *op. cit.,* p. 182.

em território nacional[75], cujo caso revelara ser de competência de um outro Estado membro em virtude do Pacto de Schengen e da Convenção de Dublin[76]. O governo francês reclamou, então, uma revisão constitucional, a fim de integrar os Acordos de Schengen e a Convenção de Dublin no Direito interno[77]. A Alemanha encontrou-se frente ao mesmo problema, e após um longo debate, cristãos-democratas e socialistas alemães entraram em acordo quanto a uma revisão da Constituição, que foi realizada em maio de 1993.

A União Européia persiste em sua busca de uma homogeneidade no campo das políticas de controle. Assim, em 1992, os Ministros do Interior e da Justiça dos países europeus, adotam um plano contra as organizações criminosas de tipo mafioso, criando uma polícia anti-máfia : a Europol, composta de representantes de polícias de vários países europeus. Em seguida aumentou-se o campo de sua competência, e para além de sua missão inicial de luta contra o tráfico de entorpecentes e limpeza de dinheiro sujo, a Europol também passa a ocupar-se de outras formas de criminalidade organizada de tipo mafioso, como a penetração financeira dentro da área imobiliária. A Europol cria também um grupo europeu de responsáveis anti-máfia, composto de policiais e magistrados. Este grupo conduz a uma reflexão sobre as atividades mafiosas, e busca definir estratégias comuns para enfrentá-las. O objetivo central desse grupo de trabalho consiste em desenvolver uma cooperação operacional entre as diversas polícias européias.

Eis um exemplo claro de "globalizmo localizado". Face às inseguranças das democracias ocidentais, procura-se orquestrar políticas de controle transnacionais, apesar das resistências ou oscilações nacionais. A criação da Europol é vista, então, não somente como uma resposta dos países europeus ao crescimento do crime transnacional, mas também como resultado da cooperação policial na Europa, que encontra-se em fase de transição de interações bilaterais à multilaterais[78].

---

[75] A criação, em 25 de julho de 1952, de *l'Office français de protection des réfugiés et apatrides* (Órgão Francês de Proteção dos refugiados e apátridas) permitiu a aplicação da Convenção de Genebra de 28 de julho de 1951, que organizou uma proteção internacional de refugiados, e que foi ratificada pela França. Esse país assinou também o protocolo de Nova York de 31 de janeiro de 1967.

[76] Em 14 de julho de 1990, os doze países da Comunidade assinaram, em Dublin, a "détermination de l'Etat responsable de l'éxamen d'une demande d'asile présentée dans l'un des États-membres"(determinação do Estado responsável pelo exame de uma demanda de asilo apresentada dentro de um dos Estados Membros).

[77] *Le Monde*, 25 de septembre 1993.

[78] Sobre a Europol, ver o Relatório de Informação do Senado francês relativo à União Européia: P. MASSON, *Europol et la lutte contre les trafics de drogue*, Délégation du Sénat pour l'Union européenne, coll. "Les rapports du Sénat", no. 235, 1994-1995.

Neste sentido, a posição do Senado francês sobre a União Européia é muito claro. Em Relatório sobre o tema, podemos ler que a Europa deve "resolver os conflitos na área de segurança, que se fundamentam em diferentes culturas policias européias". Ou ainda, que "as dificuldades [neste terreno] têm menos a ver com pretendidas questões de soberania, que com formas e estratégias de polícias diferentes.....o Tratado sobre a União Européia, que foi ratificado pelos Estados, deve prevalecer sobre todas as outras considerações..."[79].

Os "procedimentos transnacionais"

É possível observar-se no campo do controle transnacional, o surgimento de novas formas de interação entre as instâncias repressivas, instauradas principalmente através dos "procedimentos transnacionais"[80]. Assim, o desenvolvimento de uma ideologia de cooperação transnacional surge como alicerce de uma nova compreensão do papel que devem exercer as instâncias repressivas. Esta ideologia vem reforçar o surgimento de novas instituições. Vemos, então, a integração entre as instâncias de controle preexistentes e a difusão de novos métodos de trabalho. De fato, as instâncias intergovernamentais de controle desenvolveram uma certa standartização de métodos e de procedimentos relativos à prevenção e repressão da criminalidade internacional[81]. No que tange à luta contra o tráfico de drogas, a Interpol[82], por exemplo, estabeleceu um método altamente técnico e estritamente confidencial, que permite a troca de informação concernentes ao tráfico de drogas[83].

Mesmo se a cooperação internacional e a organização das polícias européias se apresenta como tarefa difícil, uma nova divisão do trabalho policial se está instaurando progressivamente, destinada, antes de tudo, a harmonizar as polícias européias, através de uma standartização de leis e práticas[84]. Apesar de

---

[79] *Ibid., eod. loc.*

[80] G. T. MARX, "Europe in 1992: Some Implications for Research on Policing Across National Borders", *op.cit.*, p. 76.

[81] S.K.CHATTERJEE, *Legal Aspects of International Drug Control*, The Hague/Boston/ London, Martinus Nijhoff Publishers, 1981.

[82] *L'International Criminal Police Organisation* foi criada em 1923. Até 1956, essa Organização funcionará de maneira limitada, mas, nesta época, torna-se a Interpol (International Criminal Police Organisation). Cf. M . FOONER, *Interpol, Issues in World Crime and International Criminal Justice*, Plenum Publishing Corporation, 1989.

[83] *Ibid.*.

[84] M. ANDERSON, "The French Police and European Co-operation", *in A System of European Police Co-operation after 1992, op.cit.*, p. 26.

uma certa cacofonia aparente, a transnacionalização do controle é um processo em intensa expansão. As práticas de controle transnacionais estão impondo-se em relação àquelas de cada país[85].

O campo penal[86], campo por natureza cerrado, está em vias de se abrir à transnacionalização do controle. Essa abertura, desejada e articulada pelos países da União Européia, ameaçados pela criminalidade organizada transnacional, não é sem perigo para as democracias ocidentais. De maneira invisível e sutil, instala-se uma idéologia de segurança supranacional, que alimenta-se das incertezas e dos pânicos que atingem os povos europeus. Esta idéologia pode ser o fermento onde se elevam os autoritarismos.

Aqueles que testemunharam das ditaduras latino-americanas dos anos 60-70[87], assustam-se ao ver surgir esses fenômenos na velha Europa!

Résumé

La transnationalisation du champ pénal : réflexions sur les mutations du crime et du contrôle.

Les années récentes témoignent d'un glissement du phénomène criminel de la sphère locale vers le « global ». De ce point de vue, la conception du monde comme réseau hiérarchisé apparaît comme un modèle de contrôle obsolète. La criminalité organisée le cède désormais à une criminalité transnationale. Afin d'en comprendre les mécanismes, il devient nécessaire de traiter du phénomène en termes de processus de « localisme globalisé » et de « globalisme localisé ». Dans ce contexte, l'aggravation remarquée des politiques répressives, par exemple en matière de lutte contre la drogue, ainsi que l'émergence d'institutions supranationales de contrôle et de procédures transnationales prennent toute leur signification. Cette logique sécuritaire qui s'instaure sous couvert d'une Union européenne témoigne du développement d'une idéologie de la sécurité devant les conséquences politiques de laquelle il convient de demeurer vigilant.

Mots-clé : *Contrôle – Crime – Global/Local – Sécurité – Transnational.*

---

[85] G.T. MARX, "Europe in 1992: Some Implications for Research on Policing Across National Borders", *op.cit.*, p. 76.

[86] M. DELMAS-MARTY, *Le flou du droit*, Paris, PUF, 1986.

[87] W. DE LEMOS CAPELLER, *L'engrenage de la répression*, *op.cit.*

Summary

Transnationalization of the Penal Field : Some Considerations on Change in Crime and Control.

Recent past years have witnessed crime sliding from the local into the global sphere. From this standpoint, the world conceived as a hierarchical network appears as an old-fashioned model of social control. Organized crime is replaced by transnational crime. To understand the processes of such a criminality, it is necessary to deal with them in terms of « globalized localisms » and « localized globalisms ». In such a context, the full meaning of the increasing repression in public policies comes into view e.g. in the fight against drug trafficking. In the same way, it becomes easier to discern why and how supranational institutions and transnational processes of control emerge. Such a repressive system of control based on « security » is presently at work within the European Union and attests to an increasing security ideology.

Keywords : *Control – Crime – Global/Local – Security – Transnational.*

Democracia, Direito e Soberania Estatal

Tarso Genro[1]

I – Num ensaio publicado em 1992, em que analisa as conferências que se tornaram clássicas - "Cidadania e classe social", de T.H. Marshall - Tom Bottomore aponta um dilema histórico que está na base de uma questão ainda não resolvida. O máximo alcançado de justiça social na sociedade capitalista, o Estado de Bem-Estar, não só teve uma curta duração histórica (a não ser em pequenos países europeus), como não deixou propostas institucionais e econômicas que solucionassem "um conflito que persiste, que já analisara Marshall, entre a tendência da economia de mercado a produzir desigualdades e a do Estado de Bem-Estar de fomentar a igualdade"[2].

A reinvenção do Estado de Direito Democrático, para compatibilizá-lo com as transformações sociais e econômicas que abram um novo período de *socialização da política* (contraposta à visão da cidadania passiva dos modernos de Benjamin Constant), para orientar *políticas públicas socializantes* (contrapostas à lógica de mercado que só reproduz mais desigualdades), esta reinvenção do Estado Democrático de Direito, é uma tarefa central para os juristas e teóricos da democracia conscientes da crise radical do princípio da soberania, fundante do Estado Moderno.

A teoria moderna do Estado e do Direito, reproduzida e aperfeiçoada em milhares de obras, nos ensinou "que toda a soberania emanava do Estado-nação". E que esta soberania, na sua versão democrática contemporânea, legitimava-se pela representação política, através da qual um corpo especial de homens, por delegação, ocupar-se-ia, por nós, dos assuntos públicos. A verdade se desmorona : "Desde o momento em que um país por si só não pode fazer frente às especulações com a sua moeda, não se pode dizer que a economia pertença verdadeiramente aos Estados-nação (...), o único que resta às nações é o poder (...) de corrigir (...) os grandes danos que causam, ao seu próprio sistema, as decisões internacionais e os acontecimentos econômicos"[3].

---

[1] Advogado, foi deputado federal e Prefeito de Porto Alegre; autor de "Direito Individual do Trabalho" e "Introdução Critica ao Direito", entre outros, integra o corpo docente do Curso de Extensão Universitária da Escola de Governo, junto ao Instituto de Filosofia e Ciências Humanas da Universidade Federal do Rio Grande do Sul, desde 1998. Professor convidado na Universidade de Andaluzia, Espanha (1998).

[2] MARSHALL, T.H.; BOTTOMORE, Tom. *Ciudadanía y clase social*. Madri (Espanha): Alianza Editorial, p. 132.

[3] ARNAUD, André-Jean. "Los juristas frente a la sociedad (1975-1993)". In: *Doxa, Cuadernos de Filosofía del Derecho*, vol. 15-16/II, 1994 (Alicante, Espanha), p. 999. Arnaud lembra que junto a

Norberto Bobbio já observara a positividade do fenômeno no seu "Dicionário", mostrando que "o mercado mundial possibilitou a formação de empresas multinacionais, detentoras de um poder de decisão que não está sujeito a ninguém e está livre de toda a forma de controle : embora não sejam *soberanas*, uma vez que não possuem uma população e um território onde exercer de maneira exclusiva os tradicionais *poderes soberanos*, estas empresas podem ser consideradas assim, no sentido de que — dentro de certos limites — *não têm superior algum*"[4].

A emergência de novas "fontes materiais" de Direito no plano internacional, jamais enfrentadas pelas Constituições democráticas que estruturam os atuais Estados-nação, quanto às restrições que causam ao exercício da sua soberania, obriga que se verifique o real grau de sobrevivência do princípio da soberania delegada, nas atuais condições históricas. Trata-se do surgimento - segundo Capella - do "soberano privado supraestatal" que institui pela força normativa dos fatos no plano internacional, "instâncias privadas de criação do Direito"[5].

A delegação, já principalmente um ritual de formas, encontra-se - nesta época - com um novo obstáculo para exercer a sua força legitimamente. Ergue-se uma nova força constitutiva do Direito capaz de anular qualquer vontade ou compromisso produzidos no processo de delegação. A separação do representante em relação ao representado não ocorre mais exclusivamente pela *condição ficta* do mandato outorgado pelo voto, mas também pelo *impedimento* concreto de que, mesmo querendo, o representante - também o corpo representativo coletivo - *não possa resistir à força constitutiva do capital financeiro globalizado*[6].

---

este movimento objetivo irá se ampliando a "*deslocalização dos poderes de decisão, jurídica*" - p. 1.000 - N. do a.

[4] BOBBIO, Norberto, cit. por BARROS, Jefferson. "Centro utópico e trivialismo neoliberal". In: Rev. Porto & Vírgula, n° 27, p.38. Diz o autor J.B.: " *O exercício da soberania — 'poder de mando de última instância' — dos seres humanos (povo) só é possível através das soberanias nacionais (Estados) sobre o mercado. Sem o controle estatal — pacto social de classes contraditórias — do mercado não existe soberania e a cidadania não passa de uma máscara carnavalesca reduzindo a democracia a um sonho de terça-feira gorda para acabar em cinzas*".

[5] RAMÓN CAPELLA, Juan. "Fruta Prohibida". Madri (Espanha): Editorial Trotta, 1997, p. 261: *"O soberano privado supraestatal está constituído pelo poder estratégico conjunto das grandes companhias transnacionais e sobretudo, hoje, dos conglomerados financeiros. Impõe-se mediante instâncias convencionais interestatais, como o G7 (conferências do grupo dos países mais industrializados), central para a regulação do comércio mundial; de instituições como o Banco Mundial e o Fundo Monetário Internacional, que procedem dos acordos de Bretton Woods, o da OCDE; através também de instâncias privadas de criação de direito como as que estabelecem, para interelacionarem-se, os grandes grupos econômicos transnacionais; através da lex mercatoria."*

[6] Jornal Adverso, 2ª quinzena de janeiro/1999, Grupo de Estudos em Direito Econômico/ Faculdade de Direito da Ufrgs, p. 9: *"Em suma, o AMI (Acordo Multilateral de Investimentos) visa proteger os países signatários das eventuais restrições aos lucros. Logo, governos locais não mais poderiam estabelecer exigências sobre o ambiente, transferência de tecnologia, remessa de lucros, geração de empregos ou tempo de permanência no país."*

A desestruturação da sociedade de classes tradicional também coloca um problema novo para a legitimação da soberania estatal baseada na representação. A sociedade industrial, até há poucos anos, era tendencialmente "inclusiva"; e a inclusão favorecia a expansão da cidadania formal e integrava, portanto, os sujeitos-pessoas nas "regras do jogo". A sociedade "pós-industrial" nos países desenvolvidos - como querem alguns - ou "da informação" ou "informática" (Adam Schaff), combinada com o aumento da espoliação da periferia e da semiperiferia, é "excludente" e só pode funcionar com a permanência de um número significativo de excluídos.

Esta exclusão aumenta, gradativamente, no sentido que vai dos países do "centro" do sistema até os mais pobres e dependentes das mais longínquas periferias. Internamente, mesmo nos países desenvolvidos, as "classes baixas", como lembra Ralf Dahrendorf[7], - precários desempregados, imigrantes, intermitentes - os "desnecessários", estão cada vez mais distantes da integração, mesmo nas regras jurídico-formais da cidadania. Nestas condições, este contingente cada vez maior de "sujeitos-pessoas" necessitam, para participar dos espaços públicos de decisão, de "catalizadores externos"[8], já que jamais se comportarão como classe social, com força política articulada por interesses imediatos que os coesionem.

Estes "catalizadores externos", porém, só podem ser constituídos pela ação política se estiverem respaldados por *normas com finalidade*. Normas que tenham por objetivo regular espaços de decisão confiáveis, para que a prática da sua cidadania realize-se através de *esferas públicas de controle e indução do Estado*. Espaços políticos normatizados que não só os valorizem como indivíduos ou como grupos de interesse, para tensionar e em alguns casos subordinar as decisões do Estado, mas que também os eduquem em práticas democráticas e de argumentação.

Para que a reinvenção do Estado possa ser pensada com realismo é preciso necessariamente demarcar dois campos críticos de investigação. Ambos são dotados de enunciados "chaves", nos quais se socorrem a ampla maioria dos juristas e estudiosos da Teoria Geral do Estado. A demarcação servirá tanto para apontar os limites do *racionalismo formalista*, que estrutura o Estado atual e submete os "sujeitos-pessoas" ao puro jogo das formas[9] (transformando-os em

---

[7] DAHRENDORF, Ralf. "La natureza cambiante de la ciudadanía". In: La Política - Revista de estudios sobre el Estado y la sociedad. Barcelona (Espanha): Ediciones Paidós Ibérica SA, 1997, nº 3, p. 144.

[8] Idem, p. 145.

[9] DE LA CUEVA, Mario. Estudo Preliminar, in: "La Soberania", (Hermann Heller). México: La Fundación, Escuela Nacional de Jurisprudencia, A.C. / Fondo de Cultura Económica, 1995 p. 39/41.

"sujeitos-ficção" que anulam as pessoas verdadeiras), como servirá para abrir um processo de *recriação* na relação Estado-sociedade.

A demarcação também visa tornar transparente a passividade não escolhida, mas *induzida*, dos sujeitos que integram o jogo representativo, fornecida pela "opacidade" do Direito[10]. As opções eleitorais destes sujeitos é que legitimam, formalmente, o princípio da soberania delegada, que originou o sistema de Direitos da Constituição Francesa de 1791[11]. Este sistema irradiou-se pela ampla maioria das Constituições do mundo ocidental e aquelas que não estão diretamente vinculadas a esta tradição têm sistemas análogos de aferição democrática da soberania.

A elaboração teórica do Estado Moderno atual encontra suporte nas fundamentações de Hobbes - no seu aspecto "absolutista" - e Locke - na sua face liberal -, mas a sua fundamentação mais exemplar, quanto à necessidade da "representação" democrática para legitimá-lo - absorvendo e superando a ambos -, foi construída pelo Abade Sieyes[12]. Ele constata a necessidade de uma "divisão especializada de trabalho" - entre governantes e governados - para emprestar racionalidade e permanência a um Estado que já se anunciava como dotado de grande complexidade.

Esta *separação* da vontade dos *governados* em relação à ação dos *governantes* especializados (e da sua burocracia), permite "autonomizar" as decisões do Estado democrático, que apenas fictamente interpreta a vontade geral, através da representação. Para Kelsen - por exemplo - a representação é claramente uma ficção, "que não contém em absoluto relação representativa"[13]. Aliás, como disse outro autor, aniquilam-se "as relações sociais de poder na impessoalidade da soberania da lei, dissolvendo a dimensão decisória da política"[14].

---

[10] CÁRCOVA, Carlos María. "La opacidad del Derecho". Buenos Aires (Argentina), mimeo, 1994, p.8: *"Disso segue que a opacidade do Direito, ao menos no marco das formações histórico-sociais contemporâneas, longe de ser um acidente ou acaso, um problema instrumental suscetível de resolver-se mediante oportunas reformas legislativas, apresenta-se como uma demanda objetiva da estrutura do sistema. Como um requisito de opacidade, tendente a escamotear - como a ideologia em geral - o sentido das relações estruturais estabelecidas entre os sujeitos, com a finalidade de reproduzir os mecanismos da dominação social".*

[11] MORALES, Angel Garrorena. "Representación política y Constitución democrática". Madri (Espanha): Cuadernos Cívitas, 1991, p. 24/28.

[12] Idem, pp. 33 e segts.

[13] Idem, p. 45.

[14] VERGARA ESTÉVEZ, Jorge. "Modelos elitarios da democracia". In: Diánoia - Anuario de Filosofia. México: Universidad Nacional Autónoma de México / Fondo de Cultura Económica, ano XXXIV, nº 34, 1998, p. 67.

II – O primeiro grupo de teóricos contemporâneos de relevância que estudaram a legitimação da soberania do Estado Democrático de Direito (Kelsen e Bobbio, entre outros), puseram o seu esforço a serviço do aprimoramento das "regras do jogo" democrático. O *objetivo máximo possível* seria contribuir para, processual e permanentemente, democratizar a democracia e assim tensionar para que a "política", de fora do sistema normativo (dando conteúdo à forma normativa), produza *finalidades*, operando a partir de um direito neutro.

Tanto Kelsen como Bobbio reconhecem que o sistema jurídico, que dá base ao Estado Democrático, é um sistema puramente instrumental. Este sistema não tem - para ambos os autores - uma carga teleológica que não seja a de garantir procedimentos. Por isso o seu regramento é uma *forma* a serviço de *conteúdos* a serem permanentemente determinados na esfera da política.

A separação metodológica entre o Direito e a Política não ocorre, porém, nas relações jurídicas reais : a *forma* (o sistema normativo "neutro") converte-se incessantemente em *conteúdo* (decisões práticas do Estado que atendem interesses) e, nas relações sociais em curso, Direito e Política são dois momentos constitutivos de um mesmo processo.

Esta *forma normativa*, ainda segundo os autores, deve e pode ser aprimorada. Sempre o será, porém, - de fora, pela ação dos agentes políticos - a partir do reconhecimento de uma *fratura absoluta* entre o "dever ser", indicado pela norma (como hipótese de conduta) e o "ser" (isto é, a realidade mesma). Para eles um "dever ser" só origina outro "dever ser", ou ainda : *uma norma só origina outra norma*, o que faz do jurídico, aparentemente, *pura forma a serviço da sua própria reprodução*.

Um segundo grupo de teóricos (Habermas, Macpherson entre outros) buscam introduzir variados processos de *correção participativa*, seja através de uma "esfera pública política", que produza *enunciados com influência* (Habermas), seja através de um participacionismo de caráter estrutural (Macpherson) para dar substantividade à cidadania; ou ainda (Habermas), através de uma participação discursiva da sociedade civil voltada para reorientar o discurso estatal ou, finalmente, (Macpherson) através de requisitos prévios formais, ao nível de bairro e de fábrica, para chegar a influenciar até o "topo" do Estado.

Macpherson pensa uma *política e uma engenharia* para chegar à democracia participativa[15]. Habermas pensa numa *esfera pública política com influência*, a partir da criação de condições mínimas de interlocução, para a proposição de discursos corretivos da representação. Nenhuma das duas

---

[15] MACPHERSON, C.B. "La Democracia liberal y su epoca". Madri (Espanha): Alianza Editorial, 1997, p. 130.

posições, que podem originar infinitas variantes, propõe-se à superação, pela radicalização da democracia, da atual conformação conceitual e material do Estado Moderno.

III – Parto do pressuposto que o Estado atual está dotado de um permanente "déficit" de legitimidade e que a base da sua soberania — a representação política chancelada por um sistema formal-racional, que limita e reitera o mesmo sistema de poder — está comprometida. Este "déficit", tanto faz com que o Estado *esgarce* e afronte a sua própria ordem jurídica formal, para poder governar - seja através de medidas emergenciais ou através de negociações macrocorporativas informais - como também, aquele "déficit", faz com que o Estado *recue* na sua já pouca substantividade democrática. E ele o faz abrigando-se na "judicialização da política"[16], onde a norma "neutra" transforma-se em política decidida pelo Estado, através do Poder Judiciário, substituindo a ação da cidadania na sua dimensão política.

A *impotência* do controle da cidadania, que *delega* (no processo eleitoral) e logo após retira-se da cena pública, faz-se evidente pelo ritualismo formal-racional. Este ritualismo sistematicamente reproduz a força do interesse-poder (econômico, informacional), que está ordinariamente "fora do jogo" da representação e opera fortemente para equacionar os seus projetos, seja através dos espaços deixados pela "opacidade" do Direito, seja pelas lacunas mínimas da anomia.

Os interesses do "núcleo duro" do poder, que se revelam no movimento do capital financeiro tutelador da economia mundial e que tem especial força normativa, são defendidos, portanto, principalmente *por fora* daquele ritualismo formal-racional. Ora, a defesa de interesses, mesmo por meios legais, mas fora da cena pública política, não é necessariamente exercício da cidadania. Esta defesa pode transformar-se no aniquilamento da interferência formal da cidadania, pela imediata redução dos espaços decisórios dos representantes.

Como lembrou um autor, "para defender os próprios interesses não é necessário ser democrático. A vitude cívica constitutiva da cidadania é, precisamente, a que se manifesta como *diferença* conflitiva - porque está livre de interesses - e como diferença *conflitiva* - porque se dirige a obter uma decisão coletiva obrigatória, que não é possível sem um espaço deliberativo comum com oportunidades simétricas de acesso"[17].

---

[16] ANDRÉS IBÁÑEZ, Perfecto. "Targentopoli tiene traducción al castellano". In: Corrupcion y Estado de Derecho - el papel de la jurisdiccion. Madri (Espanha): Editorial Trotta SA, 1996, p. 110 e segts.

[17] COLOMBO, Ariel H. "Desobediência Civil y Democracia Directa". Madri (Espanha): Trama editorial / Prometeo livros, 1998, p. 55.

Este espaço deliberativo comum é cada vez mais manipulado e uniformizado por determinações produzidas fora da cena pública política e com a complacência da estrutura judicial atual : *o bloqueio do espaço deliberativo comum, antes ocupado pela política, reforça ainda mais a neutralidade aparente da norma, que se torna, então, um instrumento ótimo para a reprodução das mesmas relações de dominação.*

É impossível nas atuais circunstâncias históricas pensar num avanço conservador-superador do velho princípio da soberania, derivado da democracia representativa, sem pensar numa outra relação Estado-sociedade. Pensar em *formas de produção normativa,* que tanto *ampliem* as fontes da produção normativa atual, como *demarquem* novos limites. Os limites são necessários para proteger a sociedade da anomia e da anarquia, que adviriam de uma sociedade sem uma ordem jurídica legitimada e que descambaria para a ditadura.

A demarcação dos novos limites também é necessária para orientar a previsibilidade e instituir novas "regras de jogo". *Mas também o é para ampliar as possibilidades de que o velho jogo possa ter outros ganhadores.* Tal proposição política parte do valor, desde logo assumido, de que *o detentor da soberania* - o povo - *necessita encontrar novos canais para expressar-se.* Canais que impulsionem o exercício da cidadania, ativada pelo reconhecimento de que seus interesses podem ser apresentados na cena pública, ora como demandas imediatas, ora como interesses históricos, daqueles que são os perdedores permanentes nas regras do jogo da democracia formal.

Não se trata de interpor uma "parte do povo" - os "pobres" ou "oprimidos" - como novos detentores da soberania. O que se trata é de introduzir, no sistema normativo, *regras de disputa* destinadas a permitir que a legitimação dos governos e, portanto, as suas fontes da soberania, sejam adequadas a um novo tempo. Um tempo em que se desigualaram radicalmente as "capacidades subjetivas", individuais e agrupadas, de produção pública da soberania e aumentaram as forças dos interesses privados sobre a totalidade do Estado.

Trata-se de forjar um novo "contrato social". Não um novo "pacto social", que sempre foi um recurso jurídico-político das elites em horas de crise da sua hegemonia. Mas um novo "Contrato", que permita a emergência de *novas formas para a constituição de maiorias,* na sociedade, através de meios diretos de legitimação; e também no parlamento, *através da reorganização do espaço da política delegada,* que contará com novos impulsos para a produção normativa, "capazes inclusive (...) de dar um novo sentido ao modo de vida atual"[18].

---

[18] GENRO, Tarso. "Uma nova cultura de solidariedade". In: Jornal Folha de São Paulo, Caderno Mais!, 12/01/97.

É preciso, a partir daí, tanto pensar *num novo processo de produção normativa*, inscrito numa Teoria Geral do Estado cujo conceito de soberania retome a relação com os "sujeitos-pessoas", como pensar num *novo padrão democrático* do Estado atual, que se estruture na representação delegada, mas não se esgote nela. O objetivo será forjar uma soberania que se redesenhe pela superação daquelas "regras do jogo", aparentemente "puras", para assumir um "jogo com finalidades" : um Estado com a representação corrigida e orientada *por formas diretas de controle público não-estatal*. Seu objetivo mínimo seria fazer valer as próprias finalidades do Estado Democrático de Direito, que normalmente já estão inscritas como normas constitucionais sem qualquer efetividade[19].

Trata-se de afirmar e superar Kelsen e Bobbio, colocando como fundamento desta nova concepção a *necessidade de regras do jogo com outra teleologia*, que obriguem a que todos os interesses abram-se na cena pública para incidirem nas decisões do Parlamento e do Executivo.

Esta nova etapa democrática só poderá ser garantida através de instituições de democracia direta, que operem entre um e outro momento eleitoral "delegativo"*. Seriam regras de direito público "não-estatal" - abertas por permissivo constitucional -, cuja validade seria dada dentro de determinados limites previstos na Constituição* e cuja eficácia seria processualmente conquistada, dando uma nova dimensão à antiga cidadania formal.

Trata-se também de afirmar e superar Hermann Heller - o grande teórico da soberania afirmada pela representação -[20] não só para mantê-la como fonte estruturadora genérica da soberania estatal (através do corpo político estável de delegados) mas também para emprestar à soberania estatal a força legitimante de novas instituições, baseadas na democracia direta.

---

[19] HESSE, Konrad. "Derecho Constitucional y Derecho Privado". Madri (Espanha): Cuadernos Cívitas, 1995, p. 67: *"Só se se mantém sua influência sobre o Direito Privado nas fronteiras assim marcadas pode evitar que o benefício de uma proteção geral e eficaz dos direitos fundamentais se converta na praga de uma inflação dos direitos fundamentais, com a qual o Direito Privado teria pouco que ganhar, e os direitos fundamentais e seu verdadeiro significado muito que perder."*

* Os modernos meios eletrônicos informatizados já podem permitir, p.ex., consultas periódicas - mensais ou semestrais - à população sobre assuntos públicos relevantes.

* Ex.: "Regimento Interno" do Orçamento Participativo, produzido por decisão autônoma dos 16 Conselhos Populares Regionais da cidade de Porto Alegre, que regula o processo de participação e decisão direta da comunidade na produção e execução orçamentária.

[20] HELLER, Hermann. "La soberanía - Contribución a la teoría del derecho estatal y del derecho internacional". México: La Fundación, Escuela Nacional de Jurisprudencia, A.C. / Fondo de Cultura Económica, 1995, p. 12: *"A conquista era enorme, pois, em virtude dela, o poder temporal se fez intérprete das circunstâncias de tempo e lugar e o criador das normas apropriadas para satisfazer as necessidades dos homens e dos povos; era, ademais, o primeiro triunfo no caminho da desalienação do poder temporal e dos homens."*

E o campo fértil para iniciar tais processos é a produção e o controle do orçamento público e, também, as decisões e o controle público sobre as políticas públicas de largo alcance.

Variações sobre
Direito e Globalização
───────────────

Direitos fundamentais e Mercosul

Vicente de Paulo Barretto*

No processo de globalização econômica, social, cultural e política que envolve todas as nações do planeta, podemos distinguir dois níveis de análise. Em primeiro lugar, a análise da própria natureza da globalização, levando-se em conta as suas dimensões culturais e político-institucionais; em segundo lugar, a analise de como os mecanismos econômicos e institucionais do processo de globalização convivem com uma convergência de valores de diferentes culturas cívicas e jurídicas, que são, às vezes, conflitantes e divergentes. Ambas as faces da globalização caminham de forma concomitante, sendo que as questões relativas à organização institucional e jurídica da globalização, através dos organismos regionais, tende a preponderar, sendo muitas vezes exclusiva. Sacrifica-se diante da necessidade de encontrar-se soluções para os conflitos entre políticas econômicas e de regulações jurídicas nacionais diversas, a ponderação de aspectos de natureza política e cultural, dentro dos quais o próprio processo de globalização desenvolve-se. A questão dos direitos fundamentais por não estar referida de forma imediata ao quotidiano das economias que se integram, não se tornou ainda uma questão fundamental no processo de globalização, principalmente, no quadro da integração de economias regionais, como é o caso do Mercosul.

Neste contexto, proponho fazer uma breve análise das relações entre dimensões, a meu ver, necessariamente interligadas do processo de globalização, tomando por base a experiência do Mercosul. Com isto pretendo mostrar como os aspectos político-institucionais dessas organizações regionais constituem etapas necessárias num processo, que não se reduz, no entanto, às suas dimensões econômicas. A própria natureza das relações econômicas entre as nações faz com que se visualize, a médio prazo, a evolução dessas relações, estritamente econômicas e comerciais, e as estruturas montadas para implementá-las, na direção da construção de uma comunidade política. Compreende-se, então, a importância do tema dos direitos fundamentais no âmbito de organizações, ainda econômicas e comerciais, como o Mercosul. Os direitos fundamentais, esta é a hipótese que se pretende desenvolver, constituem o único patamar político e jurídico sobre o qual poderá ser construída uma ordem comu-

---

* Professor da UERJ e da UGF.

nitária regional, que expresse no âmbito do Mercosul uma forma de organização político-institucional característica da globalização.

A primeira constatação a ser feita na análise da evolução histórica da Comunidade Européia, protótipo de organização econômica regional que se institucionaliza política e juridicamente, é a de que os fatores econômicos e comerciais constituem fatores preliminares, mas não exclsuviso e determinantes do sistema político e jurídico originado de organizações economicas regionais. A ordem política e jurídica supranacional, que não será uma ordem internacional entre estados soberanos, mas uma ordem com características próprias, deitará suas raízes nas relações sociais e econômicas objetivas. Observa-se que no processo de globalização atuam forças econômicas centrífugas, que, entretanto, necessitam de um referencial comum de modo a assegurar, a passagem da etapa da integração econômica e comercial para uma segunda etapa, na qual torna-se necessária a construção de instituições políticas e jurídicas. Para isto, em virtude das próprias características dos sistemas políticos envolvidos, tanto na Comunidade Européia, como no Mercosul, o estabelecimento de fundamentos políticos e jurídicos comuns implica na determinação de bases políticas e jurídicas. Os fundamentos dessa nova ordem normativa deverá, entretanto, consagrar mecanismos reguladores, que respeitem fatores etno-culturais das nações envolvidas. As peculiaridades do processo de globalização, no entanto, apontam para o fato de que esses fatores etno-culturais encontram-se num processo crescente de afirmação de suas autonomias, ao mesmo tempo em que se constróem diferentes formas e níveis de integração econômica, política e jurídica.

A integração das duas dimensões extremas da globalização - a afirmação de autonomias e culturas locais, de um lado, e a globalização de direitos e instituições por outro lado, supõem, entretanto, a aceitação de valores e princípios políticos universais, que poderão ser como fundamentação dos direitos fundamentais. Neste contexto de pluralismo complexo, que se realiza em diferentes níveis sociais, políticos e institucionais, necessita-se, também, a refundação da idéia de democracia a fim de que em torno da idéia de "democracia cosmopolita"[1], possamos estabelecer as condições de possibilidade para a construção de uma ordem política supranacional.

Nesse quadro, Held[2] propõe três princípios que se constituirão na espinha dorsal da reconstrução de um novo conceito de democracia : o princípio da autonomia, a idéia do estado democrático de direito e o conceito de democracia cosmopolita. O princípio da autonomia refere-se à necessidade de afirmação de identidades culturais locais, que correm o risco de serem suprimidas ou sim-

---

[1] David Held, *Democracy and the Global Order*, Cambridge, Polity Press, 1996
[2] *Ibid.* : 141-218; 267-286.

plesmente instrumentalizadas no contexto do processo de globalização. A autonomia de *per si,* entretanto, não garante o espaço de liberdade e criatividade das comunidades, pois deixada ao sabor das forças economicas e políticas que atuam no processo de globalização, terminará extinta. A condição de sobrevivência e afirmação da autonomia, dentro do processo de globalização, supõe uma ordem política e institucional, que deite as suas raízes na participação do cidadão e das organizações primárias da sociedade. Essa forma de ordem política é o estado democrático de direito. A questão central do processo de globalização, sob o aspecto de institucionalização reside precisamente e na superação das formas atuais de organização estatal por uma ordem peculiar, que incorpore as conquistas da autonomia das comunidades e do estado democrático de direito, como projeto político hegemônico na contemporaneidade. O projeto da democracia cosmopolita pretende responder, precisamente, a esse desafio.

Quando transpomos para a análise das possibilidades político-institucionais do Mercosul, o modelo teórico de Held verificamos que duas delas acham-se presentes nos países participantes. Todos os quatro países (Brasil, Argentina, Paraguai e Uruguai) encontram-se sob regimes de estado de direito democrático, vale dizer, suas constituições acrescentaram aos direitos básicos do modelo liberal clássico, direitos e garantias que caracterizam um estado democrático. Procuraremos analisar essas novas realidades de forma metajurídica, em outras palavras, e parafraseando-se Marcel Mauss, partindo-se da constatação de que se conhece de forma mais completa um povo e uma nação, não exclusivamente através do estudo do seu aparelho constitucional, mas da observação direta de sua experiência cultural. Transpondo-se, essa observação de Mauss, para o plano do nosso exame sobre as raízes culturais do Mercosul, podemos afirmar que não será pelo estudo das instituições jurídicas, estabelecidas pelos tratados e convenções, reguladoras das relações internacionais dentro de suas fronteiras, que conheceremos a realidade objetiva dos países envolvidos e das perspectivas políticas do Mercosul. Trata-se de determinar até que ponto a tradição político-jurídica, e o funcionamento dos mecanismos institucionais, principalmente do poder judiciário, de cada estado irão facilitar ou dificultar a transformação de uma união econômica e comercial numa ordem política-comunitária.

Toynbee mostrou em *A Study of History* que a globalização dos nossos dias foi antecedida pelo processo globalizador da Revolução Comercial, conseqüência das descobertas espanholas e portuguesas durante o século XVI, seguida pela expansão colonizadora da Inglaterra - que fez com que o século XIX ficasse conhecido como o século da *Pax Britanica* - e a colonização da África e da Ásia, pela França e Holanda. A globalização do final do milênio consiste, portanto, numa "nova" globalização, que tem especificidades próprias, como a automação industrial, a universalização da informática e todos os instrumentos de produção e circulação de bens e riquezas da sociedade pós-industrial ou tecnotrônica.

A história do Mercosul insere-se, assim, no contexto desse novo tipo de globalização, sendo um fenômeno histórico que se diferencia, dos demais processos de globalização ocorridos na história, porque, como os demais, desenvolve-se a partir de relações econômicas e comerciais, mas tende a transformar-se numa comunidade política. Assim como ocorreu no modelo pioneiro de experiências globalizadoras, encontrado na Comunidade Econômica Européia, o Mercosul constituiu-se como uma organização regional, com vistas a estabelecer uma associação comercial, sendo, atualmente, ainda uma união aduaneira. Essa união, entretanto, participa do processo mais amplo da globalização na região e no mundo, onde fatores econômicos supranacionais determinam novas formas de regulação jurídica, intra e interestatais. A aplicação da nova *lex mercatorum* envolvendo, entretanto, tradições políticas, culturais e etnias diferenciadas, que suscitam problemas cuja complexidade não se resolve no quadro das relações internacionais clássicas.

A própria definição do que se entende por globalização expressa o viés econômico, que sustenta e justifica os primeiros sistemas de organizações regionais. O tema da globalização relaciona-se, entretanto, do ponto de vista científico, com duas áreas de conhecimento diferentes : "a globalização será tema mais relacionado com economistas e politicólogos, que não consideram em que medida o fenômeno insere-se no processo mais amplo do pós-modernismo, familiar aos filósofos e sociólogos"[3]. O processo de globalização é considerado pelos economistas, de modo reducionista, como sendo "o resultado do crescimento dos fluxos de comércio de bens e serviços e do investimento em níveis consistentemente superiores aos do crescimento da produção. Seria a conseqüência de uma grande elevação do grau de abertura, vale dizer, da "propensão a exportar (e a importar)", para o conjunto das principais economias do planeta, processo que assinala um avanço do processo de internacionalização da produção manufatureira em termos jamais imaginados"[4].

A globalização, no entanto, não se reduz a um processo exclusivamente econômico, pois desenvolveu-se, como mostra a análise de sua evolução histórico-institucional, através de dois tipos de estruturas político-economicas : no seu primeiro momento, coincidente com os anos imediatamente posteriores ao término da Segunda Guerra, o processo caracterizou-se pelo surgimento das chamadas Empresas Transnacionais (ETNs), que representaram a mais radical forma de institucionalização das novas formas de produção e comercialização,

---

[3] André -Jean Arnaud, *Entre modernité et mondialisation*, Paris, L.G.D.J, 1998: 147 e segs.

[4] Gustavo H. B. Franco, "Globalização : uma perspectiva histórica", *Política Comparada, Revista Brasiliense de Políticas Comparadas,* Brasília, vol. I, nº 2, maio/agosto/ 1997 : 21.

ocorrida na história do Ocidente; o segundo momento, iniciou-se quando os estados nacionais, passaram a organizar-se em comunidades, que ordenassem de forma orgânica problemas econômicos e comerciais, surgidos no contexto da alteração das forças de produção e das relações econômicas dela derivadas. O processo de organização, porém, tem dois momentos, pois no primeiro, os estados envolvidos regulam relações econômicas e comerciais, para no segundo, ainda em fase embrionária na Europa, e ainda mais incipiente no âmbito do Mercosul, procura-se alicerçar os fundamentos de um novo sistema político.

O Mercosul constituiu, inicialmente, uma resposta ao desafio econômico e comercial em que se encontram as economias em todos os quadrantes do planeta em virtude do processo de globalização. Reuniu, na sua constituição originária quatro países - Brasil, Argentina, Uruguai e Paraguai -, que de acordo com o Preâmbulo do *Tratado de Assunção* (1988) propõem-se a realizar a integração de mercados nacionais como condição fundamental para assegurar o desenvolvimento econômico com justiça social[5]. Esse objetivo deve ser atingido, ainda de acordo com o Preâmbulo do *Tratado*, respeitando-se o meio ambiente, o melhoramento das interconexões físicas, a coordenação de políticas macroeconômicas e a complementaridade das economias nacionais. Essa medida implicava em assegurar a livre circulação de bens serviços e fatores produtivos entre os países, na eliminação dos direitos alfandegários e restrições não-tarifárias à cirulação de mercadorias, no estabelecimento de uma tarifa externa comum e na adoção de uma política comercial comum.

O texto do tratado ainda exige condições de princípio para que o seu objetivo maior seja atingido, pois estabelece que as relações a serem reguladas no pacto entre os estados partícipes deverão basear-se nos princípios da gradualidade, da flexibilidade e do equilíbrio. Esses dispositivos de caráter econômico e comercial pretendem inserir na economia internacional os países signatários. O interessante a observar, no entanto, no caso do Mercosul, é que o próprio tratado entende o aprofundamento das relações econômicas e comerciais como a expressão de uma vontade política por que se estabeleça "as bases para uma união cada vez mais estreita entre seus povos"(Preâmbulo). Constata-se, assim, que "à medida que transcorrem os anos, mais na doutrina do que no aspecto normativo e na realidade prática, concebe-se que o Mercosul iniciou um processo que implica no "Direito da Integração"[6]. A afirmação acima indica, portanto, que o estágio do desenvolvimento das relações internas no Mercosul suscita problemas que extrapolam o âmbito restrito das relações econômicas e

---

[5] Para o texto do Tratado de Assunção e demais tratados e legislação complementar do Mercosul, veja Nadia de Araujo, Frederico V. Magalhães Marques e Márcio Monteiro Reis, *Código do MERCOSUL, Tratados e Legislação,* Rio de Janeiro, Renovar, 1998.

[6] Gustavo E. Pinard, *Los Derechos Humanos en las Constituciones del Mercosur,* Buenos Aires, Ediciones Ciudad Argentina - Universidad del Museo Argentino, 1996 : 60.

comerciais, exigindo, então, uma análise mais abrangente das perspectivas e critérios para que, como afirma o *Tratado* em seu Preâmbulo, haja um novo avanço no esforço tendente "ao desenvolvimento progressivo da integração da América Latina, conforme o objetivo do Tratado de Montevidéu de 1980". Verificamos, assim, que existe uma vontade política latente, anterior mesmo à constituição do Mercosul, que reuniu quatro países com tradições político-institucionais e constitucionais diferenciadas. Trata-se, portanto, de analisar como essa vontade política poderá institucionalizar-se em torno de um sistema econômico com justiça social.

O Mercosul, portanto, deverá ser considerado não como única e simplesmente uma tentativa de ordenar regionalmente relações econômicas e comerciais, mas principalmente como um aspecto do processo de globalização, que deverá assegurar a participação nos circuitos econômicos mundiais de países, até então excluídos. Essa dimensão econômica, acontece, entretanto, no contexto do movimento mais amplo da democratização, o que provoca uma reordenação das relações entre estados soberanos, tendo como ponto de referência político e institucional os valores da democracia. Precisamente porque a forma organizacional do Mercosul deverá ordenar diferentes vocações políticas e culturais, torna-se imperativo que se encontre um patamar normativo comum, que possibilite a convivência de diferentes culturas cívicas.

Para que se possa entender em que medida o Mercosul supõe uma ordem normativa e que tipo de ordem normativa torna-se necessária, proponho que se faça uma análise, a vol d'oiseau, da história e das características jurídico-institucionais dessa organização regional. Somente assim podemos verificar em que medida a ordem constitucional do Brasil, Argentina, Uruguai e Paraguai possibilitam a criação a médio prazo de uma comunidade política, originada no seio de uma comunidade econômica e comercial. O Mercado Comum do Sul - MERCOSUL representa no seu estágio atual uma etapa de um processo iniciado, em 1988, com a assinatura, entre o Brasil e a Argentina, de um tratado com o objetivo de consolidar o processo de integração e cooperação econômica entre os dois países. O *Tratado de integração, cooperação e desenvolvimento* de 1988 parte da superação da idéia da soberania territorial, ao afirmar que "os territórios dos dois países integrarão um espaço econômico comum" (art.1º). para as finalidades definidas no tratado considerava que os territórios dos dois países fariam parte de um espaço comum. Em 1991, à Argentina e ao Brasil, juntaram-se o Paraguai e o Uruguai, e firmaram o *Tratado de Assunção*, que com o objetivo de constituir um Mercado Comum, Adicionou-se ao Tratado de Assunção, os protocolos de Brasília - destinado ao estabelecimento do sistema de solução de controvérsias - e de Ouro Preto - tratando da estrutura institucional do Mercosul. Esses documentos foram seguidos de outros protocolos, regulando questões específicas, como o Protocolo de Las Leñas, que regulava a cooperação e a assistência jurisdicional em matéria civil, comercial, trabalhista e administrativa. Os direitos do consumidor foram regulados pelo Protocolo de Santa Maria; o Protocolo de Colônia tratou da promoção e proteção recíproca de investimentos no Mercosul. Outros acordos e protocolos, como o de Recife, sobre a circulação de mercadorias foram seguidos por resoluções do Grupo Mercado Comum, órgão estabelecido como braço executivo do Mercosul, tratando da circulação de pessoas e o Protocolo de Integração Cultural do Mercosul de 1996.

Esse último protocolo considerou que "a integração cultural constitui um elemento primordial dos processos de integração e que a cooperação e o intercâmbio cultural geral novos fenômenos e realidades". O Protocolo de 1996 estabelece que a integração deverá ser feita através do respeito "à diversidade das identidades e no enriquecimento mútuo". Vemos, assim, como o Mercosul iniciou-se como um acordo tarifário e que se encontra dotado, atualmente, de maior abrangência, contemplando, inclusive, a questão da integração cultural como elemento essencial no processo de integração. Esse processo de integração deixa então de ser exclusivamente econômico e comercial e passa a ser cultural e político. Enquanto a integração cultural pode ocorrer no quadro de acordos que determinem as condições de formação educacional equivalentes e reconhecidas entre os países signatários ou na produção de empreendimentos artísticos e culturais, a integração política final a que leva, por força da própria inércia, o processo de regionalização, necessita encontrar-se baseada em valores políticos e culturais, que fundamentem uma ordem jurídica a ser partilhada por todos os povos envolvidos.

A estrutura jurídica do Tratado apresenta as seguintes características : não existe supranacionalidade estrutural ou jurisdicional; as decisões são tomadas por consenso; a iniciativa compete aos orgãos políticos dos países e as decisões não têm aplicação direta. Verifica-se, assim, que o estágio embrionário em que se encontra a institucionalização de uma comunidade política do Mercosul exige que se atente para a categoria dos direito fundamentais, como sendo a formalização jurídica dos valores da democracia e de construção de uma sociedade justa, referidos no texto do Tratado de Assunção. A simples constatação de que os direitos fundamentais encontram-se definidos nos tratados e acordos internacionais, assinados pelos países membros do Mercosul, e de que esses direitos foram incorporados nas constituições nacionais, que pretendem estabelecer na região regimes democráticos, não é o suficiente para que se possa projetar as características e as possibilidades da construção de uma ordem política comum aos países da região. O primeiro obstáculo para a construção de uma comunidade, nascida de uma união econômica, reside na questão da forma de incorporação de direitos fundamentais - fundamento de uma ordem jurídica democrática - ao quadro normativo nacional dos países participantes e, principalmente, como esse direitos são interpretados pelo poder judiciário.

Para que se possa chegar a essa avaliação, torna-se necessário diferenciar na cultura jurídica dos países participantes do Mercosul, duas tradições político-constitucionais dentro das quais desenvolveram-se os países latino-americanos de uma forma geral. De um lado, a tradição luso-brasileira, e do outro, a tradição espanhola. Enquanto a tradição luso-brasileira, no século XIX, caracterizou-se por ser uma tentativa de cópia do modelo do liberalismo parlamentar inglês, a tradição ibero-americana desde os primeiros movimentos de independência dos países de língua espanhola da América Latina sofreu uma forte influência do pensamento democrático e radical da Espanha e da França. No século XIX, o Brasil tinha uma monarquia parlamentar, que no final do século foi abruptamente substituída por uma república com forte marca do autoritarismo positivista, característica esta que viria influenciar decisivamente a cultura cívica republicana no país. Por sua vez, os países hispânicos libertaram-se da metrópole, adotando desde a primeira hora a forma republicana de governo com fortes matizes democráticos. Ambos os países, no entanto, adotaram o modelo do estado liberal de direito, ainda que sob a influência das vertentes diferenciadas de liberalismo, acima referidas.

Durante o século XX, sòmente o Uruguai, entre os países do Mercosul, livrou-se das sucessivas formas de autoritarismo populista, que marcaram a história política desses países, fenômeno comum na Argentina, Brasil e Paraguai. Pode-se, assim, levantar a hipótese de que a proclamação dos novos ordenamentos constitucionais, através dos quais cada um dos países procurou superar o autoritarismo, e principalmente a afirmação dos direitos fundamentais como núcleo do estado democrático, irá refletir de forma diversa na conformação política para a qual caminha o Mercosul. Torna-se, portanto, necessário que sejam examinados os regimes jurídicos dos direitos fundamentais nos países do Mercosul para que se verifique até que ponto haverá ou não convergência nos dispositivos e na interpretação desses direitos, tendo em vista culturas cívicas e jurídicas diversas.

Espanha e Portugal constituem duas modalidades do "ibérico"[7]. A história dos dois países correu de forma paralela, até a morte do Rei Sancho, em 1035, quando houve a perda da unidade política. A autonomia portuguesa sòmente transforma-se em real independência, quando Dom Afonso Henrique proclamou-se rei de Portugal, em 1139. Outro ponto a destacar na história comum dos dois países colonizadores da América Latina consiste na influência da catequese jesuítica em todos os países da região, pois a eles se deve a primeira forma de organização governamental na região, as chamadas Missões Jesuíti-

---

[7] Pinard, op.cit., : 79.

cas, através das quais iniciou-se o processo da colonização dos índios. Outra característica comum entre as duas formas de colonização residiu no fato histórico de que os movimentos libertadores na região do Mercosul tiveram uma forte participação de elementos nativos.

Essa tradição e características culturais compartilhadas, no entanto, não evitaram os conflitos e desconfianças latentes entre os países da região. Essa rivalidade, aliás, tem constituído um argumento poderoso nas mãos daquelas correntes políticas, que nos países do Mercosul, consideram as suas perspectivas político-institucionais como uma ameaça à soberania dessas nações. A força centrífuga do desenvolvimento econômico e comercial, no entanto, tem representado um fator decisivo na superação dessas diferenças etno-culturais. Nesse contexto é que devemos procurar o denominador comum, a ser encontrado nos sistemas político-institucionais democráticos desses países, que possa servir de base para o pleno desenvolvimento político do Mercosul. O exame das constituições do Brasil, Argentina, Uruguai e Paraguai, sob o ângulo de como esses diferentes regimes constitucionais tratam a questão nuclear do estado contemporâneo, a dos direitos humanos, poderá servir como instrumento de determinação do denominador político-institucional acima referido.

Encontram-se consagrados nas constituições desses países certos direitos básicos, que fundamentam a regulação dos fatores primários do mercado comum, aqueles de ordem econômica e comercial. Essa normatização jurídica não se encontra, entretanto, suficientemente ressaltada nos documentos constitutivos do Mercosul. Trata-se, assim, de retirar das diferentes ordens constitucionais envolvidas no processo de regionalização econômica e comercial aqueles direitos fundamentais, que tornam possível o funcionamento do Mercosul e que constituem fatores decisivos na modelagem da organização política e social desses países, ao mesmo tempo que representam os alicerces sobre os quais poderá ser construída uma ordem político-institucional regional.

Com o término da II Guerra Mundial, o tema dos direitos humanos recebeu a sua consagração normativa na Carta das Nações Unidas e na Declaração Universal dos Direitos do Homem das Nações Unidas de 1948. Proclamava-se, assim, a nível internacional que o ponto de partida para a construção de uma comunidade internacional encontrava-se na dignidade e na segurança dos seres humanos. Na Europa, a aceitação dessa idéia possibilitou a Convenção Européia dos Direitos Humanos como norma de direito internacional. A Comunidade Européia nasceu, portanto, em torno da idéia da necessidade de limitar o poder crescente do estado, assegurando-se o reconhecimento no seio do Estado de Direito da existência de um poder normativo pré-estatal, que se encontrava em todo o ser humano.

Essa idéia central dos regimes políticos democráticos contemporâneos foi incorporada, a partir do início da década de 80 deste século, aos diferentes sistemas constitucionais dos países do Mercosul. A Constituição do Paraguai de 1992 afirma que expressa a vontade superior da Nação e que a ordem jurídica a ser criada deve, entre outras finalidades, garantir a vigência dos direitos humanos (art. 145). A Constituição Argentina, reformada em 1994, ao estabelecer a faculdade do Poder Legislativo em ratificar tratados de integração exige que devem ser assegurados a ordem democrática e os direitos humanos (art.75, inciso 24); a Constituição Argentina acolhe o direito de integração ao hierarquizar constitucionalmente os tratados referentes aos direitos humanos. A Constituição Brasileira (art. 4, II) estabelece que a Republica Federativa do Brasil rege-se nas suas relações internacionais por uma série de princípios, entre os quais destaca-se, nos termos da Constituição, a "prevalência dos direitos humanos". A Constituição do Uruguai não faz referência aos direitos humanos, mas o texto constitucional e os valores predominantes na cultura cívica uruguaia têm como pressuposto o respeito aos direitos humanos.

Além desses dispositivos constitucionais, os países que constituem o Mercosul assinaram a Declaração Universal dos Direitos do Homem (1948), o Pacto Internacional de Direitos Civis e Políticos (1966), quando se concretizaram os direitos enunciados, em 1948, o Pacto Internacional de Direitos Econômicos, Sociais e Culturais (1966) e a Convenção Americana sobre Direitos Humanos - o Pacto de San José de Costa Rica, em 1969 -, que teve como princípio fundamental a aceitação do regime democrático, do regime de liberdade pessoal e de justiça social, fundados nos direitos essenciais do homem. O Preâmbulo do citado tratado explicita que esses direitos essenciais do homem "não derivam do fato de ser ele nacional de determinado Estado, mas sim do fato de ter como fundamento os atributos da pessoa humana".

O documento político básico que situa a temática dos direitos humanos como central é o Pacto de San José de Costa Rica, que sistematizou os seus dispositivos em três partes. A primeira, trata dos deveres dos Estados e dos direitos protegidos, que se referem ao respeito dos direitos humanos e sua promoção na ordem interna. Os direitos humanos são divididos, por sua vez, em duas categorias, os direitos civis e políticos, e os direitos econômicos, sociais e culturais. Prevêem-se casos específicos em que se justificam a suspensão desses direitos. Estabelece-se, finalmente, a relação entre direitos e deveres : toda pessoa tem deveres para com a sua família, a comunidade e a humanidade; os direitos de cada pessoa estão limitados pelos direitos dos demais, pela segurança de todos e pelas justas exigências do bem comum numa sociedade democrática. A segunda parte, organiza o sistema de proteção aos direitos estabelecidos, criando a Comissão Interamericana de Direitos Humanos e a Corte Interamericana de Direitos Humanos. Esses dois orgãos internacionais têm-se destacado na proteção aos direitos humanos, tendo tido papel de destaque durante os períodos ditatoriais pelos quais passaram os países do Mercosul. Na terceira parte, os países signatários estabeleceram as disposições gerais e transitórias.

O problema central na incorporação dos direitos humanos como base da integração não sòmente econômica, mas também política dos países da região, reside nas dificuldades que se encontram no estabelecimento de uma hierarquia constitucional no qual se reconheçam os direitos humanos como constitutivos da ordem constitucional. A Constituição argentina, por exemplo, estabelece que os direitos humanos, estabelecidos nos diferentes tratados, pactos e acordos assinados pela estado argentino têm "hierarquia constitucional, não derrogam nenhum artigo da primeira parte desta Constituição e devem entender-se complementares aos direitos e garantias por ela reconhecidos" (art. 72, inciso 22).

Vemos, assim, como a questão da fundamentação de um sistema político-institucional baseado nos direitos humanos, poderá no curso do processo democrático, vivenciado por esses países, servir de parâmetro de referência para a construção de uma ordem política integradora na região. No entanto, interpretações diversas sobre o alcance das normas internacionais suscitam em diferentes países dúvidas, como é o caso do Brasil, e da natureza vaga com que a Constituição do Uruguai trata o tema. Em nome da soberania absoluta, em muitos aspectos superada pela própria realidade das relações econômicas e comerciais, sustentam esses intérpretes ser atributo do estado nacional o estabelecimento e a observância de direitos fundamentais, não estando, portanto, dependentes de normas e submetidos à decisões de cortes internacionais. O processo de integração política, que se encontra latente nos processos de regionalização econômica e comercial, encontra, portanto, alguns obstáculos de natureza jurídica, na medida em que os regimes constitucionais consagram ordens normativas democráticas, baseadas nos direitos humanos, mas a interpretação dada pelos tribunais tende a ignorar a natureza intrínseca dos direitos humanos e sua necessária universalização, através de normas e cortes internacionais.

A interpretação poderá socorrer-se de documentos internacionais que servem de fundamentos jurídicos para fundamentar as estruturas institucionais a serem construídas. A Comissão Parlamentar Conjunta, estabelecida pelo art. 24 do *Tratado de Assunção,* na Resolução n° 1/ 93 reafirmou a convicção de que somente através do sistema democrático serão alcançados os objetivos do *Tratado de Assunção,* subordinando-se, assim, a integração econômica da Argentina, Brasil, Paraguai e Uruguai ao requisito essencial da vigência e da prática da democracia. A ruptura do regime democrático em qualquer dos países envolvidos atentará contra o processo de integração regional e continental. A integração dos estados-partes do Mercosul será realizada pelo apoio aos governos nascidos da vontade popular. Pela resolução n° 1/ 93, os países integrantes do Mercosul ratificam a vontade de buscar, através da ação dos parlamentos nacionais a integração.

A análise das características dos regimes constitucionais vigentes nos países da região apontam para uma semelhança político-institucional. A Argentina, de acordo com o seu texto constitucional, é uma republica representativa, onde o sistema democrático é implementado através da democracia participativa. O Brasil de acordo com a Constituição de 1988 é um estado democrático de direito, onde a soberania exercida em nome do povo (art.1º, § único) deve conjugar-se com o respeito aos princípios da dignidade da pessoa humana, dos valores sociais do trabalho, da livre iniciativa e do pluralismo político. A Constituição do Paraguai reconhece-se, explicitamente, como um república que se constitui em estado social de direito. E o Uruguai assume, também, a forma democrática republicana.

A integração dos direitos humanos na futura estrutura comunitária dos países do Mercosul é conseqüência da própria organização política adotada pelos mesmos. A interpretação da ordem jurídica desses estados permite que se caminhe para a aceitação de direitos que consagram um princípio legitimador comum a todos : o princípio de que a natureza, a forma e o exercício do poder político são partes de um processo legitimador, que deverá ser objetivado num sistema jurídico que assegure direitos básicos comuns aos cidadãos. Como escreve Held[8], encontram-se enraizados em certos documentos legais - a constituição, por exemplo - a concepção de que um estado legitimo deve ser um estado democrático que sustenta certos valores comuns. Talvez, esse seja o caminho teórico para analisar os direitos humanos como os fundamentos de uma ordem política regional no Mercosul.

---

[8] *Op.cit.* : 104.

On Globalization and Competition among Legal Orders in the Field of Banking Regulation. [1]

Carlos Padrós Reig[2]

> *"All the powers of vested interests and government regulation now have to confront the consequences of a new international mobility of people, capital, enterprise and knowledge. The old order of nation states and national sovereign policies will never be the same again, as the new international mobility is turning into a new historic force"*
>
> Kasper, W. The Defeat of Political Power. 1990

I. Introduction

Globalization can be defined as the act or state of becoming world-wide in scope or application.[3] In what concerns the effects of this phenomenon to the public law of banks, it is obvious that the increased scope of the market brings into contact several models of authorisation and regulation of credit institutions. This interpenetration of legal orders and cultures due to mobility of the regulated element, leads to a reinforcement of the regulatory competition paradigm at international level.[4] Intuitively, the greater the territorial scope of the market for regulations is, the greater dimension will have regulatory competition.

In other words, with the globalization of financial markets, there is an increasingly high pressure for international regulatory convergence. This regulatory convergence is not achieved (at least not only or mainly) through negotiation and political bargain[5]. The resulting globalization of real and financial

---

[1] Ongoing research project.

[2] Màster en Derecho por la Universidad Autónoma de Barcelona ; Doctor en Derecho por el European University Institute ; Profesor de Derecho Público y Derecho Europeo ; Universidad Autónoma de Barcelona, Spain.

[3] Pavel and McElravey, "Globalization in the financial services industry", Economic Perspectives. Federal Reserve Bank of Chicago, vol. 14, 1990 p. 3.

[4] vid. Ballbé, M. and Padrós C. Estado Competitivo y Armonización Europea. Barcelona, 1997.

[5] Although there is enough evidence to consider efforts in that direction such as those of the Basle Committee or the GATT. Indeed, it has been argued that the international competitive environment needs a international agreement to discipline competition. See diferent proposals and inconvinients

markets is often defined as if it were a process of moving together towards an utopian global state where transnational coordination costs would vanish for private financial and nonfinancial firms. However, in terms of observable consequences, globalisation imposes market discipline on regulators. This discipline constricts the freedom of financial regulators in different countries to impose or to maintain differences in the rules of financial competition.[6] Therefore, instead of international governance of markets, the concepts of competition, imitation, diffusion of best practice, trade, and capital mobility naturally operate to produce convergence across nations.[7] This has to be seen as a true revolutionary tool to understand legal and administrative reform in the regulation of banks.

Globalization has to be differentiated to related concepts such as internationalization. Internationalization implies a cross-border flow of activities.[8] That is, economy and society are based on national actors and national public authorities play an important role. On the contrary, globalization, as defined by McGrew can be considered as :

> «*the multiplicity of linkages and interconnections between the states and societies which make up the present world system. It describes the process by which events, decisions, and activities in one part of the world come to have significant consequences for individuals and communities in quite distant parts of the globe.*»[9]

However, the issue of globalization it is not only circumscribed to a question of space. Globalization implies a fundamental change in the perception of law and the classical elements of international relations. Thus, there is a fundamental difference between perceiving the market as an international one or a global one. An international thinker sees the world as a series of national markets. For instance, according to this kind of vision, there is a tendency to assess

---

in Hultman, "Regulation of International Banking" *Journal of World Trade*, vol. 26 n. 5, 1992. p. 87. Also, Norton, "The Work of the Basle Supervisors Committee on Bank Capital Adequacy and the July 1988 Report on International Convergence of Capital measurements and Capital Standards" *International Lawyer*, 245 n. 23, 1989; Hayward, "Prospects for international co-operation by bank supervisors (with background note on the Basle Committee on Banking Supervision)", in Norton (ed.) *Banking Regulation and Supervision in the 1990's*. London, 1991; Zamora, "Regulating the Global Banking Network - What the Role(if any) for the IMF", *Fordham Law Review* vol. 62, n. 7, 1994.

[6] Kane, E.J. "Incentive Conflict in the International Regulatory Agreement on Risk-Based Capital", NBER Working Paper n. 3308, 1990, p. 2.

[7] Berger, S. "Introduction", in the book edited by the same author, *Convergence or Diversity? National Models of Production and Distribution in a Global Economy*. MIT, forthcoming, p. 1

[8] To be precise, "globalisation of finance comprises three sets of phenomena: the growth of international banking and securities markets, the strengthening of the linkages between domestic banking and securities markets, and the deepening of these same domestic markets". Coleman, W.D. *Financial Services, Globalization and Domestic Policy Change*. McMillan Press. London, 1996. p. 5

[9] McGrew et al. *Globalization and the Nation-states*. Cambridge, 1992, p. 22.

currency risk as a bilateral phenomenon when in fact is a multilateral one. The interplay and linkages between operating and financial strategies are far more complex in a global world than in an international one. Instead, a global thinker sees the marketplace as an interconnected and integrated space. So, we can define globalization "as the process by which the world's various national financial marketplaces are beginning to act as if they were one single integrated marketplace"[10] We argue that a parallel definition can be applied to regulation itself.

The distinction between internationalization and globalization is not an idle one. There are fundamental shortcomings in international regulation of banking operation due to a lack of understanding of this truly revolutionary paradigm. As has been detected by Scott, the restricted vision of the financial markets as international marketplaces leads to many pitfalls. The most evident one is the use of reciprocity clauses in regulating foreign access to domestic markets. "The basic problem with reciprocity is that they result in an anarchic trading system. Each country adopts its own reciprocity standard based on its own view of what the appropriate rules should be for international banking services. It would be far better to formulate some international standards. Hopefully some progress towards that end will be made in the current Uruguay Round of trade negotiations within the GATT"[11] (and thus conceptualising the financial marketplace as truly global). We will try to discover some of these shortcomings in the following pages.

In what concerns the causes of globalization, it is argued that financial globalization is being driven, among others, by the following factors :[12]

1.- advances in data processing and telecommunications. Taken as a single independent variable, technology represents a crucial factor in understanding the structural significance of financial globalization. One can say that technology has pushed further the changing political context in which globalization is taking place and has led to the huge expansion of transnational market processes (and capital mobility). Thus, in order to understand financial globalization, the changing technological infrastructure underlying an economic-institutional system, is pivotal. The expansion and globalization of the financial

---

[10] Bleeke and Bryan, "The globalization of financial markets", The McKinsey Quartery, Winter 1988, p. 22. "Institutions and markets will continue to be drawn into more complex transnational structures of interaction - in other words structures which cut across and link elements once seen as distinctly domestic with those seen as distinctly international. This distinction now makes little difference to markets". Cerny, P.G. "The dynamics of financial globalization: Technology, market structure and policy response", *Policy Sciences*, vol. 27, 1994, p. 335

[11] Scott, Hal S., "Reciprocity and the Second Banking Directive", in Cranston (ed.) *The Single Market and the Law of Banking*, London, 1991, p. 91.

[12] Pavel and McElravey, "Globalization in the financial services industry", *Economic Perspectives*. Federal Reserve Bank of Chicago, vol. 14, 1990 p. 3.

services industry in recent years has been virtually synonymous with the rapid development of electronic computer and communications technology which transfer money around the world with the tap of a key.[13]

2.- liberalisation of restrictions of cross-border capital flows. Before liberalisation, markets were deliberatedly shielded from international influences by means of capital controls, interest rate ceilings and lending policies. But in the 1980s countries decided to modernize national financial markets and they began to remove exchange controls, eliminate regulations on interest rates, dismantle barriers among different types of financial institutions and open domestic markets to foreigners.[14]

3.- deregulation of domestic capital markets supported by neo-liberal advocates and internationally oriented businesses.[15]

4.- greater competition among domestic markets for a share of the global trading volume. This implies recognising the increasing integration of worldwide economy. "The last thirty years have seen an unprecedented increase in the internationalisation of banking and securities markets. National domestic markets have had to respond to these changes and, in the process, have themselves become more closely tied together. Social scientist expect that greater economic integration will encourage closer political relationships among the authorities responsible for the economies affected, and possibly convergence in institutional arrangements"[16]

---

[13] Cerny, P.G. "The dynamics of financial globalization: Technology, market structure and policy response", Policy Sciences, vol. 27, 1994, p. 325 and 330. See however Zevin, who argues that a high degree of international capital market integration already existed in the gold standard era, regardless of technological revolution. Zevin, "Are world financial markets more open? If so, why and with what effects?", in Banuri and Schor, Financial Openness and National Autonomy, New York, 1992. In the same line of argumentation, undelying the passive role of technology, see Pringle, "Financial Markets versus Governments", in Banuri and Schor, Financial Openness and National Autonomy, New York, 1992, p. 99.

[14] Spero, J.E. "Guiding Global Finance", Foreign Policy n. 73 Winter 1988-89, p. 115.

[15] Interestingly, in most countries, this domestic coalition of neo-liberal enthusiats and internationally oriented business groups encountered very little resistance when they called for the abolition of capital controls. The highly technical and seemingly complex nature of international financial issues appeared to give these groups a high degree of autonomy to influence state behaviour in this area. Indeed, it is striking that in none of the liberalization decisions in the 1970s and 1980s was the kind of controversy generated among the general public that regularly emerges concerning liberalization decisions in the trade sector. Helleiner, "Post-Globalization. Is the financial liberalization trend likely to be reversed?", in Boyer and Drache, States against Markets. The Limits of Globalization. London, 1996.p. 194 ;

[16] Coleman, "Policy convergence in baking: a compartive study", Political Studies, 42, 1991, p. 274 . There are also economic factors that helped fuelling this process of international expansion: the monetary policy pursued by the US; the Foreign Direct Investment Program; and the rise of foreign debt in developing countries. Cfr. M^schel, W. "International Free Trade in Banking Services", Occasional Papers vol.2, 1989/90. Center for the Study of New Institutional Economics. Uniersit‰ot des Saarlandes, p. 69-70.

But globalisation has not been a process dominated exclusively by the will of markets. Markets are socially constructed and require an institutional framework. On the contrary, there is a growing body of literature in the field of international political economy that argues that financial globalization has also been heavily dependent on state support and encouragement, especially in what refers the lifting of capital controls.[17]

Among the factors that have lead to the internationalisation of banking, the desire to minimise the regulatory burden for domestic firms, is an important one.[18]. The regulatory burden placed on banks is the difference between costs and benefits of their regulation.[19] In an open world economy, banks may attempt to operate in a regulatory framework outside their home country if the regulatory burden is thereby reduced. In evaluating the internationalisation of the US and Japanese banks and the activities of German banks in Luxembourg, there is no doubt that factors such as interest rate controls and restrictions on permitted activities played a crucial role in inducing them to expand their international activities[20]. This opens the debate on the increasing difficulty of

---

[17] "It was the political decision to remove capital controls, rather than tachnology per se, that recreated the conditions for truly global integrated markets to re-emerge", Pringle, "Financial Markets versus Governments", in Banuri and Schor, Financial Openness and National Autonomy, New York, 1992, p. 99; Cfr. Helleiner, "Post-Globalization. Is the financial liberalization trend likely to be reversed?", in Boyer and Drache, *States against Markets. The Limits of Globalization.* London, 1996; Idem, *States and the Reemergence of Global Finance: from Bretton Woods to the 1990s.* Ithaca. Cornell Univ. Press, 1994.

[18] Together with real sector demands and capital flows. Gavin does not doubt in noting that, "on the regulatory side, there is now widespread agreement that escape from domestic regulation was a major force behind the growth of international banking. It was the regulatory bias in the domestic market aginst international banking business that drove many banks abroad. Conversely, the growth of many new banking centres was a function of their more liberal regulatory environment. As governments began to realize that they were losing valuable business to overseas centres, there was a gradual relaxation of controls at home" Gavin, B. "A GATT for International Banking?", Journal of World Trade Law, vol. 19, 1985, p. 123

[19] To establish a hypothetical point of reference from which to assess the potential gains of regulatory competition in international banking, one has to bear in mind the following existing costs to mobility: costs for foreign and domestic banks to enter or leave any foreign or domestic banking market; costs of converting between home-country and foreign currencies; costs of delivering banking services to and from any office location in the world.

In a world with those costs being zero, "national markets would be completely integrated. Production of banking activities would migrate to office locations in the single country whose location placed the lightest consolidated net regulatory and tax burden on these activities" Kane, "Competitive financial reregulation: an international perspective", in Portes, R. and Swoboda, A.K., Threats to international financial stability. Cambridge U. Press, 1987, p. 124-125. Although some costs will be aways present, technological imporvements in information management have reduced the overall costs of transaction and increased the contestability of national market for regulatory sercives.

[20] Swary and Topf, Global Financial Deregulation, Blackwell 1992, p. 478. The above point is clearly ilustrated by the growth of the urocurrency market in the US as a response to regulatory restrictions existing in the US market. "The US government imposed severe controls on the movement of capital, which deflected a substantial amount of borrowing demand to the young Eurodollar market. These US capital controls were dismantled in 1974, but the oil crisis of the 1970s

maintaining regulatory effectiveness of measures that run against the international trend. Discontinuity between transnational finance and national regulation diminishes the regulatory effectiveness of the latter.[21]

a) Globalisation and State's role.

Competition between states is no longer simply rivalry over market shares, but a race to participate in the benefits of transnationally interpenetrated and structurally integrated economic processes. "In this context, the globalization of finance has played a disproportionate role by cutting across structures of state power in such a way as to channel state power into reinforcing the structural power of private financial markets, thereby increasingly undermining state power itself and institutionalising that of global marketplace."[22]

Does the previous mean that competition has annulled completely the State?. In some way, this is true for a kind of interventionist, strongly nationalistic state. Nevertheless, this is not accurate for describing a total surrender of forms of public regulation. Somehow, we could affirm : the State is dead. Long life to the State!

For the national government to remain a relevant and effective player in the current global era, with simultaneous pulls from bellow (centrifugal forces) and above (centripetal forces), some reassessment of the national government is in order. In the process of globalisation, the State itself becomes internationalised acting as an agency for adjusting national economic practices and policies to the global economy[23].

---

helped to fuel the continued growth of the Eurocurrency market, The US oil embargo made oil-exporting countries fearful of placing their funds in domestic branches of US banks. In the late 1970s and early 1980s, high interest rates bolstered the growth of Eurocurency deposits, which are free of interest-rate ceilings and not subject to reserve requirements or deposit insurance premiums. From 1975 to 1980, Eurocurrency deposits grew over threefold (...). The declining importance of Eurodollar deposits can be explained at least partially by the decline in the cost of holding noninterest-bearing reserves against domestic deposits in the US". Pavel and McElravey, "Globalization in the financial services industry", Economic Perspectives. Federal Reserve Bank of Chicago, vol. 14, 1990 p. 6.

[21] Trachtman, "Recent initiatives in International financial regulation and goals of competitiveness, effectiveness, consistency and cooperation", Northwestern Journal of International Law and Business, vol 12 n. 2, 1991 p. 244

[22] Cerny, P.G. "The dynamics of financial globalization: Technology, market structure and policy response", Policy Sciences, vol. 27, 1994, p. 322. For instane, "There is increasing evidence that financial openness has created serious difficulties for national economic management, particularly for expansionary and redistributive policy", Epstein and Schor, "Structural determinants and Economic effects of Capital controls in OECD countries", in Banuri and Schor, Financial Openness and National Autonomy, New York, 1992, p. 157

[23] Cox, R. "Global Restructuring: Making Sense of the International Political Economy", in Stubbs, R. and Underhill, G. (eds.) *Political Economy and the Changing Global Order*. Toronto, 1994. p. 49.

Globalisation, we argue, forces a reinvention of public-private intervention in the economic as well as a reassertion of regulatory roles. The line that once may have existed between global and domestic economic and political forces, as well as the line traditionally drawn between domestic and international law, is, at best, nebulous, and often non-existent. Political and economic global forces are not particularly responsive to national boundaries and thus help produce transnational economic relationships that are not easily regulated by domestic governmental bodies alone. "Market approaches to domestic regulation help to satisfy not only the domestic political demand that regulation be as cost-effective and as unobtrusive as possible but the y provide the kind of flexibility that can more easily speak effectively to global entities who do business in various countries. Particularly when viewed in this larger global context, globalization means that the central question is no longer government versus the market, as if this were an either/or choice"[24]

Therefore, this impressive transformation has not necessarily to be seen as a lost of state power. It has been affirmed that the globalization of trade and finance has tended to weaken the influence of government and to strengthen the influence of the market in determining the policy outcomes.[25] In fact, one could argue that precisely what has taken place is the transformation of the relation between state and market.

While traditionally, state and public authority was opposed to market and controlled it both trough regulation and direct intervention, the new paradigm integrates market as one of the instruments available to states to perform its function. In other words, competition among states, and market mechanisms in general, permit to dilute the dichotomy between state or market and transforms in market as a regulatory instrument.[26] "States lose much of their general and hierarchical and holistic character in the process of globalization. The central paradox or dilemma facing states in public policy terms in today's world, therefore, is not that states simply lose power to other structures; rather, they undermine and legislate away their own power, confronted by the imperatives of international competitiveness. In this way, state policies have tended to con-

---

[24] Aman, "A global perspective on current regulatory reforms: rejection, relocation or reinvention?", *Indiana Journal of Global Legal Studies*, vol 2 n. 2, 1995, p. 438

[25] Keleher, Robert E. "Policy Responses to Increased Economic Integration", *CATO Journal*, vol. 13 n. 2, 1993.

[26] Going even further this can explain the increasing usefulness of distinguishing between private and public law. This is what the Group of Lisbon calls New Strategic Aliance: "The question is not whether enterprises are running the show, with the states merely playing follow-the-leader and acting like clerks of the court, recording decisions taken by others. The new phenomenon is that owing, inter alia, to globalization, states and enterprises have entered into a new dynamic alliance. The state is not being led. It is still active - indeed, increasingly active in the wolrd's technological and economic spheres". Group of Lisbon, *Limits to Competition*. MIT 1995, p. 65

verge on a more liberal, deregulatory approach because of the changing structural character of the international system - its greater structural complexity and interpenetratedness - which in turn transforms the changing position of states themselves within that system"[27]

Increased globalisation of markets for financial instruments will reduce the exploitive potential which governments exercised through that hierarchical and holistic position. Somehow, diversity and globalisation constitute escape valves against abusive governmental control and fosters regulatory reform.[28]

"A range of key economic issues today reflects the differentiation of economic structures both upward to the transnational and global levels and downward to the local level - in turn interacting with each other in multilayered circular or feedback processes - with significant consequences for the structure of the state. The core of this problematic involves the interaction of political and economic structures and the complex fusion of market and hierarchical forms which characterises the way that different patterns materialise"[29]

The failure to understand this new paradigm, and the corresponding position of the traditional nation state, leads to a misperception of the different role of the State. As interpreted by Canova, "the liberalization of international capital flows has created a world in which the sovereignty of any one nation is surrendered to the forces of private financial speculation. (...) When speculators vote against a country's economic policies by selling assets denominated in that country's currency, the country's central bank can respond only by raising the domestic rate of interest. This solution often is ineffective in its intended purpose and always damages the country's domestic economy. More than sixty years ago, the world's premier economic mind John Maynard Keynes, warned that nothing less than the democratic experiment in self-government was endangered by the threat of global financial market forces"[30] However, an extreme efficient-market view is of no persuasive value in explaining reality.

---

[27] Cerny, P.G. "The dynamics of financial globalization: Technology, market structure and policy response", *Policy Sciences*, vol. 27, 1994, p. 321

[28] Ninskanen, W.A., "Major Threats to the Financial Services Revolution", *CATO Journal*, vol. 13 n.3, 1994.

[29] Cerny, P.G. "The dynamics of financial globalization: Technology, market structure and policy response", *Policy Sciences*, vol. 27, 1994, p. 327. "International capital can only be mobile to the extent that there is political and governmental intervention into financial markets. Financial markets in general, and international financial markets especially, require asymmetric power relations and institutional structures of enforcement to operate at all. Hence, the important issue is not whether there can and ought to be state intervention but, rather, what type of intervnetion is desirable. Thus, the nation-sate and capital mobility are not opposites; they go hand in hand". Epstein, "International capital mobility and the scope for national economic management", in Boyer and Drache, *States against markets. The limits of global competition.* London, 1996 p. 212

[30] Canova, T.A. "The transformation of US banking and finance: from regulated competition to free-market receivership", *Brooklyn Law Review*, vol. 60, n. 4, 1995, p. 1352

Neither polar position (market view and governmental intervention view) can withstand careful scrutiny.[31]

In the same direction the Group of Lisbon express its concern of the role of the State : "The states need global enterprises to ensure the continuity of their legitimacy and perpetuation as local political and social entities. Accordingly, the enterprises gradually acquire historical legitimacy and a social role that in many respects approximates the legitimacy and the role appropriate to the state. (...) The enterprise lays claim to a kind of legitimacy based on the fact that it has become globalized. It makes this claim implicitly in that it represents itself as the only organization able to assure the optimal worldwide management of available material and non-material resources. De facto, therefore, the enterprise privatizes the role of the state. In the absence of a world public governance it privatizes more and more the function of organizing and governing the world economy"[32]

Nonetheless, our proposition tries to overcome the dichotomy between democracy and self-government, on one side, and market mechanisms, on the other. Democracy in a broader sense has not only to be understood in formalistic terms. Not all forms of societal organization beyond pure electoral representation are undemocratic. The challenge is precisely to transform market mechanism in favour of democratic goals. Thus, market mechanism should not be seen as a goal in itself. Instead, it serves to achieve higher societal aspirations. "Reformers who advocate market approaches as a means to collective ends, rather than as ends in themselves are likely to be more receptive to the development of new global legal regimes"[33]

b) Globalisation and regulatory convergence's process.

Globalization has important consequences for legal orders, both in its internal configuration and in the way of matching differences among them. Globalisation of markets will be accompanied by a process of convergence of regulatory models. But, what do we understand by convergence? Convergence can be defined as the tendency of societies to grow more alike, to develop similarities in structures, processes and performances.[34] Partially following

---

[31] Bryant, R. C. *International Financial Intermediation*. Brookings Institutions. Washington, 1987. pp. 112-118.

[32] Group of Lisbon, *Limits to Competition*. MIT. 1995, p. 70

[33] Aman, "A global perspective on current regulatory reforms: rejection, relocation or reinvention?", Indiana Journal of Global Legal Studies, vol 2 n. 2, 1995, p. 429

[34] Kerr, C. The future of Industrial societies: Convergence or Continuing Diversity. Harvard Univ. Press, 1983, p.3. It is important to note the temporal dimension of the process of regulatory convergence.

Bennett[35], the process of policy convergence might arise through different channels. We present them ordered from more informal ones to more formalized and structured ones :

1.- emulation, where state officials copy regulatory action taken elsewhere.

2.- elite networking, where convergence results from transnational policy communities.

Convergence results from the existence of shared ideas amongst a relatively coherent and enduring network of elites engaging in regular interaction at the transnational level. This, for instance could be the case of the G7 fora, the OECD or the Conference of Central Bankers. Convergence under this process results from an interaction and consensus amongst an elite that operates, in the first instance, above the fray of domestic politics. Similar responses then emanate from similar states as a result of the presentation and debate of similar evidence. This may take the form of a common pool of scientific knowledge about a technical problem. Domestic processes may differ, but the necessity for some response is widely believed and carries certain inevitability. A consensus of motivation and concern crystallises at the transnational level. The participants then go forth to 'spread the word' to their respective societies and governments. But the locus of influence remains at the national governmental level. When attention focuses less on national governments and more on international organizations, the convergence process of 'harmonization' is evident"[36]

The increased geographic scope of financial services and markets has both necessitated and facilitated greater international co-operation and co-ordination. With regard to supervision and regulation contacts among national bank regulatory authorities are essential. Such contacts promote both harmonization of rules and supervisory practices and also trust among supervisory authorities, which in the long run becomes an informal network of relationships among supervisory authorities.[37]

3. - convergence as consequence of penetration by external actors and interests.

Entry of foreign actors, and their corresponding home regulations, provokes a process of regulatory competition in the same territorial field. Different

---

[35] Bennett, Colin J. , "What is Policy Convergence and What Causes It?", British Journal of Political Science. vol. 21, 1991 p. 215

[36] Bennett, op. cit. p. 224-225; Haas, "Introduction: epistemic communities and international policy coordination", International Organization, vol. 46 n. 1, 1992; For a more skeptical vision, cfr. Kapstein, E.B. "Between Power and Purpose: Central Bankers and the Politics of Regulatory Convergence", International Organization, vol. 46 n.1, 1992.

[37] Key, "Is National Treatment Still Viable: US Policy in Theory and Practice", Journal of International Banking Law, vol. 9, 1990, p. 371.

firms are subject to different regulatory regimes and consequently, submitted to different regulatory burdens. Each regulators has incentives to open domestic markets since enhances global welfare by integrating economies more closely together.[38] "As the financial services industry and financial markets become more globally integrated, the most efficient and best organized firms will prevail. Also countries with the most efficient - but not necessarily the least - regulation will become the world's major international financial centres"[39]

4.- harmonisation through international regimes.

Differing from other forms of convergence, harmonisation not only requires a coherent group of transnational actors, a broad consonance of motivation and regular opportunities for interaction. Harmonisation requires authoritative action by responsible intergovernmental organizations. Under this process, convergence is driven by a bargaining process based on the recognition of interdependence. Also, some degree of trust on others is needed in order to ensure the performance of specific tasks and successful implementation. There is a shared commitment to a set of governing arrangements and to sacrifice some independence.

Nevertheless, the present classification is not a perfect one. Processes are much more complex and it is normal to find elements of each sub-category. The capital adequacy requirement of a bank can serve as an example of regulatory harmonisation due to regulatory competition, through a diffuse structure. It thus combines elements of 2, 3 and 4. Capital ratio tries to assure a minimum level of bank's capital in relation to risk. The function of this regulatory instrument is then to minimise the risk of insolvency. Regulation is then imposed as a means of controlling the risks assumed by banks.

However, the measurement and supervision of the ratio can be different according to national regulatory practices. On the top of that, excessive levels of capital requirements can suppose a burden on financial institutions.[40] In a

---

[38] Thomsen, Stephen, "Integration through Globalisation", National Westminster Bank Quarterly Review, Feb. 1992.

[39] Pavel and McElravey, "Globalization in the financial services industry", Economic Perspectives. Federal Reserve Bank of Chicago, vol. 14, 1990 p. 17. However, as detected by Moschel, there is a fundamental difference between wholesale and retail markets; "To a large extent, international banking business has always been dominated by wholsesale banking. In terms of business volume, activity in this field is probably divided more or less equally between interbank business on the one hand and business with large corporate clients on the other. Foreign banks play a much smaller role in retail banking", Moschel, W. "International Free Trade in Banking Services", Occasional Papers vol.2, 1989/90. Center for the Study of New Institutional Economics. Universitat des Saarlandes, p. 70

[40] On the issue of regulations acting as obstacles to international trade cfr. Walter, "Barriers to Trade in Banking and Financial Services", Trade Policy Research Centre, 1985; OECD, International Trade in Services: Banking. Identification and Analysis of Obstacles, 1984.

highly competitive global market imbalances may place at disadvantage banks subject to comparatively stricter capital adequacy rules. On the other side, too lax capital requirements by one country risk the attraction of unsound banks and the initiation of a race to the bottom or competitive deterioration of regulatory standards. Thus international convergence (either co-ordinated or not) becomes vital.

It is important to note that the new regulatory response appears as a necessary adaptation to the new market configuration. Regulatory competition has forced convergence in some essential elements. "The regulators' problem is compounded because of the temptation for any one country or jurisdiction to regulate more laxly than others in an effort to attract business. The BIS/EEC capital agreement is significant in two respects. First it avoids the trap of re-regulating at the micro level : it does not re-impose the barriers between markets that have been so successfully eroded. Second, it is a major achievement in international co-ordination, overcoming the temptations of competitive deregulation in the interest of global prudence"[41]

It is beyond any doubt that the Basle Accord was motivated by the bank's regulators interest in enhancing banks' capital position, in order to enhance banks' ability to absorb losses due to less developed countries debt and other exposures. However, and it is here where regulatory competition plays a crucial role, regulators saw a need to forestall a possible competition in regulatory laxity in bank capital adequacy requirements, especially at a time when regulators were seeking capital increases.[42] Thus, both system stability and elimination of competitive distortions among firms were present in the harmonisation strategy.

As explained in the case of the European Community, "with the extensive harmonisation of capital requirements for banks pursuant to the Basle Accord, mutual recognition for compliance with this requirement is beside the point, except with respect to supervisory responsibility : mutual recognition would indicate that the home country regulator supervises compliance with the harmonized capital rules. With this exception, there is a trade-off between harmonization and mutual recognition : one can replace the other. In addition, as demonstrated by the European Community, minimal or essential harmonization may be the precondition for mutual recognition. Further, it may be expected that a competition in the reduction of regulatory cost spurred by mutual recog-

---

[41] Dean, "Conservative versus Liberal Regulation of International Banking", Journal of World Trade, vol 23, 1, 1989, p. 7

[42] Hayward, "Prospects for International Co-operation by Bank Supervisors" Int'l Lawyer 24, 1990, p. 789.

nition would result in de facto harmonization."[43] Therefore, there is a clear complementarity between the two elements.

With new technologies of information processing and telecommunications, investment opportunities come into increasing contact. This in turn means opportunities to earn additional regulatory profits depending on the selection of frameworks of financial services regulation.[44]

In a closed domestic context, financial institutions trying to avoid regulations must devise a new financial instrument or discover some other innovation that will allow them to escape the existing regulatory constraint. In an open economy a financial institution experiencing stringent regulation can decide to move the regulated activities outside the jurisdiction of national regulators. Unless home authorities can induce their counterparts in other countries to adopt a posture as stringent as theirs, the financial institution may succeed in escaping the home regulations. Alternatively, the national regulaltors may see that they cannot prevent the relocation of the institution's activities, and may therefore decide to relax their regulations sufficiently to keep the activities at home.[45]

Therefore, every adjustment in applicable regulations engenders at least partially offsetting reactions on the part of other regulators. Individual acts of reregulation are directed at resolving prior conflicts between attempts to control the behaviour of regulatees and regulatees' effort to avoid (i.e. minimise) the net burdens that regulation ultimately places upon them (...) Dialectical processes are driven in a Hegelian fashion by forces of conflict (a thesis and antithesis) and conflict resolution (a synthesis). When dialectical thinking is used to interpret observed patterns of regulatory and financial innovation, the thesis and antithesis become acts of regulation and avoidance. (...); the third stage synthesis becomes an act of reregulation"[46]

To sum up, this phenomenon has to be seen as a structural revolution. National regulations which were previously confined to national borders are now spilling over and affecting regulation of financial instruments world-wide.[47] It

---

[43] Trachtman, "Recent initiatives in International financial regulation and goals of competitiveness, effectiveness, consistency and cooperation", Northwestern Journal of International Law and Business, vol 12 n. 2, 1991 p.291

[44] Kane, "Competitive financial reregulation: an international perspective", in Portes, R. and Swoboda, A.K., Threats to international financial stability. Cambridge U. Press, 1987, p. 112

[45] Bryant, R. C. International Financial Intermediation. Brookings Institutions. Washington, 1987. p. 129

[46] Kane, "Competitive financial reregulation: an international perspective", in Portes, R. and Swoboda, A.K., Threats to international financial stability. Cambridge U. Press, 1987, p. 115

[47] Bleeke and Bryan, "The globalization of financial markets", The McKinsey Quarterly, Winter 1988, p. 31-34

is also interesting to note that the effective capital movement among jurisdiction has not necessarily to take place. It is enough with the potential existence of this flow to make local regulations more vulnerable and thus to increase the need for regulatory convergence.[48]

II. Regulation of International Banking

a) The EC point of view and the issue of reciprocity

The 1989 Second Banking Directive is a huge exercise of market liberalisation and an effort to the practical abolition of national barriers to trade in banking services. This new regulatory environment does not only benefit European industry but also credit institutions from third countries. In other words, once a foreign bank is established in one of the Member States of the Community, it will benefit from free circulation throughout Europe and from a wide liberalisation of product restrictions.

Having this in mind, it seems then quite plausible the inclusion of a reciprocity clause in the Second Banking Directive. This is also coherent with Toll's opinion about the Community position : "The Community contends that it can impose these stricter standards, because the banking sector currently is not covered by the GATT. While some Member States would prefer to maintain the stricter standards to protect Community firms from outside competition, most Member States want to exploit the Community's position to increase negotiating leverage against non-Community countries and to obtain greater access to foreign markets. European banks will want the Community to trade access to Community markets for access to foreign markets"[49]

---

[48] Andrews, David M. "Capital mobility and state autonomy: Toward a structural theory of international monetary relations", International Studies Quarterly, vol. 38, 1994.

[49] Toll, "The European Community's Second Banking Directive: Can Antiquated United States Legislation Keep Pace?", Vanderbilt Journal of Transnational Law, vol. 23, 1990, p. 643. This principle is applied in a relaxed way, resulting that an absolute coincidence among the different powers granted to a chartered bank are not required. If the principled had been understood as a perfect correspondence between both countries, US entities would have seen most of their ambitions frustrated, since the regulatory framework of the US is much more restrictive than that of the EC.

However, as observed by Michael Gurson the language of the Second Banking Directive on this issue is broad enough to allow the Community to pass aggressive provisions to third countries if the political climate requires so. Gruson and Nikowitz, "The reciprocity requirement of the Second Banking Directive of the European Economic Community revisited" Fordham International Law Journal, vol. 12, 1989. "The Second Banking Directive may have as profound impact on the evolution of thinking in Europe about the adherence of national governments to directives from Brussels as it did on the thinking of many Americans about 'Fortress Europe'. In August of 1988, shortly after the United States' official and business communities in Washington finished their work on the Omnibus Trade and Competitiveness Act a shot was fired across everyone's desk from the Euro-

Therefore, one has to understand the reciprocity clause in a globalized context. The most common principle governing international trade is that of national treatment. However, there are other principles for governing international trade in financial services that go beyond national treatment, that is, they presuppose national treatment and seek something more. "These principles have been advanced as the basis for requirements imposed by national reciprocity policies or as obligations undertaken in connection with international agreements or supranational regulation. Although these principles, with labels such as mutual recognition and effective market access, are not always precisely defined, they involve explicit or implicit harmonization of national regulatory structures, with concomitant changes in the regulation of domestic as well as foreign banks"[50].

Effective market access has to be understood both as a mechanism to avoid competitive distortions and as a regulatory convergence tool. The principle of national treatment might imply that the costs of adaptation for the foreign institution are so high that market access is denied. Instead, the principle of market access requires some liberalization of the national structure if there is to be a meaningful market entry. The concept of effetive market access may be seen as the international equivalent of the regulatory convergence expected to occur through mutual recognition in the European Community.[51]

Therefore, one could say that are two ways of conceptualising free trade in banking services. One is simply to pursue an equilibrium in international trade flows. The other is to push for the dismantling of barriers and try to improve the functioning of market forces. If this is the goal to be achieved, some important consequences can be drawn :[52]

---

pean Community's direction in the form of the reciprocity provisions of the Second Directive. The idea that the European Community might exclude new entry by United States banks into the Common Market because United States law does not accord to any banks, domestic or foreign, the same scope of activity as banks enjoy in Europe, coloured American perceptions about European Community intentions in the creation of a single market for a long time to come. Indeed, the criticism of the reciprocity provisions from the United States Government was so severe that they were amended substantially by the European Commission and enacted in the amended form". Katz, "The Second Banking Directive", 12 Yearbook of European Law, 1992, pp. 251-252. Again, the topic by itself would require an entire study. For further reference see, Scott, "Reciprocity and the Second Banking Directive", in the book edited by Cranston, Ross (ed.), *The Single Market and the Law of Banking*, London, 1991; Nielsen, *Services and Establishment in the European Community Banking Law*. DJOF. Copenhagen, 1994. pp.. 285 and ff.

[50] Key, S.J. and Scott, H.S., "International Trade in Banking Services: A Conceptual Framework", Group of Thirty Ocassional Papers, n. 35, Washington, 1991, p. 2-3.

[51] Lewis, Mervyn, "International Financial Deregulation, Trade and Exchange Rates", CATO Journal, vol. 13 n.2, 1993 p. 251.

[52] Moschel, W. "International Free Trade in Banking Services", Occasional Papers vol.2, 1989/90. Center for the Study of New Institutional Economics. Uniersitat des Saarlandes, p. 83

•there will be a reduction of national autonomy in regulatory matters. Competition in this sense automatically involves a loss of absolute national control over markets.

• reciprocity does not conform with the objective of trade liberalisation in the sense of seeking to achieve equilibrium in trade balances. The case is different with respect to reciprocity in the sense of exchanging concessions as regards market access and other regulations. This is nothing more than a bargaining instrument. Its use becomes superfluous when liberalisation is understood as improving market forces.

• national treatment, in the sense of a formal equality of treatment of domestic service providers and foreign service providers, would fall short of the general objective of improving market forces

The Second Banking Directive establishes a double mechanism under the heading of the reciprocity clause established in article nine. The first is indeed the principle of national treatment, meaning that foreign institutions have to be granted the same powers as the domestic institutions. There is, however, a second principle that is the comparable treatment, where the host state has to grant the Community credit institutions comparable treatment as those received by the host state when entering the EC. Thus, what is compared in this second layer of the reciprocity clause is not the regulations governing both domestic and foreign institutions in a host market but the treatment that would receive domestic institutions when entering the market of the foreign firm now present in the domestic market.

"The concept of comparable treatment laid down in article 9(3) of the Second Banking Directive sets as its criterion the comparison of conditions provided in the host state against those offered in the home. Community banks should obtain genuine access to the foreign market and, once established abroad, should be able to carry out the same activities which the banks of the host country may pursue in the EC.[53] Of course, third states need not harmonize to EC law or align their financial structure to EC models. Third states may, however, have to give Community banks better treatment than domestic banks (reverse discrimination) if their own banks are to retain access to Com-

---

[53] In relation to the separation of commercial and investment banking, Heller has rightly pointed that, "as the foreign banks that seek to engage in securities activities in the US through securities affiliates contend, the concerns that create the firewalls, should clearly be the concerns of the home country (EC) and not of the host country (US). Therefore, the foreign banks contend, the firewalls should not be applied to the US operations. However (and this is the crucial element) that would give them a significant competitive advantage against the US banks in the US markets". Heller, Robert, "International Economic Challenges to American Banking", Annual Review of Banking Law, vol. 9, 1990. p. 326, parenthesis added. We can thus add, that the Glass-Steagall Act, when applied to foreign subsidiaries is no more than a protectionist measure.

munity markets."[54] Undoubtedly, this reverse discrimination will fuel lobby by domestic firms in order to align with foreign regulation. In other words, reverse discrimination will lead to regulatory competition.

On the other side, it has to be underlined that the reciprocity clause does only apply to penetration of the European market by way of branching. That means that a foreign banking institution will be able to establish branches in the Community regardless of the treatment the European firms receive in its own territory. In the case of a branch, however, the applicable law will not be neither that of the home country nor the European minimum standards. Instead, the branch will be fully subjected to host country regulation. Nevertheless, this strategy is considerably harsh for foreign institutions. It implies that, there is no possibility of developing a truly European strategy of expansion since the parent bank will need the authorisation of each of the countries where it wants to establish. In other words, the foreign institution penetrating the European market through branches will be forced to comply with fifteen different sets of norms[55].

One has also to recall that a similar EC reciprocity clause has also been used in other jurisdictions, namely, the US. Initially, the International Banking Act of 1978 established the principle of national treatment. There was no element of reciprocal national treatment in this policy; that is, a foreign bank was entitled to the liberal treatment provided for in the IBA regardless of how US banks were treated in the home country. However, the 1988 Trade Bill[56] incorporates US statutory provisions regarding banking services which make reference to reciprocal standards.[57] "In January 1995, the proposed Fair Trade in Financial Services Act was introduced in the House of Representatives.[58] The Act would require the Secretary of the Treasury to identify those countries that may be denying national treatment to US baking organisations. Federal banking agencies would then be required with limited exceptions, to take such assessments into account in considering applications by the banks of such countries to operate in the United States"[59] The erosion of the principle of uncondi-

---

[54] Zavvos, "Banking Integration and 1992: Legal Issues and Polciy Implications", Harvard International Law Journal, vol 31, n. 2, 1990. p. 496

[55] The differentiation between branches and subsidiaries reinforces our previous assertion of the reciprocity issue as a kind of countermeasure for those foreign institutions benefiting european wide liberalization.

[56] Omnibus Trade and Competitiveness Act of 1988, Pub. L. No 100-418, 102 Stat. 1107.

[57] Heller, Robert, "International Economic Challenges to American Banking", Annual Review of Banking Law, vol. 9, 1990. p. 328

[58] HR, 19, 104th Congress 1st Session (1995).

[59] Scheer, C.M. "The Second Banking Directive and Deposit Insurance in the European Union: Impications for US Banks", George Washington Journal of International Law and Economics, vol. 28 n. 1, 1994 p. 185

tional national treatment and its possible replacement by discretionary reciprocal national treatment might be a signal of a less hospitable climate for foreign banks in the US.[60]

Again, it is significant to understand reciprocity clauses as a tool for further international convergence. EC banking law may have significant influence on the international convergence of banking standards on a bilateral basis. The bilateral accomplishments will probably be achieved through the utilisation of the reciprocity concepts embodied in the Second Banking Directive by the EC Commission. Hence, the primary objective behind the inclusion of the reciprocity notion within the EC banking law is to provide the EC Commission with a strong negotiating position in helping to liberalise positions for EC banks operating in more restrictive regulatory regimes abroad[61]. Thus the legal notion of reciprocity encompasses a political and practical application that is designed not to preclude foreign participation in the EC banking and financial services market, but to open up foreign regulatory structures and markets.[62]

It should not be unnoticed that the Commission has the ultimate power to decide on the issue of reciprocity. The internal European financial services market has a unitary translation in its external relations, where the States themselves are no longer to decide on the evaluation of reciprocity but is the Commission who would do it.

A reciprocity provision which can be activated in a particular case of restrictiveness elsewhere may help to bring about more freedom of trade in services, a goal which is pursued internationally in the context of the GATT's Uruguay Round. It should be clear, however, that the EC seeks free entry on the basis of a fair treatment (effective market access). The reciprocity proposal's intention is not to impose, from Brussels, a universal banking system on coun-

---

[60] Crocker, T.E. "Foreign Banks in the US: a political power struggle", International Financial Law Review, January, 1992, p. 24

[61] "The need for a more liberal international financial system, an important element of the competitiveness of the EC financial industry, prompted the Community to acquire a negotiating lever for use in the GNS. Indeed, the Community is fully committed to these negotiations and sees an important link between its efforts to acomplish the internal market for financial services and the GNS negotiations. Accordingly, the reciprocity clause has a positive liberalization goal, the liberalization of the international financial system as a whole», Zavvos, "Banking Integration and 1992: Legal Issues and Polciy Implications", Harvard International Law Journal, vol 31, n. 2, 1990. p. 492.

[62] Norton, "The EC Banking Directives and International Banking Regulation", in Cranston (ed.) The Single Market and the Law of Banking, London, 1991, p. 169. "By proposing (the reciprocity) provision of the directive, the Commission attempted to provide the Community with the ability to play a role as the progenitor of the liberalization of financial services on a global scale". Mitchell, "Unified Banking in Europe by 1993", New York Law Journal, vol. 62, 1988 quoted by Toll, "The European Community's Second Banking Directive: Can Antiquated United States Legislation Keep Pace?", Vanderbilt Journal of Transnational Law, vol. 23, 1990, p. 626

tries where the banking and securities industries are statutorily separated.[63] Despite of that, the functioning of regulatory competition will place regulators who maintain those kind of restrictions under increasing pressure. Depending on the value placed by both industry and regulators on that type of financial structuring, together with its theoretical justification, will condition the resistance to international pressure or, on the contrary, the awarness of the benefits of the alternative regulation.[64]

"The endorsement of effective market access linked with comparable treatment indicates the Community's intention to advance beyond national treatment. This is certainly the purpose of article 9(3). In this context, market access has far-reaching implications for both market access and the abolition of restrictions on operation that though applied in a non-discriminatory manner, nonetheless restrict the activities of foreign banks. Article 9(3) thus establishes a negotiating objective of maximum liberalisation of financial services worldwide"[65]

Hence, most of the critics on the reciprocity clause are based on a misunderstanding of the EC financial policy. As pointed out by Zavvos, "several elements of EC policy point toward openness and free trade. First, there is an increasing economic interdependence between the Community and the outside world in terms of trade. Second, the Community has traditionally pursued a liberal financial policy. It is undoubtedly one of the most open financial markets in the world. Hundred of foreign banks and other financial institutions are already established throughout Community territory[66]. Third, the EC regulatory regime governing foreign banks reflects its openness. Under prevailing Community law, Member State subsidiaries of foreign banks are considered Com-

---

[63] Smits, Rene, "Banking regulation in a European Perspective", Legal Issues of European Integration, 1989/1, p. 75. Despite of that, as Scott, points out, measures of this kind tend to be Eurocentric.

[64] "The globalisation of finance is a nemesis of inefficient regulation. International trade disciplines domestic industry by subjecting it to competition from abroad. On a higher plane, international trade disciplines domestic regulatory regimes. Inefficient regulation imposes costs on domestic industry that are not commensurate with the social benefits obtanied. As more efficient financial regulation is developed in one national jurisdiction that can meet the needs of economic efficiency and stability more effectively or at a lower social cost than other methods, the retention of the other methods imposes unjustified cost on providers and users of finance", Trachtman, "Recent initiatives in International financial regulation and goals of competitiveness, effectiveness, consistency and cooperation", Northwestern Journal of International Law and Business, vol 12 n. 2, 1991, p. 247

[65] Zavvos, "Banking Integration and 1992: Legal Issues and Polciy Implications", Harvard International Law Journal, vol 31, n. 2, 1990. p. 497

[66] This fact confirms that in any case, the Japanese and US banks would not be among the most disadvantaged by a 'protectionist' interpretation of the reciprocity clause but the financial entities from newly industrialized countries.

munity undertakings from incorporation. They therefore enjoy both the right of establishment and the right to provide services"[67]

b) The US response

b.1 US banks entering Europe

A US bank can fully benefit from the single license system within the EU only by establishing or acquiring a subsidiary that is licensed to operate as a credit institution by a Member State. On the contrary, a US bank which chooses to branch as a way of penetrating the EU market will not benefit from the single license system and therefore will not be able to branch throughout the Union. "A US owned subsidiary that is chartered as a credit institution by France may branch anywhere in the European Union and engage in all activities listed in the Annex to the Second Banking Directive. If a US chartered bank merely establishes a branch in France, however, the bank's operations would be restricted to France. Should the US bank wish to operate in other Member States, it would have to establish separate branches in each of them"[68]

Therefore, one preliminary reflection is appropriate. The EC model gives freedom to foreign entitites to export their regulatory structure. As we analysed in the case of the internal dimesion of the Second Banking Directive, credit institutions wanting to operate in a foreign market under their own rules may do so by expanding through branches. On the contrary, subsidiaries represent an implicit acceptance on the superiority of the host country regulatory environment. If we imagine a State A with extremely restrictive regulations, it is easily predictable that foreign institutions will penetrate that market by way of branching (thus exporting the home regulation) and at the same time, domestic institutions will abandon State A by expanding abroad through subsidiaries (thus adapting to the host regulation).

In sum, whether US entities penetrate the EC market in the form of branching or by creating subsidiaries will much depend on their own perception of the strong rationale supporting home regulation.[69]

---

[67] Zavvos, "Banking Integration and 1992: Legal Issues and Polciy Implications", Harvard International Law Journal, vol 31, n. 2, 1990. p. 492.

[68] Scheer, C.M. "The Second Banking Directive and Deposit Insurance in the European Union: Impications for US Banks", George Washington Journal of International Law and Economics, vol. 28 n. 1, 1994 p. 177.

[69] Leaving aside the fact that EC law strongly favours the subsidiary model as a way of penetrating the home market.

Having said that, US legislation on permissible business activities of US foreign operations, "empowers the Board of Governors of the Federal Reserve to issue regulations authorising a member bank's foreign branch to exercise such powers as may be usual in connection with the transaction of the business of banking in the places where the foreign branch transacts business."[70]

Therefore, US banking organisations operating abroad are not subject to the same restrictions that apply domestically. "In order to enable US banking organisations to compete more effectively with foreign banking organisations outside the US, Congress gave the Federal Reserve Board the authority to approve certain exemptions for foreign activities that are not available for domestic activities. The tension between internal coherence and external competitiveness of firms is decided in favour of the latter.

Through bank holding companies and Edge corporations, US banking organisations may engage abroad in any of the activities listed in the Board's Regulation K.[71]

For this purpose, Regulation K establishes that :

(1) The foreign branch may guarantee a debt or otherwise agree to make payments on the happening of a readily ascertainable event. The foreign bank's guarantee or agreement must specify a maximum monetary liability. However, to the extent the guarantee or agreement is not fully secured, its maximum dollar amount may not exceed the lending limits prescribed in 12 U.S.C. 84

(2) The foreign bank may invest in :

(i) Securities of the central bank, clearing houses, governmental entities, and government-sponsored development banks of the foreign branch's host country

(ii) Other debt securities which the host country determines are eligible to meet local reserve requirements, and

(iii) Shares in organisations like professional societies and schools which are necessary to the branch's business.

However, some recent developments have to be considered. "Specifically, on January 18, 1989, the Board of Governors of the FRS conditionally approved the applications of five US based multinational bank holding companies to allow their affiliates (but not the banks or their branches) to engage in lim-

---

[70] Cane and Barclay, "Competitive Inequality: American Banking In the International Arena" Boston College International and Comparative Law Review, vol 13 n. 2, 1990, p. 283.

[71] Key, "Is National Treatment Still Viable: US Policy in Theory and Practice", Journal of International Banking Law, vol. 9, 1990, p. 374

ited underwriting of debt and equity securities".[72]. So, The FED has recommended that the expansion of bank powers should be conducted through subsidiaries of a BHC and that Congress may place limits to the transaction between parent and subsidiary institutions (the so called firewalls). Further in April 1991 and in response to the pressures for maintaining international competitiveness of US banks abroad, the Board revised regulation K to permit Us banks abroad to engage in uderwriting and dealing securities.[73] Therefore, the gap existing between home and foreign range of acitivites has widened.

In banking regulation, nationality was used as a basis to regulate the activities of US banks abroad, while territoriality was used to regulate the activities of foreign banks in the United States.[74]This kind of inconsistency has forced the relaxation of banking rules appied on a nationality basis. As has been said, "US banking organisations have been active in the securities market overseas as a result of the FED's ruling that the Glass-Steagall Act does not apply to operations outside the US"[75]

As Kane has argued, "the inappropriate emphasis on measures on industry concentration in US antitrust supervision has encouraged large US banks to plant important parts of their capacity for serving the needs of large corporations in foreign locations"[76]

There are, however, examples of US regulations which negatively affect foreign branches of home entities in some manner. These include reserve requirements on foreign branch deposits, limits on foreign branch lending in the host country, as well as the Congress prohibition of insurance of foreign deposits.

In what concerns deposit insurance, there was a prevailing fear that expanded foreign branch activity may, in some way, imperil the US deposit insurance system. Consequently, foreign branch deposits are not insured. However, the Deposit Insurance Directive establishes that a branch of a third country which is underinsured or not insured at all could be required to join the

---

[72] **J.P. Morgan and Co. Inc. 75 Fed. Res. Bull. 192, 1989**; Cane and Barclay, "Competitive Inequality: American Banking In the International Arena" Boston College International and Comparative Law Review, vol 13 n. 2, 1990, p. 332

[73] 12 CFR ẞ 211, Docket No R 07033, 56 FR 19549.

[74] Trachtman, "Recent initiatives in International financial regulation and goals of competitiveness, effectiveness, consistency and cooperation", Northwestern Journal of International Law and Business, vol 12 n. 2, 1991 p.250

[75] Boureslan v Arabian American Oil Company. 111 S. Ct. 1227 (1991); Heller, Robert, "International Economic Challenges to American Banking", Annual Review of Baning Law, vol. 9, 1990, p. 325.

[76] Kane, "Competitive financial reregulation: an international perspective", in Portes, R. and Swoboda, A.K., Threats to international financial stability. Cambridge U. Press, 1987, p. 123

Member State's deposit guarantee scheme. In any case, the foreign branch would be disadvantaged in the sense of having ot pay additional premiums to become an insured institution or having to release information to consumers about the bank's lack of deposit protection. [77]

Concerning reserve requirements, it has been pointed out that, "because a foreign branch's liquidity is necessarily a local concern affected by local events, supervision of foreign branch liquidity should be performed by regulators in the host country. Once host countries assume supervision of liquidity, it will be unnecessary to subject US banks' foreign branches to US reserve requirements. The removal of reserve requirements will immediately lower a US bank's foreign branches' operating costs because it will enable such branch to convert a greater percentage of its deposits into interest earning assets rather than requiring them to sit idle. This will allow the US bank's foreign branches to compete more effectively against host country banks which are not subject to US reserve requirements".[78]

"While changing these regulations and attitudes can be accomplished by the United States, such unilateral action is not prudent. Instead, these changes should be undertaken only after US regulators have discussed them with bank regulators in other countries with a view toward harmonizing the international banking regulatory system. Accordingly, further discussion concerning these types of changes should be deferred until after presentation of recent efforts to co-ordinate international banking regulation."[79]

"The difference between foreign and domestic powers of US banks, which results from defining the powers of US banking organisations operating abroad partly on the basis of activities that are permissible in the host country, enables US banks to take advantage of national treatment offered by foreign countries. This difference is a necessary result of the internationalisation of banking, divergent regulatory structures in the United States and abroad and a governing principle that treats each country in the world as a separate playing field with national treatment accorded to foreign banks within each single host-country market"[80]. Thus, the failure to conceptualise the financial marketplace as a global one provokes the inconsistencies which are detected in US policy.

---

[77] Scheer, C.M. "The Second Banking Directive and Deposit Insurance in the European Union: Impications for US Banks", George Washington Journal of International Law and Economics, vol. 28 n. 1, 1994 p. 199

[78] Cane and Barclay, "Competitive Inequality: American Banking In the International Arena" Boston College International and Comparative Law Review, vol 13 n. 2, 1990, p. 329

[79] Cane and Barclay, "Competitive Inequality: American Banking In the International Arena" Boston College International and Comparative Law Review, vol 13 n. 2, 1990, p. 316

[80] Key, "Is National Treatment Still Viable: US Policy in Theory and Practice", Journal of International Banking Law, vol. 9, 1990, p. 375

b.2. EU banks entering the US.

Foreign commercial banks presence in the US has constantly grown and has had a significant competitive impact on domestic banks.[81] In the United States, foreign banks have attained a greater share of the financial services market in recent years. In 1978, 122 foreign banks had $90 billion in assets in the United States. By 1991, 294 foreign banks, with over 700 offices, had assets of $800 billion - nearly 25% of the total amount of bank lending in the United States.[82]

"Foreign bank activity in the US varies widely by state. Part of this variance is due to the types of laws erected by states either to attract or deter foreign banks but also due to the economic attractiveness of the states to foreign banks. It is not surprising that the top three states, New York, California and Illinois, accounted for 94,6% of the total foreign banks assets in 1988 since these three states contain the major international financial centres in the US"[83]

The most significant piece of legislation regulationg foreign banks in the Us is the International Banking Act of 1978. Prior to 1978, many aspects of foreign bank activity were unregulated and domestic banks claimed that foreign banks had unfair competitive advantages. In particular, foreign banks had significant authority to establish offices across state lines, while domestic banks were severely limited. The main purpose of the International Banking Act was to equalise the treatment of foreign and domestic banks. The act limits the multi-state operations of foreign banks by prohibiting them from establishing offices outside their own home state.[84]

Thus the International Banking Act was no more than a legislative reaction to a market movement, i.e. the entering of new entities subject to different legal cultures. The reaction however is not a liberalising one but a protectionist one. Evidently, domestic firms were put in a competitive disadvantage and lobbied the government to pass legislation restricting foreign entities advantages instead of demanding relaxation of their own home rules.

---

[81] Goldberg, L.G. "The Competitive Impact of Foreign Commercial Banks in the United States" in Gilbert (ed.), The Changing Market in Financial Services, Kluwer, Boston, 1992.

[82] S. Rep. n? 167 102d Cong. 1st Sess. 113-14 (1991). Quoted by Norton, J.J., "The Work of the Basle Supervisors Committee on Bank Capital Adequacy and the July 1988 Report on 'Interntional Convergence of Capital Measurement and Capital Standards", The International Lawyer, vol. 23 n. 1, 1989, p.243

[83] Goldberg, L. "The Competitive Impact of Foreign Commercial Banks in the United States" in Gilbert (ed.) The Changing Market in Financial Services, Boston, 1992. p. 167.

[84] Goldberg, L. "The Competitive Impact of Foreign Commercial Banks in the United States" in Gilbert (ed.) The Changing Market in Financial Services, Boston, 1992. p.167

In any case, while US provides 'national treatment' to EU banks, in the sense of granting the same powers as domestic institutions. However, it does not provide 'comparable treatment' for EU banks since US banking laws prohibit banks from engaging in certain bank activities permited by the Second Banking Directive. There is thus a clear inconsistency in US regulatory policy. While it permits its banks in engaging in securities operation through foreign subsidiaries penetrating European markets, at the same time, restricts the same kind of activities in its home market. Put simply, the US is benefiting from our banking environment while European banks are unable to equally profit from US banking environment.

Prior to the International Banking Act, the non-banking provisions of the BHCA applied to foreign banks with subsidiary commercial banks in the US.Hence a foreign institution was subject to the same restrictions as a local one, following the national treatment principle. Yet, a 'foreign bank holding company' exemption was provided by the Federal Reserve Board's regulations under the BHCA. In the absence of this exemption a foreign bank with a subsidiary commercial bank in the US would like a domestic bank holding company, have been subject to Board notice or application requirements for investments and activities abroad. The approach adopted by the Congress introduced a new exemption for US activities of controlled foreign non-banking affiliates.[85] In fact, the exemption is the converse of the liberalisation the 1991 revised Regulation K provides for foreign activities of US banks.

"The exemption is available under the Board's regulations for affiliates of 'qualifying foreign bank organisations' QFBO[86]. The benefits of the QFBO exemption for US activities of such an affiliate are considerably greater than those provided by the previous exemption (...) As under the former exemption, a foreign bank meeting the QFBO test may engage in foreign activities without the necessity of application or notice to the Board that would be required for a domestic bank holding company"[87]

Thus, there was a degree of asymetry to the Board's position insofar as it permited US banking organizations increased powers in foreign markets, at the same time it continued to deny these powers to foreign banking organizations operating in the United States. As we see, the solution adopted goes beyond the principle of national treatment and incorporates elements of foreign banking organisation's home country rules, in what refers the separation of commercial and investment banking operations.

---

[85] There is an implicit element of mutual recognition of home state regulation.

[86] more than half of the banking's business must be located outisde the US.

[87] Key, "Is National Treatment Still Viable: US Policy in Theory and Practice", Journal of International Banking Law, vol. 9, 1990, p. 376

However, this is not the case in what concerns securities activities. Even if a foreign bank meets the criteria for a QFBO, the rules with regard to US securities activities are the same as those applicable to a US bank holding company. (limited authorisation and maintenance of strict firewalls). The exemption requires foreign institutions to conform to some extent to the activities permissible to US banking undertakings operating abroad (as provided for in the revised version of Regulation K).

"Does this limitation prejudice national treatment? From the US perspective it may not, as it merely provides a special exemption to foreigners from some of the normally applicable restrictions under the BHC Act : the US might argue that this is 'better-than-national treatment'. From a foreign perspective, however, it may be viewed as imposing de facto barriers to European Community credit institutions."[88]

Another source of differentiation comes from the different treatment of offshore operations depending on whether the bank is a home or a foreign institution. Thus, it results that "while there were costs savings to both foreign and US-owned banks from booking loans offshore and circumventing US regulations, the cost advantage was larger for the foreign-owned banks, since the FED has discouraged the US banks from putting US business through their foreign branches. On the contrary, no explicit guidelines against booking domestic business offshore has been given to foreign banks. Regulatory arbitrage in this form blurs the onshore-offshore distinction and by all accounts the US branches and agencies of foreign banks were closely involved in the growth of offshore loans to commercial and industrial enterprises. Thus it would seem that trade in financial services is greatly facilitated by the presence of foreign institutions in the domestic market"[89]

There are also considerable differences between home and foreign institutions in what concerns supervisory policy. In 1991 Congress passed the Foreign Bank Supervision Enhancement Act. The FBSEA introduces significant changes in the regulation of foreign banks in the United States. The Federal Reserve is now the primary regulator of foreign banks in the United States.[90]

Under this statute, the dual system of banking license is no longer applicable to foreign banks. A state banking license is no longer sufficient to operate in the United States; a foreign bank must also obtain the prior approval of the

---

[88] Trachtman, "Recent initiatives in International financial regulation and goals of competitiveness, effectiveness, consistency and cooperation", Northwestern Journal of International Law and Business, vol 12 n. 2, 1991 p. 271

[89] Lewis, M.K. "International Financial Deregulation, Trade and Exchange Rates", CATO Journal, vol 13 n.2, 1993 p. 247

[90]- Cfr. General Accounting Office, "International Banking. Strengthening the Framework for Supervising International Banks." GAO/GGD-94-68. March, 1994.

FED in order to open any US establishment. "The FBSEA also erodes the unconditional national treatment approach previously adopted by the Congress in the International Banking Act of 1978. While US chartered banks can operate with either state or federal approval, a foreign bank must obtain Federal Reserve approval before it can operate an establishment in the United States. Foreign banks thus are subject to an additional layer of federal supervision that domestic banks can avoid. The new act is designed to prevent another exploitation of uncorrdinated supervision, similar to the fraud of perpetrated by BCCI's managers"[91]

Therefore, the FBSEA appears to have rejected the idea of national treatment. Under the FBSEA foreign banks operating in the US are regulated in a different way from domestic institutions even if both are operating the same market.[92] Moreover, taking into account that the FED has authority to withdraw its authorisation if the bank has engaged in unsound or unsafe banking practices. It is easily predictable that such weapon might be used in the case of dispute about the range of activities a EU institution may develop in the US market.[93]

"Complementing these legislative initiatives are efforts by federal bank supervisors to improve the supervisory environment for foreign banks. These efforts are being directed to streamlining the supervisory process through the implementation of the "Enhanced Framework for Supervising the US Operations of Foreign Banking Organisations", more commonly referred as the FBO program. This program, which is now being put into effect, reflects a shift in emphasis in the supervision of foreign bank activities in the US. Previously, the branches and agencies of foreign banks were reviewed more as a stand-alone entities. Now a more comprehensive approach emphasises the role of these entities as integral components of the foreign banks as a whole"[94]. In sum, before a foreign bank can establish a branch or agency in the United States, the Federal Reserve Board must determine that the foreign bank is subject to comprehensive consolidated supervision by its home country supervisor.

---

[91] Duncan E. Alford, "Basle Committee minimum standards: international regulatory response to the failure of BCCI", George Washington Journal of International Law and Economics, vol. 26 n. 2, 1992, p. 281

[92] "By abolishing autonomous state approval authority, the FBSEA eliminates for foreign banks an important attribute of the dual banking system. Comparable requirements do not apply to domestic banks, thereby signalling a retreat from the IBA principe of national treatment", Crocker, T.E. "Foreign Banks in the US: a political power struggle", International Financial Law Review, January, 1992, p. 24-25.

[93] also, the provision could be used as a retaliation mechanism in the case of strict application of reciprocity clause.

[94] ibidem, p. 3

III. Reciprocal influence of regulatory measures in a globalized context. [95]

The competitive pressure among States at international level has contributed to the liberalisation of European markets and the modernisation of its regulatory system. The financial services revolution at the level of the EU is, no doubt, an important factor. However, it remains insignificant when compared with the context of a wider revolution in the financial markets of the advanced capitalist world. What is more, the engines of financial change have been driven to a substantial extent non-European and where changes has been driven by European forces, those forces have been national in character, and have been shaped by struggles for competitive advantage between national actors. "In short, making sense of the politics of financial change in Europe is not primarily a matter of making sense of Europe at all; it involves understanding the world financial services revolution which reached its climax in the 1980s."[96]

Conversely, the European response to those pressures has had important external consequences[97]. "The Community's policy for the financial sector will achieve a financial integration more far-reaching than that now existing in any federal state or regional groups of states. Its techniques for doing so are the promotion of product and geographical deregulation. This policy opens a vast financial area within which EC banks and other financial institutions may successfully face competition either at home or abroad. At the same time, the policy increases the attractiveness of EC financial centres for international business"[98]

The transformation of the size of the market implies the necessity of reshaping some of the regulatory concerns of administrations. In other words,

---

[95] Clair and O'Driscoll, "Learning from One Another: The US and European Banking Experience" in Doukas and Mathur (eds) Financial Management in Post-1992 Europe. New York, 1993.

[96] Moran, "The State and the Financial Services Revolution: A Comparative Analysis", West European Politics, vol. 17, 3, 1994, p. 160. "The advent of a single European banking market has far reaching ramifications for the US, Japanese and European banking systems and may eventually be regarded in the annals of banking history as the single most important banking event of the twentieth century", Hanley, T. , European banking integration in 1992. Salomon Brothers, New York, 1989, p. 1.

[97] At a macro-policy level, it has been stated that, "as the global economy moves from a state of economic interdependence to one of greater market integration, the existing GATT principes are coming under considerable strain. Success with a competition among rules approach within Europe might therefore have lessons for the wider international community. After all, the objective of acommodating national differences without protectionist measures is common to the European and globa economies" Woolcock, "The European Single Market. Centralization or Competition among Rules?", RIIA, 1994, p. 4

[98] Zavvos, "Banking Integration and 1992: Legal Issues and Policy Implications", Harvard International Law Journal, vol. 31, 2, 1990, p. 464.

with the increasing globalisation of finance, all industrial nations will be pressed to harmonise fundamental regulatory principles. And it is precisely at this point where the reflections on the creation of a Single European Financial Market emerge as an external dimension. What the EC Commission is attempting to do among the twelve member states and what the Basle Committee has done with respect to risk-based capital regulations reflects the need of an enlarged vision of financial markets. The linkage between EC regulations and developments in the rest of the world will become more important in the future.[99]

This is not to say that the Community model of banking integration would be suitable for the international liberalisation of trade in financial services. "But the mutual recognition upon which the Community program is based requires a minimum degree of harmonization difficult to attain without an international legislative authority (or as we propose an increase in transnational cooperation). Nonetheless, it does seems that an agreement on prudential supervision could be more easily achieved than could one relating to basic financial structures and the range of permissible banking activities. It should not be forgotten that the principal cause of the de facto convergence of regulatory standards has been the globalization of financial markets. And international initiatives of both regional and more international scope have played their part"[100]

In order to understand the mutual influence regulatory models exert among them, take the example of the establishment of an American bank in London. The regulation of European markets, and among them, specially that of UK, is considerably less restrictive than the American one, where banks are prevented of engaging in securities transaction by virtue of the Glass-Steagall Act. Since the applicable law to that established subsidiary in London would be European law, the establishment of American banks in Europe may suppose overriding the restrictions imposed by American legislation[101]. Therefore, the internationalisation increases the permeability of the markets, which by the same token implies that regulatory models are in contact. Following our example, the American restrictive legislation will be put under pressure by the submission of London subsidiary of an American bank to European law.

---

[99] Golembe and Holland, "Banking and Securities", op. cit. p. 101

[100] Zavvos, "Banking Integration and 1992: Legal Issues and Polciy Implications", Harvard International Law Journal, vol 31, n. 2, 1990. p. 502. Parenthesis added.

[101] It has been stressed that, " in some sectors, there is a degree of evidence that the location decision has been a factor in regulation decisions - notably financial sevices. For example, to circumvent US regulations excluding US commercial banks from investment banking, the nation's major banks have established overseas investment-banking networks", Smith, Edward, "Regulatory Competition in the 1992 Process", European Interuniversity Press. Brussels, 1995 p. 51-52.

We have tried to present in the two precedent sections how jurisdictional overlap (foreign activities of US banking institutions and EU banking presence in the US), has put under pressure and somehow discredited a regulatory principle in other jurisdiction. The competitive pressure exercised by international movement of banking institutions has instaurated a process of recirocal reduction of barriers. The EU has used the twin forces of granting banking licenses under more favorable conditions to US banks and external negotiations with the US to achieve a reasonably free-barrier market for globalized financial services.

In this line of argumentation, there are two aspects which will be affected by this kind of pressure :

• first, the restrictions to the kind of transactions a banks can engage under the Glass-Steagall Act. European banking law is much more flexible than US law as can be interpreted analysing the transactions listed in the Annex to the Second Banking Directive. The European Banking model is closer to that of universal banking;

• second geographic restrictions imposed by the McFadden Act. Both restrictions constitute an illustrative example of competitive disadvantage that the US legal order impose to its financial entities[102].

The analysis of the recent reforms of the US system we present is no more than a visible confirmation of this trend. In sum, one of the substantial consequences of Europe 1992 for the US financial system will undoubtedly be the removal of the present barriers that limit the powers banks may exercise and the form these powers may take over broad geographic areas.

In the long run Europe 1992 would set a stage for 'complete restructuring' of the US. financial system. "The most drastic change would be an acceleration in the bank consolidation movement, already under way in the United States, which would lead to a substantial decline in the number of US banking organisations and the adoption of the universal banking. (...). In sum, those who argue that one of the most important consequences of Europe 1992 will be a restructuring of the US. financial system seem to us to be correct"[103].

---

[102] Zavvos, "Banking Integration and 1992: Legal issues and Policy Implications", Harvard International Law Journal, vol 31 n. 2, 1990, p. 499.

[103] Golembe and Holland, "Banking and Securities", op. cit. p.. 94 and 97. See also, Ferrara, "International Trends in the Combination of Banking, Securities and Commerce", Cato Journal, vol.10 n.2 1990. Going even further it has been asserted that, "the goal of the (Second Banking) Directive is not only to liberalize the banking market on the continent but also to liberalize the banking systems in countries outside the Community where the pan -European banks hope to do business", Toll, Christopher T. "The European Community's Second Banking Directive: Can Antiquated United States Legislation Keep Pace?", Vanderbilt Journal of Transnational Law, vol. 23 n. 3,

According to Clarotti, "We should perhaps not be surprised by the popularity of the Second Banking Directive. The most highly qualified representatives of the supervisory authorities in the USA, including the Treasury Secretary Brady, have stated before a Congressional hearing that the European Community's Second Banking Directive should be the model followed in the event of any reform of the complex American banking law"[104] For the first time after a long absence, one could affirm that Europe is again becoming an exporter of a regulatory model.[105]

a) The Interstate Banking and Branching Efficiency Act of 1994.[106]

The US banking system has experienced a truly revolution during 1994. There has been a modification of the grounds on which classical banking regulation was based, namely, the territorial delimitation of banking markets and the relevance of vertical regulatory competition between state and federal norms.

Geographical restrictions to banking, which were presented as a factor limiting competition among regulators, will be left behind as a consequence of the current legislative reform. Nowadays, the observer can see a panorama which is significantly different and which, as a consequence, will imply deep changes in regulatory policy.[107]

In sum, in 1994, the so called Riegle-Neal Act is passed. We will devote the next pages to its analysis. Our approach, as is a constant in the whole work, will be centred in the aspects of the new legislation which will have effects on the model of regulatory competition. Thus, it has no intention of becoming a treatise on the legislation itself.

1990, p. 617. Cfr. also, "EC changes wil have mixed effects on fledging global banking", Banking Policy Report, vol. 52 n. 10, March 6, 1989.

[104] Clarotti, Foreword to the book, *The Single Market and the Law of Banking*, edited by Ross Cranston. London 1991.

[105] Mattei, U. "Why the Wind Changes. Intellectual Leadership and ..." American Journal of Comparative Law vol. 42, 1994

[106] Riegle-Neal Interstate Banking and Branching Efficiency Act de 1994, Pub. L.No. 103-328, 108 Stat. 2338 (1994), signed by President Clinton on september 29, 1994.

[107] Robyn Meredith has no doubt in labelling the new legislation as the begining of a modern banking system for the US. R. Meredith, "Comptroller Vows Close Watch on Local Needs Under Interstate Banking Law", The American Banker, 29.09.1994, p. 2. It has also been affirmed that "Now , Congress is about to adopt new federal legislation not only permitting banks acquisitions across state lines anywhere in the nation, regardless of state laws, but allowing bank holding companies to consolidate offices of their out-of-state banks into interstate branch networks. Enactment of such legislation wil mark one of the most dramatic chapters in American banking history, a major step away from the Depression-era laws that have severely limited the competitive capacity of expansion-minded banking organizations.", Editorial, Banking Policy Report, vol 13 n. 10, 1994

a.1. Geographic restrictions in American banking history.[108]

The issue of the restriction to interstate banking in the United States is a complex topic which has experienced several administrative and legislative vicissitudes. Let us describe a brief historical account in order to understand the importance of the Riegle-Neal Act.

In 1924[109], 60 years after the National Bank Act had established the competence of the Federation to authorise banks, the Supreme Court of the United States was confronted with deciding whether federal banks were authorised to open branches throughout the national territory, as was argued by banks' supporters. The answer of the Court in First National Bank in St. Louis v. Missouri[110] was negative. The open of branches was not included within the normal banking operation to which the federal banks were authorised. Therefore, the present judicial interpretation of the National Bank Act meant the first imposition of geographical restrictions to banking activity.

Under this state of affairs, it resulted that state banks benefited from a competitive advantage in respect to federal ones, since the former could open branches within its territory (intrastate branching) while federal banks were still relegated to the 'unit bank' model.[111] This competitive advantage provoked the abandonment of banks from the national to incorporate under the state system and also forced the federal response to stop the fugue of banks leaving the federal jurisdiction.

This response was materialised through the McFadden Act of 1927. The McFadden Act, three years after the Supreme Court decision, established the possibility for federal banks to branch within the city they were headquartered, provided that state banks were also recognised that opportunity. Adopting this formulation, what the McFadden Act did was to confer to the States the power to decide on the issue of branching, both for its own banks and for federal banks.

---

[108] Cfr., "A History of Interstate Banking in the US", Banking Policy Report, vol. 13 n. 16, 1994; Mulloy and Lasker, "The Riegle-Neal Interstate Banking and Branching Efficiency Act of 1994: Responding to Global Competition", Notre Dame Journal of Legislation, vol. 21, 1995; England, C. "Two Cheers for the Banking Reform Bill Introduction", Heritage Foundation Report, June 3, 1994. Available on LEXIS.

[109] Generaly speaking, the whole period before 1924 constitutes the so called 'unit banking system', where both for economic reasons and for convinction, banks had no more then its central office.

[110] 263 US 640 (1924)

[111] However, it is true that certain States completely excluded the possibility of branching within its territory, regardless the bank was federally or state chartered. More liberal states allowed their banks to run a branch network limited within its territory.

In 1933, after the Great Depression, the Banking Act, subsequently modified the McFadden Act in such a way to allow federal banks to branch statewide provided that the same possibility existed for state banks. Therefore, in 1933, practically half of US States allowed the opening of branches within its territory, (intrastate branching) for both federally and state chartered banks.

However, its has to be stressed that no bank could operate interstate. Federal banks, despite of their name, had the headquarter in one State, and were allowed to branch, at most, in that given State. Hence, under the scope of the McFadden Act and the Banking Act, no bank, neither federal nor state had the opportunity of escape state lines.[112]

Thanks to the creation of Bank Holding Companies (BHC), banks started, for the first time in history, to challenge the prohibition of operating in more than one State. The legal trick was quite simple. The McFadden Act prohibited banks from operating in more than one state. The solution was to create a holding which grouped several banks of several States, which, nevertheless, kept their formally independent identity. This was the first primitive form of interstate branching.[113]

In 1956, Congress passed the Bank Holding Company Act which required that the approval of the Federal Reserve Board before the acquisition of a bank by a BHC. In accordance with the Douglas Amendment to the BHC Act, States can adopt legislation allowing or restricting the acquisition of a home bank by an out-of state holding. Thus, "while the purpose of the Bank Holding Company Act was to ban the formation of interstate networks by BHCs, the effect on the Douglas Amendment was to give the states the power to lift such a ban if they so chose".[114]

But it was only 19 years after the passage of the Douglas Amendment, that a State (Maine) for the first time in history adopted an statute which allowed a BHC to acquire a home bank in conditions of reciprocity (i.e. whenever the

---

[112] Stritzel, "The Riegle-Neal Interstate Banking and Branching Efficiency Act of 1994: Progress Toward a New Era in Financial Services Regulation", Syracuse Law Review, vol 46, 1995, p. 169

[113] "To achieve the effect of interstate branching without violating the prohibition against it, a abking organization could simply use the BHC format to cross state lines. It had long been the rule that a BHC could acquire banks in more than one state and, so long as it held them as subsidiaries, legally independent of one another, operate them under a common management strategy. The BHC format first became popular in the 1920s, and by the 1950s, use of the BHC as a device for interstate expansion had become so widespread that community bankers began aggressively to seek protection agaisnt the competitive threat that multistate BHCs posed.", Rollinger, "Interstate Banking and Branching under the Riegle-Neal Act of 1994", Harvard Journal on Legislation, vol. 33, 1996, p. 192-193. Cfr. also in the same work the enumeration of the several techniques used to deceive geographic restrictions.

[114] Stritzel, "The Riegle-Neal Interstate Banking and Branching Efficiency Act of 1994: Progress Toward a New Era in Financial Services Regulation", Syracusse Law Review, vol 46, 1995, p. 171

home state of the BHC also allowed the same operation regarding banks located in its jurisdiction). This principle of reciprocity led to the so called 'regional banking', by virtue of which, some states, normally neighbouring states o pertaining to the same regional area, permit their BHC to acquire banks of other States.

In 1994, when the Riegle-Neal Act was passed, all States except Hawaii allowed some form of interstate banking.

In what concerns the possibility of out-state branching, it has to be pointed that it has been nearly non-existent in the American banking system. "Only a small number of states had authorized state-chartered banks to branch interstate, and no large state non-member bank has done so to date. On the federal level, it was only earlier this year that the Comptroller finally exercised authority under the National Bank Act to authorise an interstate branch network; such a transaction is accomplished by a bank relocating its head office no more than thirty miles but across state lines, merging with an affiliated bank in the new state, and retaining branches in both states"[115]

Finally, we argue that, the history of geographic restrictions to banking in the United States has been a constant struggle for the equilibrium between federal and state jurisdictions to control banking expansion.

a.2. The Riegle-Neal Act's provisions.

a.2.1. Interstate banking. The acquisition of out-of-state banks.

We have seen that till the passage of the Riegle-Neal Act, the only way for a bank to operate in various states was the creation of a BHC and acquisition through it of other out-of-states banks in States where allowing legislation was available (Douglas Amendment).

The Riegle Neal Act (Section 101) allows BHC to acquire banks of other States regardless of State legislation. This step implies an important liberalization of the State's capacity to restrict interstate expansion and at the same time a remarkable federalization of this regulatory field. [116]. The Riegle-Neal Act, thus preempts State legislation over interstate bank acquisitions.

---

[115] Indick and Kini, "The Interstate Banking and Branching Efficiency Act: New Options, New Problems", The Banking Law Journal, vol. 112, n. 2, 1995, p. 108 . However, the decision has been challenged before the US District Court for the Northern District of Texas and the judgement has reversed the OCC decision (Ghiglieri v. Ludwig, May 12, 1996) See, "Court Attacks OCC Poicy on Relocating Bank Main Offices", Banking Policy Report, vol. 15 n. 12, June 17, 1996.

[116] Recall that who, at the end of the day, authorises the acquisition of an out-of-state bank by a BHC is a federal authority: the Federal Reserve Board.

The concrete impact of this provision will vary depending on the States. Those States which already permitted free interstate acquisition, will not be affected. On the contrary, those which required a reciprocal treatment will loose that possibility. Evidently, the State which most dramatically will suffer the consequences of section 101 will be Hawaii which till now did not allowed any kind of interstate acquisition. In reality, it has been pointed out that the statute does nothing else than to codify an existing practice, specially after the judgement in Northeast Bancorp Inc. v Board of Governors of the Federal Reserve System de 1985.[117]

The acquisition of out-of-state banks which will integrate the structure of the BHC are, however, subject to four conditions : the acquiring BHC must be adequately capitalized and adequately managed; state age laws, requiring that the bank had been in existence for at least 5 years, will be preserved. However, all state age laws which provide a minimum existence period in excess of five years will be preempted; acquisitions are also subject to concentration limits (the resulting institution cannot control more than 10% of the total amount of insured deposits of the US or more than 30% of deposits at State level); finally, the BHC has to comply with the Community Reinvestment Act provisions.[118]

Hence, the Riegle-Neal Act, tries to carefully respect States' interests and their sphere of influence. In what regards interstate banking, although the statute does allow a State to abandon the federal framework - does not include the possibility of opt-out - confers to them the fixing of the terms in which the acquisition can take place.

a.2.2. Interstate branching. The possibility of opening branches of a bank in another State.

"Perhaps the interstate law's greatest contribution is the express federal authorization of interstate branching, subject to various important conditions. Unlike interstate banking, which had become widespread over the past decade, interstate branching was considerably more difficult to achieve given the quilt of relevant federal and state banking laws".[119]

---

[117] 472 US 159 (1985). Vide Indick and Kini, "The Interstate Banking and Branching Efficiency Act: New Options, New Problems", The Banking Law Journal, vol. 112, n. 2, 1995

[118] The Riegle-Neal Act fosters the acquisition of troubled banks by healthy BHC. Therefore, the four requirements mentioned may be exceptioned in such cases. On the issue of deposit limits cfr. Rappaport, A. "State and Federal Deposit Caps", Banking Law Journal. vol. 112, Oct. 1995 p. 900.

[119] Indick and Kini, "The Interstate Banking and Branching Efficiency Act: New Options, New Problems", The Banking Law Journal, vol. 112, n. 2, 1995, p. 108

From June 1st, 1997[120], the Riegle-Neal Act allows the formation of interstate branch networks. This interstate branching can take two forms : consolidation and ex novo opening.

a.2.3. consolidation of branches of affiliated banks.

By virtue of the Riegle-Neal Act, a BHC can transform branches of a subsidiary in branches of the resulting bank. The same can be said of a federal bank which acquires a State bank. "A banking organization wishing to operate in multiple states will no longer be required to utilise the BHC structure, whereby it must maintain separately incorporated banks in its different states of operation, all of them unified under the umbrella of a common BHC. Instead, for the first time in American history, it will be possible for a single national bank headquartered in one state, having only one charter, to open branches in other states, whether nearby or distant. In this respect, the Riegle-Neal Act is revolutionary."[121]

However, and differing of interstate banking regulation, the creation of interstate branch networks is conditioned to States' will. The Statute contemplates the possibility for States to negate interstate branching facilities through the exercise of an 'opt-out' clause[122]. Therefore, States retain full control over branch consolidation.

In the case of opposing to federal legislation on interstate branching, States, are forced not only to prohibit interstate branch consolidation, but have also to extend such prohibition to any kind of interstate banking merger.[123] An interstate merger implies the birth of a new credit institution which would have branches in more than one State and thus will constitute a form of interstate branching. In conclusion, the consequences of exercising the opt-out clause are the complete foreclosure of the home market and therefore implies a high cost for those State deciding to exercise it.[124]

---

[120] Section 102, allows the possibility of shortening the existing periods through the so called 'opt-in clause', by virute of which, States expressly manifest their authorisation to interstate branch from the dictate of the corresponding legislation.

[121] Rollinger, "Interstate Banking and Branching under the Riegle-Neal Act of 1994", Harvard Journal on Legislation, vol. 33, 1996, p. 186

[122] In 1995, Texas had already exercised such an opt-out provision.

[123] "If a state 'opt-out' of interstate branching, not only would banks from outside the state be prevented from merging with instate banks, but also banks in the home state would be prevented from acquiring out-of-state counterparties. It is not difficult to predict intense warfare in some state legislatures, with smaller banks asking the legislature to 'opt-out' and larger banks asking the legislature at the least no to do so". Indick and Kini, "The Interstate Banking and Branching Efficiency Act: New Options, New Problems", The Banking Law Journal, vol. 112, n. 2, 1995, p. 110

[124] At the begining of 1996, only Texas exercised the opt-out provision by including a sunset provision that will cancel the provision on 1999.

"The decision to forward the branching question to the states means that the Riegle-Neal Act is really only a political compromise. Congress has not spoken definitively or authoritatively on the issue of interstate branching. Rather, it has shifted the deregulation debate from Washington DC to state capitals across the country."[125]

The perceived tendency till now has been for the States to accept the possibility of interstate branching established in Section 102 of the Riegle-Neal Act.[126] At the first quarter of 1996, 27 States had already expressed their assent with the new legislation.[127] "While the section 102 opt-out represents a potentially problematic provision, it appears that the early opt-in, rather than section 102 opt-out is clearly the preferred choice of many states. If the trend toward early opt-in continues, one can expect that interstate branching will be a reality throughout the United States."[128]

a.2.4. 'ex novo' opening of branches

In addition to consolidation of branches pertaining to subsidiaries under the umbrella of a BHC and interstate mergers, the new legislation also contemplates the 'ex novo' opening of branches. This simply implies the opening of a branch in a different State where the bank has its central office, without the need of acquiring a pre-existing institution.

In this case, however, the Riegle-Neal Act requires that States have deliberatedly manifested their consent to this operations. Unlike the consolidation hypothesis, where states could block interstate expansion while exercising the 'opt-out' clause, Section 103 requires express legislation allowing the 'ex-novo' opening. ('opt-in'). We see thus, the gradual empowering of state authorities depending on the kind of strategy used to branch over state lines. (from expressly requiring an 'opt-out' clause in the case of consolidation to requiring an 'opt-in' clause in 'ex-novo' establishment.

"The 'de novo' branching privilege is an extremely valuable provision for out-of-state banks as it allows a bank to branch interstate without having to

---

[125] Rollinger, "Interstate Banking and Branching under the Riegle-Neal Act of 1994", Harvard Journal on Legislation, vol. 33, 1996, p.250

[126] Mitchell, "Preparations in the States for Interstate Activities", New York Law Journal, 16.08.1995. Cfr. "More States are Opting in Early on Interstate Branching than Opting Out", Banking Policy Report, vol 14 n. 8, May 15, 1995.

[127] For a detailed account of State-by-State indications, cfr. "Majority of States Pass Laws Approving Interstate Branching", Banking Policy Report, vol. 15 n. 7 April, 1 , 1996.

[128] Stritzel, "The Riegle-Neal Interstate Banking and Branching Efficiency Act of 1994: Progress Toward a New Era in Financial Services Regulation", Syracusse Law Review, vol 46, 1995, p. 210

make the great capital expenditures necessary to acquire an existing institution. De novo branching authorisation therefore may work to free up and encourage some banks to branch interstate that may not have been able to do so otherwise. As such, the gateway to de novo branching has been left within the exclusive control of the individual states by virtue of section 103's opt-in provision."[129]

To conclude, the Riegle-Neal Act is greatly innovative in two aspects :

- permits free interstate banking acquisition, that is, without requiring conformity of State legislation.

- allows the States to authorise the opening or consolidation of branch networks across State lines. (interstate branching). In order to achieve this second goal, Congress has expressly repealed the McFadden Act[130].

a.3. The Riegle-Neal Act's impact.

a.3.1. in the banking industry itself.

It has been said that the major impact of the Riegle-Neal Act will be the creation of a more efficient and economic banking system. Certain, the differences between the existing praxis and the new legislation are not enormous. However, the old interstate banking system based on BHC forced institutions to maintain different management boards and different accounting for each subsidiary together with different processing systems, which made the system quite complicated and costly.[131]

Moreover, one of the causes of the precedent banking crisis in the United States has been the impossibility of portfolio diversification which suffered banks limited to one given state territory. With all investments concentrated in one State, banks were highly vulnerable to local economic conditions. Thus, increased geographical freedom will enhance diversification and stability.

On the other side, it seems somehow overdimensioned the prediction that industry will concentrate in few huge nationwide bank conglomerates. Even

---

[129] Stritzel, "The Riegle-Neal Interstate Banking and Branching Efficiency Act of 1994: Progress Toward a New Era in Financial Services Regulation", Syracusse Law Review, vol 46, 1995, p.183.

[130] Graham, "Relaxed banking rules due for early passage" Financial Times, 28.4.1994 .

[131] Senator Dodd, argues that: "full interstate branching will streamline the administration, improve bank efficiencies, ease regional economic slumps, boost consumer convenience, ameliorate the impact of future credit crunches and I think enhance the safety and soudness of the banking industry overall" Congressional Record. Senate. 103rd Congress, 2nd Session, April 26, 1994, 140 Cong. Rec. S. 4796.

recognising that a recent wage of mergers has taken place[132], the challenge of the future will be efficient management more than bank's size. States like California or New York, with few branching restrictions have maintained within their respective jurisdictions both big banks and small networks of local banks which serve small savers and investors[133].

Such interstate mergers are extremely unlikely to produce positive social benefits. While bankers once believed that competition was contrary to the interest of the industry, they now recognise that competition is an important positive force and that mergers in order to attain a competitive size should be allowed.[134] (in order to face both the challenge of international competition and of competition from non-bank institutions).[135]

However, as we argued in the European case, size should not be confused with profitability. There are few economic reasons to argue in favour of economies of scale in banking. On the top of that, one has also to take into account the existence of limits to the total amount of deposits owned by a single institution.

In what concerns the structure of the industry, it has been said that the passage of the interstate banking legislation could signal the end of Bank Holding Companies. "Because Bank Holding Companies for the most part evolved in response to legislation that regulated banks but not the companies that owned them, and the retained their usefulness as necessary vehicles for geographic expansion because of the ban on direct interstate branching, interstate banking may spell the end of the Bank Holding Company"[136].

---

[132] The FED has already approved two mega-mergers that will alter the national and worldwide rankings of banking organizations. The FED okayed the merger of the New York based Chemical Bank Corporation and the New York based Chase Manhattan Corporation to create the largest banking organization in the nation with $300 billion in assets. It also approved San Francico based Wells Fargo & Company's acquisition of Los Angeles based First Interstate Bancorp. Banking Policy Report, vol. 15 n. 9, May 6, 1996. See also in the same issue a list of state-by-state mergers applications.

[133] Miller, G.P. "Legal Restrictions on Bank Consolidation: An Economic Analysis", Iowa Law Review, vol. 77 n. 3, 1992; Rose, P.S. "Interstate banking: performance, market share, and market concentration issues", The Antitrust Bulletin, vol. 37 n. 3, 1992. See also ABA President's Position in "After interstate: 8 banks or 8.000?", ABA Journal. Sept. 1994 p. 17.

[134] Carstensen, Peter C. "Public Policy Toward Interstate Bank Mergers: The Case for Concern", Ohio State Law Journal, vol. 49 n.5, 1989.

[135] "Mergermania", The Banker, n. 38, 1994.

[136] Clyde Mitchell, "Legislation Affecting Interstate Activity", New York Law Journal, Sept. 21, 1994.

a.3.2. in regulatory authorities and in supervisory policy.

According to Section 105, the State's authority of the place where a branch is located (regardless of where the parent bank is headquartered), will be competent to examine whether that branch complies with State law in aspects such as Community Reinvestment, consumer protection or the conditions established in the Fair Lending Act[137]. The rest of regulation will be in the hands of the home authority.

Thus, it is clear that the new complex distribution of supervisory powers will require a greater cooperation and coordination among supervisory authorities, both because a bank might have branches located in different States (horizontal interstate co-operation) or because the applicable law will be federal or state law depending on the issue (vertical co-operation).

Towards that end, the Conference of State Bank Supervisors (CSBS) has developed guidelines under which state-chartered banks, like national banks, will be subject to only one regulator if they engage in interstate branching. Such guidelines divide between home state (where the bank is chartered) and host state (where the bank operates branches.) They are designed to rationalise supervisory issues, conduct joint examinations and coordination among regulators.[138] "Under the framework, the home-state supervisor will be the primary regulator and the main contact for state-chartered banks. Home-state law will govern a bank's corporate structure, its capital requirements and its limits on lending and investments. Host-state law will apply to out-of-state branches in a number of respects - intrastate branching, antitrust laws and deposit concentration limits, community reinvestment, consumer protection, fair lending, and equal credit opportunity"[139]

The passage of the Riegle-Neal Act and the possibility of interstate operation, has also opened the debate about the future of the Dual Banking System. It is argued that, in the new scenario, banks will simply prefer federal jurisdiction in order to be subjected to a single regulatory authority. Therefore, "in conjunction with the Conference of State Bank Supervisors (CSBS), many states are now re-examining their regulatory systems and developing ways to make their charters more attractive to multistate banking organizations. A state charter may be desirable for several reasons : state supervision is less costly to

---

[137] Buerstetta y Runck, "Riegle-Neal Interstate Banking and Branching Efficiency Act of 1994", Annual Review of Banking Law, vol. 14, 1995, p. 11

[138] "CSBS Outlines State Initiatives to Implement Interstate Branching Law", Banking Policy Report, vol. 13 n. 21, 1994; "CSBS Guidelines Aim to Ease State Supervision of Interstate Branching", Banking Policy Report, vol. 14, n. 11, June 5, 1995.

[139] "Regulators Strive to Simplify Interstate Supervision", Banking Policy Report, vol. 15 n. 12, June 17, 1996.

banks than OCC supervision, state banks are often afforded a wider range of powers than national banks, and the state regulatory environment may be more accommodating. In addition, the advent of interstate branching will provide the states with an incentive to improve interstate cooperation in bank examination and supervision, to ensure that the regulatory burden associated with a state charter will be no greater than for a national charter".[140]

Following this argumentation, it is also argued that it will be much more advantageous for a bank contemplating a future expansion to operate under federal jurisdiction enjoying just a set of norms concerning issues as supervisory policy and taxation instead of being under different and overlapping regimes[141]. However, we argue that this not need to be the case. First, state regulators will be forced to co-operate in order to adapt certain kind of policies applied to a credit institution authorised in one State and operating in a different one. Thus, competition will force regulatory co-operation. As an example of this, one could cite plans of elaboration of common guidelines under the auspices of the Conference of State Bankers Supervisors in the field of interstate banking supervision for state chartered banks[142].

Second, it is unanimously recognised that the Riegle-Neal Act is a norm that is respectful with States' rights. Instead of completely federalizing the regulation of interstate operations, States hold important regulatory powers. This is for instance the case of applicable 'age laws', antitrust legislation or provision referring to community reinvestment obligations. Equally, in the case of 'ex-novo' branching States have the possibility of exercising the 'opt-out' provision. Hence, it is undeniable that the statute assigns important powers to States and that some kind of horizontal regulatory competition is foreseeable.[143]

In our view the liberalization of geographical restrictions can be presented as a manifestation of the erosion of the 'dual banking' in its traditional sense but not a suppression of regulatory competition. With a paradigm of quasi-free interstate banking operation the core element will be moved from vertical regulatory competition between States and federal level to horizontal regulatory

---

[140] Rollinger, "Interstate Banking and Branching under the Riegle-Neal Act of 1994", Harvard Journal on Legislation, vol. 33, 1996, p.267;

[141] Douglas, "The Interstate Banking Act creates new incentives to obtain national charters, threatening the relevance of the dual state-federal system", *The National Law Journal* vol. 17 n.30, 1995.

[142] Cfr. Bureau of National Affairs (BNA) Banking Report, "State regulators to unveil guidelines for interstate bank branch supervision", vol 64 n.19, 1995.

[143] Indick y Kini, "The Interstate Banking and Branching Efficiency Act: New Options , New Problems", The Banking Law Journal, vol 112, n.2, 1995.

competition among the latter, in a similar way as is experienced in US corporate law and EU banking legislation.[144]

Therefore, the surmounting of geographical restrictions will not necessarily impede continuing characterizing US banking system as a model of regulatory competition. The new situation will, no doubt, present new problems as the possibility of a race to the bottom since a bank will be free to incorporate in one State and mainly operate in another. The consequences of a excessively lax regulatory policy may harm out-of-State clients. It will have to be included in future regulatory agenda how the deposit insurance system will have to adapt to this new regulatory environment and how minimum federal legislation is used to avoid destructive competition (although as we argue, the US banking system is already quite federalized).

Interstate competition is not however a completely unknown phenomenon in American banking. Some areas which were not subject to federal legislation had already experienced some form of interstate competition. This is for instance the case of usury ceilings on consumer contracts and more concretely on credit card transactions. In 1980, South Dakota relaxed such restrictions and allowed out-of-state banks to open a subsidiary in its territory and direct their operations nation wide.[145] Delaware did a similar thing a year latter. A process of horizontal regulatory competition could be observed after these two states had enacted their more permissive banking rules. "Near-by states felt the need to relax if not match the new regulations since banking institutions either threatened or actually moved operations abroad. Only seven months after the South Dakota legislation took effect, New York emulated its moves by also eliminating usury interest rate ceilings as well as allowing annual fees. Nevertheless, the legislation came too late to prevent Citibank from changing its plans to move to South Dakota"[146] This can serve as a clear indication of future direction of the regulatory competition process in the US.

Thus, we argue that there will be no more incentives to charter under federal jurisdiction added to the already existing ones. In practice, state law will continue to have an important impact on banking organizations. On the contrary, what is truly remarkable is the inversion in the functioning of regulatory competition. Returning to the initial argumentation, the DBS was justified by the need of guaranteeing escape valves against excessively harsh and oppressive regulations. In a system were the market was segmented, the only possi-

---

[144] However, the degree fo federalization or centralization of the US system is significantly higher.

[145] By virtue of the Marquette National Bank v. First of Ohama Service Corporation decision, the US Supreme Court established that a bank has the right to charge out-of-state customers at the rate which it charges in its home state. This means that a bank could apply its fees nationwide.

[146] Hoschka, Tobias, "Cross-Border Entry in European Retail Financial Services", Phd Thesis EUI, 1992 p. 283-284.

bility which a financial institution had was to make recourse to other level of government. Nowadays, with the possibility of finding this escape valve in the same State level, the need of an alternative federal regulation will be reduced. Therefore, a possible scenario is a future banking system where state chartering will prevail and federal authorities will function as arbiters and will discipline horizontal interstate competition.

Despite the transformation of the original Dual Banking Structure experienced recently we have to recall that a high degree of jurisdictional competition still exists. "This competitive dynamic has generated the benefits of the dual banking system, and it still exists, although the federal government is reining it in."[147]

b) The separation of banking and securities and the current debate on the future of the Glass-Steagall Act.

The wage of reforms to the US banking system will not finish with the abolition of geographic restrictions effectuated by the Riegle-Neal Act. We argue that also product restrictions will follow a similar pattern. It is not our intention to offer a comprehensive study of this issue and of its crucial consequences for regulatory competition. Therefore we present rather sketchy ideas for further reflection.[148]

The Glass-Steagall Act was passed in response to the financial crisis of the 1930s. It was believed at that time that the stock market crash and the subsequent failures of thousands of banks were caused by fraud and other abuses by the securities affiliates of banks. As a result of the Glass-Steagall Act commercial banks were prohibited from engaging in most securities activities. As the basic nature of many important bank lending and deposit taking activities is changing, and traditional markets are changing for banks, they are precluded by law and regulation from participating in these emerging markets.[149]

The 1991 Treasury Plan for Banking Reform already recommended the improvement of the competitiveness of American banks through two sets of re-

---

[147] Hill, "The savings and loan debacle and erosion of the dual system of bank regulation", *Publius* n. 21, 1991, p. 31

[148] Cfr. The symposium on comparative bank regulation , "Global Trends Toward Universal Banking", Brooklyin Journal of International Law, vol. 19 n. 1, 1993; "Regulatory Reform in Transition: The Dismantling of the Glass-Steagall Act", Administrative Law Review, vol. 47, Fall 1995, p. 545.

[149] Chessen, J. "The Dual Banking System: Expanding Roles in the Financial System", in ACIR, *State and Federal Regulation of Banking*, 1988 p. 13

forms : creating a nationwide banking system and allowing banks to expand their product lines and becoming diversified financial services firms.[150]

In fact it has been recognised that the pressures for repealing the Glass-Steagall Act come form the same industry which in the past was a strong advocate of them. Nowadays, industry perceive those product restrictions as a major competitive obstacle since they have to compete in the market with powerful non-banking institutions.[151] In the opinion of the Chairman of the FDIC, the US "can no longer afford the luxury of such restrictions if its financial institutions are to remain competitive in global financial markets"[152]

Inaction of Congress before the changing need of the banking industry has led to the expansion of banking powers through BHC and through a liberal interpretation by the Federal Reserve. One the of latest episodes is the Mellon Bank order where the FED allowed a bank to enter in the mutual funds business by acquiring a mutual funds institution. This way, the Glass-Steagall Act has lost much of its effectiveness.[153] Similarly, the Supreme Court has recently held in Barnett Bank of Marion County, N.A. v Nelson, that federal law preempts state laws prohibiting banks sales of insurance products.[154]

Congress is finally reacting to the marketplace reality and is considering the repeal of the this expired legislation by the introduction into the House of Representatives of the Financial Services Competitiveness and Regulatory Relief Bill of 1995.[155] The bill would allow well-capitalized and well-managed banks and securities firms to affiliate under a holding company structure.

It remains however the problem of the extension of the safety net (deposit insurance) to the new activities. It has been warned that the model of universal

---

[150].-US Treasury, Modernizing the Financial System: Recommendations for Safer Nore Competitive Banks. of 5.2.1991. Cfr. also, Lewis, J.B. "Treasury's Vehicle for Bank Reform", Bank Management March/April, 1995.

[151] Macey, J.R. "The Myth of "Reregulation": The Interest Group Dynamics of Regulatory Change in the Financial Services Industry", Washington and Lee Law Review, vol. 45, 1988.

[152] "1992 poses competitive threat to US banks", Banking Policy Report vol. 53 n. 13, October 2, 1989.

[153] Zubrow Choen, Jonathan, "The Mellon Bank Order: An Unjustifiable Expansion of Banking Powers", The Administrative Law Journal, vol. 8 n. 2, 1994.

[154] 116 S. Ct. 1103 of 26.3.1996. Cfr. Meyer,P.C. "Supreme Court goes Far to Ratify National Bank Insurance Agency Powers", Banking Policy Report, vol. 15 n. 8, April 15, 1996; Fein, M.L. "Insurance Powers gains of Barnett decision clouded by 7th Circuit", Banking Policy Report, vo. 15 n. 12, June 17, 1996. In general, on the role of the judiciary in interpreting the Glass-Steagall Act, cfr. Langevoort, D.C. "Statutory Obsolencence and the Judicial Process: the Revisionist Role of the Courts in Federal Banking Regulation", Michigan Law Review, vol. 85, 1987.

[155] Financial Services Competitiveness and Regulatory Relief Bill. Cong. Rec. HR. 2520 of Oct. 24, 1995. Section 101 and 102 have the significant titles such as "Anti-Affiliation Provision of the Banking Act of 1933 Repealed" and "Financial Services Holding Companies Authorised to have Securities Affiliates", respectively.

banking with the actual deposit protection could set up a time bomb. The safety bet would be expanded to the entire financial system and not just to the banking sector. Having this in mind, the proposals consider the possibility of engaging in securities activities only through subsidiaries of a BHC. This would permit to establish firewalls to protect the insurance system in case of insolvency. "The FED has recommended that any expanded bank powers be conducted by subsidiaries of the holding company, and that Congress place limits on the transactions between the bank and the security affiliates within that holding company. These institutional firewalls will help to insulate the depository institutions from the risk that is inherent in the securities business."[156]

In any case, it is interesting to note that the United States banking system is headed towards convergence of a continental banking structure, in the sense of increasingly permitting banks to engage in non-bank financial activities, in particular securities underwriting.[157]

IV. Concluding remarks

It exists a circular relation between internationalisation and regulation. Internationalisation leads to cross-comparison of regulatory models and to a process of regulatory convergence. At the same time, the remaining regulatory burden fosters financial entities to internationalise to escape those restrictions. As stated by Coleman, "growing international banking markets have forced many firms to demand significant domestic market deregulation in order to compete and survive"[158]

"Legal rules are increasingly easily evaded and attempts to extend the legal reach of the national state through the development of extraterritoriality are ineffective and hotly disputed. Finally, forces and actors seeking to evade, counteract or constrain the state are becoming more and more effective. The ability of firms, market actors, and competing parts of the national state apparatus itself to defend and expand their economic and political turf has dramatically increased. Activities such as transnational policy networking and regulatory arbitrage has both undermined the control span of the state from without and

---

[156] Heller, R. "International Economic Challenges to American Banking", Annual Review of Banking Law, vol. 9, 1990, p. 324.

[157] Bisignano, "Banking Trends in Europe" LSE Financial Markets Group Special Paper n. 38 1991, p. 2; Rich, G and Walter, C. "The Future of Universal Banking" CATO Journal vol. 13 n.2, 1993.

[158] Coleman, op cit. p. 277. "The regultory dialectic views regulation and regulatee avoidance behaviour as forces linked like the pedals on a bicycle. The alternating rise and fall of associated stresses drives a single process", Kane, "Competitive financial reregulation: an international perspective", in Portes, R. and Swoboda, A.K., Threats to international financial stability. Cambridge U. Press, 1987, p. 114

fragmented it from within"[159] The increasing openness of systems has generated economic interdependece. Recapturing lost autonomy may be like trying to squeeze toohpaste back into its tube.

While this process may have positive long term effects as a discipline on national regulation, in the short term, it may diminish the effectiveness of regulation, including but not limited to enforcement. Effectiveness can be restored through enhanced co-operation.

These observations generate certain reflections on the principle of appropriate level of regulation. The design of an appropriate regulatory structure would call for a comparison of different social needs and regulatory techniques in the particular regulatory context. Differences of economic development, legal and political culture and economic institutions, must also be taken into account. In the context of finance of large enterprise, the most efficient level of regulation may be global, insofar as a universal culture of large-scale enterprise has had a homogenising effect on regulatory goals of economic efficiency, as well as on possible regulatory techniques. There is already a level of business integration in this area that involves global regulatory arbitrage. Thus, in order for at least some aspects of large-scale financial regulation to be effective, it must be co-ordinated, and perhaps also formulated, on a global basis.[160]

In any case, the presence of those elements has lead to the process of globalisation of financial markets and in turn to a convergence of regulatory models. This convergence, we argue is mainly taking place through international regulatory competition, accompanied with elements of global co-ordinated minimum floor. "While in many respects the EC efforts toward convergence or harmonisation of banking standards and practices can be seen as a sui generis phenomenon, the EC efforts also can be viewed appropriately as an integral part (and perhaps as the epicentre for) a broader international convergence process."[161]

In a global legal structure, regulatory decisions taken in one part of the world can have a profound impact in other regulatory systems. We will argue this is the case in financial regulation. At the end of the day, "globalization is

---

[159] Cerny, P.G. "The dynamics of financial globalization: Technology, market structure and policy response", Policy Sciences, vol. 27, 1994, p. 328 . "If regultions are successful in inhibiting changes in financia activity, financial institutions and their customers have incentives to cincumvent the regulatory constraints. The more stringent the constraints, the stronger the incentives for circumvention", Bryant, R.C. International Financial Intermediation. Brookings Institution. Washington, 1987, p. 128

[160] Trachtman, "Recent initiatives in International financial regulation and goals of competitiveness, effectiveness, consistency and cooperation", Northwestern Journal of International Law and Business, vol 12 n. 2, 1991, p. 245.

[161] Norton, "The EC Banking Directives and International Banking Regulation", in Cranston (ed.) The Single Market and the Law of Banking, London, 1991, p. 152.

inspired by the need to reconcile politics, economics, and social justice by establishing rules, procedures, and institutions of political governance at the same level as that on which the global economy is operating"[162]

The paradigm of globalisation implies a fundamental change in the traditional binomy between law and territory. Actions of one regulator can have profound impact beyond the frontiers of its own State. It is no longer the isolated case of extraterritorial enforcement of domestic laws. On the contrary implies a fundamental dissociation of law and institutions from a given territory[163]. The globalization of markets, the ease with which capital can flow around the world and the mobility of industries to locate or expand production in the most efficient places possible can significantly limit the effectiveness of State-centered regulators. At its turn this has to be seen as a natural increase of international institutions, transnational regulation and policy convergence without an underlying political structure.

The mobility of industries and factors of production means that domestic governments are more concerned with the costs imposed on them. Governments compete among them for attracting or preventing the outflow of these factors, and are also heavily concerned about the competitive position of domestic firms. These clearly fuels a kind of regulatory discourse both in favour of less regulation and of devolution of federal power to states. Thus, there is a self-reinforcing relation between globalisation and de-regulation.

However, the relation is not a unidirectional one. This pressure to decentralise and de-regulate has to be accompanied by the necessary maintenance of uniform elements to prevent disgregation and minimum standards to prevent destructive competition among states. Thus, more than subscribing the idea that globalisation leads to de-regulation, it is more precise to advocate in favour of the cause-effect elements between globalisation and re-regulation. The federal (or multinational) level keeps its important role. Those who see markets as perfectly self-content mechanisms seems to overlook at this element. Strong non-market intervention will be required.

---

[162] Group of Lisbon, Limits to Competition. MIT 1995, p. 121. As stated by Cox, "The existing globalization thrust grounded in the economic logic of markets would have to be countered by a new globalization embedded in society", Cox, "The Global Political Economy and Social Choice", in Drache and Gertler, The New Era of Global Competition. State Policy and Market Power, McGill Univ. Press, Montreal, 1991, p. 350

[163] Aman, "A global perspective on current regulatory reforms: rejection, relocation or reinvention?", Indiana Journa of Global Legal Studies, vol 2 n. 2, 1995, quoting Evan Luard, The globalization of politics: the changed focus of political action in the modern world, 1990.

A Desinstitucionalização do Modelo Familiar : Possibilidades e Paradoxos sob o Neoliberalismo
Da função pública ao espaço privado : aspectos da "privatização" da família no projeto do Estado mínimo, a partir da realidade brasileira

Luiz Edson Fachin[1]

RESUMO : O processo em marcha de privatização do Estado sugere uma reflexão sobre a desinstitucionalização do modelo familiar reconhecido pelo sistema jurídico clássico. Este estudo procura localizar, no transcurso do arcaico ao contemporâneo, traços da ideologia neoliberal na reestruturação do desenho jurídico da família, e indicar nesse âmbito pontos para alguma compreensão crítica desse fenômeno de retraimento estatal que se observa especialmente na América Latina no denominado projeto do Estado mínimo. Não se trata de defender a família nuclear de interesse do Estado social, mas sim de entender de forma crítica os limites, as possibilidades e os paradoxos da estrutura da família sob os reflexos daquilo que propõe o neoliberalismo à sociedade.

ÍNDICE : I. Cenários : do arcaico ao contemporâneo. 1. 1. Uma foto antiga. 1. 2. Uns poucos. 1. 3. Sonhos e sobressaltos. II. Premissas. III. Da praça à casa. IV. "Fuga" do Estado? V. Além do muro, há luz e sombra. VI. Elenco de fontes.

I. Cenários : do arcaico ao contemporâneo

Um modo de ver, especialmente a partir da realidade emergente do Brasil e calcada na atual situação da América Latina, coloca ante dos olhos do observador contemporâneo um palco instigante. Nele alguns cenários se distinguem.

1.1. Uma foto antiga

José contempla o álbum de fotografias da família. Numa foto muito antiga, na qual ele não se reconhece e tem dificuldade em identificar seus antepassados, talvez sejam seus bisavós que aparecem como partes de um casamento celebrado e santificado : ao fundo, o crucifixo na parede. No centro, como que num altar, o patriarca e chefe do grupo, homem de traços fortes;

---

[1] Professor da Faculdade de Direito da UFPR - Universidade Federal do Paraná, Mestre e Doutor em Direito pela PUC/SP- Pontifícia Universidade Católica de São Paulo. Membro da "International of Family Law". Endereço: Avenida Cândido de Abreu, 526, Torre B, conj. 1110, CEP 80530-905, fone 0055 41 352 3088, fax 0055 41 253 6064; e-mail: fachin@mps.com.br - Curitiba, PR, BRASIL.

numa cadeira bem menor, ao seu lado, a fiel bisavó, que sabia ler o suficiente para ensinar o alfabeto e cuidar (o quanto possível) da saúde da família.

A grande família : os filhos homens em primeiro plano, a começar pelo mais velho : mangas de camisa arregaçadas, trabalhavam juntos e preparavam-se para herdar o solo e a casa. As mulheres de avental, preparadas para a vida caseira e para o futuro casamento...

Nesse olhar começa uma travessia. Ele apenas se vê, nesse retrato, fruto distante de uma comunidade, uma instituição, fundada no sangue, dedicada à sobrevivência material e biológica de um grupo, apto a promover a transmissão das coisas e dos bens, bem como de seu saber e de suas crenças. É certo, então, que nela há uma ordem, uma hierarquia a respeitar, menos por amor e mais por um princípio de autoridade ligada à procriação e às alianças.

É realmente uma foto antiga cuja razão de ser do que ela mostra, em significativa parte do mundo jurídico ocidental de inspiração romanista e de viés napoleônico, não deixa de existir antes do transcurso de algumas décadas do século XX.

1.2 Uns poucos

Numa outra foto, um pouco mais recente, tirada por certo após a metade do século XX, José vê nela agora os pais de sua mãe no cartório do registro civil. A avó, ainda como a "rainha do lar", senta-se ao lado do marido : as cadeiras têm praticamente o mesmo tamanho. Seriam iguais? Sobre o rosto do avô, um traço, quase um risco proposital marca a fotografia, uma separação para lembrar.

Lembranças, o único legado. Ao redor dos seus avós, apenas dois filhos : sua mãe e o tio, de quem poucas notícias se tem. Uma família nuclear instituída pelo sangue e pelo parentesco, equilibrando-se em instáveis laços de afeto. Criaram os filhos para o mundo, justificam-se.

A travessia chega à metade do caminho. Agora, seus olhos contemplam um grupo reduzido a um núcleo, no qual o interesse do indivíduo e não da instituição começa a informar suas definições. Nesse ninho principia uma certa liberdade de escolha e a valorização do sentimento de eleição afetiva. O estatuto familiar clássico apresenta suas primeiras fraturas, na quebra da hierarquia, na igualdade entre diversas espécies de filhos e na derrocada da injusta e absurda discriminação contra a mulher.

Essa foto fica amarelada a partir da década de 60, embora, em certo sentido, não desapareça por completo no modelo sociológico plural da família.

1.3. Sonhos e sobressaltos

Numa terceira foto, aparece somente sua mãe grávida. Não há cartórios nem altares e pelo estado do papel a fotografia é bem mais recente. Já houvera perguntado pelo suposto pai, e ela um dia lhe respondeu : "Tive um filho como quis e quando quis". Um endereço fez José descobrir, tempos atrás, não exatamente uma maternidade, mas um laboratório denominado "Centro de Fertilização Artificial Assistida".

Sabe, com certeza, que não é filho de Pedro, que com sua mãe parece que vai brevemente viver junto. Pouco a vê : preparando-se, como dizem, para o futuro e para a competição, ele divide seu tempo entre a televisão e a escola, cujo preço da mensalidade é objeto de reclamações maternas diárias; ela, desdobra-se entre o emprego, às vezes transitório, e uma casa, pequena, um refúgio afetivo, dependendo, quando necessário, dos postos (precários) da saúde pública.

A travessia alcança o outro lado da margem. Sob seus olhos, o espelho de uma pauta de ruptura : independência econômica da mulher, emancipação econômica dos filhos, divórcio, entidade familiar formada por um dos pais e seus descendentes[2], aborto e contracepção. A indiferença do estado matrimonial, as uniões informais, a família sem filhos e a coabitação sem casamento são fatos que se impõem.

A família não é mais uma única definição. Mostra-se, então, ser discutível quando, no estudo da evolução da estrutura familiar, de costume se opõe o tradicional ao moderno como tese e antítese. Ela se torna plural.

Essa passagem está intimamente ligada às modificações políticas, sociais e econômicas. Da superação do antigo modelo da grande-família, na qual avultava o caráter patriarcal e hierarquizado, uma unidade centrada no casamento, nasce a família moderna, com a progressiva eliminação da hierarquia, emergindo uma restrita liberdade de escolha; o casamento fica dissociado da legitimidade dos filhos. Começam a dominar as relações de afeto, de solidariedade e de cooperação. Proclama-se a concepção eudemonista da família : não é mais o indivíduo que existe para a família e para o

---

[2] Estudos detalhados do IBGE – Instituto Brasileiro de Geografia e Estatística – mostram modificações nesses arranjos familiares, registrando-se, por exemplo, "um processo contínuo de diminuição durante a década de oitenta" do número de casamentos (*CNBB, texto-base da Companha da Fraternidade, 1994*, p. 109): "No ano de 1981 foram registrados cerca de 933,5 mil casamentos, enquanto que em 1990 este número caiu para 777,5 mil. A taxa de casamento, ou seja, o número de casamentos pela população, passou de 1980 a 1990, de 7,96 (por mil habitantes) para 5,36 (por mil habitantes)". Não admira, pois, que o IBGE, no Anuário Estatístico de 1992, seção 2, capítulo 19, tenha registrado no total de 35 232 839 de famílias, 5 293 624 são constituídas apenas por mãe com filhos (In: *IBGE - ANUÁRIO ESTATÍSTICO DO BRASIL*. Rio de Janeiro: Fundação Instituto Brasileiro de Geografia e Estatística, 1992).

casamento, mas a família e o casamento existem para o seu desenvolvimento pessoal, em busca de sua aspiração à felicidade[3].

José olha as imagens. Muito mais de cem anos de história o contemplam em três fotos. Mais de um século a sugerir um olhar mais profundo no álbum de tantas famílias e ao mesmo tempo da própria sociedade[4].

II. Premissas

Algumas premissas básicas se encontram no ponto de partida desta reflexão. É notório, ainda que às vezes apenas aparente, o denominado processo de enxugamento do Estado sob a rubrica da privatização, à luz de idéias e interesses conhecidos, especialmente na América Latina. Diversos podem ser os reflexos dessa propalada interferência mínima do Estado, e dentre eles é possível tentar localizar algumas das supostas consequências desse projeto em marcha no âmbito de uma área de relações privadas : as relações de família juridicamente reguladas num "standart" clássico. Seara esta tão relevante quanto aquelas que se ubicam com a propriedade e o contrato.

O estudo que ora apresentamos tem um arco histórico definido. Apanha o tempo presente, marcado pelo movimento do publicismo para o privatismo, e indica, numa referência histórica retroativa, seus antecedentes, fincados no formalismo do direito napoleônico e na teoria liberal. Reconhece, outrossim, a passagem operada, especialmente neste século, nos diversos países capitalistas, ao Estado-Providência e o relevo da produção estatal do Direito, retornando, ao final, aos dias correntes em multifacetadas concepções que espelham um tempo de certa desregulação e informalização.

Nessa caminhada para realizar esta proposta de reflexão, este trabalho apanha um contexto do Direito[5], onde o fenômeno jurídico se produz ou se

---

[3] MICHEL, Andrée. *Modèles sociologiques* ...p. 131-2.

[4] Está nos *Temas Básicos de Sociologia*: "É ilusório pensar que se possa realizar uma família de pares e iguais numa sociedade em que a humanidade não é autônoma e na qual os direitos humanos ainda não tenham sido realizados numa medida mais concreta e decisiva do que a atual" (HORKHEIMER & ADORNO, p.147).

[5] A noção de contexto é tomada a partir de Boaventura de Souza Santos: "O contexto doméstico - escreveu- constitui as relações sociais (os direitos, os deveres mútuos) entre os membros da família, nomeadamente entre o homem e a mulher e entre ambos (ou qualquer deles) e os filhos. Neste contexto, a unidade de prática social é a família, a forma institucional é o casamento e o parentesco, o mecanismo de poder é o patriarcado, a forma de juridicidade é o direito doméstico (as normas partilhadas ou impostas que regulam as relações quotidianas no seio da família) e o modo de racionalidade é a maximização do afecto" (*O Estado e o Direito na transição pós-moderna: para um novo senso comum sobre o Poder e o Direito*, p. 32).

reproduz, para "garimpar"[6], a partir dessa localização contextual, sentidos de libertação e superação da clausura normativa positivista.

Não se ocupa o presente exame do projeto de reforma do Estado, ao qual deve ser reservada análise mais profunda e ampla, embora permita inferir, desde logo, o "leitmotiv" que embala a procura de vias econômicas e políticas para alguma saída a partir do "cul de sac" legado por décadas de nefastos regimes militares autoritários.

Nada obstante, é a partir da propalada privatização em curso que tenta apanhar seus efeitos numa relevante dimensão da estrutura da sociedade. Tal ligação não é necessariamente direta ou proporcional, não existindo uma segura linha que une causas e efeitos[7].

É certo que não pode deixar de reconhecer, de um lado, os evidentes limites de uma reflexão desse tipo, e de outro, a suposta crise[8] contemporânea generalizada, bem assim as contradições e a precariedade das propostas de redução do Estado ao mínimo possível diante da flagrante necessidade presente de atender reclamos que principiam na falta de saúde e de educação pública, e alcançam a miséria e a exclusão social e econômica crescente nos países latino-americanos.

Também não está nos propósitos dessa exposição examinar isoladamente o fenômeno da família em diversos momentos históricos. Parte-se, isso sim, de uma constatação sobre a função desempenhada pela família como aquela feita por HORKHEIMER : "A família cuida, como um dos componentes educativos mais importantes, da reprodução dos caracteres humanos tal como os exige a

---

[6] É a mesma postura, *mutatis mutandis*, que informa "las diversas acciones jurídicas encaminadas a que la normatividad y su aplicación por parte de los tribunales e instancias administrativas favorezca a los intereses del pueblo o clases dominadas", como bem percebeu a acuidade crítica de Jesús Antonio de la Torre Rangel, professor de Filosofia do Direito e História do Direito Mexicano na Universidad Autónoma de Aguascalientes (México), ao referir-se a essa garimpagem como "**búsqueda** ... de metales y piedras preciosas ... aquello que sea valioso, precioso, para su objetivo." (*El uso alternativo del Derecho por Bartolomé de las Casas*, p. 5). Esta mesma idéia que partindo de modesta âncora despertou importantes reflexões na indispensável obra de Jesús Antonio de la Torre Rangel está também no livro "Conflictos y Uso del Derecho; Caso Aguascalientes 1977-1988" (Editorial JUS e Centro de Estudios Juridicos y Sociales P. Enrique Gutierrez, A.C., México, DF, 1988) no tratamento da "normatividad utilizable".

[7] Já se disse, com algum acerto, que "no es de extrañar por ello que aún en momentos de 'desregulación' la preocupación estatal por la familia se acentúe día a día" (RESTREPO, Jose Luis Aramburo. La familia en las transformaciones del Derecho. *Pensamiento Juridico* nº 1-1994, Faculdad de Derecho, Ciencias Políticas y Sociales, Universidad Nacional de Colombia, p. 123).

[8] A propósito, afirmou Joaquín HERRERA FLORES no artigo *Crisis de la ideología o ideología de la crisis?* : "más que una crisis de la ideologia, nos situamos en una ideología de la crisis", apresentando-se diversas "teorías que desde puntos de vista parciales diferentes coinciden en colocar en su punto de mira la situación a la baja del Estado asistencial. Constituyn conjuntos teóricos que pretenden enfocar y resolver la crisis de legitimación política y social, sin salirse de las pautas generales del Estado liberal del derecho" (p.135:6).

vida social"[9]. Assim, tratando-se de um ente mantido a partir de (e sob) certa ordem, parece inegável que a família, como realidade sociológica, apresenta, na sua evolução histórica, desde a família patriarcal romana até a família nuclear da sociedade industrial contemporânea, íntima ligação com as transformações operadas nos fenômenos sociais.

Todavia, não é legítimo pensar que os processos de alterações se passam simultaneamente nas diversas sociedades, nem que haja um modelo suscetível de análise que constitua objeto genérico de redução das diversas e complexas estruturas familiares. Seria ilusório e falso, do mesmo modo, atribuir a paternidade das transformações apenas este ou aquele movimento no plano das idéias. Por isso mesmo, tem razão a historiadora Michelle PERROT: "a história da família é longa, não linear, feita de rupturas sucessivas"[10].

Desse modo, o contexto desta explanação se circunscreve a apanhar, na função e na estrutura, um certo modelo de relações familiares comum à parcela significativa dos sistemas jurídicos latinos que fincam raízes nas origens romanistas e que têm, no ancestral mais próximo, a codificação napoleônica.

Num mesmo arco, duas pontas de análise ligam o núcleo deste trabalho: de um lado, a denominada privatização[11] do Estado, e de outro, a desinstitucionalização da família. Quanto à primeira, tem-se que a nova vestimenta do liberalismo se mostra, na teoria política, como "fautor do Estado que governe o menos possível ou, como se diz hoje, do estado mínimo (isto é, reduzido ao mínimo necessário)"[12].

Quanto à segunda, leva-se em conta que a família "perdeu suas funções *públicas* e passou a ter apenas funções *privadas*"[13], deixando de ser uma

---

[9] No ensaio *Autoridade e Família*, constante da obra *Teoria Crítica*, p. 214.

[10] "O nó e o ninho", p. 75.

[11] É necessário registrar que há quem julgue demasiado fácil explicar a retração do Estado por essa via, sendo tal processo apenas aparente. Assim pensa o professor Boaventura de Souza Santos, para quem "o Estado permanece presente e actuante para além do acto de devolução", pois "as novas funções atribuídas a entidades privadas, sejam elas companhias de seguro, empresas de segurança, escolas, hospitais e prisões privadas, associações de agricultores ou quaisquer outras organizações corporativas, fazem com que estas exerçam, por delegação, autênticos poderes de Estado, transformando-as em entidades para-estatais, ou micro-Estados", e acrescenta: "O que na aparência é um processo de retracção do Estado pode ser, em realidade, um processo de expansão do Estado. Só que, em vez de se expandir através de seus aparelhos burocráticos formais, o Estado expande-se sob a forma da sociedade social" ...; "o que parece ser *des*legalização é na verdade *re*legalização" (*O Estado e o Direito na Transição Pós Moderna: para um novo senso comum sobre o Poder e o Direito*, p. 24-5).

[12] Bobbio, *O futuro da democracia*, p. 114. Nem por isso, argumentam os arautos do liberalismo, "o Estado está ameaçado pelos liberais", pois a exigência deles não seria *abaixo o Estado*, mas *melhor Estado!*", como escreveu Guy SORMAN, em seu *O Estado Mínimo* (Rio de Janeiro: Instituto Liberal, 1988, p. 29).

[13] PROST, Antoine. *Fronteiras e espaços do privado; a família e o indivíduo*. In: História da Vida Privada, v. 5, p.61.

instituição para chegar à informalidade. Nenhuma ligação simétrica entre essas duas pontas e suas transformações será necessariamente verdadeira[14], mas parece legítimo fazer algumas aproximações, objeto central desse exame.

Assim explicitadas algumas das premissas que delimitam o sentido e as possibilidades deste estudo, cabe, então, serem à medida do possível sustentadas.

III. Da praça à casa

É no lapso do século XX que o projeto de organização do Estado, saído da reação à formulação liberal[15], calcada na idéia segundo a qual o único dever do Estado era impedir que os indivíduos provocassem danos uns aos outros, registra melhor a passagem para um direito cada vez mais promocional, um Estado-provedor. O Estado social supera, assim, a mera função protetora-repressiva[16]. O nosso século, escreveu o professor Boaventura de SOUZA SANTOS, "nasceu em plena reacção ao formalismo do direito napoleônico e da teoria política liberal"[17].

A proposta assistencial do Estado do bem-estar apanhava a família do século XIX, patriarcal, heterossexual, hierarquizada e matrimonializada. Uma família com a qual o Estado de antes se preocupava mas pouco intervinha. Uma família com diversas missões, dentre elas a procriação, a formação de mão-de-obra, a transmissão de patrimônio e de uma primeira base de aprendizado.

Essa configuração moderna escolhe um tipo de família e lhe dá lugar de destaque, e como uma das alienações fundamentais, "a família é uma

---

[14] Com os olhos voltados para essa perspectiva, escreveu Antunes VARELA que "as alterações registradas operaram-se em regra, como na generalidade dos fenômenos sociais, incluindo os movimentos de idéias, através de processos lentos de transformação, cujas fases se não instalam simultaneamente em todos os povos. Além disso, os diversos períodos de evolução de uma instituição não envolvem, em geral, um rompimento completo com as estruturas anteriores, por a tal se opor o carácter imutável de muitos atributos da natureza humana" (*Direito de Família*. v. 1. 3ª ed. Lisboa: Petrony, 1993. p. 41).

[15] "Foi a constatação de que a representação liberal da sociedade -que postulava a auto-suficiência desta e a sua capacidade para propiciar a todos os seus membros, em liberdade e igualdade, as melhores condições de vida e, consequentemente, atirava o Estado para fora dela, para uma mera função de guarda- deixou de encontrar expressão na realidade que provocou uma nova representação dela, na qual o Estado e ao direito são atribuídas novas funções, no plano econômico e no plano social" (Vital MOREIRA, *A ordem jurídica do capitalismo*. 4ª ed. Lisboa: Editorial Caminho, p.92).

[16] Bobbio, *O futuro da democracia*, p. 112.

[17] *O Estado e o Direito na transição pós-moderna ...*, p.14.

instituição-chave do funcionamento da sociedade, pois é aí que se definem os papéis sociais elementares dos indivíduos"[18].

O público passa a se ocupar do privado e por isso mesmo o casamento ainda é tido como uma instituição. O modelo de família e o de Estado se ajustam, e o Estado preenche funções da família em maior grau que antes[19].

IV. "Fuga" do Estado?

Como nunca, a rigor foi diferente, o transcurso do tempo e as alterações sociais[20] geram mudanças na estrutura da família e nas suas funções[21].

O final do século XX assiste a uma certa reentronização da ideologia calcada na ética individualista e na suposta liberdade social, econômica, política e religiosa[22]. De certo modo, volta à cena a denominada "fuga" do Estado para fora do Direito Público[23].

O público quer se desapropriar progressivamente do privado. Não há contrato que funde o amor como prisão conjugal decretada pelo Estado. A doutrina se abre para acolher os cantos da informalidade[24], bem-vinda, de um modo geral, para superar o arcaísmo do modelo clássico de família. Menos Estado também na família : "a regra de ouro -repetiu entre nós o professor João Baptista VILLELA- "pode estar em atribuir ao Estado a garantia e ao homem a construção da família"[25].

Se a expressão neoliberal da família pretende se esboçar às portas do terceiro milênio, às vésperas do final do século problemas fundamentais não encontram, nesse questionável projeto que merece crítica e resistência, respostas efetivas que liguem o homem real ao sentido de justiça. Pretende-se

---

[18] ARNAUD, André-Jean. *O direito traído pela filosofia*, p. 127.

[19] Horkheimer, *Autoridade e família*, p.235.

[20] Nesse sentido, para Habermas, a esfera da família, a qual designa de *esfera íntima*, "não está livre das coações a que a sociedade burguesa submete como qualquer outra sociedade anterior" (*Mudança estrutural da esfera pública*, p. 63).

[21] "La famiglia -escreveu Rosenberg, como struttura cambia col trascorrere del tempo" (*La famiglia nella storia*, p.II).

[22] Sobre a ideologia do liberalismo, WOLKMER, Antonio Carlos. *Ideologia, Estado e Direito*. 2ª ed. São Paulo: Editora Revista dos Tribunais, 1995. p. 114 e seguintes.

[23] A expressão é de Habermas, *Mudança estrutural da esfera pública*, p. 180.

[24] "Nombre d'auteurs contemporains n'ont cessé de militer contre l'élargissement du domaine d'intervention legislative dans les familles", escreveu recentemente Françoise DEKEUWER-DÈFOSSEZ, em suas *Réflexions sur les mythes fondateus du droit contemporain de la famille*, RTDC, (n° 2) abr.-jun. 1995, p.250.

[25] *As novas relações de família*, XV Conferência Nacional de Ordem dos Advogados do Brasil, Anais das Teses, p. 133.

excluir do público uma seara de direitos básicos sequer realizados para a maioria esmagadora da população.

Mais uma vez, o sistema jurídico, ao refletir o modelo que governa as relações econômicas e sociais, serve para marcar uma marginalização. É que atribuição de uma posição jurídica depende, pois, do ingresso da pessoa no universo de titularidades que o próprio sistema define. Desse modo, percebe-se claramente que o sistema jurídico pode ser, antes de tudo, um sistema de exclusão.

4.1. Pessoas, direitos e exclusão

Essa exclusão se opera em relação a pessoas ou situações às quais a entrada na moldura das titularidades de direitos e deveres é negada. Tal negativa, emergente da força preconceituosa e estigmatizante dos valores dominantes em cada época, alicerça-se num juízo depreciativo, historicamente atrasado e equivocado.

Assim já se passou em diversas hipóteses. Para ficar em dois exemplos, basta lembrar dos séculos que o sistema jurídico embalou com formas diferentes de redução da mulher a objeto ou a um ser menor, incapaz. O traço de exclusão da condição feminina marcou o patriarcado e fundou um padrão familiar sob a lei da desigualdade[26].

Do mesmo modo, os filhos tidos fora do casamento foram excluídos da cidadania jurídica, pois embora filhos eram, no sentido natural, direito algum tinham em homenagem à "paz e a honra" das famílias matrimonializadas. Segredos conservavam uma decência aparente da família e instituíam a "mentira jurídica"[27].

Por isso, a presença dessas pessoas no Direito é, a rigor, a história de uma ausência. O que se nega não se denega apenas à mulher, em especial à mulher não casada, ou aos filhos que na linguagem discriminatória eram tidos como ilegítimos ou bastardos. Diversos sujeitos são propositadamente colocados à margem do sistema jurídico, inseridos no elenco daqueles que não portam convites ao ingresso das titularidades de direitos e obrigações.

---

[26] "A crise da família adquire também o aspecto de uma prestação de contas, não só pela opressão brutal que sofreu a mulher, mais débil, e depois os filhos, por parte do chefe da família, até ao limiar dos novos tempos, mas também pela injustiça econômica que se praticava, pela exploração do trabalho doméstico numa sociedade que, em tudo o mais, obedece às leis de uma economia de mercado" (HORKHEIMER & ADORNO, *Temas*, p. 140).

[27] Nesse sentido, v. Guilherme de OLIVEIRA, "Sobre a verdade e a ficção no direito de família", *Boletim da Faculdade de Direito de Coimbra*, (51):272-83, 1975, p.271.

4.2. Sexo, sangue e família

Modelada para atender a esses interesses e calcada na estrutura parental padronizada pelos valores dominantes, a família revela seus papéis. Novos tempos, novos sujeitos, maiores ou menores, para dar conta de suas funções[28].

Assentada no sentido clássico da família monolítica e autoritária, hierarquizada e transpessoal, a norma jurídica resta servindo, nessa dimensão, de instrumento para dedicar capítulos inferiores a sujeitos naturais que não passam ao estatuto de efetivos sujeitos de direito. Esse regime de exclusão se funda num assento tripartite que une sexo, sangue e família, e propicia que as formulações jurídicas privadas modelem as relações de direitos.

Em certa medida, o final do século XX se liga ao desenvolvimento do individualismo moderno do século XIX, e por isso "este desenvolvimento leva, finalmente, a que os indivíduos sejam, na realidade, o que tinha sido concebido numa rigorosa teoria liberal : átomos sociais"[29]. Mais que a escolha de uma profissão[30], gera o *sujeito rei de si mesmo*, que se crê independente diante da obsolescência da família tradicional.

No verso derradeiro desse inacabado capítulo em construção neste final de século, não deve surpreender, portanto, que o corpo e o ventre ingressem na discutível seara das disponibilidades, e que se impõe, com justa razão, o reconhecimento legal das uniões de pessoas do mesmo sexo[31].

---

[28] A atomização que revela a dissolução da sociedade se projeta na debilidade da autoridade da família e dentro dela: "Da sua relação com o pai, o filho apenas obtém a idéia abstrata de um poder e de uma força arbitrários e incondicionados, e procura então um pai forte, mais poderes que o verdadeiro, que já não satisfaz a antiga imagem, enfim, um super-homem e super-pai como os que foram produzidos pelas ideologias totalitárias" (HORKHEIMER & ADORNO, *Temas*, p. 145).

[29] HORKHEIMER & ADORNO, à página 144 dos *Temas*.

[30] A projeção jurídica da mulher rompe o sistemático patriarcado conceitual. Anotando que "o Direito das Mulheres tem poucos indicadores formais na Lei", afirmou a professora norueguesa Tone Stang DAHL: "O Direito das Mulheres não conhece quaisquer limitações formais que não sejam a perspectiva feminista. Isto significa que a disciplina atravessa as fronteiras entre Direito Público e Privado e, em geral, as fronteiras entre todos os ramos do Direito" (DAHAL, Tone Stang. *O Direito das mulheres: uma introdução à teoria do direito feminista*. Lisboa: Fundação Calouste Gulbenkian, 1993. p. 30).

[31] No Brasil, a doutrina jurídica mais coerente já assentou que têm relevância jurídica as uniões estáveis de natureza homossexual (OLIVEIRA, José Lamartine Corrêa & MUNIZ, Francisco José Ferreira. Direito de Família; direito matrimonial. Porto Alegre: Sérgio Fabris Editor, 1990, p. 215). Começam a aparecer alguns tênues pronunciamentos judiciais, como o precedente representado pela decisão do Tribunal de Justiça do Rio de Janeiro (Acórdão de 30 de junho de 1990. PINTO, Narciso A. Teixeira. Relator. Acórdão na Ap. Cív. 731/89. Tribunal de Justiça do Rio de Janeiro. In: *Jurisprudência Brasileira*, v. 173, p. 206-9. Curitiba: Juruá, 1994), que atribuiu, a seu modo e sob certas limitações, efeitos de sociedade de fato às relações entre pessoas do mesmo sexo. No plano legislativo, ao lado de texto legal que permite mesmo hoje certa hermenêutica extensiva, há o importante Projeto de Lei 1.151, de 1995, apresentado pela Deputada Marta Suplicy à Câmara dos Deputados, visando disciplinar juridicamente a união civil entre pessoas do mesmo sexo.

V. Além do muro, há luz e sombra

Diversos motivos fariam soar falsa a indiferença aos espaços conquistados à luz de princípios como o da igualdade material.

Assim, vencidas as etapas propostas, a análise se encontra, num equilíbrio dialético, a um certo "punto de arrivo". Mesmo que pouco haja para concluir em definitivo, os fenômenos analisados fornecem uma luz, ainda que tênue, de um modelo plural, concebido, "mutatis mutandis", como escreve WOLKMER, "a partir de uma nova racionalidade e uma nova ética", reconhecendo os novos sujeitos, os direitos construídos pelo processo histórico, e a descentralização normativa[32].

Ciente da cartografia da transdisciplinariedade e de que não há purismo conceitual[33], o observador contemporâneo ao folhear novos álbuns de família, se defronta com inovadores afazeres epistemológicos e alguns paradoxos. Na aparência, o modelo é, a rigor, a falta de *um único* modelo. Convivem, para ilustrar, na família sociológica plural, o *living apart together*, o *long-distance marriage* e a concepção eudemonista da família.

Nessa mesma visibilidade, uma liberdade às avessas se embala para tentar equilibrar o indivíduo (consumidor) e o cidadão (sujeito da cidadania) na dimensão do consumo de toda espécie. Uma gestualidade falsa que, no canto neoliberal, se mostra atuando como melodia de encantamento.

Mesmo assim, sem projeções que seriam indícios de precipitação, é ao menos certo que a família, em si, se insere nesse processo, conciliando as vantagens de um mínimo de concreta solidariedade familiar e de real liberdade individual. As portas que se fecham para a família matrimonializada biológica se abrem para uma comunidade informal de afeto. Como disse Michelle PERROT, rejeita-se o nó, mas não o ninho. Será esse realmente um belo sonho?

As fotos que encerram o álbum de família no fechamento deste século espelham desafios de Sísifo e recomendam adotar a lição de Edgar MORIN : é tempo de iluminar, no palco contemporâneo, a essência do que tem ficado à sombra.

---

[32] WOLKMER, Antônio Carlos. *Pluralismo Jurídico*, p. 323. Sob essa dimensão plural, é não apenas procedente como necessária a crítica ao ritualismo epidérmico das teorias que pretendem dar conta da universalidade das questões, desprezando peculiaridades sociais e econômicas. Com inteira razão, no estudo "Algunas consideraciones sobre la democracia: el caso latinoamericano", David Sánchez RUBIO que anotou: "No se puede caer en um dogmatismo y absolutismo de um proyecto teórico. Cada país o región necesitarán de elementos políticos que otros lugares no requerirán con tanta urgencia" (*Espacios* - Cultura y Sociedad, ano 4, n° 18, sept. oct. 1994, p. 64).

[33] Escreveu em Portugal o professor Orlando de CARVALHO: "não há sistemas neutros" e " todo o Direito é ideológico-político", na obra *Para uma teoria da relação jurídica civil*, p. 14.

Abstract : The State privatization process suggests a reflection about the *desinstitucionalization* of the family standard recognized by the classic legal system. This study tries to find, in the transition from the archaic to the contemporaneous system, traces of the neoliberal ideology in the restructure of the family legal pattern, and to show that, in the family context, some circumstances lead to a critical understanding of the State shrinkage phenomenon that one can notice specially in Latin America in the so-called minimum State project. This is not meant to defend the nuclear family as the *Welfare State* wants it, but to understand critically the limits, possibilities and paradoxes of the family structure under the effects of what the neoliberalism propose to the society.

Résumé : La marche de la procédure de privatisation de l'Etat suggère une réflexion à propos de la *desinstitutionnalisation* du modèle familial reconnu par le système juridique classique. Cette étude cherche, au cours de l'archaïque au contemporain, de traits de l'idéologie néo-libérale dans la restructuration du dessein juridique de la famille, et indique en ce sens des points pour la compréhension critique de ce phénomène de rétraction de l'Etat qui s'observe surtout en Amérique Latine dans le dénommé projet de l'Etat minime. Il ne s'agit pas de défendre la famille nucléaire de l'intérêt de l'*Etat Social*, mais de comprendre de façon critique les limites, les possibilités et les paradoxes de la structure de la famille sous les reflets de ce que propose le néo-libéralisme à la société.

VI. Elenco de fontes

Apenas a título de registro, anotamos que o presente trabalho, direta ou implicitamente, levou em conta diversas obras, dentre as quais, sem embargo de outras também citadas nas notas de rodapé, se destacam especialmente as seguintes :

ARNAUD, André Jean. *O direito traído pela filosofia*. Porto Alegre : Sergio A. Fabris, 1991.
BOBBIO, Norberto. *O futuro da democracia*; uma defesa das regras do jogo. Rio de Janeiro : Paz e Terra,   1986.
CÁRCOVA, Carlos María. *Teorías jurídicas alternativas*; escritos sobre Derecho y Política. Buenos Aires : Centro Editor de América Latina, 1993.
CARVALHO, Orlando de. *Para uma teoria geral da relação jurídica*. Coimbra : Centelha, 1981. v. 1.
DE LA TORRE RANGEL, Jesús Antonio. *El uso alternativo del Derecho por Bartolomé de las Casas*. México : Universidad Autónoma de Aguascalientes, 1991.
DEKEUWER-DEFOSSEZ, Françoise. *Réflexions sur les mythes fondateurs du droit contemporain de la famille*. Revue Trimestrielle de Droit Civil n° 2. abr.-jun. 1995, a. 94, p. 249-270.
GLENDON, Mary Ann. *The transformation of family law*. Chicago : The University of Chicago Press, s.d.
HABERMAS, Jürgen. *Mudança estrutural da esfera pública*; investigações quanto a uma categoria da sociedade burguesa. Rio de Janeiro :Tempo Brasileiro, 1984.
HERRERA FLORES, Joaquín. *Crisis de la ideología o ideología de la crisis? Respuestas neoconservadoras*. Revista Crítica Jurídica, 13, 1993, p.123-143, UNAM/Instituto de Investigaciones Juridicas.
HORKHEIMER, Max. *Teoria crítica : uma documentação*. Ensaio : Autoridade e família. São Paulo : Perspectiva e Ed. da USP, 1990.
___ & ADORNO, Theodor (org.). *Temas básicos da Sociologia*. 2. ed. São Paulo : Cultrix, s/d.
MEULDERS-KLEIN, Marie-Thérèse. Famille, droit et changement social dans les sociétés contemporaines : rapport géneral de synthèse. In : *Jounées d'études juridiques Jean Dabin*, 8. Annales. Bruxelles : E. Bruylant, 1978. p. 685-751.

MICHEL, Andrée. Modèles sociologiques de la famille dans les societés contemporaines. In : *Archives de philosophie du droit* : réforme du droit de la famille. Paris : Sirey, 1975. t. 20, p. 127-36.

MORIN, Edgar. *O paradigma perdido : a natureza humana*. 4. Ed. Lisboa : Ed. Europa-América, s.d.

PERROT, Michelle (Org). *História da vida privada*. São Paulo : Companhia das Letras, 1991. v. 4.

_____. O Nó e o Ninho. In : *Reflexões para o futuro,* São Paulo : Abril, 1993.

PIMENTEL, Silvia. *Evolução dos Direitos da Mulher*. São Paulo : Editora Revista dos Tribunais, 1978.

PIMENTEL, Silvia & DI GIORGI, Beatriz & PIOVESAN, Flávia. *A figura/personagem mulher em processos de família*. Porto Alegre : Sergio A. Fabris, 1993.

PROST, Antoine. Fronteira e espaços do privado : a família e o indivíduo. In : PROST, A. & VINCENTE, G. *História da Vida Privada*. v. 5. São Paulo : Companhia das Letras, 1992.

RHEINSTEIN, Max. Persons and family : In : *Internacional Enclopedia of Comparative Law*. Mouton (The Hague)-Paris : J. C. B. Mohr (Paul Siebke) v. 4. Chapter 01, p. 3-19.

ROSENBERG, Charles E. (Org.). *La famiglia nella storia* : comportamenti sociali e ideali domestici. Torino : Giulio Einaudi, 1979.

SAFFIOTI, Heleieth Iara Bongiovani. O fardo das brasileiras. In : *Mulher brasileira; a caminho da libertação*. São Paulo :Escrita Ensaio, 1979. v. 5.

SOUZA SANTOS, Boaventura de. O Estado e o direito na transição pós-moderno : para um novo senso comum sobre o poder e o direito. *Revista de Ciências Sociais*, Lisboa, n° 30, p. 13-43, jun. 1990.

VILLELA, João Baptista. As novas relações de família. In *Teses*. XV Conferência Nacional da Ordem dos Advogados do Brasil. 04-08 set 1994. Foz do Iguaçú - PR, p. 132.

_____. Liberdade e família. *Revista da Faculdade de Direito da Universidade Federal de Minas Gerais*, Belo Horizonte, v. 3, n. 2, 1980.

WOLKMER, Antônio Carlos. *Ideologia, Estado e Direito*. 2ª ed. São Paulo : Editora Revista dos Tribunais, 1995.

_____. *Pluralismo Jurídico :* fundamentos de uma nova cultura no Direito. São Paulo : Editora Alfa-Omega, 1994.

Sistemi giudiziari in perenne crisi.
Riflessioni sul caso italiano.

Vincenzo Ferrari[1]

1. Premessa

Non posso intervenire, in questa graditissima sede, senza manifestare un certo grado di imbarazzo per la natura del tema che dovrò trattare. Ciò per due ragioni. In primo luogo, dispiace dover esprimere giudizi critici, soprattutto all'estero, sulla situazione del proprio paese. In secondo luogo, gli argomenti che esporrò sono talmente vecchi e ricorrenti da apparire ormai frusti. Della crisi del sistema di giustizia italiano si parla da quando esiste l'Italia come stato indipendente e sovrano, cioè da quasi un secolo e mezzo. Sulle sue cause sono stati scritti e pronunciati fiumi di parole nelle più diverse sedi, politiche, accademiche, giornalistiche, cinematografiche, teatrali e financo cabarettistiche. In una commedia di Edoardo Ferravilla, autore e attore dialettale milanese della fine del secolo scorso, mentre l'usciere del tribunale declama "*Entra il Tribunale*", una voce dal pubblico presente ribatte in vernacolo "*E la giustizia la va*"[2]. A distanza di molti decenni, *Morte accidentale di un anarchico* di Dario Fo[3] illustra in modi grotteschi le circostanze in cui Pino Pinelli, anarchico milanese fermato per "informazioni" sulla strage di Piazza Fontana – 12 dicembre 1969[4] – morí cadendo da una

---

[1] Professor da Università Statale di Milano. – Questo articolo riproduce un intervento svolto dall'autore ad un convegno sui sistemi giuridici, tenutosi presso la Universidad Externado de Colombia, a Bogotá, nell'agosto 1997. La versione originale spagnola sarà pubblicata presso la stessa Universidad Externado a cura di Germán Silva García.

[2] Lett. "E la giustizia se ne va". La commedia, *Tecoppa in Tribunal*, fu scritta da Ferravilla in collaborazione con L. Bosisio (cito dal volume collettaneo *Umoristi dell'Ottocento*, intr. e note di A. Bertolucci, Garzanti, Milano 1960, p. 419).

[3] Le commedie di Dario Fo, edite dalla Casa editrice Einaudi di Torino, sono state ristampate recentemente con l'occasione del conferimento all'attore-autore lombardo del Premio Nobel per la letteratura.

[4] Nel pomeriggio di venerdí 12 dicembre 1969 una bomba ad alto potenziale esplose nel salone della Banca Nazionale dell'Agricoltura di Piazza Fontana a Milano, affollata di clienti, uccidendo 14 persone e ferendone molte altre. Benché circolassero subito notizie secondo cui l'attentato era da ricondursi alle attività di gruppi di estremisti di destra, collegati con settori "deviati" dei servizi speciali dello Stato, e finalizzato a creare le condizioni per un colpo di stato militare, le indagini giudiziarie si indirizzarono immediatamente contro i circoli anarchici della città. Dopo l'episodio

finestra del quarto piano della Questura di Milano : a distanza di quasi trent'anni non si è ancora fatta piena luce né sulla strage né su quella caduta.

Dal lato della sociologia del diritto, che costituisce il mio angolo visuale, basterebbe far parlare le cifre rivelate dalle statistiche giudiziarie.

La durata media dei giudizi civili di cognizione è fra le piú alte del mondo occidentale, fino ad estremi, patologici ma non rari, di quindici-vent'anni. Il processo di esecuzione civile è praticamente incapace di conseguire il suo fine naturale, cioè la vendita all'asta dei beni del debitore, ed è di fatto quasi paralizzato. Le procedure concorsuali – fallimenti e concordati – molto raramente pervengono ad una soddisfacente distribuzione dell'attivo ai creditori e vengono piuttosto usati, molto spesso, per evitare il pagamento dei debiti e "ripulire" artificialmente aziende in crisi. In sintesi, tutto il sistema sembra operare a favore del resistente temerario, del debitore inadempiente, dello speculatore professionale.

Nel campo penale, oggetto attualmente della battaglia politico-istituzionale su cui mi soffermerò fra breve, il rapporto fra reati denunciati e sentenza dibattimentali di condanna raramente supera il 10%, dato che sarebbe impressionante in sé e per sé, anche se non considerassimo che la grande maggioranza dei reati non viene denunciata ed entra a comporre la cosiddetta "cifra oscura", ben nota ad ogni criminologo. Con gli uffici affogati da miriadi di fascicoli, la durata dei processi è tale che un numero consistente si estingue comunque per prescrizione del reato. In siffatto clima, lo smarrimento degli organi inquirenti e giudicanti fa sí che la carcerazione preventiva ("custodia cautelare", nell'attuale gergo tecnico) venga a svolgere la funzione perversa di espediente istruttorio capace di "sollecitare" confessioni rivelatrici, e soprattutto di pena anticipata. Per contro, l'espiazione effettiva delle pene, al termine di vicende processuali infinite, costituisce piú un'eccezione, spesso legata a fattori imponderabili, che la regola. Il risultato, ancora una volta, è paradossale. Statisticamente, il rischio di un processo e soprattutto di una condanna penale è minimo, soprattutto in certi campi come i reati contro il patrimonio e specialmente i crimini "da colletti bianchi", cosa questa che naturalmente incentiva al massimo la criminalità. Peraltro, si tratta di un rischio imponderabile, perché la giustizia penale colpisce a caso e, quando colpisce, lo fa con implacabile durezza, distruggendo vite e immagini sociali, il piú delle volte senza il supporto di una sentenza giustificatrice : ciò che provoca una formidabile incertezza, spesso autentica angoscia, soprattutto nei cittadini che sanno di non aver mai commesso nessun reato. Non si può dimenticare infatti

---

di Pinelli, citato nel testo, venne infatti arrestato l'anarchico Pietro Valpreda, trattenuto in carcere per circa tre anni, prima di essere liberato, processato e definitivamente scagionato. Dopo innumerevoli vicende processuali che hanno coinvolto numerosi imputati appartenenti alla destra estrema, il caso è tuttora aperto ed è ancor oggi oggetto di indagini in sede giudiziaria.

che la metà degli imputati viene normalmente assolta e che piú della metà dei detenuti nelle carceri italiani è in attesa di giudizio : anche di questi, circa la metà otterrà una sentenza assolutoria.

Questo stato di drammatico caos, che frutta all'Italia continue condanne da parte della Corte europea dei diritti dell'uomo, si è prodotto in un paese che, pur lesinando molti mezzi destinati all'amministrazione della giustizia, tuttavia impiega circa 7.000 magistrati fra inquirenti e giudicanti e un numero corrispondente di coadiutori giudiziari. Un paese, altresí, la cui cultura giuridica ha radici secolari ed è ritenuta con buona ragione una delle piú alte e sofisticate del mondo. E questo è un paradosso – dirò incidentalmente – su cui occorrerebbe riflettere, chiedendosi se appunto non esista una correlazione fra il moltiplicarsi, da un lato, di opinioni giuridiche raffinate, ma differenziate e contrastanti, nel diritto sostanziale e in quello processuale, e dall'altro lato l'incertezza del diritto e la paralisi della giurisdizione.

Questa condizione di crisi, che per molti decenni ha interessato soltanto marginalmente la classe politica e l'opinione pubblica, ha raggiunto negli ultimi anni il centro nevralgico del sistema, investendo l'immagine sociale e il ruolo istituzionale della giustizia e traducendosi in un acutissimo scontro fra poteri dello Stato e fra gruppi politici. Uno scontro dal quale potrebbe dipendere il futuro stesso del paese o, quanto meno, l'esito del progetto, attualmente in corso, di riforma della sua carta costituzionale.

Mi soffermerò sui piú recenti avvenimenti, riprendendo temi che ho già avuto occasione di trattare anche in altre sedi, talvolta con brevi contributi scritti[5]. Rispetto a questi, non dirò quindi nulla di particolarmente nuovo, salvo ovviamente apportare gli indispensabili aggiornamenti.

2. Breve riepilogo storico

Senza ripercorrere tutte le fasi del rapporto fra magistratura e potere politico dalla fine della guerra, partirò dal mese di giugno 1983, anno in cui tale rapporto subisce un brusco anche se non dichiarato mutamento.

Alla vigilia delle elezioni politiche che avrebbero portato alla formazione del Governo Craxi, avviene un fatto gravido di conseguenze politico-istituzionali. Il giudice istruttore del Tribunale di Savona ordina l'arresto dei massimi responsabili della Federazione ligure del Partito Socialista Italiano, a cominciare dal *líder máximo* Alberto Teardo, presidente della Giunta della

---

[5] Cfr. p. es., in lingua spagnola, "El moralismo e Italia en peligro de muerte", nel numero di *Doxa. Cuadernos de Filosofía y Derecho* dedicato a Elías Díaz (15-16, vol. I, 1994, pp. 407-422) "Seguridad jurídica y crisis del Estado de Derecho en Italia", in M.E. Boza e R. Pérez Perdomo (comp.), *Seguridad Jurídica y Competitividad*, Ediciones IESA, Caracas 1995, pp. 211-221.

Regione Liguria, per i reati di corruzione e concussione, aggravati dal sospetto (che non sarà poi confermato in sede giudiziale) di attività di tipo mafioso. Il provvedimento provoca la fine della carriera politica degli arrestati, in particolare di Teardo, la cui elezione a deputato, di lí a pochi giorni, era data per scontata e la cui nomina a ministro era ritenuta, a sua volta, molto probabile. Tranne che in Liguria, dove subisce un crollo, le fortune elettorali del Partito Socialista non ne risentono sul momento, a livello nazionale. Ma si tratta comunque della prima incrinatura nella sua immagine pubblica, sapientemente costruita negli ultimi anni da Bettino Craxi e dai suoi collaboratori, di movimento "post-moderno", capace di coniugare tradizione e mutamento, solidarietà e rispetto dei diritti individuali.

Mentre in passato, nell'occasione dei frequenti scandali che avevano coinvolto uomini politici, i partiti italiani avevano sempre professato formale rispetto per la magistratura, almeno a parole, in questo caso il Partito Socialista reagisce con inusitata durezza, indicendo pubbliche manifestazioni nelle quali gli arrestati vengono definiti "prigionieri politici". Evidentemente l'azione giudiziaria aveva colpito il centro del bersaglio e gli ambienti politici piú sensibili avevano già intuito che, se fosse proseguita, essa avrebbe potuto compromettere un consolidato metodo di governo, fondato sullo scambio di "favori" fra il sistema imprenditoriale da un lato e, dall'altro, il sistema politico-amministrativo. Come, in effetti, sarebbe avvenuto dopo meno di due lustri.

Nel 1983, tuttavia, gli strali del Partito Socialista contro la magistratura vanno a segno. Infatti il caso Teardo viene subito soffocato sui media dal clamore che provoca il concomitante caso di Enzo Tortora, noto attore e presentatore televisivo fatto arrestare dalla Procura della Repubblica di Napoli sotto l'accusa di spaccio di stupefacenti, nell'ambito di un'azione giudiziaria condotta con metodi estremamente discutibili e destinata, alla lunga, ad un clamoroso insuccesso. Ciò che il mondo politico critica con grande veemenza è l'uso discrezionale e spregiudicato che gli organi inquirenti fanno dei cosiddetti "pentiti", cioè quegli imputati che, tratti in arresto, accettano di "collaborare con la giustizia", fornendo notizie utili e operando chiamate in correità. La politica del "pentitismo" – in realtà – non soltanto non è affatto nuova nel periodo di cui parliamo, ma ha già avuto nel corso di vari anni il sostegno convinto dell'intera classe politica, sintanto che si trattava di combattere, con questa tattica, il terrorismo politico delle "bande armate", dilagante alla fine degli anni settanta. Ciò che è nuovo, è che la stessa tattica viene ora estesa dalla magistratura ad ambiti diversi da dalla criminalità politica, sia quello della corruzione politica, sia quello delle organizzazioni criminali di tipo mafioso. Questa svolta strategica non viene accettata dalla classe politica, la quale ha buon gioco a dire che nessuna legge giustifica i grandi favori processuali concessi ai "pentiti" dagli organi inquirenti e a dimostrare, carte alla mano, che in molti casi questi "collaboratori della giustizia" non esitano a disseminare calunnie a destra e a manca, pur di ottenere quei favori grazie a dichiarazioni gradite ai magistrati inquirenti: nel caso Tortora, succitato, si dimostrerà in effetti che l'intero edificio processuale costruito dalla pubblica accusa era basato su calunnie dei pentiti e conseguenti grotteschi errori degli uffici giudiziari.

In questo clima dunque un rilevante settore della classe politica inaugura una strategia indirizzata a restringere i poteri della magistratura e soprattutto dei pubblici ministeri, che nel sistema italiano ne costituiscono parte integrale. Da un lato si riprendono e si accelerano i lavori di redazione del nuovo codice di procedura penale, ispirato al modello accusatorio e al principio di parità – in realtà, molto più formale che sostanziale – fra accusa e difesa. Dall'altro lato, si avvia con grandissima decisione una campagna volta a sottoporre a referendum popolare l'abrogazione dell'art. 55, comma 1, n.1, del codice di procedura civile, che limita l'azione di responsabilità civile dei magistrati ai casi di "dolo, frode e concussione". L'intento dei promotori del referendum, fra cui si stagliano tanto il Partito Socialista, quanto il Partito Radicale, di cui Enzo Tortora, eletto nel 1984 deputato al Parlamento europeo e pertanto liberato dal carcere, è diventato esponente di massimo rilievo. L'eco del processo Tortora, conclusosi con la piena assoluzione dell'imputato in grado d'appello, è ben vivo quando si perviene al referendum nell'autunno del 1987. La pressione dei promotori è tale che la classe politica si schiera compattamente a favore della proposta, con pochissime eccezioni[6], rendendo l'esito finale del tutto scontato, e del resto facilitato dal fatto che gli elettori vengono invitati, nella stessa occasione, a votare "*Sì*" per l'abrogazione di altre norme impopolari, come quelle che consentono l'installazione di centrali nucleari e lo svolgimento di ricerche e di *joint ventures* nel settore dell'energia atomica[7].

All'esito del referendum fa seguito l'emanazione di una legge che allarga timidamente alla colpa grave i casi di responsabilità del giudice e che è rimasta sinora totalmente inapplicata essendo rimessa, del resto, all'azione della stessa

---

[6] Si schierarono contro l'abrogazione della norma succitata soltanto il Partito Repubblicano Italiano e il Partito di Democrazia Proletaria, quest'ultimo con un documento largamente ispirato dal filosofo e teorico del diritto Luigi Ferrajoli. A questa posizione, assolutamente minoritaria, si associarono poi alcune voci isolate, fra cui quella di Norberto Bobbio e, fra i pochi altri, anche quella dell'autore di questo scritto: non perché non apparisse teoricamente accettabile l'idea dell'ampliamento delle fattispecie di responsabilità dei magistrati, ma perché era ben chiaro che dietro lo schermo degli argomenti garantisti si nascondeva il meno nobile progetto di sottoporre la magistratura ad un controllo politico.

[7] Sull'argomento, sempre per iniziativa del Partito Radicale, furono sottoposte a referendum ben tre complessi normativi, in un clima emotivamente dominato dall'incidente nella centrale ucraino-sovietica di Chernobyl, risalente all'anno precedente.

magistratura[8]. Ma quest'ultima soffre la campagna e la polemica referendaria come un insulto, rinserrando le fila in uno spirito di difesa corporativa. La spaccatura che si crea fra il potere giudiziario e gli altri poteri dello Stato, nonché il sistema dei partiti politici, è già totale. Si svolge una lotta, in larga misura sotterranea, con alterne vicende. Facendo pressioni sulla Corte costituzionale, in un periodo di dilagante criminalità mafiosa, la magistratura ne ottiene decisioni che rafforzano i già amplissimi poteri dei pubblici ministeri a detrimento delle garanzie della difesa, cosí inficiando la logica egualitaria e garantistica cui si ispira il nuovo codice, entrato in vigore nel 1989. Per contro, quasi contemporaneamente s'insedia quale ministro della giustizia Claudio Martelli, esponente socialista del massimo rilievo, il quale avvia bensí alcune riforme significative – per esempio l'istituzione del giudice di pace per le controversie "minori" – ma secondo una strategia inequivocabilmente indirizzata alla restrizione delle prerogative della magistratura togata. Obiettivi fondamentali del nuovo Guardasigilli divengono, non per caso, il distacco del pubblico ministero dall'ordine giudiziario, la sua riconduzione sotto il controllo governativo, secondo il modello applicato durante il regime fascista, l'abolizione del principio di obbligatorietà dell'azione penale. Il mancato raggiungimento di questi obiettivi in tempo utile risulterà fatale ad un'intera classe politica.

Nel quadriennio 1988-1992 l'*élite* politica italiana si sente ancora forte e inattaccabile, tanto da rimanere sorda ad ogni critica, comprese quelle che dopo il 1990 vengono avanzate a getto continuo dallo stesso presidente della Repubblica Francesco Cossiga. Appare soprattutto consolidato, quasi istituzionale, un metodo d'azione politico-amministrativa fondato sul binomio spesa pubblica-corruzione. Ogni opera pubblica viene sempre a costare all'erario molto piú del suo prezzo di mercato, a vantaggio tanto di un sistema di imprese collegate ai gruppi politici piú potenti, quanto di una moltitudine di esponenti politici e amministrativi, dal piú alto al piú basso livello, i quali percepiscono su ogni commessa una "tangente" proporzionale alla somma erogata. La quantità di denaro che circola secondo queste modalità è incalcolabile : se oggi il debito pubblico italiano ammonta a piú di due milioni di miliardi di lire (2.000.000.000.000.000) ed è pari al 120% del PNL, ponendo l'Italia in condizioni di grave debolezza di fronte agli altri partner europei, ciò dipende non soltanto dalle prestazioni del c.d. Stato sociale, che in Italia è al tempo stesso molto costoso e poco efficiente, ma anche, se non soprattutto, dalla moltiplicazione artificiale dei costi dei lavori pubblici, imposta per molti

---

[8] Come esempio significativo dell'inutilità di questa legge (promulgata il 13 aprile 1988) e, prima di essa, della stessa campagna referendaria, va riferito che neppure i piú gravi e conclamati casi di errori, abusi e violazioni dei diritti degli imputati, commessi dalla magistratura, sono stati oggetto di sanzione giudiziaria: fra questi, lo stesso caso Tortora.

anni da questo sistema di rapporti fra imprenditoria e politica. Gli esempi potrebbero essere molteplici : ma basti dire, per esempio, che una linea della metropolitana di Milano costa molto piú di un'identica linea di Londra, Parigi o Barcellona, che un convoglio ferroviario italiano ad alta velocità costa molto piú di un TJV francese, e via dicendo.

In queste condizioni, la classe politica non si accorge che fuori dalle mura del cosiddetto "Palazzo" sta germogliando, all'inizio degli anni novanta, una rivolta sotterranea, in quei settori della società che sono esclusi dalla *grande bouffe* del sistema politico-imprenditoriale e tuttavia sono colpiti da una pressione fiscale sempre piú soffocante. I partiti dominanti, i quali probabilmente si sarebbero salvati se avessero imposto la fine anticipata della legislatura nel 1991, si preparano alle elezioni del 1992 in un clima di autocelebrazione che avrebbe dovuto riportare Bettino Craxi alla presidenza del Consiglio dei ministri dopo cinque anni di interruzione – nel 1987 il leader socialista aveva dovuto dimettersi per dissensi con gli alleati democristiani – ed elevare il potentissimo Giulio Andreotti, democristiano di vertice, alla presidenza della Repubblica. Ma il clima sociale ormai è cambiato. Già nel giugno 1991 un referendum popolare indetto per modificare la legge elettorale per la Camera dei deputati aveva dato un risultato rovinoso per i partiti di governo, specialmente il Partito Socialista che piú di ogni altro vi si era opposto. E poco prima delle elezioni generali, convocate per l'aprile 1992, prende avvio l'azione giudiziaria cosiddetta di "*Mani pulite*", come viene definita dalla stessa Magistratura, e con essa lo scandalo che la stampa denominerà immediatamente di "*Tangentopoli*", con riferimento alle "tangenti" di cui si arricchiscono regolarmente partiti e uomini politici italiani.

Nel mese di febbraio viene fatto arrestare dalla locale Procura della Repubblica Mario Chiesa, modesto esponente socialista di Milano e amministratore di un ospizio per persone anziane, colto in flagrante mentre intasca una tangente di 7 milioni di lire da un piccolo imprenditore. Rinchiuso in carcere e subito abbandonato dal suo partito, i cui leader lo trattano con disprezzo, "collabora" con i magistrati inquirenti, in particolare l'attivissimo pubblico ministero Antonio Di Pietro, che da questi episodi trarrà l'occasione per iniziare una brillante carriera politica, e "spiega" come funziona il sistema delle tangenti, facendo i primi nomi. Dal canto suo, la moglie separata di Chiesa, invelenita contro il marito per ragioni sentimentali e di interesse, invita gli inquirenti a indagare sui conti bancari svizzeri del marito, aprendo ufficialmente un orizzonte investigativo nel quale la magistratura si inoltrerà senza posa, negli anni seguenti, a danno di personaggi di ben altro rilievo. Si scopre cosí che un piccolo funzionario di partito, a tutti sconosciuto, è titolare di un patrimonio di molti miliardi di lire, la cui origine non può che derivare dal sistema politico-imprenditoriale sopra descritto.

Mario Chiesa (e, non di meno, sua moglie) diviene dunque l'incarnazione di quello che un grande giornalista francese, Raymond Cartier, definí in un suo libro "uno di quei personaggi oscuri che fanno la storia". La sua vicenda provoca una specie di effetto-valanga. Ogni arrestato confessa, di solito velocemente per uscire al piú presto dal carcere, facendo dei nomi. Come se fosse all'opera un moltiplicatore automatico, ogni nome fatto si traduce in piú arresti, che colpiscono gradualmente sempre piú in alto. Gli arresti si susseguono una settimana dopo l'altra, colpendo imprenditori di grido, importanti funzionari di partito, alti burocrati ministeriali. I vertici supremi della politica sono ormai direttamente coinvolti e si salvano dal carcere solo in virtú dei meccanismi dell'immunità parlamentare, che peraltro, in piena crisi, verrà di lí a poco fortemente ristretta. Frattanto, le elezioni politiche della primavera del 1992 travolgono, per pochi ma decisivi voti, la maggioranza politica che da decenni reggeva il paese, a causa del successo che un movimento nuovo, la Lega Nord, riesce ad ottenere contro tutte le previsioni piú accreditate. L'effetto congiunto degli scandali e della sconfitta elettorale provoca repentinamente la caduta di tutti i grandi leader politici. In particolare Andreotti e Craxi, in predicato per le piú alte cariche dello Stato, saranno le vittime piú illustri. A pochi anni di distanza, il primo si troverà coinvolto in due pesantissimi processi penali, ancor oggi non definiti, e il secondo, piú volte condannato, sarà costretto a vivere in esilio, in Tunisia, per sfuggire alla carcerazione.

Per un certo periodo l'opinione pubblica, per cosí dire, assiste allo spettacolo. Ma con l'estendersi dello scandalo, che porta con sé una seria crisi economica dovuta alla paralizzazione repentina di molte commesse pubbliche, tanti sono i soggetti coinvolti, tutti di notevole livello sociale, che comincia a formarsi un movimento di reazione. Mentre i partiti di governo cadono tutti in una crisi irreversibile, nel 1993-94 il fronte moderato, che è quello piú toccato dalla catastrofe politica e teme, per questo, uno slittamento del sistema verso la sinistra, si riorganizza sotto la guida di Silvio Berlusconi, vertice massimo del secondo gruppo industriale italiano che, fra le molte attività, controlla la quasi totalità delle reti televisive private e attraversa, nel momento, una seria crisi finanziaria aggravata dal timore che il capo in persona possa da un momento all'altro essere coinvolto negli scandali in virtú dei suoi molteplici rapporti con Bettino Craxi. In vista delle elezioni del marzo 1994, resesi necessarie per la paralisi sostanziale del Parlamento eletto nel 1992 e la conseguente debolezza dei governi del periodo, Berlusconi riesce nel miracolo di raggrumare attorno a un partito da lui stesso fondato in pochi mesi e dotato di una simbologia di stile mediatico-sportivo – dal nome *Forza Italia* al colore azzurro, come quello delle squadre nazionali italiane – una maggioranza straordinaria per la varietà dei suoi componenti. Ne fanno parte da un lato Forza Italia, paladina dei grandi monopoli economici e tutta schierata contro l'azione della magistratura, la

Lega Nord, paladina della piccola e media impresa, nonché di un federalismo che ben presto sfocerà in aperto secessionismo; dall'altro lato, Alleanza Nazionale, partito edificato in fretta e furia, con una nuova immagine democratica, sulle fondamenta del tradizionale Movimento Sociale Italiano, a sua volta erede del vecchio Partito Nazionale Fascista d'anteguerra. In sintesi, il monopolio insieme alla libera concorrenza, il federalismo assieme al centralismo, lo "stato minimo" neo-liberista, copiato dal modello reaganiano, assieme allo "stato etico" di ispirazione hegeliana e di derivazione mussoliniana. Questa composita maggioranza, unificata soltanto dalla paura che la sinistra prenda il potere, in effetti vince le elezioni politiche, svolte con un nuovo sistema elettorale di tipo semi-maggioritario, imposto da altro referendum svoltosi nel 1993, e forma un governo, presieduto dallo stesso Berlusconi, che immediatamente adotta alcuni provvedimenti significativi, ritenuti piú urgenti di ogni altro : liquida e sostituisce in poche settimane il vertice della Radiotelevisione di Stato in modo da acquisire il controllo del 95% delle reti televisive e interviene "persuasivamente" nel settore giudiziario, depenalizzando di fatto alcuni reati sgraditi all'*élite* imprenditoriale (per esempio quelli da inquinamento ambientale da parte delle industrie), facendo disporre dal ministro della Giustizia Alfredo Biondi una prima ispezione sull'azione della Procura della Repubblica milanese, protagonista dell'azione di "Mani pulite", ed emanando d'improvviso, nel mese di luglio, un decreto volto a restringere l'uso della custodia cautelare nei processi per crimini da colletto bianco. Il governo cerca cioè, in ogni modo, di stroncare una volta per tutte l'attività giudiziaria, che frattanto prosegue senza posa ed anzi, partita da Milano, si è ormai estesa a larghe parti del territorio nazionale coinvolgendo politici di ogni orientamento, compresi i rappresentanti del Partito Democratico della Sinistra, erede del vecchio Partito Comunista Italiano.

È proprio l'episodio di questo decreto (immediatamente denominato dalla stampa "*decreto salva-ladri*" e, di lí a poco, scaduto per mancata conversione in legge) che, grazie ad una fortissima protesta pubblica dei magistrati piú popolari, provoca la crisi del Governo Berlusconi, sanzionata nel dicembre 1994 con l'uscita della Lega Nord dalla coalizione e dalla stessa maggioranza. Si apre cosí una fase di transizione, che durerà per tutto il 1995, con un governo "tecnico" presieduto da Lamberto Dini, già Ministro del Tesoro con Berlusconi, ma ora appoggiato dai partiti di centro-sinistra e dalla stessa Lega Nord. Ed è proprio durante questa fase che il conflitto fra politica e magistratura raggiunge il suo acme. Il "tecnico" che dirige il Ministero della Giustizia, Filippo Mancuso, ex magistrato, dimostra subito di essere orientato come il suo predecessore Biondi e intensifica le ispezioni sulla Procura milanese, accusata di adottare metodi illegali nella conduzione delle indagini. La polemica diventa altissima. Onde evitare un suicidio politico, la nuova maggioranza è praticamente costretta a far sfiduciare Mancuso dal Senato, dove è piú solida, chiedendo e ottenendo un voto unico nella storia parlamentare italiana. Mancuso lancerà a destra e a manca accuse velenosissime coinvolgendo il Capo dello Stato, Oscar Luigi Scalfaro, egli stesso antico magistrato, e diverrà prontamente uomo di punta della "squadra" di Berlusconi in vista delle nuove elezioni politiche, indette per la primavera del 1996. Per contro, destra e sinistra cooperano di fatto a programmare una riforma costituzionale, che prenderà l'avvio con il nuovo Parlamento e che, nelle intenzioni di molti rappresentanti delle due parti, dovrebbe indirizzarsi a restringere sotto molti profili il potere dell'ordine giudiziario, soprattutto delle procure della Repubblica.

Il potere della Magistratura, dunque, costituisce il nodo piú importante, tuttora non sciolto, del faticoso processo di riforma costituzionale, avviato da una "Commissione bicamerale" composta da rappresentanti della Camera dei deputati e del Senato della Repubblica, e istituita dal Parlamento eletto nell'aprile 1996, nel quale una pur debole maggioranza di centro-sinistra garantisce una certa stabilità al governo presieduto da Romano Prodi. Sul tema giudiziario infatti la moltitudine di voci è tale che nessuna scelta sembra possibile. Ognuna delle parti politiche è divisa al proprio interno sulle soluzioni da adottare. Nella sinistra, molti accetterebbero di buon grado una riduzione dei poteri di giudici e pubblici ministeri : ma le sue ali estreme, il Partito della Rifondazione Comunista da un lato, e il movimento dell'ex magistrato Di Pietro dall'altro, sono apertamente contrarie. Nella destra, è tale l'accanimento anti-giudiziario del movimento di Berlusconi (il quale, soggetto personalmente a una decina dei processi, lamenta dal canto suo un continuo "accanimento giudiziario" nei suoi confronti) che gli stessi alleati non si sentono di seguirlo fino in fondo, sia pure con posizioni ben differenziate fra loro. La Lega Nord, relativamente isolata dal resto del sistema, interviene sul tema prevalentemente per provocare crisi politiche fra gli altri partiti, peraltro con parole sempre piú infuocate contro quei magistrati che cominciano ad agire contro la sua organizzazione para-militare delle "camicie verdi" e le sue ricorrenti manifestazioni anti-nazionali.

Frattanto, i processi di "Mani pulite" continuano, sempre numerosi ma sempre piú stancamente, verso conclusioni imprevedibili, punteggiate da un numero sempre maggiore di estinzioni per prescrizione. E continua per contro, sotterranea ma di fatto visibile, anche la corruzione politico-imprenditoriale. Soprattutto le varie "privatizzazioni", avviate dagli ultimi governi nella speranza di ridurre il deficit pubblico mediante la vendita delle imprese controllate dallo Stato, sembrano svolgersi all'insegna della piú perfetta spartizione di grandi risorse nell'ambito di un ristretto ceto di soggetti privilegiati.

3. Quesiti teorici e risposte ipotetiche

Il conflitto di cui ho cercato di descrivere, per un pubblico non italiano, le tappe e gli aspetti principali, rappresenta qualcosa di fondamentalmente nuovo nella vita politica italiana, giacché come ho accennato sopra, sino all'inizio degli anni ottanta, potere politico e potere giudiziario, seppure protagonisti di ricorrenti polemiche, hanno sempre trovato in passato la via di un *appeasement* soddisfacente per tutte le parti. Non solo, ma il tema della giustizia, per decenni relegato nelle pieghe secondarie dell'arena politica e trattato soltanto da alcune minoranze di ispirazione liberal-radicale, è diventato centrale nella politica italiana.

Sorgono dunque spontanei due quesiti ben rilevanti. In primo luogo, come si spiega l'insorgenza di un conflitto senza quartiere, muro contro muro, dopo decenni di convivenza piú o meno pacifica? In secondo luogo, come si spiega che la stessa lotta politica abbia abbandonato il terreno tradizionale degli interessi socio-economici ed abbia invece invaso quello, sostanzialmente nuovo, del diritto e dell'amministrazione giudiziaria?

Per tentare di rispondere a questi quesiti dal punto di vista della sociologia del diritto, occorrerà riferirsi ad una tematica classica, quella del rapporto fra diritto e mutamento sociale, e quindi distinguere, altrettanto classicamente, tra i fattori esogeni e i fattori endogeni che provocano mutamenti e aggiustamenti reciproci fra la variabile giuridica e le altre variabili rilevanti per la spiegazione dei comportamenti sociali.

Pertanto articolerò questa parte del mio discorso secondo questa distinzione tra fattori esogeni e fattori endogeni, avvertendo tuttavia che essa stessa non può essere proposta e adottata in maniera troppo netta, poiché esistono fattori rilevanti che presentano, in realtà, una natura intermedia fra le due categorie.

Cominciando a trattare dei fattori esogeni, che sono all'origine del conflitto di cui parliamo, bisogna sottolineare ancora una volta l'importanza del dato che ricorre piú comunemente in tutte le analisi socio-politiche e socio-giuridiche degli ultimi due decenni, e cioè la crisi dello Stato sociale, cioè del modello di organizzazione politica consolidato in Europa nell'arco di tutto il secolo XX. È questa una crisi che, da qualunque posizione ideologica si esamini, appare il frutto di uno squilibrio sempre piú vistoso fra aspettative sociali, moltiplicate dal facile accesso dei cittadini ad una serie di prestazioni dirette e indirette dei pubblici poteri, e disponibilità economiche, ridotte via via dalla pur relativa redistribuzione di ricchezze a livello internazionale e dall'impossibilità politica e pratica di attingere risorse, oltre certi limiti, dal prelievo fiscale che in tutta Europa ha raggiunto limiti straordinari : tanto straordinari da scatenare, in paesi dotati di amministrazioni tributarie poco efficienti e spesso corrotte, come l'Italia, un inarrestabile fenomeno di evasione fiscale.

A questa crisi, le *élites* politiche dei paesi piú sviluppati, e in particolare europei, hanno risposto per lungo tratto con due strategie differenziate, anche se talvolta intersecate fra loro.

La prima strategia, che possiamo simbolizzare soprattutto nel governo britannico di Margaret Thatcher, è consistita nel ridurre repentinamente e fortemente la spesa pubblica e nel privatizzare senza limiti il patrimonio statale, anche a costo di scatenare violente proteste sociali, che sono state contenute con atteggiamenti di grande fermezza sconfinanti nella repressione[9]. Questa politica ha favorito da un lato una rapida ripresa di investimenti produttivi attingendo alla diffusa ricchezza privata, ma dall'altro ha aggravato, sino a renderle irrecuperabili, le distanze sociali. La stessa politica – dirò incidentalmente – è stata seguita dopo la caduta dei regimi comunisti nei paesi del c.d. "socialismo reale", ove erano all'opera molti dei meccanismi tipici dello stato sociale, ma nei quali difettava per l'appunto la ricchezza privata, salvo che presso i gruppi arricchitisi grazie ad attività illegali : e questi gruppi, oggi, detengono formidabili quote di potere in quei contesti.

La seconda strategia è consistita nel concentrare la spesa pubblica, senza riduzioni consistenti della sua entità, in alcuni settori sociali privilegiati, precisamente quelli vicini al potere politico, e nel trattare i settori esclusi attraverso politiche di spettacolarizzazione sempre piú effimere, orchestrate soprattutto dai mezzi di comunicazione di massa, nella speranza che il periodo difficile prima o poi passasse e l'economia reale si rimettesse in moto da sola. Questo, come già accennato sopra, è ciò che è accaduto nel mio paese. Il club dei partiti politici di governo (fra i quali va annoverato anche il Partito Democratico della Sinistra, decisivo per la tranquillità politica a livello nazionale e dotato di forte potere locale soprattutto in alcune regioni importanti) ha funzionato come tramite fra la pubblica amministrazione e la classe imprenditoriale, alla quale ha fatto affluire, mediante il già descritto sistema delle tangenti, una massa enorme di denaro proveniente dalle casse dello Stato, trattenendo per sé direttamente quote di entità variabile ma pur sempre rimarchevole. Va riconosciuto che questa pioggia straordinaria di denaro ha avuto delle ricadute positive anche al di fuori del sistema delle grandi aziende, che attraverso accordi stabili, piú o meno sotterranei, si sono rese assegnatarie per anni, quasi senza eccezioni, di tutti gli incanti per appalti pubblici. Infatti tali aziende hanno potuto mantenere relativamente alti i propri

---

[9] Sulla correlazione fra le politiche di c.d. deregolazione e la repressione penale, v. in sociologia del diritto, p. es., R. Cotterrell, "Feasible Regulation for Democracy and Social Justice", *Journal of Law and Society*, 15, 1988, pp. 5 ss.

livelli occupazionali e, inoltre, hanno potuto favorire molte imprese piú piccole attraverso i numerosi subappalti. Tuttavia, va anche sottolineato che in un sistema nel quale ogni commessa pubblica – come già ricordato – veniva a costare molte volte di piú del suo teorico prezzo di mercato, era inevitabile che le finanze pubbliche prima o poi si dissanguassero : cosa questa che si è resa manifesta, per avventura, proprio nel 1992, quando la maggioranza politica tradizionale veniva ad estinguersi. Nell'autunno di quell'*annus terribilis* il Governo presieduto da Giuliano Amato doveva svalutare drasticamente la moneta per far fronte a una situazione di debito interno ed estero giunta a limiti intollerabili.

In queste condizioni, con una maggioranza politica in disarmo accelerato e una crescente onda di malcontento pubblico in settori sempre piú vasti della società italiana, è comprensibile che la magistratura abbia potuto muoversi con maggiore agilità che in passato, senza incontrare resistenze ed anzi, per lungo tempo, godendo di un fortissimo favore da parte della pubblica opinione. Nauseati dall'autorappresentazione sempre piú celebrativa e narcisistica dei vertici politici, molti settori della pubblica opinione sostituscono d'improvviso i simboli del potere partitico con quelli della Giustizia e della Legge, repentinamente riscoperti nei solai, dove avevano giaciuto per alcuni decenni insieme "all'ascia di bronzo e alla rocca per filare", come direbbe Friedrich Engels. Anzi, i rinnovati simboli giustizialisti si propagano con tanto maggiore successo, in quanto fruiscono vantaggiosamente di quegli stessi *mass media* che avevano amplificato le figure dei leader politici di spicco. Se alla fine degli anni ottanta le televisioni avevano proiettato in tutt'Italia l'immagine di Bettino Craxi inquadrata in un gigantesco schermo triangolare mentre parlava in un congresso del Partito Socialista a Milano, parificandolo a un dio mediatico, negli anni novanta le televisioni proiettano l'immagine degli esponenti politici in manette, mentre vengono condotti in carcere o mentre vengono fatti segno al lancio di pomodori e di uova marce da parte di folle improvvisate. Dal trionfo degli dèi al loro crepuscolo : come nella saga wagneriana, siamo alla *Götterdämmerung*, al fragoroso crollo del *Walhalla*, fra gli applausi del pubblico.

Passando a considerare i fattori endogeni, va posta l'attenzione soprattutto sull'altissimo grado di incertezza raggiunto dal sistema giuridico e giudiziario alla fine degli anni ottanta. In particolare il sistema della repressione penale ha subito una sorta di mutazione genetica che lo ha reso irriconoscibile. Da un lato, si sono moltiplicate le figure di reato, con creazione a getto continuo di fattispecie artificiali accanto alle fattispecie classiche ereditate dalla storia; le diverse fattispecie, definite in modo sempre piú vago dal legislatore, si confondono e sconfinano l'una nell'altra senza apparente soluzione di continuità. Dall'altro lato, procedendo nella foresta delle fattispecie penali e delle *notitiae criminis* che piovono a getto continuo nelle procure, l'azione penale procede a tastoni e, come già accennato all'inizio, imprevedibilmente, rispondendo a sollecitazioni casuali e, sempre piú, alle lusinghe della spettacolarizzazione. Ciò ha comportato un "naturale" concentrarsi delle indagini giudiziarie sui crimini della classe politica, che rappresentano un filone d'oro praticamente inestinguibile, in cui finalmente la magistratura sente di poter operare con una relativa libertà. Anche in quest'ambito specifico, la confusione delle fattispecie di reato è altissima e si presta mirabilmente ad iniziative incontrastabili. Merita attenzione soprattutto la linea continua che si instaura fra alcuni reati ben diversi fra loro per intrinseca gravità qualitativa : il finanziamento pubblico irregolare ai partiti politici, la corruzione, la concussione, le varie specie di criminalità mafiosa, dal riciclaggio di denaro sporco sino all'estremo dell'omicidio su media o su larga scala. Il finanziamento irregolare, cioè contabilmente non dichiarato, ai partiti politici, è un tipico reato artificiale, su cui la coscienza pubblica tende a sorvolare e che, del resto, per lunghi anni non è mai stato oggetto di repressione penale. Ma d'improvviso, all'inizio degli anni novanta, diventa il primo anello della catena repressiva. Molti arresti di politici e di imprenditori sono disposti dalla magistratura per violazione della legge che punisce il finanziamento irregolare, nell'attesa che gli arrestati, onde ottenere la liberazione, confessino, o rivelino a carico di altri soggetti, i reati piú gravi.

Questa tecnica, basata su un *plea bargaining* non istituzionale, in cui il potere negoziale si concentra nelle mani di una sola parte e la parte contrapposta, di fatto, non ha altra alternativa se non la "collaborazione"[10], si rivela estremamente efficace. Ma al tempo stesso, si crea gradualmente nell'opinione pubblica l'idea che qualsiasi comportamento sia contemporaneamente ammissibile e inammissibile, lecito e illecito, permesso e vietato, a seconda non soltanto dei diversi orizzonti etici, ma altresí dei diversi orientamenti ideologici e perfino dei capricci della stessa magistratura, sino a che si diffonde il sospetto che questa utilizzi strumentalmente apparenze di diritto per conseguire finalità politiche a vantaggio dell'uno o dell'altro partito, dell'una o dell'altra fazione. Naturalmente è la stessa classe politica, con il supporto dei mezzi di comunicazione di massa, soprattutto quelli piú "schierati", a lanciare e ribadire ossessivamente questo sospetto. Sintomatica

---

[10] Per avere un'idea di come il meccanismo funziona, basta pensare che l'accusa può "giocare", fra l'altro, sull'immensa discrezionalità di cui godono i giudici nel determinare la pena fra i minimi e i massimi previsti dalla legge. In tal modo, per esempio, molte procure riescono ad ottenere dagli imputati confessioni per reati piú gravi che non sono stati commessi, per esempio concussioni, patteggiando con loro pene largamente inferiori a quelle che sarebbero inflitte per reati effettivamente commessi, ma meno gravi, come la corruzione o il finanziamento irregolare dei partiti politici (questa tecnica è frequentemente usata dai pubblici ministeri per cautelarsi, attraverso la contestazione di reati piú gravi, dal pericolo della prescrizione cui andrebbero incontro se contestassero figure di reato meno gravi).

l'ammonizione di Craxi durante il suo ultimo discorso alla Camera dei deputati nel 1993. Chiedendo ai colleghi di votare contro la richiesta giudiziaria di autorizzazione a procedere nei suoi stessi confronti per reati connessi al sistema delle "tangenti", da tutti indistintamente praticato, il leader socialista tuona, in un imbarazzato silenzio generale : "se questi comportamenti sono crimini, allora noi siamo un consesso di criminali". Qualche anno piú tardi Silvio Berlusconi, ad ogni atto giudiziario rivolto contro di lui per sospetti reati da colletto bianco, dalla corruzione al falso in bilancio, griderà dalle sue televisioni di essere un "perseguitato politico". Ebbene va sottolineato che, nel clima di generale confusione di concetti e di ruoli, nell'incertezza del diritto che regna sovrana, appare evidente che *queste affermazioni sono al contempo vere e false*, e dunque affermate indifferentemente come vere o come false, in modo comunque ipocrita, ma con pari decisione, a seconda del punto di vista politico-ideologico, ovvero dei concreti interessi, da cui vengano avanzate.

Alcuni fattori da esaminare – dicevo prima – sono al contempo esogeni ed endogeni : eso-endogeni, potremmo dire, se l'espressione non fosse atecnica. Si tratta di fatti e circostanze che inficiano al contempo la società intera e il suo riflesso giuridico e giudiziario, la cultura giuridica esterna e la cultura giuridica interna, secondo la nota distinzione di Lawrence Friedman.

Nell'Italia del dopoguerra, come in tutta Europa e negli altri paesi piú sviluppati, si è prodotta una indubbia rivoluzione economica e culturale, che ha investito tutti i gradini della scala sociale. Come Ralf Dahrendorf disse nel suo celebre *Soziale Klassen und Klassenkonflikt in der industriellen Gesellschaft* (Enke, Stuttgart 1957), tradotto in tutte le lingue principali, si è prodotta nelle società sviluppate del secolo ventesimo una graduale frantumazione della classe come gruppo sociale di riferimento, al contempo politico e analitico, in favore di altri gruppi, magari piú strutturati sul piano istituzionale, ma piú effimeri e caduchi della classe intesa in senso ottocentesco : dapprima i ceti e poi, soprattutto, i vari partiti, i diversi sindacati spesso opposti l'uno all'altro, le mille associazioni di categoria erette a difesa di interessi contrapposti, i comitati istituiti per realizzare una moltitudine di finalità differenziate, e via dicendo[11]. Questo fenomeno, già al centro dell'analisi di Max Weber, è ben visibile anche in Italia e, io credo, può essere richiamato significativamente per rispondere ai quesiti posti in precedenza.

Sino agli anni sessanta e settanta, potremmo dire, si poteva osservare una effettiva unità di classe fra i protagonisti dell'azione giuridica. Avvocati, giuristi, giudici, burocrati e, per larghissima parte, anche politici-legislatori,

---

[11] In questo senso è soprattutto rimarchevole il contributo di R. Collins, *Conflict Sociology: Toward an Explanatory Science*, Academic Press, New York 1975, in cui il processo di moltiplicazione e di differenziazione dei gruppi di conflitto nella società contemporanea viene descritto in termini particolarmente minuziosi.

provenivano tutti dallo stesso ambiente sociale e avevano tutti assorbito nel loro processo educativo e di socializzazione la stessa, identica cultura. Questi attori sociali potevano bensí essere liberali, socialisti, comunisti e perfino fascisti; potevano dirsi credenti, atei o agnostici; potevano proclamarsi formalisti o antiformalisti quanto al loro modo di intendere il diritto; potevano ovviamente combattersi, e in effetti lo facevano costantemente, fra singoli e fra gruppi : anzi, si può dire che gran parte della storia del diritto sia leggibile come storia del conflitto fra i gruppi piú o meno organizzati di queste figure, giuristi contro giudici, politici contro giuristi, e via dicendo. Ma l'elemento della comune origine sociale e dello stesso *background* culturale prevaleva in realtà su ogni altro. Alla fine le lotte erano destinate a ricomporsi ciclicamente per effetto di questa solidarietà. Ebbene, da almeno due decenni questa unità socio-culturale si è frantumata. I ruoli si sono sciolti e ricomposti per effetto di spinte provenienti dai piú diversi ambiti d'azione sociale, quello economico naturalmente, ma, non meno decisivo, quello mediatico, che appare oggi determinante nell'allocare vantaggi e svantaggi sociali, ed è dunque ambitissimo non solo per imporre se stessi all'attenzione del pubblico, ma anche per controllare gli antagonisti e, se possibile, annullarli sotto la coltre del silenzio.

In questa situazione si è reso molto piú arduo praticare il gioco antico delle *élites* politiche, cioè l'istituzionalizzazione non dichiarata di un doppio sistema di diritto e di giustizia, uno riservato a loro stesse e l'altro destinato ai *commons*, come dice l'icastica espressione inglese. La frantumazione dell'unità formale del sistema giuridico, per effetto congiunto dell'erosione interna e della sfida dei sistemi giuridici alternativi, in un clima di sempre maggiore intreccio pluralistico, è strettamente correlata a questo fenomeno e lo accelera.

Il gioco politico-mediatico si è fatto dunque ben piú complesso, perché gli attori che lo praticano sono molto piú numerosi, si uniscono e si suddividono senza posa, e parlano linguaggi diversi, non compatibili, spesso ai limiti dell'incomunicabilità. Diritto e giustizia sono sentimenti forti, ai quali è facile abbandonarsi in una situazione confusa. Ciò spiega la loro rinascita nell'immaginario collettivo degli ultimi anni. Ma non va dimenticato che essi stessi, nella confusione generale, soffrono sino in fondo della babele di linguaggi e divengono puri argomenti retorici, in un clima che, se non fosse per la relativa opulenza economica che, malgrado tutto, ancora caratterizza i paesi sviluppati del cosiddetto "Primo Mondo", potrebbe facilmente degenerare nella guerra di tutti contro tutti di hobbesiana memoria.

Vengono dunque spontanei a questo punto, a mo' di conclusioni, alcuni ulteriori quesiti.

Ci si può chiedere in particolare se gli ostacoli posti alla tradizionale strategia delle *élites* sociali, che trovano la pace fra loro stabilendo un doppio sistema di diritto e di giustizia, siano una conquista democratica; oppure se, usando una terminologia luhmanniana, corrente in sociologia del diritto, non siamo di fronte ad un puro e semplice aumento della complessità sociale, essendo venuto meno un mezzo forte, sebbene discutibile, di riduzione (classista) della complessità stessa.

È difficile rispondere a questa domanda. Si può peraltro osservare che le diverse parti in conflitto, nella generale confusione di ruoli e di linguaggi, sembrano aver perduto la loro legittimazione democratica. La crisi dei partiti politici italiani ha convogliato con sé una crisi ancor piú drammatica di quelle pubbliche istituzioni di cui essi si erano impadroniti, come il Parlamento, il Governo, la stessa Presidenza della Repubblica, la Pubblica amministrazione. La Magistratura, dal canto suo, ha cercato di erigersi a paladina della ricostruzione etico-politica del paese. Ma da un lato essa sta subendo sempre piú il peso del sospetto di parzialità e dall'altro non può esibire, per definizione, una legittimità democratica, essendo di composizione burocratica e non elettiva. E dunque in Italia la crisi di legittimazione è generale e investe tutti i poteri dello Stato, tanto che come già ricordato il Parlamento è impegnato, non si sa con quale costrutto, a riformulare parti rilevanti della Costituzione del 1948, scaturita dalla rifondazione dello Stato dopo la caduta del fascismo e della monarchia.

Nelle discussioni della Commissione bilaterale che ha predisposto una bozza di riforma costituzionale, il problema della magistratura è stato sinora talmente centrale e caldo che su di esso le parti politiche non sono state in grado di raggiungere sinora nessun accordo. In sintesi, nel generale clima di delegittimazione e di incertezza del diritto, la lotta politica si svolge ancora, soprattutto, sul piano dell'azione giudiziaria.

Come si può spiegare questo fatto?

Direi che, indagando nelle diverse pieghe dell'opinione pubblica, possiamo trovare le tracce di due spiegazioni consolidate nella letteratura sociologico-giuridica.

La prima è quella che fornì con notevole anticipo sui tempi Vincenzo Tomeo, mio compianto amico e predecessore nella cattedra milanese che fu anche di Renato Treves; ed è la stessa che si riscontra, sempre piú e da molto tempo ormai, negli scritti di André-Jean Arnaud[12]. In un sistema normativo

---

[12] L'idea del giudice come "interprete del conflitto" fu esposta in forma articolata da Tomeo, per la prima volta, in un articolo ("Interpretare il conflitto") apparso sulla rivista *Critica liberale* (agosto 1973) e contemporaneamente sviluppata nel volume *Il giudice sullo schermo. Magistratura e polizia nel cinema italiano*, Laterza, Bari 1973 (un anticipo si può ritrovare peraltro nel saggio "L'immagine del giudice nella cultura di massa", *Quaderni di sociologia*, XXI, gennaio-marzo 1972, pp. 18-50). Per quanto riguarda Arnaud, l'idea del giudice come interprete dell'equità, piuttosto che di un diritto formale, di cui la società contemporanea ha "smarrito la ragione", è

semanticamente incerto, ideologicamente ed eticamente pluralistico, molti mirano al giudice come al diretto "interprete del conflitto" sociale, o dell'equità, una sorta di eroe popolare più prossimo al modello weberiano dell'irrazionalità materiale, che al modello illuministico della razionalità formale o anche materiale. Questa visione serpeggia con forza da anni in molti settori della cultura giuridica italiana.

La seconda spiegazione può farsi risalire a Michel Foucault e può sembrare a prima vista più appropriata alla luce della crisi generale di legittimazione che ho poc'anzi ricordato. Il diritto e l'amministrazione della giustizia fanno parte dello stesso simbolismo mediatico di cui rappresentano, in questo momento storico, soprattutto un cascame. Il fallimento del primo porta o porterà con sé il fallimento della seconda, in favore di più immediati e persuasivi mezzi di controllo "disciplinare"[13].

Riecheggiando un quesito caro a Norberto Bobbio, mi domando dunque con apprensione: esiste una terza via? E richiamandomi alla mia ideologia liberal-socialista o di *communitarian liberal*[14] – e sottolineo che queste espressioni sono solo apparentemente ossimoriche – mi limito a domandarmi se davvero non sia possibile completare la rivoluzione laica da cui è scaturito il mondo moderno, attraverso un nuovo Illuminismo Giuridico, incentrato su un ideale di diritto relativo, rigido nei principî fondamentali e al tempo stesso duttile nelle specificazioni, rispettoso delle differenze pur nel quadro di globalità incontrastabile, che è proprio della nostra epoca. Questo compito può sembrare impossibile: ma i problemi sociali di oggi non mi sembrano davvero più complessi di quelli che dovettero affrontare Giustiniano all'inizio del sesto secolo, o i governi liberali nel corso del diciannovesimo secolo, o i costruttori del *welfare state* nella prima metà del ventesimo, giunto ora al suo epilogo.

---

ritrovabile in molte delle sue numerose opere: da ultimo v. p. es. *Entre modernité et mondialisation. Cinq leçons de philosophie du droit et de l'État*, Librairie Générale de Droit et de Jurisprudence, Paris 1998 (in particolare il saggio "De l'équité des marchands à l'équité du marché", pp. 105-143, che riproduce anche l'intervento svolto dall'autore nello stesso convegno di Bogotá in cui è stato svolto il presente intervento).

[13] Il tema della trasformazione del potere nelle società contemporanee, secondo modalità sempre più mediatico-comunicative, attraversa tutta l'opera di Michel Foucault, di cui si possono qui ricordare, per la loro significatività, i saggi raccolti in italiano sotto il titolo *Microfisica del potere*, a cura di A. Fontana e P. Pasquino, Einaudi, Torino 1977.

[14] L'etichetta "liberal-socialismo", o "socialismo liberale", che designa il tentativo di riportare ad una matrice comune i principî di libertà e giustizia, caratterizza in Italia una corrente di pensiero che risale alla lotta antifascista e, in particolare, ai nomi di Carlo Rosselli e di Guido Calogero. Sul punto, per quanto riguarda l'influenza nel campo della sociologia del diritto, v. ampi cenni in R. Treves, *Sociologia del diritto. Origini, ricerche, problemi*, Einaudi, Torino 1987, pp. 324 e ss. L'etichetta "communitarian liberalism", con cui si tenta di rendere compatibili le due opposte correnti della filosofia politica americana degli ultimi anni, è proposta dal filosofo del diritto americano Ph. Selznick, di cui v. soprattutto *The Moral Commonwealth. Social Theory and the Promise of Community*, University of California Press, Berkeley-Los Angeles, London 1992.

Dilemas da Soberania no Mercosul:
Supranacional ou Intergovernamental?

Paulo Roberto de Almeida *

Resumo: *Análise do itinerário futuro do Mercosul, em função de seu desenvolvimento interno e dos desafios colocados pelo processo de integração hemisférica. São enfatizadas a agenda institucional, as negociações da ALCA, a conformação da ALCSA, uma eventual rodada multilateral de negociações comerciais, sob a égide da OMC, bem como o relacionamento com a União Européia. Entre a consolidação completa de um mercado comum acabado ou sua diluição numa vasta zona de livre-comércio hemisférica, que seriam possibilidades extremas, otimista e pessimista, respectivamente, o ensaio considera como factíveis o aprofundamento interno da união aduaneira, inclusive do ponto de vista institucional, e sua convivência com uma rede de outras obrigações externas, seja no âmbito propriamente regional — acordos de associação para o conjunto da América do Sul —, seja no contexto hemisférico ou nos cenários extra-regional e multilateral, representados respectivamente pela negociações da ALCA, de um futuro acordo de liberalização de comércio com a União Européia e no prosseguimento da abertura de mercados patrocinada pela Organização Mundial de Comércio.*

Introdução

Qualquer exercício de análise sobre o itinerário institucional futuro do Mercosul deve partir, antes de mais nada, de seus componentes estruturais — isto é, os elementos "pesados" que determinam sua atual conformação enquanto processo em curso de integração comercial — para discutir em seguida os principais problemas que se colocam para sua evolução política e econômica, tanto do ponto de vista interno como externo. Em outros termos, não se poderia deixar de delimitar as condições econômicas e materiais do sistema evolutivo algo difuso que constitui hoje o Mercosul — algo entre uma zona de livre comércio incompleta e uma união aduaneira sui generis — para traçar as opções comerciais que se apresentam aos países membros e para examinar as propostas políticas disponíveis em termos de organização institucional, do ponto de vista de seu desenvolvimento interno. O perfil futuro

---

* Doutor em Ciências Sociais, diplomata (pralmeida@mre.gov.br). Diretor Geral do Instituto Brasileiro de Relações Internacionais e Editor Adjunto da *Revista Brasileira de Política Internacional* (http://members.tripod.com/rbpi). Autor dos livros *O Mercosul no contexto regional e internacional* (São Paulo: Aduaneiras, 1993) e *Mercosul: fundamentos e perspectivas* (São Paulo: LTr, 1998). Web-page do autor <http://members.tripod.com/pralmeida>

do Merscosul também depende, em parte, do como evoluirá o relacionamento externo do esquema integracionista, notadamente no que se refere ao processo hemisférico e à continuidade do processo de aproximação com a União Européia, uma vez que forças centrípetas ou centrifugas podem atuar tanto no sentido de sua diluição progressiva no âmbito de esquemas de liberalização extra-mercosulianos ou no de seu reforço enquanto bloco comercial num mundo basicamente administrado por regras multilaterais de comércio.

Cabe indagar, portanto, se o Mercosul apresenta características muito definidas enquanto bloco de integração ou se ele ainda é, numa analogia dramatúrgica, uma personagem em busca de um um roteirista ou de um autor. Como se poderá constatar pelo seguinte quadro analítico dos blocos e esquemas de integração, as possibilidades de sua fixação são diversas, no passado recente como no futuro próximo, neste dependendo precisamente de como poderão evoluir, nos planos interno externo, a coesão doméstica do grupo e os desafios a ele lançados pelas conversações hemisféricas e pelas negociações multilaterais e extra-regionais.

São muitas, portanto, as dúvidas e as alternativas dicotômicas colocadas no futuro do Mercosul. Essas opções poderiam, contudo, ser resumidas em duas perspectivas mais ou menos bem definidas, ainda que aparentemente pouco factíveis em sua plenitude, de desenvolvimento político-institucional. Por um lado, na vertente "otimista", a realização plena do projeto integracionista original, ou seja, um mercado comum caracterizado pela "livre circulação de bens, serviços e fatores produtivos", consoante os objetivos do Artigo 1º do Tratado de Assunção, ainda não realizáveis no futuro imediato. Por outro lado, no extremo "pessimista", a diluição do Mercosul numa vasta zona de livre-comércio hemisférica, do tipo da ALCA, de conformidade com o programa traçado em Miami em dezembro de 1994 e confirmado em Santiago em abril de 1998. As negociações da ALCA encontram-se atualmente em curso e ainda que o Congresso dos Estados Unidos não tenha explicitamente habilitado o Executivo daquele país a realizar concessões comerciais no processo em andamento, pode-se razoavelmente presumir que o mandato autorizativo — vulgarmente chamado de *fast track* — virá em tempo hábil, consoante uma estratégia de longo prazo do gigante norte-americano.

Antes de discutir se tais opções extremas seriam factíveis, realizáveis no curto ou médio prazo ou mesmo credíveis no atual contexto político-diplomático e econômico da região, vejamos o que significaria o desenvolvimento de uma estratégia intermediária de menor custo político e econômico para o Mercosul, que seria representada por uma zona de livre-comércio geograficamente menos ambiciosa, como a proposta Área de Livre-Comércio Sul-Americana (ALCSA). Esse espaço de liberalização comercial de âmbito exclusivamente sul-americano não tinha recebido, até os mais recentes

Quadro 1
Tabela analítica dos acordos regionais e dos esquemas de integração

Tipos Medidas	Área de Preferências Tarifárias	Zona de Livre Comércio	União Aduaneira	Mercado Comum	União Econômica e Monetária
Redução de barreiras tarifárias e não tarifárias	Alalc (de fato); Aladi; Asean; Apec; Acordos bilaterais Brasil-Uruguai (PEC), Uruguai-Argentina (CAUCE) e BR-ARG (ACE-14); Mercosul 1991-1994;	Alalc (projeto não realizado); Nafta; Asean (2010-20?); Alca (2006-2015?); Mercosul ao cabo do período de transição (1995?);	Zollverein (1844); Benelux (primeiro projeto: 1932); Pacto Andino (proj.); SADC (projeto);	CECA (1951, parc.); Tratado de Roma (1957); Tratado de Integração Brasil-Argentina (projeto de mercado comum até 1998);	União Econômica Belgo-Luxemburguesa (1922);
Tarifa Externa e Política Comercial Comum		Comunidade Andina (esquema parcial entre Colombia e Venezuela); Mercosul (1995);	Benelux (1948-1958); UA Checo-Eslovaca; Mercosul no período de convergência entre 1995-2001;	MCCA (projeto); Caricom (projeto); Mercosul (2005?, à exceção dos trabalhadores);	Império Alemão (1871);
Livre circulação de fatores de produção			Mercado Comum Europeu (1968);	Mercosul (a partir de 2006?);	França-Mônaco; Itália-San Marino e Vaticano;
Liberdade de estabelecimento				Ato Único Europeu (1986-1993); Mercosul (2015?);	Tratado de Maastricht (1992);
Moeda e/ou política monetária comum					Europa dos 11 - "Euroland" (1999-2002);
Políticas econômicas comuns					Estados Unidos da Europa ?

Fonte: Paulo Roberto de Almeida: "A dimensão social nos processos de integração" in Yves Chaloult e Paulo Roberto de Almeida (orgs.): *Mercosul, Nafta e Alca: a dimensão social* (São Paulo: LTr, 1999)

progressos da ALCA, a continuidade esperada pelos seus proponentes originais e parecia até há pouco colocado numa espécie de limbo político pelos negociadores da integração. Para registro histórico, lembre-se que esse projeto tinha sido apresentado no Governo Itamar Franco como "Iniciativa Amazônica" pelo então chanceler Fernando Henrique Cardoso, depois ampliado em escala continental pelo Chanceler Celso Amorim. Nas duas modalidades, se previa a negociação, diretamente pelo Mercosul e sua ulterior protocolização pela ALADI, de amplos acordos de liberalização comercial e de complementação econômica entre os países do Mercosul e os demais países do continente. Tal como apresentado pelo Brasil, ele não despertou entusiasmo nos demais parceiros do Mercosul, na medida em que reduzia o impacto do acesso preferencial ao mercado brasileiro por parte desses países e introduzia um difícil processo de negociações "triangulares" que tinha de levar em conta não apenas o chamado "patrimônio histórico" da ALADI, mas ainda acordos de alcance parcial que os países do Mercosul e seus associados pudessem manter individualmente com outros países latino-americanos membros de outros esquemas integracionistas (caso do México e do NAFTA).

A conclusão, em 16 de abril de 1998, de um acordo quadro de liberalização do comércio entre os países do Mercosul e a Comunidade Andina vem recolocar num novo patamar os esforços de consolidação de uma zona de livre-comércio na América do Sul. A ALCSA representa uma opção de médio escopo hemisférico, servindo para reforçar o esquema liberalizador no âmbito geográfico da América do Sul. Seu pleno desenvolvimento representa uma estratégia de grande importância na conformação de um projeto econômico próprio para a região, independentemente da vontade política do principal parceiro hemisférico. A despeito das enormes dificuldades negociais — inclusive internas aos quatro membros do Mercosul — em torno de concessões recíprocas e da recuperação do "patrimônio histórico" da ALADI, as duas uniões aduaneiras em consolidação pareciam dispostas a ultimar as negociações no decorrer de 1999, com vistas a implementar a área de livre-comércio bi-zonal a partir do ano 2000, mesmo que alguns produtos sejam de fato excluídos da liberalização ou recebam esquemas bastante prolongados de desgravamento tarifário.

Caberia observar, finalmente, em relação a essa "terceira via" da integração regional sul-americana, que ela não atende, está claro, às necessidades de investimentos e de tecnologia dos países-membros do Mercosul, nem tampouco a um incremento significativo de suas exportações de maior valor agregado, podendo representar, ao contrário, uma via de acesso ampliado aos mercados do Cone Sul por parte das economias setentrionais da região. Por último, nenhum esquema integracionista ampliado ao continente sul-americano pode resolver os conflitos internos próprios ao Mercosul, tanto os de natureza econômica como os de caráter político-institucional, nem eludir a necessidade intrínseca de se lograr, até 2005 previsivelmente, uma maior coesão interna do bloco em face dos desafios que se projetam nos planos hemisférico e multilateral.

Esses conflitos potenciais entre os países do derivam de assimetrias reais do ponto de vista econômico-estrutural, como qualquer estatística de repartição setorial dos respectivos produtos internos e de população ocupada por ramos de atividade poderia confirmar. Não se trata, tão simplesmente, de uma suposta oposição de interesses econômicos entre países industrialmente mais "avançados" — como poderia ser aparentemente o Brasil — e outros a vocação agro-pastoril mais afirmada, mas de diferenças nas estruturas fiscais e tributárias e no papel dos Estados respectivos nos sistemas educacional e previdenciário, por exemplo. O país mais "avançado" tecnologicamente é também o de maiores fragilidades sociais e educacionais, como se poderá constatar nas tabelas seguintes de indicadores econômicos e sociais.

Opções extremas:
entre um mercado comum completo e a ALCA

No que se refere aos cenários extremos, comecemos por examinar a "hipótese" em função da qual foi elaborado o próprio projeto do Mercosul, ou seja, a realização do mercado comum sub-regional. A terem sido cumpridos os objetivos fixados no Artigo 1º do Tratado de Assunção, o mercado comum previsto deveria ter entrado em funcionamento no dia 1º de janeiro de 1995, o que obviamente não foi o caso. Segundo uma leitura otimista desse instrumento diplomático e do próprio processo de integração, esses objetivos serão cumpridos nesta etapa complementar, que pode ser denominada de "segunda transição", observados os prazos fixados no regime de convergência estabelecido para os diferentes setores definidos como "sensíveis" e cumpridos os requisitos mínimos desse mercado comum. Isto significaria, entre outros efeitos, a implementação efetiva da Tarifa Externa Comum e a conformação eventual, se necessário, de exceções verdadeiramente "comuns" a essa pauta aduaneira, e não listas nacionais de exceções como hoje se contempla. Idealmente, todas as barreiras não-tarifárias e medidas de efeito equivalente deveriam ter sido suprimidas. A coordenação de políticas macroeconômicas, nessa perspectiva, supõe igualmente que os países membros deveriam ter delimitado todas as áreas cruciais de cooperação em vista da necessária abertura recíproca de seus mercados a todos os bens e serviços dos países membros, inclusive no que se refere à oferta transfronteiriça de serviços e ao mútuo reconhecimento de normas e regulamentos técnicos específicos.

DILEMAS DA SOBERANIA NO MERCOSUL

Quadro 2
Indicadores econômico-sociais do Mercosul, 1997

	Área (1.000 km²)	População (1.000)	Crescimento 1990-96	População Urbana	Mortal. Infantil (1.000)	Expect. de vida (anos)	Taxa de Alfabetização	PNB (US$ 1.000)	PNB per capita	Despesa social/ total	Índice Desenv. Humano
Argentina	2.766	35.798	1,2	89%	19,6	74,3	96%	305,7	8.570	21,9	36º
Brasil	8.511	164.511	1,6	80%	53,4	61,4	83%	773,4	4.720	27,7	62º
Paraguai	406	5.651	2,7	54%	22,3	74,1	92%	10.2	2.010	16,0	91º
Uruguai	176	3.270	0,6	91%	14,7	75,2	97%	19,4	6.020	42,0	38º
Mercosul	11.861	209.231	1.5	81,4				1.108,7	5.298		

Fontes: Paulo Roberto de Almeida: "A dimensão social nos processos de integração" in Yves Chaloult e Paulo Roberto de Almeida (orgs.): *Mercosul, Nafta e Alca: a dimensão social* (São Paulo: LTr, 1999)

Quadro 3
Coeficientes de desigualdade no Mercosul, 1994

	% Famílias abaixo da linha da:				Distribuição da Riqueza Urbana (% do total)					Coeficiente de Gini (concentração de riqueza)
	Pobreza		Indigência		40 % mais pobres	30 % que seguem	20 % abaixo ricos	10 % mais ricos	Múltiplo ricos/ pobres	
	Total	Rural	Total	Rural						
Argentina	12	17 (3)	2	6 (3)	14,4	22,9	28,1	34,6	9,7	0,44 (4)
Brasil (1)	41	51	16	30	11,8	19,1	26,6	42,5	14,5	0,51 (2)
Paraguai	36 (2)	—	13	—	16,1	22,6	26,1	35,2	8,7	0,42 (5)
Uruguai	6	23 (3)	1	8 (3)	21,6	26,1	26,7	25,4	4,7	0,30

Notas: (1) 1993; (2) 1992; estimativa do Paraguai, válida apenas para a área metropolitana; (3) 1986; (4) Apenas Grande Buenos Aires; (5) Apenas Assunção

Fonte: CEPAL, Panorama Social da América Latina, 1996

Quadro 4
Estrutura tributária no Mercosul, 1996
Tributos como % do PIB

	Receitas do Governo	Imposto de Renda	TVA Vendas	Seguridade Social	Comércio Exterior	Excise Taxes	Patrimônio Riqueza	Outros
Argentina	18,3	2,3	6,4	3,8	0,7	1,3	0,2	0,3
Brasil	26,5	4,1	9,5	5,4	0,6	—	—	—
Paraguai	13,4	2,2	4,1	1,1	2,2	1,4	0,0	0,5
Uruguai	27,8	2,6	8,5	7,2	1,0	3,3	0,8	1,0

Fonte: IMF, International Financial Statistics, 1997

Na ausência de progressos mais evidentes nessas áreas, se esperava que os países pudessem ter definido, pelo menos, um sistema de paridades cambiais com faixas mínimas de variação, se alguma, entre as moedas respectivas, bem como a harmonização dos aspectos mais relevantes de suas legislações nacionais relativas a acesso a mercados. Estes são os requisitos mínimos para a conformação de um amplo espaço econômico conjunto no território comum aos países do Mercosul, a partir do qual se poderia caminhar para a consolidação progressiva e o aprofundamento do processo de integração, em direção de fases mais avançadas do relacionamento recíproco nos campos econômico, político e social.

Ainda que esse cenário razoável não se concretize, como parece previsível, nos primeiros anos do próximo século, seu desdobramento faz parte da lógica interna do Mercosul. Em todo caso, ele resultaria num Mercosul muito próximo do padrão de integração apresentado pelo mercado comum europeu em finais dos anos 60, isto é, após terem os signatários originais do Tratado de Roma completado sua união aduaneira e definido uma espécie de "coexistência pacífica" entre uma pretendida vocação comunitária — encarnada na Comissão, mas freada pelos representantes dos países-membros nos conselhos ministeriais — e um monitoramento de tipo intergovernamental, consubstanciado no papel político atribuído ao COREPER, o Comitê de Representantes Permanentes, não previsto no primeiro esquema institucional. [1] Em outros termos, mesmo a mais "comunitária" das experiências integracionistas, sempre foi temperada por um necessário controle intergovernamental ou, melhor dizendo, nacional. No caso específico do Mercosul, as dúvidas ou obstáculos levantados em relação ao aprofundamento do processo de integração não parecem derivar de reações epidermicamente "soberanistas" ou mesquinhamente nacionalistas — ou até mesmo "chauvinistas", como parecem acreditar alguns — mas de determinadas forças políticas ou de correntes de pensamento, para não falar de interesses setoriais "ameaçados", que logram "congelar" o inevitável avanço para a liberalização comercial ampliada entre os membros. Tais tendências não são necessariamente nacionalmente definidas, mas existem ao interior de cada um dos países envolvidos no processo.

---

[1] Não se pode excluir a hipótese de também o Mercosul vir a instituir, em Montevidéu, uma espécie de COREPER, mas parece evidente que esse eventual "órgão" informal teria mais a função de assessorar o trâmite de matérias administrativas junto à Secretaria Administrativa ou de facilitar o contato "diário" entre os quatro países do que, como no exemplo original europeu, os objetivos de "controlar" um órgão legitimamente comunitário — a Comissão —, estabelecer-lhe limites no processamento das atividades de "rotina" (definidas em função dos "interesses nacionais") e, também, de acelerar o trâmite de matérias julgadas relevantes pelas capitais. Sua institucionalização requereria uma mera "emenda", por via de decisão ministerial, ao Protocolo de Ouro Preto, mas também parece evidente que seu significado político transcenderia o simples aspecto de um "acabamento" na incipiente estrutura organizacional da união aduaneira.

Quanto à outra hipótese extrema, a diluição — ou dissolução, prefeririam alguns setores norte-americanos — do Mercosul na ALCA, ela apenas poderia resultar de uma opção consentida e desejada pelos próprios países membros, a menos que se admita uma deterioração sensível da "solidariedade mercosuliana" nos anos finais da segunda fase de transição. Considera-se aqui, como hipótese "realista" de trabalho, que a ALCA terá seguimento e conclusão exitosos, escapando à sua implosão por forças internas — sindicais e congressuais — dos Estados Unidos ou à sua própria "diluição" no caso de uma nova rodada abrangente de negociações comerciais multilaterais que signifique eventualmente sua inocuidade por efeito de incorporação de sua pauta negocial substantiva.

A hipótese da diluição do Mercosul na ALCA não pode ser excluída de todo, a julgar pelas assimetrias persistentes e por uma certa busca de "vantagens" unilaterais, como parece ser a tentativa do Paraguai de preservar os aspectos mais distorcivos de sua atual condição de "entreposto aduaneiro" da produção eletrônica de baixa qualidade que é despejada em seu território a partir de países asiáticos emergentes. Num caso — consolidação do Mercosul — como no outro — começo da implantação da ALCA —, a data fatídica de 2005 aparece como um verdadeiro marco divisor, um "antes" e um "depois" num processo de escolhas cruciais que estarão sendo colocadas para os países do Mercosul nos primeiros anos do século XXI. Os estadistas do Brasil e da Argentina, em primeiro lugar, não poderão furtar-se a essas opções dramáticas e da qualidade das respostas dadas por suas respectivas diplomacias econômicas a alternativas por vezes contraditórias dependerá o futuro do Mercosul.

Os pressupostos formais e substantivos da ALCA são, evidentemente, inferiores em escala integracionista aos do Mercosul, muito embora a agenda econômica da liberalização hemisférica, tal como pretendida pelos Estados Unidos, compreenda bem mais do que os componentes elementares de uma "simples" zona de livre-comércio. Com efeito, tal como definido em Miami, em dezembro de 1994, aprofundado sucessivamente nos encontros ministeriais de Denver (junho de 1995), em Cartagena de Índias (março de 1996) em Belo Horizonte (maio de 1997) e em San José (março de 1998), e confirmado na segunda cúpula hemisférica (Santiago, abril de 1998), o programa da ALCA pretende ser algo mais do que um mero exercício de rebaixamento tarifário e de concessões recíprocas de ordem não-tarifária, cobrindo ainda, de forma abrangente, campos como os de serviços, investimentos, propriedade intelectual, concorrência e compras governamentais.

Conscientes do projeto ambicioso impulsionado pelos Estados Unidos, assim como de suas próprias fragilidades estruturais no confronto com a supremacia competitiva do Big Brother do Norte, os países-membros do

Mercosul buscaram refrear o ímpeto inicial de, nos termos da Declaração de Miami, se "começar imediatamente a construir a ALCA", logrando afastar, na reunião ministerial de Belo Horizonte (maio de 1997), a ameaça de que se deva, "até o fim deste século [obter] progresso concreto para a realização deste objetivo". O Mercosul adotou uma postura essencialmente crítica em relação à ALCA, quando não um posicionamento cético à consecução de alguns dos — senão todos — objetivos fixados na Declaração de Miami, com exceção da própria meta geral de se empreender a construção de uma "zona de livre-comércio hemisférica".

Uma das primeiras conquistas do Mercosul no processo preparatório às negociações foi consagrar o princípio dos "building blocks", pelo qual a construção da ALCA se faria não pela adesão de cada país individualmente ao NAFTA, como pretendiam os norte-americanos, mas pela conjunção oportuna dos diversos esquemas sub-regionais de liberalização e de integração. A outra vitória foi afastar o espectro da "early harvest", a perspectiva de resultados antecipados até o ano 2000, adicionalmente ao princípio do "single undertaking", pelo qual se deve esperar um entendimento global sobre todos os benefícios e vantagens antes da implementação de qualquer acordo setorial que porventura se obtenha. O sucesso foi consagrado nas últimas reuniões do processo hemisférico, quando, ao definir responsabilidades partilhadas em termos das sucessivas presidências do processo negociador e de desenvolvimento dos trabalhos dos grupos setoriais, se logrou obter, a partir de San José, resultados equilibrados do ponto de vista do Mercosul e do Brasil. Este país assegurará, juntamente com os Estados Unidos, a co-presidência do processo negociador durante a última – e mais crucial – fase de definição do perfil da futura zona de livre-comércio hemisférica.

O que, afinal, assusta tanto os negociadores do Mercosul na projetada ALCA? Existem fatores tanto de ordem estrutural quanto elementos conjunturais que podem explicar as reticências brasileiras em relação a esse projeto. Em primeiro lugar, aparece o evidente diferencial de competitividade e de base produtiva (economias de escala) entre os dois maiores parceiros hemisféricos. Os Estados Unidos compõem uma economia de 7 trilhões de dólares, voltada atualmente para os aspectos mais dinâmicos da nova economia de serviços, ao passo que o Mercosul apresenta-se como uma economia inferior a um trilhão, considerada globalmente, e um PIB per capita proporcionalmente menor. O maior integrante do Mercosul, o Brasil — detentor de um PIB equivalente a menos do décimo do norte-americano —, tenta consolidar seu processo industrializador em meio aos desafios derivados da implementação da Rodada Uruguai e de seu próprio programa unilateral de abertura comercial, não considerando o processo ainda não concluído de estabilização macroeconômica.

Ainda assim, os argumentos a favor ou contra a ALCA podem ser utilizados num ou noutro sentido, em função da postura que se adote em relação aos ganhos esperados de uma ampliação de mercados não mais limitada em escala sub-regional, mas estendida a todo o hemisfério. Como já tivemos a oportunidade de salientar em relação a uma eventual adesão ao NAFTA, [2] os que encaram positivamente essa opção, não deixam de ressaltar o maior potencial de mercado e a superior qualidade da parceria tecnológica que podem derivar de uma "relação especial" no continente norte-americano, particularmente com os Estados Unidos, comparativamente à modéstia do poder de compra e as menores possibilidades tecnológicas oferecidas no Cone Sul. [3] Aqueles que por sua vez privilegiam os laços sub-regionais tampouco deixar de sublinhar, como parece claro, o desnível de poder negociatório com o Big Brother do Norte, o que condenaria o Mercosul a fazer muito mais concessões do que as que obteria em troca em termos de acesso ao mercado dos Estados Unidos.

Em segundo lugar, precisamente, e no seguimento deste último argumento, um outro fator de temor pode ser encontrado na também evidente assimetria de concessões e benefícios esperados de mais um processo de liberalização conduzido apenas em escala hemisférica, quando o perfil geográfico do comércio exterior brasileiro — consoante seu perfil tantas vezes afirmado de *global trader* — e seu relacionamento econômico-financeiro e tecnológico apontam para uma diversificação bem mais ampla de parcerias, com algumas áreas tradicionais de concentração, a começar pelo continente europeu. A União Européia é, e continuará sendo no futuro previsível, o mais importante mercado comercial e um dos principais provedores de investimentos para a economia brasileira, assim como a implementação do euro trará efeitos positivos para o Brasil e para o Mercosul em termos de comércio, finanças e diversificação de reservas. Ainda que não se conceba uma "preferência hemisférica" no terreno dos investimentos diretos, uma liberalização comercial conduzida apenas nesta parte do planeta poderia desestabilizar um quadro de parcerias comerciais e de estratégias empresariais — descontando-se a vertente agrícola, está claro, na qual a UE apresenta-se ainda como irredutivelmente protecionista — que promete muito mais em termos de inserção econômica internacional para o Brasil e para o Mercosul do que um pretendido acesso "privilegiado" ao mercado norte-americano.

---

[2] Paulo Roberto de Almeida, "O Brasil e o Mercosul em Face do NAFTA", *Política Externa*, São Paulo: vol. 3, n° 1, junho-julho-agosto 1994, pp. 84-96.

[3] De fato, simulações econômicas sobre os efeitos "industriais" da liberalização unilateral e da conformação de "PTAs" (preferential trade arrangements) indicam uma maior relação custo-benefício nos esquemas Norte-Sul do que nos acordos regionais tipicamente Sul-Sul; ver Diego Puga e Anthony J. Venables, "Trading Arrangements and Industrial Development", *The World Bank Economic Review*, vol. 12, n° 2, may 1998, pp. 221-249.

Em terceiro, e mais importante, lugar, pode-se considerar o espectro do eventual abandono de um projeto regional de construção de um espaço econômico próprio, no qual, a despeito de todas as suas aparentes fragilidades, o Brasil assume um nítido papel hegemônico, em favor de um esquema não controlado de liberalização *à outrance*, na qual este País se veria atribuir, se tanto, uma função secundária. Em outros termos, a questão essencial ligada à ALCA não se refere, na verdade, a seus aspectos comerciais ou mesmo econômicos, mas sim, inquestionavelmente, a um *projeto de poder*. Compreende-se, dessa maneira, que o projeto ALCA constitui uma "opção extrema" não apenas em relação ao Mercosul, mas principalmente em relação à agenda geoestratégica, ainda que "inconsciente", do Estado brasileiro. Com efeito, não há, nem nunca houve, na doutrina geopolítica brasileira — subjacente e jamais explicitada em sua história diplomática — o equivalente de um "manifesto destino". Não se pode negar, entretanto, a existência latente de uma concepção própria quanto aos cenários possíveis ou desejáveis para o desenvolvimento do País no contexto sul-americano, podendo afirmar-se que a implementação concreta dessa concepção passa pela conformação de um espaço econômico integrado no hemisfério americano meridional.

Esses são, em resumo, os temores explícitos ou implícitos que suscita o projeto da ALCA e as razões, *ipso facto*, pelas quais a diplomacia brasileira se mobilizou para diminuir seu impacto ou neutralizar seus efeitos. Deve-se recordar, *en passant*, que o projeto da ALCA pode ser também "implodido", não por ações concretas que possam ser adotadas pelo Mercosul ou pelo Brasil em particular, mas por avanços sensíveis que possam ser registrados no plano do sistema multilateral de comércio, mais concretamente a partir do lançamento de uma esperada Rodada do Milênio envolvendo quase todos, senão todos, os temas atualmente em discussão no âmbito hemisférico. Com efeito, que sentido teria, por um lado, conduzir negociações simultâneas de escopo comercial e não-tarifário em foros distintos e paralelos, ainda que não antagônicos, e como seria possível compatibilizar, por outro lado, exigências e demandas de dois conjuntos heteróclitos de parceiros econômicos?

Mesmo que se pretenda criar uma dinâmica regional, ou hemisférica, que sustente negociações de escopo mais amplo, ainda que razoavelmente mais "equilibradas", no foro da Organização Mundial de Comércio, o início de mais uma rodada abrangente de negociações multilaterais em âmbito universal inviabilizaria, na prática, a continuidade desse exercício em escala hemisférica. Por outro lado, o fato de o Brasil e os Estados Unidos assumirem, na última fase de negociações da ALCA, a co-presidência do processo parece ser uma espécie de garantia de sua conclusão exitosa, comprometendo de fato o principal parceiro do Mercosul — no que seria a "síndrome da cumplicidade" — com os objetivos estratégicos de *grande politique* dos Estados Unidos na consecução do projeto de Miami. Não se pode descurar, todavia, os ímpetos protecionistas e mesmo essencialmente paroquiais do Congresso — independentemente da força política dominante — e dos setores trabalhistas da potência norte-americana no que poderia ser chamado de "auto-implosão" da ALCA, hipótese que — com base nas dificuldades iniciais para a obtenção de um mandato negociador para o Executivo, o famoso "fast track" — não pode ser descartada *in limine*. Tendo em vista, porém, o caráter parcialmente autônomo do processo negociador — isto é, em relação às sociedades civis respectivas — e mesmo sua "inércia" relativa até os momentos decisivos do fechamento do "single undertaking", entre 2003 e 2005, a variável ALCA continuará a "pesar" sobre os destinos do Mercosul até o acabamento de sua "segunda fase de transição" e sua definição como união aduaneira plena.

Opções de *Realpolitik*: a grande estratégia do Mercosul

Quais seriam, em contrapartida, as opções razoáveis, ou as mais prováveis, que se apresentam para o desenvolvimento futuro do Mercosul? Elas se situam, claramente, no campo de seu aprofundamento interno, em primeiro lugar nos terrenos econômico e comercial, no âmbito de sua extensão regional, no reforço das ligações extra-regionais (em primeiro lugar com a União Européia) e, finalmente, mas não menos importante, no apoio que o Mercosul pode e deve buscar no multilateralismo comercial como condição de seu sucesso regional e internacional enquanto exercício de diplomacia geoeconômica.

Parece evidente que, a despeito de dificuldades pontuais e de obstáculos setoriais, a marcha da integração econômica não poderá ser detida pelas lideranças políticas que, nos próximos cinco ou dez anos, se sucederão ou se alternarão nos quatro países membros e nos demais associados. Tendo resultado de uma decisão essencialmente política, de "diplomacia presidencial" como já se afirmou, o Mercosul econômico não poderá ser freado senão por uma decisão igualmente política: ora, afigura-se patente que o processo de integração possui um valor simbólico ao qual nenhuma força política nacional tem a pretensão de opor-se. Daí se conclui que os impasses comerciais, mesmo os mais difíceis, tenderão a ser equacionados ou contornados politicamente e levados a uma "solução" de mútua e recíproca conveniência num espaço de tempo algo mais delongado do que poderiam supor os adeptos de rígidos cronogramas econômicos. Nesse sentido, o Mercosul não é obra de doutrinários ortodoxos, mas de líderes pragmáticos.

Assim, sem entrar na questão do cumprimento estrito do programa de convergência ou no problema da compatibilização de medidas setoriais nacionais, tudo leva a crer que a futura arquitetura do Mercosul econômico não seguirá processos rigorosamente definidos de "aprofundamento" inter e intra-setoriais, dotados de uma racionalidade econômica supostamente superior, mas tenderá a seguir esquemas "adaptativos" e instrumentos *ad hoc* essencialmente criativos, seguindo linhas de menor resistência já identificadas pragmaticamente. Se o edifício parecer singularmente "heteróclito" aos olhos dos cultores dos esquemas integracionistas pode-se argumentar, em linha de princípio, que o itinerário do Mercosul econômico não precisa seguir, aprioristicamente, nenhum padrão de "beleza estética" ou de "pureza teórica" no campo da integração. Em qualquer hipótese, o Mercosul não está sendo construído para conformar-se a padrões organizacionais previamente definidos em manuais universitários de direito comunitário, mas para atender a requisitos econômicos e políticos de natureza objetiva, que escapam — e assim deve ser — a qualquer definição teórica ou pretensa coerência metodológica.

No que se refere à questão do aprofundamento interno, político e institucional do Mercosul, eventualmente inclusive no terreno militar, não se pode deixar de sublinhar, uma vez mais, as dificuldades inerentes — e as demandas inevitáveis, pelos protagonistas já identificados — vinculadas ao problema da supranacionalidade, constantemente agitado, como uma espécie de "espantalho acadêmico", sobre a mesa de trabalho de "mercocratas insensíveis". Não se poderia excluir, a esse respeito, a evolução progressiva do atual principal opositor a qualquer "renúncia de soberania" no âmbito do Mercosul, o Brasil, em direção de uma posição mais próxima, intelectualmente falando, dos demais países-membros — seja os declaradamente "supranacionais", como Uruguai e Paraguai, seja a Argentina moderada, isto é, em favor de uma combinação de instituições intergovernamentais e comunitárias —, muito embora tal questão esteja em conexão direta com a definição de um outro tipo, ponderado, de sistema decisório interno à união aduaneira.

Nenhum desses cenários "razoáveis" tem, como nos casos anteriores, sobretudo no exercício da ALCA, a data fatídica de 2005 como fator político de mutação estratégica. Eles se situam mais no terreno da continuidade do que no da ruptura, ainda que alguns "choques" internos tenham de ocorrer para tornar verdadeiramente possíveis, ou prováveis, alguns dos desenvolvimentos aqui considerados. É bem verdade que, no caso dos prazos finais de convergência intra-Mercosul, o ano de 2005 — e, antes dele, o ano 2000 para a liberalização completa da maior parte das exceções tarifárias — aparece como uma espécie de "ponto de não retorno" no cenário da integração sub-regional, mas ele também pode ser visto como um "ponto de fuga", após o qual os países membros, ainda a braços com processos delongados de estabilização macroeconômica e confrontados a difíceis escolhas no terreno de suas políticas econômicas nacionais, continuariam afastando diante de si ou — para usar um verbo dotado de conotação positiva — buscando ativamente a "implementação" da união aduaneira projetada.

Aceitando-se que tanto a ALCA como uma hipotética "Rodada do Milênio" na OMC, ambos sob o signo de um "GATT-plus", poderão servir de aguilhões para a implementação efetiva dessa união aduaneira, tem-se que antes ou a partir de 2005 os países-membros estarão avançando desta vez no caminho do mercado comum. As dificuldades derivadas da abertura comercial brasileira efetuada em princípios dos anos 90 e das turbulências financeiras do final da década já terão sido provavelmente absorvidas e restaria apenas consolidar as bases de um novo modelo de crescimento econômico e de integração à economia mundial. Nessa fase, com toda probabilidades, estaremos assistindo à consolidação de novas configurações industriais na sub-região e no Brasil em particular, com um crescimento extraordinário do comércio intra-industrial e intra-firmas. [4] Tem-se como certa, igualmente, a continuidade do processo de internacionalização da economia brasileira, em ambos os sentidos, ou seja, não apenas a recepção de um volume cada vez maior de capitais estrangeiros nos diversos setores da economia, com destaque para o terciário, mas igualmente a exportação ampliada de capitais brasileiros para dentro e fora da região. Com efeito, o Brasil é também, crescentemente, um país "exportador" de capitais, mesmo se os estados federados ainda lutam desesperadamente, inclusive por mecanismos espúrios de incentivos e de "guerra fiscal", para atrair investimentos diretos estrangeiros.

Nesse sentido, o Mercosul se consolidará como "plataforma" industrial de uma vasta região geoeconômica, mas se converterá igualmente em grande exportador mundial de *commodities* e sobretudo de bens industriais, o que ele hoje faz em escala muito modesta. Seria ainda prematuro debater a questão da "moeda comum", mas não se poderia excluir tampouco essa hipótese, via adoção prévia de um sistema qualquer de paridades correlacionadas entre suas principais moedas. Este cenário pareceria estar vinculado ao abandono, pela Argentina, do sistema de paridade fixa, assim como à aceitação, pelo Brasil de um mecanismo compartilhado de gestão cambial, mas afigura-se ainda precoce especular sobre os caminhos certamente originais que podem, também neste caso, conduzir a um padrão monetário unificado — que pode até mesmo significar preservação das moedas nacionais — no futuro mercado comum. A própria adoção efetiva da moeda única européia, entre 1999 e 2002, que poderá

---

[4] Na verdade, esse comércio já vinha crescendo a taxas geométricas desde o início do processo de integração; como informado em estudo sobre o processo de constituição da estrutura tarifária no Mercosul, o intercâmbio intrarregional se expandiu, desde a assinatura do Tratado de Assunção, a uma taxa anual de 28,5%, o que representa três vezes mais do que a expansão global do comércio regional (9%) e cerca de cinco vezes a taxa de crescimento do comércio mundial (6%); ver Marcelo Olarreaga e Isidro Soloaga, "Endogenous Tariff Formation: the case of Mercosur", *The World Bank Economic Review*, vol. 12, n° 2, may 1998, pp. 297-320.

"sugerir" o afastamento da referência exclusiva ao dólar, ainda hoje básica, nas operações de comércio exterior e de finanças internacionais dos países-membros, contribuirá certamente para alimentar o debate interno em torno da questão. Não se vislumbra, entretanto, além de exercícios acadêmicos obviamente inevitáveis e alguns debates preliminares de certa forma bem-vindos, qualquer definição de calendário e de compromissos nesta área antes de uma "terceira fase de transição", a partir de 2006. Mas, mesmo um Mercosul minimalista até lá não poderá eludir o problema da coordenação cambial como condição essencial de avanços ulteriores nos demais terrenos da construção do mercado comum.

Em outros termos, quaisquer que sejam as dificuldades eventuais, o Mercosul terá de avançar no terreno econômico-comercial como condição prévia à preservação de sua identidade política, regional e internacional, em face dos desafios hemisférico e multilateral que se apresentarão nos primeiros anos do século XXI. As demandas não são apenas externas, na medida em que se conhece o apetite — e mesmo a necessidade — argentina pela coordenação de políticas macroeconômicas, bem como a reiterada insistência do Uruguai, e com menor ênfase do Paraguai, por instituições supranacionais. Este aspecto é, porém, mais retórico do que efetivo, sendo bem mais importantes, no caso argentino, o problema da descoordenação cambial — de fato a ameaça de desvalorização por parte do Brasil — e, para todos os demais países, a questão do acesso continuado e desimpedido ao mercado interno da principal economia sul-americana.

A agenda institucional do Mercosul: a questão da supranacionalidade

Um dos grandes problemas da evolução política futura do Mercosul é, precisamente, o "salto" para a adoção integral de instituições comunitárias de tipo supranacional, transição que ocorrerá mais cedo ou mais tarde nos países-membros, considerando-se que o Mercosul constitui, efetivamente, o embrião de etapas superiores de integração. Este setor é, obviamente, o de maiores dificuldades intrínsecas, uma vez que combina, como seria de se esperar, preocupações relativas à soberania estatal e ao assim chamado "interesse nacional". A questão principal neste campo refere-se à possibilidade de formação de uma ordem jurídica comunitária no Mercosul, que muitos autores consideram automaticamente a partir do conceito similar oriundo do direito comunitário construído a partir da experiência européia de integração econômica e política.

Em outros termos, o Mercosul deveria ou precisaria aproximar-se do modelo europeu para receber uma espécie de rótulo comunitário, uma certificação de boa qualidade de origem supranacional? Contra essa perspectiva "européia" são levantados, e não apenas pelos "mercocratas", vários óbices estruturais e sobretudo políticos nos países membros. A despeito de uma aceitação de princípio por parte das elites desses países dos pressupostos da construção comunitária — ou seja, a cessão de soberania, a delegação ou transferência de poderes, a limitação da vontade soberana do Estado — a internacionalização efetiva de suas economias respectivas ou uma ativa e assumida interdependência entre os países membros do Mercosul parece ainda distante. O problema aqui parece ser mais de ordem prática do que teórica: os economistas, que são os que de fato comandam o processo de integração, pelo menos em seus aspectos práticos, não têm o mesmo culto à noção de soberania — seja contra ou a favor — em que parecem deleitar-se os juristas e os acadêmicos em geral.

Ainda que todos possam concordar em que a soberania nacional pode e deve recuar à medida em que se avança num projeto de mercado comum, não se trata de uma questão em relação à qual os atores relevantes possam ou devam se posicionar simplesmente contra ou a favor, ou, ainda, de uma noção que deva ser encaminhada ou resolvida por um tratado jurídico de qualquer tipo. A soberania, qualquer que seja o seu significado jurídico, não costuma integrar os cálculos de PIB ou as estimativas de (des)equilíbrios de balança comercial. Da mesma forma, ela não se sujeita facilmente à coordenação de políticas macroeconômicas, daí sua irrelevância prática para a condução efetiva do processo integracionista. Ela é, sim, exercida diariamente, na fixação da taxa de câmbio — que pode até ser declarada estável — ou na determinação do nível de proteção efetiva em situações de baixa intensidade integracionista, que é justamente aquela na qual vivem os países do Mercosul (ou, pelo menos, o maior deles, que é também o menos livre-cambista dos quatro). Em outros termos, a "soberania" não é um conceito operacional, a mesmo título que a harmonização de leis ou a padronização de normas técnicas, mas tão simplesmente um "estado de espírito", uma percepção dos resultados prováveis de ações políticas adotadas — conscientemente ou não — pelos protagonistas de um processo de integração: é algo que se constata *ex post*, mais do que o resultado de uma planificação ideal do futuro.

Diversos juristas e estudiosos do Mercosul têm avançado a idéia de que caberia impulsionar, através da "vontade política", a implementação gradual de um modelo supranacional, indicando o Brasil como o grande responsável pela preservação do caráter intergovernamental da estrutura orgânica mercosuliana pós-Ouro Preto. É verdade, mas neste caso se tratou de obra meritória, na medida em que tal atitude salvou o próprio Mercosul de um provável desastre político e de possíveis dificuldades econômicas e sociais. A *Realpolitik* é sempre a linha de maior racionalidade nas situações de forte incerteza quanto aos resultados de qualquer empreendimento inovador, seja uma batalha militar, seja um salto para a frente nesse modesto *Zollverein* do Cone Sul.

Dito isto, este articulista pretende deixar claro que não defende uma posição "soberanista" estrita no processo de construção, necessariamente progressivo e gradual, do MERCOSUL. A soberania, como no velho mote sobre o patriotismo, costuma ser o apanágio dos que se atêm à forma em detrimento do conteúdo, à letra em lugar do espírito da lei. Sua afirmação, em caráter peremptório ou irredentista, é geralmente conservadora, podendo mesmo sua defesa exclusivista e principista ser francamente reacionária no confronto com as necessidades inadiáveis de promoção do desenvolvimento econômico e social e do bem-estar dos povos da região. O que, sim, deve ser considerado na aferição qualitativa de um empreendimento tendencialmente supranacional como é o caso do Mercosul é em que medida uma renúncia parcial e crescente à soberania por parte dos Estados Partes acrescentaria "valor" ao edifício integracionista e, por via dele, ao bem-estar dos povos integrantes do processo, isto é, como e sob quais condições especificamente uma cessão consentida de soberania contribuiria substantivamente para lograr índices mais elevados de desenvolvimento econômico e social.

O assim chamado interesse nacional — tão difícil de ser definido como de ser defendido na prática — passa antes pela promoção de ativas políticas desenvolvimentistas do que pela defesa arraigada de uma noção abstrata de soberania. Deve-se colocar o jurisdicismo a serviço da realidade econômica — e não o contrário — e ter presente que cabe ao Estado colocar-se na dependência dos interesses maiores da comunidade de cidadãos e não servir objetivos imediatos e corporatistas de grupos setoriais ou fechar-se no casulo aparentemente imutável de disposições constitucionais soberanistas. Em certas circunstâncias, pode-se admitir que uma defesa bem orientada do interesse nacional — que é a defesa dos interesses gerais dos cidadãos brasileiros e não os particulares do Estado, a defesa dos interesses da Nação, não os do governo — passe por um processo de crescente internacionalização, ou de "mercosulização", da economia brasileira. Quando se ouve impunemente dizer que a "defesa do interesse nacional" significa a proteção do "produtor" ou do "produto nacional" poder-se-ía solicitar ao mercocrata de plantão que saque, não o seu revólver, mas a planilha de custos sociais da proteção efetiva à produção nacional (o que envolve também, é claro, o cálculos dos efeitos renda e emprego gerados no País).

A opção continuada dos países membros do Mercosul por estruturas de tipo intergovernamental, submetidas a regras de unanimidade, pode portanto ser considerada como a mais adequada na etapa atual do processo integracionista em escala sub-regional, na qual nem a abolição dos entraves à livre circulação de bens, serviços e fatores produtivos, nem a instituição efetiva da tarifa externa comum, nem a integração progressiva das economias nacionais parecem ainda requerer mecanismos e procedimentos supranacionais suscetíveis de engajar a soberania dos Estados. Esses objetivos podem, nesta fase, ser alcançados através da coordenação de medidas administrativas nacionais e da harmonização das legislações individuais. Ainda que os objetivos do Mercosul sejam similares aos do Mercado Comum Europeu e, eventualmente, em última instância, aos da União Européia, não há necessidade, para o atingimento dos objetivos que são os seus atualmente, de que o seu sistema jurídico copie, neste momento, o modelo instituído no Tratado de Roma e, numa fase ulterior, o Tratado de Maastricht. Basta atribuir-lhe personalidade de direito internacional e implantar um marco de disciplina coletiva no exercício das respectivas soberanias nacionais.

Um outro campo de avanços "virtuais" seria o da cooperação política entre os países membros. É teoricamente possível pensar, no Mercosul, em etapas mais caracterizadas de integração política, a exemplo da Europa de Maastricht. Não há contudo, neste momento, a exemplo dos conhecidos mecanismos europeus, uma instância formal de cooperação política e de coordenação entre as chancelarias respectivas para uma atuação conjunta nos foros internacionais, assim como não há uma instância específica do Mercosul para assuntos militares e estratégicos (a despeito mesmo da realização, tanto a nível bilateral Brasil-Argentina, como a nível quadrilateral, de diversas reuniões — de caráter meramente informativo e com características quase acadêmicas — entre representantes militares dos quatro países membros). A prática diplomática, contudo, tem levado a consultas políticas constantes entre os quatro países, sobretudo Brasil e Argentina, tanto a nível presidencial como por meio das chancelarias respectivas. Esses contatos passaram, cada vez mais, a envolver os setores militares respectivos dos países membros. Já, previsivelmente, os Estados Maiores conjuntos das forças armadas nacionais, no Brasil e na Argentina, reduziram ao mínimo, ou pelo menos a proporções insignificantes, os riscos de uma instabilidade político-militar nas relações recíprocas. Isto significa, tão simplesmente que a hipótese de guerra, sempre traçada nas planilhas de planejamento estratégico dos militares, é cada vez mais remota, senão impossível.

No terreno mais concreto dos conflitos comerciais, parece por outro lado evidente que, assim como na experiência européia a existência da Corte de Luxemburgo permitiu desmantelar de fato muitas barreiras não-tarifárias erigidas *depois* da consecução da união aduaneira, [5] a eventual introdução de

---

[5] De fato, como indica Carlos Rozo, foi o "ativismo jurídico" da Corte Européia de Justiça que serviu de fator catalizador no processo integrador europeu, sem o que os esforços integradores não teriam sido tão profundos ou permanentes como foram objetivamente; ver o artigo "Juridical Activism and Regional Integration: Lessons from the European Court of Justice", *Integration & Trade*, vol. 1, n° 2, may-august 1997, pp. 27-45.

uma corte arbitral permanente no Mercosul poderia desarmar a maior parte dos impedimentos colocados pelos *lobbies* setoriais nacionais à abertura efetiva dos mercados internos à competição dos agentes econômicos dos demais parceiros. Talvez este seja o "primeiro grão" de supranacionalidade e de direito comunitário que caberia, por simples questão de racionalidade econômica, impulsionar no processo de integração.

O futuro do Mercosul: *a work in progress*

As fases mais avançadas do processo integracionista no Cone Sul poderão, a exemplo da experiência européia, permitir o estabelecimento de uma cooperação e coordenação política propriamente institucionalizada e poderão até mesmo desembocar, a longo prazo, num processo ao estilo da Europa-92 e envolver as diversas dimensões discutidas e aprovadas por Maastricht, ou seja, união econômica ampliada (moeda e banco central), coordenação da segurança comum e ampliação do capítulo social em matéria de direitos individuais e coletivos. Nesse particular, as centrais sindicais do Mercosul vêm demandando, com uma certa insistência, a adoção de uma "Carta Social", com direitos sociais e trabalhistas mínimos a serem respeitados pelos "capitalistas selvagens" do Cone Sul. Ainda que se possa conceber novos avanços no capítulo social do Mercosul, é previsível que a orientação econômica predominante neste terreno — isto é, tanto empresarial como governamental — continuará privilegiando mais a "flexibilidade" dos mercados laborais, ao estilo anglo-saxão, do que uma estrita regulação dos direitos segundo padrões europeus.

No que se refere, finalmente, ao relacionamento externo do Mercosul, caberia enfatizar primeiramente o aprofundamento das relações com outros esquemas de integração, a começar obviamente pela União Européia. O Mercosul se constituiu no bojo de uma revitalização dos esquemas de regionalização, sobretudo os de base sub-regional. Sua primeira fase de transição coincidiu com a constituição de uma área de livre comércio na América do Norte (NAFTA), entre o México, os EUA e o Canadá, logo seguida pelo próprio desenvolvimento da idéia da "Iniciativa para as Américas" sob a forma de uma zona de livre-comércio hemisférica, a ALCA. Ao mesmo tempo, outros esquemas eram lançados ou se desenvolviam em outros quadrantes do planeta: todos eles obedecem, em princípio, à mesma *rationale* econômica e comercial, qual seja, o da constituição de blocos comerciais relativamente abertos e interdependentes, integrados aos esquemas multilaterais em vigor.

A União Européia, que levou mais longe esse tipo de experiência, talvez seja o bloco menos aberto de todos, mas é também aquele que apresenta o maior coeficiente de abertura externa e de participação no comércio internacional de todos os demais, sendo ademais o principal parceiro externo do Mercosul. A atribuição pelo Conselho Europeu de um mandato negociador à Comissão de Bruxelas, no sentido de ser implementado o programa definido no acordo interregional assinado em dezembro de 1995 em Madri, parece ainda carente de maior definição quanto a seu conteúdo efetivo, em primeiro lugar no que se refere ao problema da liberalização do comércio recíproco de produtos agrícolas, uma das bases inquestionáveis do protecionismo europeu, francês sobretudo.

O Mercosul deve relacionar-se amplamente com os diversos esquemas sub-regionais, mas, ao mesmo tempo, preservar seu capital de conquistas no Cone Sul. Em outros termos, a associação, via acordos de livre-comércio, de parceiros individuais (foi o caso do Chile e da Bolívia, a partir de 1996) ou de grupos de países (os da Comunidade Andina, por exemplo), deve obedecer única e exclusivamente aos interesses dos próprios países membros do Mercosul, para que os efeitos benéficos do processo de integração sub-regional não sejam diluídos num movimento livre-cambista que apenas desviaria comércio para fora da região. Tal seria o caso, por exemplo, de uma negociação precipitada em prol da ALCA, sem que antes fossem garantidas condições mínimas de consolidação da complementaridade intra-industrial entre Brasil e Argentina e de expansão do comércio em geral no próprio Mercosul e no espaço econômico sul-americano em construção.

Um acordo precipitado no âmbito da ALCA introduziria certamente uma demanda excessiva por salvaguardas durante a fase de transição e, sabemos pela experiência do próprio Mercosul, que elas devem limitar-se aos ajustes temporários requeridos pelos processos de reconversão ligados à repartição intersetorial dos fluxos comerciais e, em nenhum caso, dificultar ou impedir a marcha da especialização e da interdependência intra-industrial. As regras de origem, por outro lado, que conformam um dos capítulos mais intrincados de qualquer processo de liberalização, poderiam ser indevidamente utilizadas para impedir fluxos de comércio com outras regiões ou investimentos de terceiros países, geralmente europeus ou mesmo asiáticos, reconhecidamente mais dinâmicos em determinados setores de exportação.

A "ameaça" da ALCA incitou presumivelmente os europeus a se decidir por avançar na implementação do acordo de cooperação interregional firmado em Madri. Como registrado nesse instrumento, a liberalização comercial "deverá levar em conta a sensibilidade de certos produtos", o que constitui uma óbvia referência à Política Agrícola Comum, uma das áreas de maior resistência à abertura no ulterior processo de negociação. Não obstante, é de se esperar que por volta de 2005, e coincidindo com avanços similares nos planos hemisférico e multilateral, o Mercosul e a União Européia tenham delineado de maneira mais efetiva as bases de um vasto esforço de cooperação e de liberalização recíproca. Uma etapa decisiva no esforço negociador bilateral deverá ser realizada por ocasião da Cimeira Europa-América Latina, a realizar-se no Rio de Janeiro no primeiro semestre de 1999, quando também deverão reunir-se representantes de cúpula do Mercosul e da União Européia com vistas, possivelmente, ao anúncio do início das negociações tendentes a conformar, se não um novo esquema de integração, pelo menos um processo progressivo de liberalização do comércio recíproco dos dois espaços de integração regional. Também aqui, como no caso da ALCA, a possibilidade de resultados exitosos do ponto de vista do Mercosul depende em grande medida do grau de coesão interna do grupo, tanto no terreno econômico como político.

Mais importante do que qualquer esquema "privilegiado" de âmbito regional é, contudo, o reforço contínuo das instituições multilaterais de comércio, condição essencial para que o Mercosul não seja discriminado indevidamente em qualquer área de seu interesse específico, seja como ofertante competitivo de produtos diversos, seja como recipiendário de capitais e tecnologias necessárias. A OMC representa, nesse sentido, um foro primordial de negociações econômicas e, como tal, um terreno comum de entendimento com os diversos esquemas regionais de integração. Essa instituição não constitui, entretanto, um guarda-chuvas tranqüilo e muito menos uma panacéia multilateralista suscetível de preservar os países-membros dos desafios da globalização já em curso: pelo contrário, ela tende a ser, cada vez mais, o próprio foro da globalização, ao lado de suas "irmãs" mais velhas de Bretton Woods, o FMI e o Banco Mundial. Atuando de forma coordenada na OMC, bem como em outros foros relevantes do multilateralismo econômico internacional — como a OCDE, a UNCTAD e as instituições de Bretton Woods —, os países-membros do Mercosul logram aumentar seu poder de barganha e ali exercer um talento negociador que os preparará para a fase da "pós-globalização" que já se anuncia.

Em síntese, tendo em vista que o processo de construção do Mercosul não obedece tão simplesmente a opções de política comercial ou de modernização econômica — ainda que tais objetivos sejam, por si sós, extremamente relevantes do ponto de vista econômico e social de seus países membros — ou a meras definições externas e internacionais de caráter "defensivo", mas encontra-se no próprio âmago da estratégia político-diplomática dos respectivos Governos e de certa forma entranhado a suas políticas públicas de construção de um novo Estado-nação na presente conjuntura histórica sub-regional, parece cada vez mais claro que o Mercosul está aparentemente "condenado" a reforçar-se continuamente e a afirmar-se cada vez mais nos planos regional e internacional. Nesse sentido, ele deixa de ser um "simples" processo de integração econômica, ainda que dotado de razoável capacidade transformadora do ponto de vista estrutural e sistêmico — algo limitado, reconheça-se, para o Brasil enquanto "território ainda em formação", por mais significativo que ele possa ser no quadro dos sistemas econômicos nacionais respectivos dos demais países membros —, para apresentar-se como uma das etapas historicamente paradigmáticas no itinerário já multissecular das nações platinas e sul-americanas, como uma das opções fundamentais que elas fizeram do ponto de vista de sua inserção econômica internacional e de sua afirmação política mundial na era da globalização. O Mercosul é, mais do que nunca, um *work in progress*.

Referências:

Almeida, Paulo Roberto de. *O Mercosul no contexto regional e internacional*. São Paulo: Aduaneiras, 1993

——— "O Brasil e o Mercosul em Face do NAFTA", *Política Externa*, São Paulo: vol. 3, n° 1, junho-agosto 1994, pp. 84-96

——— *Mercosul: fundamentos e perspectivas*. São Paulo: LTr, 1998

Caramuti, Ofelia Stahringer de (coord.). *El Mercosur en el nuevo orden mundial*. Buenos Aires: Ediciones Ciudad Argentina, 1996

Olarreaga, Marcelo e Soloaga, Isidro. "Endogenous Tariff Formation: the case of Mercosur", *The World Bank Economic Review*, vol. 12, n° 2, may 1998, pp. 297-320

Puga, Diego e Venables, Anthony J. "Trading Arrangements and Industrial Development", *The World Bank Economic Review*, vol. 12, n° 2, may 1998, pp. 221-249

Rozo, Carlos. "Juridical Activism and Regional Integration: Lessons from the European Court of Justice", *Integration & Trade*, vol. 1, n° 2, may-august 1997, pp. 27-45

Tecniche legislative ed interpretative nell'armonizzazione del diritto privato comunitario : l'esperienza del Mercosul[1]

Gustavo Tepedino[2]

Sommario : *1. Note introduttive. Una visione panoramica del Mercosul rispetto al mercato comune europeo; differenze fondamentali. Diritto unificato e diritto armonizzato; prospettiva di integrazione dei paesi del c. d. "Cono Sud"; 2. La struttura istituzionale ed amministrativa del Mercosul : una breve presentazione; il Protocollo di Ouro Preto. 3. Crisi delle tecniche legislative e delle fonti : la esperienza del Mercosul. 4 La cultura giuridica postmoderna e la tutela della persona umana. La formulazione di leggi di attuazione basate su standards. 5. I modelli generali nella recente esperienza brasiliana. 6 Conclusione.*

1. Note introduttive

Sulla scia di uno sforzo integrazionista che ebbe inizio alla fine del diciannovesimo secolo, Brasile, Argentina, Uruguai e Paraguai firmarono il Trattato di Asunción, il 26 marzo 1990, con l'obiettivo di costituire un Mercato Comune. Questo Trattato è stato approvato dal Parlamento brasiliano il 25 settembre 1991, promulgato dal Presidente della Repubblica il 21 novembre dello stesso anno, per entrare in vigore nello scenario internazionale il 29 novembre. La struttura istituzionale del Mercosul è stata stabilita dal Protocollo di Ouro Preto, firmato il 17 dicembre 1994.

Secondo la proposta iniziale, il Mercato Comune del Sud avrebbe dovuto essere costituito entro il 31 dicembre 1994, dopo la creazione transitoria, per un periodo di quattro anni, di una zona di libero commercio. Tuttavia, finora si è riuscito a stabilire soltanto l'Unione Doganale parziale, dal 1 gennaio 1995, rinviando l'introduzione del Mercato Comune. L'Unione Doganale si traduce nell'approvazione di una tariffa esterna comune (TEC) applicabile all'85% dei

---

[1] Seminario annuale del *Réseau Européen Droit et Societé* e della *Maison des Sciences de l'Homme (Paris)* ; Tema : « Quale cultura per l'Europa? Ordine giuridico e culture nel processo di globalizzazione » – Scuola Superiore della Pubblica Amministrazione, Roma, 2-3 novembre 1998.

[2] Professore ordinario di diritto civile e Preside della Facoltà di Giurisprudenza della Università dello Stato di Rio de Janeiro – UERJ.

prodotti che constano nelle norme del Mercato Comune. Riguardo all'altro 15% dei prodotti importati, l'unificazione tariffaria sarà stabilita gradualmente entro il 2006.

Gli antecedenti storici più significativi tra i paesi del "Cono Sud" sono l'Unione Doganale Brasile Argentina del 1940; l'Associazione Latino Americana del Libero Commercio (ALALC), del 1960; L'associazione Latino Americana di Integrazione (ALADI) del 1980, nonché il Programma di Integrazione e Cooperazione Economica tra il Brasile e l'Argentina (PICAB) del 1985 ed il Trattato di Integrazione Brasile Argentina del 1988. L'Unione Latina coinvolge circa centonovanta milioni di persone - 150 milioni in Brasile; 33 milioni in Argentina; 4 milioni in Paraguai e 3 milioni in Uruguai [3].

È stato sottolineato che il Trattato di Asunción possiede caratteristiche dialettiche : da una parte significa rottura, considerato il venir meno nella regione della tradizione integrazionista di tipo europeo, in favore dell'unificazione tariffaria e dello stabilimento di politiche economiche coordinate; dall'altra parte, rappresenta lo sviluppo dell'ideale di ravvicinamento, tappa di un processo di superamento di differenze e di riduzione graduale di tariffe [4].

Si dica subito che il processo di integrazione adottato nel Mercosul si presenta completamente diverso dalla formula europea, e dal punto di vista storico e istituzionale e giuridico. La formazione storica della Comunità europea, come é noto, si associa alla fine della seconda guerra mondiale ed alla necessità vitale, per gli Stati membri, di affrontare lo smisurato potere delle due nuove potenze sorgenti, entrambi Stati federati con caratteristiche continentali. Si aggiungano le profonde differenze culturali, giuridiche, sociologiche tra le comunità nazionali riunite. Da ciò la necessità di un lungo e travagliato processo integrativo per preparare la nascita di una entità dalla struttura complessa, soprastatale e autonoma. Il Mercosul, al contrario, si potrebbe dire più vicino al modello del Benelux. Le sue origini richiamano motivazioni prevalentemente economiche, imposte dal mercato internazionale e dalla discriminazione messa in atto dal protezionismo nordamericano, asiatico ed europeo. D'altra parte, gli Stati membri hanno realtà storiche e culturali somiglianti, con lo stesso sistema giuridico romano-germanico, la stessa eredità coloniale e le medesime difficoltà riguardanti il superamento della miseria, l'instabilità politica e la macchina statale ingigantita dall'autoritarismo e dal sottosviluppo. Da ciò una certa consapevolezza circa i propri limiti e circa la

---

[3] Le informazioni statistiche sui quattro paesi, raccolte da fonti ufficiali, sono offerte da ALDO LEÃO FERREIRA, *Mercosul - Comentários sobre o Tratado de Assunção e o Protocolo de Brasília*, Porto Alegre, Livraria do Advogado Editora, 1994, p. 132 e ss.

[4] LUIZ OLAVO BAPTISTA, « O Impacto do Mercosul sobre o Sistema Legislativo Brasileiro », in *Revista dos Tribunais*, vol. 690, p. 39 e ss.

prescindibilità (e perché non dire l'impossibilità) di creazione di una entità autonoma soprastatale con potere vincolante. La formulazione istituzionale del Mercolsul si potrebbe dire cioè più pragmaticamente semplice, eliminando dai suoi obiettivi l'unione economica e monetaria.

L'Unione europea, dunque, traduce una concezione normativistica, dove pur restando ferma la competenza primaria degli Stati membri, si attribuisce alla Comunità l'effettivo potere di armonizzare e unificare i sistemi legali riguardo agli interessi comuni. Il Trattato di Asunción, all'opposto, non è che un documento di natura diplomatica, nel quale gli Stati stabiliscono i loro obiettivi di armonizzazione legale, anziché di unificazione degli ordinamenti, senza però la creazione di un potere normativo con forza vincolante. Gli enunciati emanati dagli organi direttivi del Mercosul dipendono pertanto dagli Stati membri per l'effettivazione del loro contenuto normativo.

2. La struttura istituzionale ed amministrativa del Mercosul

La struttura istituzionale ed amministrativa del Mercosul è formata dagli organi previsti nel Trattato di Asunción e dal Protocollo di Ouro Preto, con funzioni definite dagli stessi documenti, nei termini seguenti :

    Il Consiglio del Mercato Comune
    Il Gruppo del Mercato Comune
    La Commissione del Commercio
    La Commissione Parlamentare
    Il Foro Consultivo Economico e Sociale
    La Segreteria Amministrativa del Mercosul

Il *Consiglio del Mercato Comune* è l'organo con l'autorità massima del Mercosul, titolare della rappresentazione presso altri paesi ed organizzazioni internazionali. Le sue attribuzioni precipue consistono nella coordinazione politica del processo di integrazione e nell'assicurare l'adempimento degli obiettivi del Trattato (art. 3°). Il Consiglio è composto dai Ministri degli Affari Esteri e della Economia degli Stati membri. La presidenza del Consiglio è alternata, ogni sei mesi, secondo l'ordine alfabetico. Le riunioni devono verificarsi periodicamente, con la presenza semestrale dei capi di governo degli Stati membri. Le regole dal Consiglio emanate vengono chiamate *Decisioni* e sono obbligatorie per i paesi partecipanti, fermo restando la necessità della loro trasformazione in legge all'interno degli Stati membri.

Il Gruppo del Mercato Comune, secondo l'enunciato dell'art. 13 del Trattato di Asunción e dell'art. 10 del Protocollo di Ouro Preto, è l'organo esecutivo del Mercosul, con il potere di eseguire e fiscalizzare l'esecuzione delle *decisioni* del Consiglio. Il Gruppo può anche creare sottogruppi di lavoro necessari all'adempimento dei suoi compiti. Di questo Gruppo fanno parte quattro partecipanti fissi e quattro sostituti di ogni paese, rappresentanti dei Ministeri degli Affari Esteri, dell'Economia e della Banca Centrale. La coordinazione del gruppo è attribuita ai Ministri degli Affari Esteri degli Stati membri. Gli atti normativi emanati dal gruppo sono denominati *Risoluzioni*, con effetti obbligatori per gli Stati membri.

La *Commissione di commercio del Mercosul* è stata creata recentemente, dal Protocollo di Ouro Preto, quale organo tecnico per assistere il Gruppo (artt. 16 e 17). Ha la competenza per controllare gli strumenti di politica commerciale adottati per il funzionamento dell'Unione Doganale, compreso l'osservanza dei limiti delle tariffe esterne comuni agli Stati membri, nonché l'accompagnamento e le revisioni delle politiche commerciali comuni. Si presenta come un organo esecutivo specializzato, responsabile della fissazione delle tariffe le quali, nel periodo di impiantazione provvisoria (prima del Protocollo di Ouro Preto), era a carico del Gruppo del Mercato Comune. È formata da quattro membri titolari e quattro alternabili, indicati dai governi degli Stati e coordinata dai Ministeri degli Affari Esteri. I suoi atti vengono chiamati *Proposte* e *Direttrici*, queste ultime obbligatorie per gli Stati membri.

La *Commissione Parlamentare Congiunta* è l'organo rappresentativo dei Parlamenti, con ruolo meramente cooperativo, nel senso di agevolare presso i Parlamenti nazionali l'implementazione degli atti normativi del Gruppo e del Consiglio. Viene considerato come un embrione di una rappresentazione parlamentare sopranazionale ed i suoi atti si denominano *Raccomandazioni*, senza potere vincolante (artt. 22a 27, Protocollo).

Il *Foro Consultivo economico e sociale* risponde ad una richiesta di partecipazione della società civile nel processo di integrazione. Ha funzioni meramente consultive ed è formato da numerosi rappresentanti degli Stati, in pari numero. Emanano anch'essi *Raccomandazioni*, senza forza vincolante (artt. 28 a 33 del Protocollo).

La *Segreteria amministrativa* è l'organo di appoggio operazionale agli organi del Mercosul, compresa l'organizzazione degli archivi e della documentazione del Mercosul (artt. 31 a 33, Protocollo)

L'art. 42 del Protocollo di Ouro Preto determina la forma di armonizzazione legislativa. Dice testualmente : "Le norme emanate dagli organi del Mercosul previsti nell'art. 2° di questo Protocollo avranno carattere obbligatorio e dovranno, quando necessario, essere incorporate agli ordinamenti giuridici nazionali tramite i procedimenti previsti dalla legislazione di ogni paese". L'art. 38 prevede l'entrata in vigore della norma comunitaria simultaneamente in tutti i quattro paesi, nel termine di 30 giorni dopo che l'ultimo Stato membro abbia comunicato alla Segreteria del Mercosul l'incorporazione della norma suddetta nel suo ordinamento interno. Non esiste, però, un termine prefissato per tale incorporazione, e nemmeno alcun meccanismo di imposizione coattiva della normativa comunitaria. La sua efficacia dipende dalla sua integrazione, come qualunque Trattato internazionale, nel sistema costituzionale dei singoli Stati membri.

Nonostante le note differenze rispetto al processo di unificazione della Unione Europea, alle quali si aggiunga la mancanza di una Corte di Giustizia comunitaria, si ripropongono, *mutatis mutandi*, nel caso del Mercosul, i complessi problemi ermeneutici suscitati nell'ambito della Comunità Europea circa la compatibilità tra le norme comunitarie e gli ordinamenti nazionali [5]. In Brasile, comunque, e la dottrina prevalente, e la giurisprudenza della Corte Superiore (*Supremo Tribunal Federal*) sanciscono la superiorità dell'ordine costituzionale rispetto ai Trattati [6]. Questa sembra essere anche la posizione predominante in Argentina[7]. In ogni modo, siccome l'armonizzazione legislativa dipende dall'attività legislativa interna, le decisioni degli organi superiori del Mercosul dovranno per forza adeguarsi agli ordinamenti giuridici degli Stati Membri, tutti sottomessi a Costituzioni rigide.

L'armonizzare, infatti, non può significare la ricezione acritica e servile delle norme comunitarie, anche se in contrasto con la tavola assiologica dell'ordine pubblico interno, soprattutto quando si tiene presente, nel caso del Mercosul, l'ottica produttivistica, ispirata spesso ai rapporti economici ed al mercato, alla luce della quale si vuole agevolare al massimo il commercio internazionale.

3. Crisi delle tecniche legislative e delle fonti

Riguardo ai rapporti di diritto privato, i quattro paesi hanno notevoli punti di contatto, tutti integranti la famiglia romano-germanica e sottomessi ad analogo processo di codificazione alla fine del secolo scorso. Argentina e Paraguai hanno fatto promulgare lo stesso codice civile, idealizzato da Velez Sarzfield com base nel lavoro del giurista brasiliano Teixeira de Freitas (*Esboço* del Codice civile).

Così come successo in Europa, la dogmatica individualistica del codice civile nei paesi del "Cono Sud" è entrata in crisi con l'intervezionismo statale

---

[5] V., sul punto, PIETRO PERLINGIERI, *Diritto comunitario e legalità costituzionale - per un sistema italo-comunitario delle fonti*, Napoli, Esi, *passim*.

[6] Sull'argomento, v., per una retrospettiva delle posizioni dottrinale e giurisprudenziale, JACOB DOLINGER, « Brazilian Supreme Court Solutions for Conflicts Between Domestic and Internacional Law: An Exercise in Eclecticism », in *Capital University Law Review*, vol. 22, n. 4, p. 1041 e ss., con ampia bibliografia.

[7] V. sul punto, sotto il profilo comparatistico, TOMÁS HUTCHINSON y JULIÁN PEÑA, « El Tratado de Asunción y la Constitución Nacional », in *Consumidores*, p. 453 e ss, con ampia bibliografia.

messo in atto nel corso del secolo ed evidenziato dalle attuali Costituzioni dei quattro Stati membri. Sia le nuove Costituzioni brasiliana (1988), uruguaiana (1986), paraguaiana (1992), sia la Costituzione argentina (1860), con la riforma del 1994, traducono delle scelte solidaristiche che non possono non definire il processo di armonizzazione legislativa in corso nell'ambito del Mercato Comune del Sud (cf. allegato I).

Si tratta, come si sa, di una tendenza legislativa di intervento pubblico nell'economia, che mette in dubbio la centralità tradizionalmente assegnata all'autonomia contrattuale nel diritto privato. Questo processo di cambiamento di politica economica e di politica legislativa coinvolge direttamente le forme di godimento e di disposizione dei beni giuridici, restringendo e finanche indirizzando autoritariamente l'attività negoziale, concepita, appunto, nel sistema liberistico, per realizzare il traffico giuridico dei soggetti proprietari. Da un sistema codicistico - in Italia rappresentato specialmente da quello del 1865 - preoccupato di garantire, sotto il profilo esclusivamente formale, il regolamento negoziale stipulato dalle parti, si passa ad una "legislazione promozionale", la quale incide direttamente sul contenuto delle pattuizioni private. Alla "rigidità formale" del tipo contrattuale, garante della autoregolamentazione stessa, si sostituisce quindi una "rigidità sostanziale" attraverso figure contrattuali di tipicità contenutistica e, contemporaneamente, comandi normativi destinati ad incidere sui rapporti contrattuali in corso, alterando e integrando l'assetto privato anteriormente convenzionato dalle parti. *État providence*, *welfare state* o *stato del benessere*, certo è che la "legislazione promozionale", anche nei paesi del cono sud, così come è avvenuto in Europa nel passato, sovvertì quello che si suole definire, nella nota espressione di Lasalle, lo stato *veilleur de nuit* e sconvolse la secolare concezione repressiva del diritto, ove il diritto come ordinamento coattivo stava alle sanzioni esclusivamente negative, mai alle "sanzioni positive". È in questo quadro che bisogna, pertanto, comprendere lo stesso concetto di autonomia privata - in maniera da cogliere l'impatto delle scelte di fondo dell'ordinamento, tradotte nelle norme costituzionali, sui rapporti di diritto privato - non già attraverso costruzioni formate su basi extralegislative, consolidate in periodi storici o realtà normative diverse.

Ebbene, alla diffidenza della civilistica nel far incidere direttamente sui rapporti privati i valori costituzionali, si aggiunga per l'interprete la difficoltà di armonizzazione delle legislazioni infracostituzionali, soprattutto nelle materie regolate da leggi promulgate in periodi storici diversi, rivelando scelte legislative conflittanti. Le difficoltà non son poche né trascurabili, basti tener presente, per quel che concerne intere materie, la prevalenza nel piano interpretativo del codice civile, in taluni Stati membri, là dove non esiste legislazione ordinaria regolamentatrice dei precetti costituzionali.

In verità gli operatori del diritto privato rimangono tutt'oggi eccessivamente ancorati alla dicotomia pubblico e privato, quasi gelosi dello spazio di libertà e della volontà, atteggiamento che oramai si configura in un vero e proprio preconcetto e che ostacola molto la migrazione dei valori definiti al vertice dell'ordinamento fino ai negozi giuridici privati e all'interno delle comunità intermedie. Se da una parte, sembrerebbe illegittima la soppressione dei diritti delle differenze culturali, d'altra parte non si potrebbe lasciare all'autonomia privata la possibilità di rinnegare i valori ed i princìpi informatori della disciplina costituzionale e comunitaria.

Sembra dunque indispensabile, nel caso del Mercosul, come provvedimento preliminare, se si vuole veramente operare l'armonizzazione delle fonti normative, un cambiamento profondo delle tecniche interpretative tradizionali adoperate dagli operatori del diritto privato, nel senso di superare la rigida dicotomia fra il diritto pubblico ed il diritto privato, fra lo spazio riservato al potere pubblico e quello riservato all'autonomia privata.

Tale costatazione trova conferma quando si tiene presente che, nel contesto latinoamericano, la crisi delle fonti normartive derivata dall'impatto dell'ordinamento comunitario sulle realtà culturali degli *stati nazione* trova un altro elemento di tensione, caratterizzato dalle profonde contraddizioni sociali che tutt'oggi rimangono vive all'interno dei paesi del Mercosul. Come è stato osservato da un autorevole sociologo portoghese negli anni 70, il diritto statale semplicemente non viene applicato in determinati gruppi sociali - le *favelas* - laddove si sviluppano complessi ed alternativi meccanismi per le soluzioni dei conflitti, procedimenti extragiudiziali affidati ora alle associazioni private, ora alla chiesa, ora alla malavita, assolutamente al di fuori dell'ordinamento statale. In questi casi, le identità culturali sembrano preservate, pur se ad un prezzo troppo caro : l'autonomia privata di codesti gruppi sociali può significare la prevalenza della *legge del taglione*, con la riproduzione di pratiche sociali autoritarie, nell'ambito della famiglia, dei contratti e della proprietà, contrastanti con i princìpi stabiliti nelle fonti normative statali e comunitarie.

Il riferimento a questo fenomeno sociale pare corroborare l'insufficienza di qualunque proposta dogmatica che, allo scopo di compatibilizzare le identità culturali locali con l'unificazione comunitaria voglia trasferire all'autonomia privata la libertà di regolamentazione dei rapporti privati.

4. La cultura giuridica postmoderna e la tutela della persona umana

Ma se le difficoltà sembrano quasi insuperabili, nel senso di trovare una normativa omogenea, capace di conciliare le profonde differenze etniche, culturali ed economiche fra i destinatari delle norme comunitarie, si potrebbe prospettare che, nell'ambito dei rapporti privati, oltre al necessario superamento della *summa divisio* pubblico X privato, il cambiamento della tecnica legislativa regolamentare può favorire l'armonizzazione. Il civilista, nella esperienza brasiliana e forse anche in quella europea, pare troppo preoccupato della tipifizzazione della fattispecie e della definizione legale della struttura e del contenuto dei diritti soggettivi, senza la quale i princìpi costituzionali e i valori dell'ordine pubblico quasi non potrebbero essere protetti. La dinamicità della società contemporanea invece richiede una intensificazione della normativa meno *tipificante* e casuistica, più basata cioè su *standards* generali, come già da tempo si usa sostenere in Europa.

I modelli o clausole generali, gli *standards*, agevolano l'armonizzazione della tensione dialettica fra norme comunitarie e cultura locale nella misura in cui, innanzi tutto, offrono al giudice maggior flessibilità per la creazione del diritto vivo, in modo da mettere in atto l'eterointegrazione del sistema. D'altra parte, permette all'operatore una vera integrazione delle diverse fonti comunitarie ed interne, favorendo una maggior mobilità interna - fra i diversi dispositivi di una stessa legge - ed intersistematica, fra i dispositivi delle diverse fonti normative [8].

Sennonché, quello che probabilmente caratterizza la tecnica degli standards oramai auspicabili, distinguendola dalla tecnica delle clausole generali formulata nei processi di codificazione, è che nella normativa contemporanea il legislatore non si limita più ad offrire dei modelli formali, generali, neutri, di cui il giudice possa servirsi a seconda della sua "ordinaria esperienza" (tanto per adoperare l'espressione del codice di procedura civile brasiliano), condizionata, cioè dalla veduta soggettiva dell'operatore o della prassi. La caratteristica della tecnica legislativa contemporanea risiede nella definizione analitica e precisa da parte del legislatore dei valori che devono presiedere all'utilizzazione dei modelli generali.

Così stando le cose, sembrerebbe legittimo auspicare cioè che il problema dell'armonizzazione tra diritto comunitario e diritto interno dovesse essere affrontato non solo come un problema di politica legislativa - la scelta di princìpi omogenei - ma come un problema riguardante le tecniche legislative ed interpretative. In altre parole, nel momento in cui le leggi di attuazione delle direttive comunitarie stabiliscono modelli giuridici aperti, e non eccessivamente regolamentari, con l'adozione di clausole generali, standards con contenuto assiologico fissato dallo stesso legislatore, si sarebbe più vicino a soluzioni normative ad un tempo rispondenti ai princìpi comunitari e

---

[8] Sui molteplici ruoli delle clausole generali, v., per tutti, JUDITH MARTINS COSTA, *Sistema e Cláusula Geral (A Boa-Fé objetiva no processo obrigacional)*, tesi di dottorato presentata alla Facoltà di Giurisprudenza della Università dello Stato di São Paulo - USP, p. 404 e ss., con ampia bibliografia.

compatibili con le particolarità ed i valori culturali locali, i quali saranno raccolti dal giudice nel caso concreto, alla luce delle Costituzioni di ciascuno Stato Nazione.

Per comprendere meglio quello che si è voluto definire come contenuto analitico degli standards, sembra utile l'analisi condotta da ERIK JAYME, Professore dell'Università di Heidelberg, sulla cultura giuridica contemporanea. Jayme, nel suo *Corso generale di diritto privato* tenuto nel 1995 presso l'Accademia di Diritto Internazionale dell'Aia, sotto il titolo *"Identité culturelle et intégration : le droit international privé postmoderne"*, ha sostenuto che "la cultura postmoderna è caratterizzata da quattro fenomeni : il pluralismo; la comunicazione, la narrazione e il *"retour des sentiments"*, il cui *leitmotiv* sarebbe *"il ruolo primordiale dei diritti dell'uomo"*[9]. I due primi fenomeni - il pluralismo e la comunicazione - parlano da sé. Per quanto riguarda la narrazione si è sottolineato, argutamente, il sorgere di norme che non creano obblighi ma *descrivono valori*[10].

L'ultima caratteristica, invece, il *ritorno ai sentimenti*, vuol significare che *"l'idée utilitaire, que les raisons de nature économique déterment, ou doivent détermier, exclusivement les actions de l'homme, n'est plus convainçante. Les hommes se battent aussi pour les valeurs inhérentes de l'âime. En droit, c'est la sauvegarde de l'identité culturelle qui est l'expression de ces sentiments. . .* [11]". Questo fenomeno risponderebbe, probabilmente, al *revival* dei diritti umani che, secondo lo stesso autore, fungerebbe da filo conduttore della produzione normativa contemporanea. Se sono vere, come sembrano, le caratteristiche identificate da Jayme, bisognerebbe spiegare l'apparente paradosso fra l'intensificazione della preoccupazione verso i diritti umani ed i valori esistenziali nel bel mezzo della stagione globalizzante, informata dalla logica del mercato e della ottimizzazione dei risultati economici. La riflessione, tuttavia, fornisce appiglio alla conclusione secondo la quale il *ritorno ai sentimenti* ed ai valori della persona umana, rappresenterebbe piuttosto che una contraddizione, una reazione da parte della cultura giuridica contemporanea

---

[9] ERIK JAYME, « Cours général de droit international privé », in *Recueil des Cours*, Académie de Droit International, The Hague-Boston-London, Martinus Nijhoff Publishers, 1997, t. 251, 1996, p. 36-37

[10] ERIK JAYME, op. cit. , p. 259, il quale osserva il legame fra le diverse espressione della cultura postmoderna nelle quali si manifesta la *narrazione*: *"Les beaux-arts sont retournés à la peinture figurative. L'architecture ne se limite plus à démontrer la fonction de la construction technique; elle cherche à signaler des valeurs humaines. Les édifices font allusion à l'histoire, ils contiennent des parties descriptives qui racontent les faits de la vie humaine. Le porteur de la narration est de nouveau la façade du bâtiment à laquelle les architectes ont restitué la tâche traditionnelle de décrire, au public, la fonction sociale et humaine des édifices. En ce qui concerne le droit, nous notons un phénomène particulier: l'émergence des 'normes narratives'. Ces normes n'obligent pas, elles décrivent des valeurs"*.

[11] ERIK JAYME, *op. cit.* , p. 261.

alla logica del mercato, forse l'ultima risorsa per la salvaguardia delle identità culturali.

5. I modelli generali nella recente esperienza brasiliana

Se il ventesimo secolo é stato identificato dagli storici come la *era dei diritti*, alla scienza giuridica resta una certa amarezza derivata dalla costatazione di non essere riuscita a conferire piena efficacia a tali diritti. Sì che le riflessioni passate in rivista sembrano sostenere la proposta qui formulata a favore di una tecnica legislativa che possa assicurare una maggior efficacia dei criteri ermeneutici, in modo da conciliare l'identità culturale - come espressione dei diritti dell'uomo - con la necessità di uniformizzazione legislativa comunitaria. In questo senso sembra indispensabile, ma non sufficiente, la definizione di princìpi di tutela della persona umana nelle direttive e testi costituzionali e la sua trasposizione alle norme di attuazione e legislazioni infracostituzionali. Il legislatore sente la necessità di definire modelli di condotta (*standards*) delineati alla luce dei princìpi che vincolano l'interprete, e nelle situazioni giuridiche tipiche, e nelle situazioni non previste dall'ordinamento. Da ciò la necessità di *descrivere* nei testi normativi i canoni ermeneutici e le priorità assiologiche, i contorni della tutela della persona umana e gli aspetti centrali delle identità culturali che si intende proteggere, a fianco alle norme che permettono, dal punto di vista della loro struttura e funzione, la necessaria compatibilizzazione fra il precetto normativo e le circostanze del caso concreto inserito nella realtà culturale storicamente determinata. Nell'esperienza legislativa brasiliana si possono osservare i segni di questa tendenza evolutiva.

La costituzione brasiliana, sulla scia della esperienza costituzionale europea, prevede, tra i fondamenti della Repubblica, "la dignità della persona umana" (art. 1°, III) e tra gli obiettivi della Repubblica "sradicare la povertà e la marginalizzazione, e ridurre le disuguaglianze sociali e regionali" (art. 3°, III) dimostrando così la chiara intenzione del legislatore costituente ai fini della rottura dell'ottica produttivistica e patrimonialistica spesso prevalente in tema di rapporti privati. Due leggi speciali adottano chiaramente la tecnica delle clausole generali (standards) accompagnate da *descrizioni normative*, in modo da favorire lo stabilirsi di soluzioni giurisprudenziali compatibili con i princìpi ed i valori costituzionali e che vengono applicate a tutte le situazioni - anche se non regolate dall'ordinamento - in cui siano in gioco gli interessi ed i beni giuridici costituzionalmente tutelati : la Legge 8. 069, del 13 luglio 1990, che dispone sulla tutela della infanzia e della gioventù - *Estatuto da Criança e do Adolescente*; e la Legge 8. 078, dell'11 settembre 1990, che dispone sui diritti dei consumatori - *Código de Defesa do Consumidor*.

Nel caso della Legge 8. 069/90, il legislatore fissa criteri interpretativi generali, come espressione del suddetto principio costituzionale della dignità della persona umana, collegato all'art. 227 della Costituzione, secondo il quale "é dovere della famiglia, della società e dello Stato assicurare al bambino ed all'adolescente, con assoluta priorità, il diritto alla vita, alla salute, all'alimentazione, all'educazione, alla ricreazione, alla professionalizzazione, alla cultura, alla dignità, al rispetto, alla libertà ed alla convivenza familiare e comunitaria, oltre a metterli in salvo da tutte le forme di negligenza, discriminazione, sfruttamento, violenza, crudeltà e oppressione". L'art. 6° dispone che "nella interpretazione di questa legge, si terrà conto degli scopi sociali ai quali essa si dirige, delle esigenze del bene comune, dei diritti e doveri individuali e collettivi, e della condizione peculiare del bambino e dell'adolescente come persone in fase di sviluppo". Così facendo il legislatore fissa come criterio interpretativo di tutte le norme di quella legge la priorità dello sviluppo della personalità dei bambini e degli adolescenti, anche se in detrimento della volontà dei loro genitori. La disposizione, insieme ad altre della stessa Legge 8. 069/90, in particolare gli articoli 15, 16, 17 e 18, fanno dello stesso bambino il vero protagonista del suo processo educativo, attribuendo agli operatori, nei casi di conflitti di interessi, i valori che dovranno essere preservati in primo luogo.

Per quanto riguarda la protezione contrattuale dei consumatori la Costituzione brasiliana, negli artt. 5°, XXXII e 170, V, dedica al tema speciale attenzione. Ai sensi dell'art. 5°, XXXII, inserito tra i diritti e garanzie fondamentali, "lo Stato promuoverà, in conformità con la legge, la difesa del consumatore". L'art. 170, V, nell'ambito del Titolo VII riguardante l'ordine economico, include la difesa del consumatore tra i princìpi generali dell'attività economica, insieme alla libera concorrenza, alla riduzione delle disuguaglianze regionali e sociali, alla proprietà privata e alla funzione sociale della proprietà - tra altri - i quali hanno come fine "assicurare a tutti una esistenza degna, conforme i dettami della giustizia sociale". Il collegamento di codesti precetti con i suddetti princìpi fondamentali della Costituzione, dimostra la chiara intenzione del legislatore Costituente nel senso della rottura dell'ottica produttivistica e patrimonialistica spesso prevalente in tema di diritti dei consumatori.

Il Costituente brasiliano non soltanto fa inserire la tutela del consumatore fra i diritti e le garanzie individuali, ma afferma che la sua protezione viene fatta dal punto di vista strumentale, ovverosia, con la funzionalizzazione dei suoi interessi patrimoniali alla tutela della sua dignità ed ai valori esistenziali. Si tratta di tutelare la persona umana, dunque, nei rapporti di consumo anziché il consumatore come una categoria a se stante.

La tutela giuridica del consumatore, in questa prospettiva, non può che essere studiata quale momento particolare ed essenziale di una tutela più ampia : quella della personalità umana. Si capisce, allora, come il tentativo di costruire un microsistema dei consumatori non sembra appagante, sia per il pericolo di nuove tendenze corporativistiche, la cui minaccia si fa sempre più inquietante, sia perché incapace di mettere in atto la protezione e lo sviluppo del consumatore, quale persona umana, in tutti i suoi possibili interessi esistenziali, consonantemente al dettato costituzionale, anche in situazioni giuridiche non coincidenti con la presenza dei diritti soggettivi previsti dal legislatore speciale.

Quanto fin qui svolto permette di analizzare la legge 8. 078, dell'11 settembre 1990, che ha creato il codice brasiliano del consumatore, quale momento privilegiato di tutela dei valori esistenziali assicurati nella Costituzione; e la futura armonizzazione legislativa del Mercato Comune del Sud come processo di consolidazione di tali valori.

L'art. 4°, a conferma delle precisazioni elencate, introduce una lunga enumerazione dei princìpi della politica nazionale dei rapporti di consumo, la quale ha come obiettivo "soddisfare le necessità dei consumatori, il rispetto alla loro dignità, salute e sicurezza, la protezione dei loro interessi economici, migliorare la loro qualità di vita". I diritti fondamentali dei consumatori, di cui all'art. 6°, includono : a) la protezione contro la pubblicità ingannevole ed abusiva, metodi commerciali coercitivi o sleali, nonché imposte sulla fornitura di prodotti e servizi. (art. 6°, IV); b) la modifica delle clausole contrattuali che stabiliscano prestazioni sproporzionate oppure la loro revisione per fatti sopravvenuti che le rendano eccessivamente onerose (art. 6°, V); c) l'effettiva prevenzione e riparazione dei danni patrimoniali e morali, individuali e diffusi (art. 6°, VI); d) la facilitazione della difesa dei suoi diritti, inclusa l'inversione degli oneri della prova, in suo favore, nella procedura civile, sempre che, per il giudice, sia verosimile l'allegazione, oppure quando il consumatore sia considerato iposufficiente, secondo le regole dell'ordinaria esperienza.

Alla luce di tali princìpi fondamentali, la Legge 8. 078/90 istituisce una rigida normativa contrattuale, di cui all'art. 46 e ss, nonché la protezione dei consumatori contro le clausole abusive, così considerate, in maniera non esaustiva, le ipotesi enumerate dall'art. 51. Il legislatore speciale, oltre a fornire i presupposti per la caratterizzazione di una pattuizione abusiva, definendo così un modello giuridico il cui contenuto potrà essere costruito dal giudice nel caso concreto, si vale di una clausola generale espansiva di cui all'art. 7°, secondo la quale i diritti previsti da quella legge non escludono altri decorrenti da altre fonti normative interne o esterne. Insomma, il legislatore del consumatore, nel caso brasiliano, ha fissato modelli giuridici generali, informati dai valori e princìpi costituzionali, aventi come punto di riferimento centrale la dignità della persona umana, la solidarietà sociale e lo sviluppo della sua personalità.

6 Conclusione

In conclusione, di fronte alla tensione fra le due forze divergenti, una verso l'unificazione dei sistemi giuridici e l'altra in senso opposto, diretta alla riaffermazione della identità culturale, sembra indispensabile, oltre a definire i princìpi fondamentali riguardanti il *diritto di cultura* - considerato come particolare aspetto dei diritti dell'uomo - sviluppare il campo destinato alle clausole generali informate dai suddetti princìpi fondamentali, meccanismo che offre maggior flessibilità e capacità di espansione del sistema, in modo da permettere l'integrazione dell'ordinamento giuridico con i diversi elementi sociali, economici e culturali che caratterizzano la realtà storicamente determinata laddove la norma viene applicata. Le *clausole generali narrative* permettono, d'altra parte, che l'ordinamento comunitario realizzi in pieno la sua funzione promozionale, e faccia sì che le direttive generali, temperate dagli elementi culturali variabili raccolti dal giudice alla luce della realtà locale - e costituzionalmente tutelati -, possano espandersi con la massima efficacia sociale.

D'altra parte, quello che caratterizza la tecnica attuale delle clausole generali, in modo da distinguerle dalle clausole generali utilizzate nel processo di codificazione - di cui quella della buona fede oggettiva dal § 242 del BGB, oppure dall'art. 1337 del Codice civile italiano, o dagli artt. 239 e 483 del Codice civile portoghese, o ancora dalla previsione della responsabilità civile soggettiva di cui all'Art 1. 382 del Code Napoléon e dalla buona fede contrattuale di cui all'Art 130 del Codice Commerciale brasiliano - sarebbe il contenuto positivo di codesti modelli giuridici, *descritto* o *narrato* dal legislatore, in modo da definire oggettivamente, alla luce dei princìpi fondamentali e dei valori (culturali, si potrebbe dire) di ogni gruppo sociale, i limiti di attuazione dell'interprete e del giudice. La tecnica delle clausole generali svincolata da un contenuto principiologico preciso, come è stata adoperata invece nel processo di codificazione nel passato, non riesce a compiere la sua funzione promozionale, poiché il suo contenuto finisce con l'essere forgiato dalle forze economiche dominanti nelle prassi negoziali. Da ciò la necessità di stabilire precisamente, nel linguaggio legislativo, il testo più chiaro e corrispondente ai valori fondamentali che fungono da punto di convergenza fra la realtà comunitaria e l'identità culturale locale.

In effetti, di fronte al pluralismo ed al primato della comunicazione, è stato detto che "la diseguaglianza più odiosa e più penosa non è tra chi ha e chi non ha, ma soprattutto tra chi sa e chi non sa". Ed ancora : "La globalizzazione dell'economia da sola può essere pericolosa se non accompagnata dalla diffusione della cultura e della ricerca scientifica; il primato della tecnologia senza un adeguato umanismo può comportare uno sviluppo velleitario ed apparente. La tradizione latina, formata sul valore della dignità della persona e sul solidarismo, è il substrato sul quale costruire il primato dell'*essere* sull'*avere*, l'eguaglianza nella giustizia sociale"[12]. Cosicché, alla cultura giuridica contemporanea, toccherebbe definire i valori ed i princìpi che, tutelati dai testi costituzionali, vengono descritti dal legislatore infracostituzionali, non tanto attraverso la tecnica casuistica e regolamentare, insufficiente per andare al passo con la mutevole realtà tecnologica, ma valendosi di modelli giuridici flessibili, che a un tempo informano e fissano il limite dell'attuazione del giudice, ad aprire le vie di comunicazione - *rectius*, interazione - fra diritto e cultura.

---

[12] PIETRO PERLINGIERI, Discorso di ringraziamento in occasione della consegna del Titolo di Dottore *Honoris Causa* della Università dello Stato di Rio de Janeiro, il 24 agosto 1998.

O Estado contemporâneo e a Noção de Soberania

Márcio Monteiro Reis*

1. Introdução; 2. Surgimento da soberania; a) Origens históricas; b) Os significados do termo; 3. O conceito de soberania; a) Características principais; b) Tratamento do direito internacional clássico; 4. A soberania e as transformações do Estado contemporâneo

1. Introdução

Dentro do atual debate que se trava acerca das transformações por que vem passando o Estado, um espaço importante deve ser reservado ao estudo da soberania. Este instituto jurídico nasceu juntamente com o Estado moderno e, desde então tem sido tratado como um de seus principais atributos. Tem servido de justificativa a muitas ações e a outra tantas omissões, já que é muito fácil descartar idéias que pareçam inconvenientes, tachando-as de *contrárias à soberania nacional*, fugindo-se, desta forma, de um debate mais aprofundado acerca do que efetivamente se propõe.

Sendo assim, antes de mais nada é preciso entender-se exatamente ao que se está referindo quando se menciona a expressão **soberania**. O presente estudo se divide em três partes. A primeira é dedicada ao seu surgimento, extremamente ligado à aparição do Estado moderno e à definição de seus poderes. Examina-se também nesse momento as várias significações que são atribuídas ao termo «soberania» (soberania popular, soberania nacional, poder soberano, o Soberano de determinado Estado etc.), em um esforço de unificação terminológica, necessária para precisar o objeto examinado e evitar confusões.

A segunda parte é dedicada, de um lado, ao aspecto interno da soberania, com uma breve exposição das principais características a ela atribuídas (unidade, indivisibilidade, imprescritibilidade, inalienabilidade, originalidade, exclusividade e coatividade), importantes na compreensão de seu significado. De outro lado, analisa-se o seu aspecto externo, ou seja, sua importância para o direito internacional e para a relação entre os diversos Estados.

A última parte está dedicada às transformações recentes impostas ao

---

* Mestrando em Direito Público pela Universidade do Estado do Rio de Janeiro - UERJ.

tratamento da soberania, como reflexo da crise por que vem passando o Estado moderno, afetado diretamente pelo fenômeno da globalização e obrigado a reestruturar-se, buscando parcerias cada vez mais freqüentes, seja com a iniciativa privada, seja com outros Estados, junto aos quais busca uma integração, para possibilitar um maior êxito no cumprimento de suas funções.

Independentemente de ideologias políticas, é indiscutível que o isolamento não é mais uma opção possível no contexto atual. A soberania não pode servir como argumento para a criação de obstáculos intransponíveis à cooperação entre Estados, todos dependentes uns dos outros para a realização efetiva das tarefas de que são incumbidos. O objetivo do presente estudo é exatamente fornecer elementos para uma melhor compreensão do que é a soberania e como ela pode ser tratada diante das atuais circunstâncias. Não se trata de sacrificá-la, mas apenas adequá-la à nova realidade.

2. Surgimento da soberania

a) Origens históricas

Antes de começar o estudo do conceito de soberania propriamente dito, torna-se relevante uma rápida incursão pelas origens do instituto. Não se pretende realizar, sob este aspecto, um estudo aprofundado[1], mas tão somente traçar as linhas básicas do seu aparecimento no mundo jurídico.

Na Antigüidade, falava-se no conceito de autarquia, concebido por Aristóteles e, bastante diferente do que conhecemos hoje como soberania[2]. Esta era uma qualidade da *polis*, consistente em sua auto-suficiência. Para os gregos, o Estado era uma comunidade social perfeita[3], só se caracterizando como tal aquelas organizações que fossem capazes de suprir todas as necessidades de seus cidadãos, sem jamais precisar de nenhuma espécie de relação com alguma comunidade externa[4]. Não se cogitava, nesta época, das questões referentes ao exercício do poder — interna ou externamente —, questão essencial no estudo da soberania. A sociedade política de então, essencialmente homogênea, ignorava conflitos dessa ordem[5]. A autarquia era

---

[1] Para um estudo detido da evolução histórica da soberania, ver: JELLINEK. *Teoria General del Estado*. Buenos Aires: Editorial Albatroz, pp. 327 a 355. Na doutrina nacional, com ampla indicação bibliográfica: MACHADO PAUPÉRIO. *Teoria Democrática da Soberania*. 3.ed. Rio de Janeiro: Forense Universitária, 1997. v.2. (Teoria Democrática do Poder), pp. 21 a 133.

[2] JELLINEK. *Teor. Gen. Est., op. cit.,* pp. 327 e 328 e BONAVIDES. *Ciência Política.* 10ª ed. São Paulo: Malheiros editores, 1997, pp. 122 e 123.

[3] BONAVIDES. *Ciên. Pol., op. cit.,* p. 123.

[4] JELLINEK. *Teor. Gen. Est., op. cit.,* p. 327.

[5] Segundo Jellinek, faltava ao mundo antigo a única coisa capaz de fazer surgir a conciência do conceito de soberania: a oposição do poder do Estado a outros poderes. (JELLINEK. *Teor. Gen. Est., op. cit.,* p. 331). No mesmo sentido: BONAVIDES. *Ciên. Pol., op. cit.,* p. 124.

tida como uma característica essencial dos Estados. Somente as organizações que a apresentassem poderiam ser reconhecidas como tal.

Na Idade Média, o poder político havia organizado-se basicamente em três grandes domínios : a) a Igreja, b) o Império Romano e c) os grandes senhores e as corporações[6]. A estrutura política medieval era essencialmente descentralizada[7]. Todos os Estados cristãos estavam subordinados seja ao Papado, seja ao Imperador de Roma, os quais, muitas vezes, eram os responsáveis pela própria nomeação dos reis[8], figuras inexpressivas, quase desprovidas de poder, já que os senhores feudais — verdadeiros detentores do poder local — gozavam de uma relação muito mais direta com o povo e tampouco estavam obrigados a prestar fidelidade ao rei, já que seu poder era auferido, não de suas mãos, mas diretamente de outro senhor feudal, do qual tornavam-se vassalos[9]. Essas relações de senhorio e vassalagem diluíam o poder central, fazendo com que ficasse enfraquecida a idéia de um Estado nacional.

A teoria da soberania teve repercussões importantes na estrutura do poder político, inaugurando a idéia que se tem hoje de Estado. Possui dois aspectos essenciais[10] : **Internamente**, o soberano procedeu à substituição do poder fragmentário dos senhores feudais e das autonomias locais, por uma relação sem intermediários entre o seu poder e o povo. Passou a ocupar uma posição de absoluta supremacia, desprovido de quaisquer laços de sujeição[11]. Suas decisões tornaram-se irrecorríveis e passaram a obrigar todos os membros daquele Estado, consolidando-se, assim, a territorialidade estatal[12]. **Externamente**, o soberano passou a reconhecer nos outros soberanos, seus iguais — sem que existisse qualquer juiz sobre os Estados — cabendo-lhe decidir acerca da guerra e da paz.

Portanto, como conclui JELLINEK, o surgimento histórico da soberania significou a negação de toda subordinação ou limitação do Estado por qualquer outro poder, passando este a encerrar um poder supremo e independente, não reconhecendo nenhuma autoridade acima da sua[13].

---

[6] JELLINEK. *Teor. Gen. Est., op. cit.*, p. 331.

[7] ZIPPELIUS. *Teoria Geral do Estado*. Lisboa: Fundação Calouste Gulbenkian, p. 72.

[8] JELLINEK. *Teor. Gen. Est., op. cit.*, pp.332 e 333.

[9] JELLINEK. Teor. Gen. Est., op. cit., pp. 333 a 336 e MACHADO PAUPÉRIO. *Teor. Dem. da Sob., op. cit.,* p. 140.

[10] ZIPPELIUS. *Teor. Ger. do Est., op. cit.*, p. 75.

[11] MATTEUCCI. "verbete: soberania", *In: Dicionário de Política* (org. Norberto Bobbio et alli.). 9ª ed. Brasília : editora UnB, 1997, p. 1180 e BONAVIDES. *Ciên. Pol., op. cit.*, p. 124.

[12] CELSO LAFER. "Os dilemas da soberania". *In : Possibilidades e Paradoxos*. Rio de Janeiro: Nova Fronteira, 1982, p. 69.

[13] JELLINEK. *Teor. Gen. Est., op. cit.*, p. 356. Machado Paupério define a soberania como «a qualidade do poder supremo do Estado de não ser obrigado ou determinado senão pela sua própria

b) Os significados do termo

A soberania, como acabamos de ver, surgiu para justificar a necessidade dos reis de unificar em torno da sua figura os poderes estatais. Este interesse dos monarcas pela soberania acabou por gerar uma confusão terminológica, e aqueles acabaram tomando para si o nome do instituto[14], passando a ser chamados de *Soberanos*. Com o surgimento do pensamento democrático e das revoluções burguesas, principalmente depois da publicação do *Contrato Social*[15] de Rousseau, cunhou-se a expressão «soberania popular»[16].

Esta coincidência de termos acabou levando a uma certa confusão de conceitos[17], já que as línguas latinas passaram a designar com o mesmo vocábulo tanto a qualidade do poder do Estado quanto a titularidade do exercício deste poder. Como anota Jellinek: «*Confunde-se a doutrina da soberania, com o princípio de que o Estado necessita de um poder soberano*»[18]. Não se deve, portanto, confundir a questão acerca da existência de um poder supremo *do* Estado, com um poder supremo *no* Estado.

O objetivo deste trabalho é estudar a doutrina da soberania dos Estados. A questão da titularidade interna deste poder, ou seja, a discussão sobre o sujeito do direito de soberania[19] se impõe apenas como parte do objeto de estudo, ao qual são dedicadas as próximas linhas.

Acerca deste problema — da justificação do exercício do poder soberano — surgiram algumas teses, que se podem agrupar em duas categorias principais: doutrinas teocráticas e doutrinas democráticas.

As teocráticas são aquelas teorias que afirmam a origem divina do poder: *omnis potestas a Deo* (todo o poder vem de Deus)[20]. Várias são as ramificações existentes desta idéia. A mais radical é a sustentada por parte da doutrina que considera os governantes — normalmente monarcas ou imperadores — como deuses vivos. Na França há algumas referências a Luiz XIV com esta

---

vontade, dentro da esfera de sua competência e dos limites superiores do Direito» (MACHADO PAUPÉRIO. *Teor. Dem. da Sob., op. cit.*, p. 137).

[14] ZIPPELIUS. *Teor. Ger. do Est., op. cit.*, p. 76

[15] ROUSSEAU. *Du Contrat Social.* 1ᵉ ed. Paris: Bordas, 1972.

[16] DALLARI. *Elementos de Teoria Geral do Estado.* 16ª ed. São Paulo: Saraiva, 1991, p. 66.

[17] Os alemães possuem três vocábulos para designar o que chamamos de soberania: *Souveränitat*, oriundo do francês, que significa a absoluta independência do poder estatal; *Staatsgewait*, usado para designar os poderes efetivos do Estado e *Herrscher*, o órgão supremo, detentor do poder de dominação e mando. (MACHADO PAUPÉRIO. *Teor. Dem. da Sob., op. cit.*, p. 167, nota de rodapé).

[18] JELLINEK. *Teor. Gen. Est., op. cit.*, p. 343.

[19] BONAVIDES. *Ciên. Pol., op. cit.*, p. 127.

[20] DALLARI. *Elem. Teor. Ger. Est., op. cit.*, p. 70.

intensidade[21]. Mais comuns, no entanto, são as teorias da investidura divina e da investidura providencial.

A primeira considera os governantes como delegados imediatos de Deus, escolhidos diretamente pela divindade para exercer o poder, sendo os responsáveis por executar na Terra a vontade divina[22]. A segunda — representativa do pensamento da igreja cristã e expressada por São Tomás de Aquino — admite apenas a origem divina do poder, tornando mais branda a intervenção divina em assuntos políticos[23].

Em contraposição a estas concepções teocráticas, surgiram as teorias democráticas, inauguradas com a afirmação de Rousseau de que se o Estado for composto de dez mil cidadãos, cada um deles terá a décima milésima parte da autoridade soberana[24]. É a chamada teoria da soberania popular, fundada na igualdade política dos cidadãos e no sufrágio universal. O titular da soberania, portanto, não é uma única pessoa, mas o próprio povo[25]. Esta idéia evoluiu posteriormente em direção à idéia de soberania nacional, em que a titularidade é deslocada para a nação, entendida como um complexo indivisível, o povo organizado numa ordem instituída[26].

A principal distinção entre as duas espécies de soberania, em um regime democrático, diz respeito à forma de participação política. A idéia de soberania popular, defendida por Rousseau, reconhece a todos os cidadãos direitos políticos. Já a teoria da soberania nacional limita a participação àqueles investidos pela nação na escolha dos governantes[27]. Este foi o modelo adotado após a Revolução Francesa e que predomina até hoje[28] nos Estados que se organizam como Democracias Constitucionais[29].

---

[21] BONAVIDES. *Ciên. Pol.*, *op. cit.*, p. 128.

[22] DALLARI. *Elem. Teor. Ger. Est.*, *op. cit.*, p. 70 e BONAVIDES. *Ciên. Pol.*, *op. cit.*, p. 129.

[23] São Tomás de Aquino fazia menção a três categorias de lei: *lex aeterna*, que governa o mundo e é inacessível à compreensão humana; *lex naturalis*, ditada pela razão divina, mas perceptível aos homens e a *lex humana*, que deve se aproximar ao máximo da *lex naturalis*, na busca da perfeição possível. Os governantes auferem seu poder da *lex aeterna*, mas o exercem segundo a *lex humana*, a qual deve sempre respeitar a *lex naturalis* (São Tomás de Aquino, *Summa Teologica*, t. VI, pp. 51 a 66, cuéstion 91 – de las classes de leyes).

[24] ROUSSEAU. *Du Contrat Social*. Paris: Bordas, 1972, liv. III, cap. I, p. 129.

[25] ZIPPELIUS. *Teor. Ger. do Est.*, *op. cit.*, p. 78 e DALLARI. *Elem. Teor. Ger. Est.*, *op. cit.*, p. 70.

[26] CANOTILHO. *Direito Constitucional*. 6ª ed. Coimbra: Livraria Almedina, 1993, pp. 99 e 100 e DALLARI. *Elem. Teor. Ger. Est.*, *op. cit.*, p. 70.

[27] BONAVIDES. *Ciên. Pol.*, *op. cit.*, p. 132.

[28] MATTEUCCI. «verbete: soberania», *op. cit.*, p. 1185.

[29] No Brasil, o art. 14 da Constituição Federal estabelece que a soberania popular será exercida pelo sufrágio universal e pelo voto direto e secreto, com valor igual para todos, e, nos termos da lei. Contudo os §§ 1º e 2º estabelecem restrições a esse direito, notadamente a idade mínima de 16 anos.

A Constituição de 1946, igualmente considerada uma Constituição democrática, previa restrições ainda maiores ao direito de voto, excluindo do Colégio Eleitoral, em seu art. 132, os

3. O conceito de soberania

O surgimento do conceito de soberania, como se viu[30], serviu de embasamento teórico para o fortalecimento da figura dos reis. Jean BODIN foi o primeiro escritor, de quem se tem notícia, a dar especial atenção ao tema, em sua famosa obra *Os seis livros da República*[31], escrita no século XVI. A ele se seguiram muitos autores, dentre os quais se destacam Hobbes, Rousseau, Bentham e Austin[32].

BODIN define a soberania como um poder absoluto e perpétuo, ao qual jamais se poderia impor qualquer limite nem responsabilidade[33]. Defende inclusive que o poder soberano não se sujeita sequer às próprias leis por ele ditadas : «*el rey no puede estar sujeto a sus leyes. Así como el Papa no se ata jamás las manos, como dicen los canonistas, tampoco el príncipe soberano puede atarse las suyas, aunque quisera*»[34].

Esta mesma idéia é sustentada por HELLER, para quem o poder soberano é o único autorizado a praticar atos contrários ao direito[35]. Para fundamentar sua afirmação cita as revoluções, nas quais alguns atos originalmente contrários ao Direito adquirem validade jurídica. Considera este exemplo, apenas um caso particular a ilustrar aquele fenômeno, mais amplo[36]. Segundo o seu pensamento, o Estado deve sempre fazer prevalecer o interesse maior sobre o menor e, para tanto, muitas vezes é obrigado a decidir contra o direito[37]. Dirige duras críticas à teoria pura do Direito professada por Kelsen, a qual, em sua opinião, não teria levado em conta este dever estatal. Defende que no conflito entre uma norma constitucional e interesses só resguardados com a sua violação, em caso de necessidade pública, o Estado — e somente o Estado — pode agir em violação da Constituição. É isso que faz do Estado uma unidade decisória universal e demonstra a existência da soberania[38].

Para a concepção original de soberania a única limitação a que os Estados estão sujeitos é o direito natural :

---

analfabetos, os que não soubessem exprimir-se na língua nacional e os que estivessem privados de seus direitos políticos.

[30] Ver considerações traçadas à p. 169.

[31] BODIN. *Los seis libros de la república*. Madrid: Aguilar, 1973 (livro primeiro, capítulo 8).

[32] Para um estudo detalhado da obra destes autores e outros mais, sobre o tema da soberania, sugerimos a consulta a: MACHADO PAUPÉRIO. *Teor. Dem. da Sob., op. cit.,* pp. 21 a 133.

[33] BODIN. *Los seis libros de la república, op. cit.,* pp. 46 a 48.

[34] BODIN. *Los seis libros de la república, op. cit.,* p. 52.

[35] HELLER. *La soberanía*. México: UNAM, 1995, pp. 200 a 213 e 289.

[36] HELLER. *La soberanía, op. cit.,* p. 201.

[37] HELLER. *La soberanía, op. cit.,* p. 205.

[38] HELLER. *La soberanía, op. cit.,* p. 213.

> «En cuanto a las leyes divinas e naturales, todos los príncipes de la tierra están sujetos a ellas y no tienen poder para contravenirlas, si non quieren ser culpables de lesa majestad divina, por mover guerra a Dios, bajo cuja grandeza todos los monarcas del mundo deben inclinar la cabeza con todo temor y reverencia. Por esto, el poder absoluto de los príncipes y señores soberanos no se extiende, en modo alguno, a las leyes de Dios y de la naturaleza.»[39]

a) Características principais

Com o avanço da história, também a teoria da soberania avançou, adequando-se às circunstâncias dos novos tempos. Modernamente, pode-se identificar um certo consenso sobre suas características. A maioria dos estudiosos classificam-na como una, indivisível, imprescritível e inalienável. **Una**, por não ser possível a convivência simultânea de dois poderes soberanos[40]. Soberano é aquele poder que se situa acima de todos os demais, não estando submetido a nenhum outro. Não é compatível a convivência de mais de um poder soberano no mesmo âmbito[41]. **Indivisível**, por conclusão lógica ante a sua unidade. No entanto, a indivisibilidade da soberania não impede a divisão do seu exercício[42]. A teoria da divisão de poderes importa, na verdade em uma divisão de funções[43]. Não se deve confundir isto com a divisão da própria soberania[44]. **Imprescritível** e **inalienável**, pois encarna o poder supremo, insuscetível de lesão e indisponível. Na verdade, a inalienabilidade não é propriamente uma característica da soberania. Ocorre que a renúncia do poder soberano é equivalente à sua própria morte. O poder soberano que renuncia deixa de ser soberano[45], por isso a alienabilidade é incompatível com a idéia de soberania.

Mais recentemente, se tem entendido que soberano é o **poder originário**,

---

[39] BODIN. *Los seis libros de la república, op. cit.*, pp. 52 e 53.

[40] «Es en cambio imposible aceptar que sobre un mismo territorio existan dos unidades decisorias supremas» (HELLER. *La soberanía, op. cit.*, p. 214)

[41] DALLARI. *Elem. Teor. Ger. Est., op. cit.*, p. 69 e MACHADO PAUPÉRIO. *Teor. Dem. da Sob., op. cit.*, pp. 15 e 16.

[42] MACHADO PAUPÉRIO. *Teor. Dem. da Sob., op. cit.*, p. 16.

[43] Trata especialmente bem deste tema Seabra Fagundes, individualizando as principais funções a serem exercidas pelo Estado, uma vez constituído. (SEABRA FAGUNDES. *O controle dos atos administrativos pelo Poder Judiciário*. Rio de Janeiro, Forense, 1979, p. 4). Sobre as vantagens de se atribuir poderes específicos a pessoas distintas que possam, ao mesmo tempo, realizar os fins públicos e fiscalizarem-se mutuamente no exercício de suas parcelas de poder, ver: NÉLSON SALDANHA. *O Estado moderno e a Separação de Poderes*. São Paulo: Saraiva, 1987, p. 115 e GISBERT FLANTZ. «La signification de la separation des pouvoirs dans le developpement du constitutionnlisme et dans les constitutions contemporaines». *In: Le Constitutionnalisme Aujourd'hui* (org. Jean-Louis SEURIN). Paris: Economica, 1984, pp. 93 e segs.

[44] DALLARI. *Elem. Teor. Ger. Est., op. cit.*, p. 69.

[45] MACHADO PAUPÉRIO. *Teor. Dem. da Sob., op. cit.*, p. 17. O autor, apesar de observar esta singularidade, mantém a inalienabilidade como característica da soberania.

exclusivo e coativo[46]. O poder soberano nasce no mesmo momento em que nasce o Estado, daí dizer-se originário[47], além disso não depende de outros para justificar sua existência[48]. Só pode ser possuído pelos Estados — embora nem todos os autores concordem que a integralidade dos Estados o possuam[49] — portanto é uma característica exclusivamente estatal. Outra característica importante a ser destacada é a coatividade. Só o poder soberano é autorizado a empregar a força material, através de elementos de coação, que possam obrigar os indivíduos ao cumprimento da ordem jurídica[50].

Costuma-se classificar a soberania como incondicionada ou absoluta, uma vez que só encontra limites impostos pelo próprio Estado[51]. Segundo a doutrina tradicional, defendida por BODIN e HELLER, não sofre sequer as limitações da lei[52], já que tais limitações só teriam efetividade se fossem impostas por um poder superior[53]. Esta característica da soberania foi muito discutida, mas hoje está sedimentada a idéia de que o poder do Estado não é ilimitado.

JELLINEK, em sua época, já oferecia uma demonstração muito peculiar de que a soberania está subordinada a certos limites, construindo a seguinte imagem : se o Estado juridicamente pudesse tudo, poderia também suprimir a própria ordem jurídica, introduzindo a anarquia, o que o tornaria inviável. Se descartarmos esta possibilidade, chegaremos facilmente à conclusão de que o Estado soberano encontra sua limitação na existência de uma ordem determinada. Com isso, se nega a teoria do poder absoluto e ilimitado do Estado[54]. A soberania é incompatível com a subordinação a uma vontade concreta, mas não com a sujeição a uma ordem jurídica[55]. Não indica ausência

---

[46] DALLARI. *Elem. Teor. Ger. Est.*, *op. cit.*, p. 69 e MACHADO PAUPÉRIO. *Teor. Dem. da Sob.*, *op. cit.*, p. 17.

[47] Vale salientar aqui a observação de Jorge Miranda que alerta para o fato de que esta originalidade deve ser entendida do ponto de vista jurídico e não histórico. «Não se trata de remontar à formação do Estado (...), mas tão somente de recortar, com clareza a posição do Estado frente às demais entidades ou pessoas coletivas públicas de direito interno» (JORGE MIRANDA. *Manual de Direito Constitucional*, 5.ed. Coimbra: Coimbra editora, 1996. t. III, p. 172). Sobre a característica de originalidade da soberania: DALLARI. *Elem. Teor. Ger. Est.*, *op. cit.*, p. 69 e CELSO LAFER. «Os dil. da sober.», *op. cit.*, p. 70.

[48] MATTEUCCI. «verbete: soberania», *op. cit.*, p. 1181.

[49] Jellinek afirma que a soberania não é elemento essencial do Estado. Cita, como ilustração para esta afirmação, o Estado medievaval, que apesar de não possuir o atributo da soberania, se organizava como Estado. (JELLINEK. *Teor. Gen. Est.*, *op. cit.*, p. 366).

[50] MACHADO PAUPÉRIO. *Teor. Dem. da Sob.*, *op. cit.*, p. 140.

[51] DALLARI. *Elem. Teor. Ger. Est.*, *op. cit.*, p. 69.

[52] Vide considerações de p. 172.

[53] MATTEUCCI. «verbete: soberania», *op. cit.*, p. 1181.

[54] JELLINEK. *Teor. Gen. Est.*, *op. cit.*, p. 358.

[55] VIGNALI. "O atributo da Soberania". In: Estudos da Integração, vol. 9. Brasília: Senado Federal, 1996., p. 32.

de limites, mas apenas a faculdade de autodeterminar-se, obrigando-se apenas àquilo que exclusivamente decidir[56].

PECES-BARBA, autor espanhol dedicado ao estudo das relações de poder desenvolvidas no âmbito do Estado, afirma que a força é um estado de fato, *«que só perdura se se transforma em Direito»*[57]. O fundamento básico do Direito, na sua opinião, é o Poder político que, no entanto, para se legitimar, deve organizar-se como um Estado, autolimitando seus poderes e criando mecanismos de proteção às minorias[58], as quais não podem ser desconsideradas.

Este é, na verdade, o papel das Constituições, que literalmente *constituem* o Estado[59], forjando o arcabouço da organização política, instituindo os poderes públicos, definindo-lhes a competência e fixando direitos e obrigações básicas do indivíduo em face do Estado[60].

Quando o poder estatal promulga uma lei, não só os indivíduos se obrigam a cumpri-la, como também a própria atividade do Estado deve obedecer às suas disposições[61]. De outra forma haveria o aniquilamento dos indivíduos que compõe o Estado, pois sua onipotência só poderia existir à custa das liberdades individuais[62].

Por tudo que se viu até aqui, pode-se afirmar que, modernamente, a principal característica da soberania é o exercício do Poder Constituinte. DUGUIT afirma que a soberania implica no exercício de um poder de comando do Estado, na manifestação da vontade da nação[63]. Ora, nas palavras de HESSE, a Constituição é a ordem jurídica fundamental da comunidade, a qual fixa os princípios gerais que devem formar a unidade política e orientar a ação do Estado, contém os procedimentos para resolver os conflitos internos, regula a organização estatal e cria as bases da ordem jurídica, determinando os seus

---

[56] JELLINEK. *Teor. Gen. Est.*, op. cit., p. 361. No mesmo sentido: DUGUIT. *Os Elementos do Estado*. 2ª ed. Lisboa: Editorial Inquérito, s/a, p. 67.

[57] PECES-BARBA. *Ética, Poder y Derecho*. Madrid: Centro de Estudios Constitucionales, 1995. (Cuadernos y Debates nº 54),. p. 94.

[58] PECES-BARBA. *Ética, Poder y Derecho, op. cit.*, p. 97 a 107.

[59] JORGE MIRANDA. *Man. Dir. Const., op. cit.*, p. 157.

[60] SEABRA FAGUNDES. *O contr. atos admin. Pod. Jud., op. cit.*, p. 3.

[61] JELLINEK. *Teor. Gen. Est., op. cit.*, p. 358. Expressando a mesma opinião: MACHADO PAUPÉRIO. *Teor. Dem. da Sob., op. cit.*, p. 146 e VIGNALI. «O atrib. da Sober.», *op. cit.*, p. 36.

[62] JELLINEK. *Teor. Gen. Est., op. cit.*, p. 362. Para Machado Paupério há três condições a serem observadas no exercício do poder soberano: a) deve ser possível a distituição do poder; b) deve haver órgãos consultivos, capazes de oferecer sugestões eficazes e c) os membros do Governo e do corpo eleitoral devem ser dotados de moralidade e competência. (MACHADO PAUPÉRIO. *Teor. Dem. da Sob., op. cit.*, p. 144).

[63] DUGUIT. *Os elem. do Estado, op. cit.*, 61.

princípios gerais[64]. Fica clara, portanto, a estreita relação existente entre poder constituinte e soberania[65]. Soberano é o Estado que não está submetido a outro e, que, por isso, pode elaborar a sua própria Constituição, criando órgãos, determinando competências e definindo os direitos e garantias de seus cidadãos[66]. As Constituições cumprem atualmente um papel primordial na vida dos Estados e são o símbolo maior da detenção de um poder soberano.

Neste momento, ao finalizar a exposição das características da soberania, cumpre expor a teoria preconizada por JELLINEK — já aventada no início deste tópico[67] — de que a soberania não é um elemento essencial do Estado. Segundo o autor alemão, a soberania não é uma categoria absoluta, mas sim histórica[68].

Como já enfatizamos, ao tratar das origens do instituto, a idéia de soberania surgiu juntamente com o Estado Moderno[69], para justificar a sua unificação e a reunião de poderes nas mãos dos monarcas. Surgiu portanto, como uma teoria justificadora de certas qualidades, importantes para o Estado diante das circunstâncias que se apresentavam naquele contexto histórico. Não se pode, no entanto, afirmar que seja um elemento essencial de sua existência.

Os **poderes** do Estado lhe são conferidos para que este cumpra as **funções** que lhe são afetas e não se confundem, necessariamente, com o conceito de soberania[70]. Como já vimos, apesar de ser a soberania indivisível, o poder do Estado pode ser repartido, em sua execução, de acordo com as funções a serem desempenhadas[71]. A extensão dos poderes do Estado e a área de competência de seus titulares não produzem nenhuma modificação no conceito de soberania[72], que é formal[73]. A quantidade de poderes estatais corresponde à

---

[64] HESSE. «Concepto y cualidad de la constitucion». *In: Escritos de Derecho Constitucional*. Madrid: Centro de estudios constitucionales, 1992, p. 16.

[65] Sobre esta relação entre soberania e poder constituinte originário ver: CANOTILHO. *Dir. Const., op. cit.*, pp. 98 a 109 e MARCELO CAETANO. *Direito Constitucional*. 2.ed. Rio de Janeiro: ed. Forense, 1987. 2 v, p. 169. Para o autor «se uma coletividade tem liberdade plena de escolher a sua Constituição e pode orientar-se no sentido que bem lhe parecer, elaborando as leis que julgue convenientes, essa coletividade forma um Estado soberano».

[66] JOSÉ CRETELLA JR. *Comentários à Constituição Brasileira de 1988*. 2ª ed. Rio de Janeiro: Forense Universitária, 1990, vol. 1, p. 137.

[67] Ver considerações traçadas à nota 49.

[68] JELLINEK. *Teor. Gen. Est., op. cit.*, p. 356. No mesmo sentido: VIGNALI. «O atrib. da Sober.», *op. cit.*, p. 28 e ZIPPELIUS. *Teor. Ger. do Est., op. cit.*, p. 74.

[69] Ver as considerações feitas no início do § 2.a.

[70] JELLINEK. *Teor. Gen. Est., op. cit.*, p. 364.

[71] Ver as considerações traçadas no início deste tópico.

[72] JELLINEK. *Teor. Gen. Est., op. cit.*, p. 373.

[73] JELLINEK. *Teor. Gen. Est., op. cit.*, p. 364 e MACHADO PAUPÉRIO. *Teor. Dem. da Sob., op. cit.*, p. 140.

quantidade de funções que, em cada época, se entenda que o Estado deve desempenhar. Tanto o Estado de Segurança — resultado da concepção liberal do Estado mínimo — quanto o Estado intervencionista — cujos exemplo mais característicos são o americano da década de 30 e os europeus do período que se segue à 2ª Guerra Mundial — podem ser igualmente considerados soberanos, e não se pode dizer que um seja mais soberano que o outro. A soberania é uma qualidade do poder, que pode estar presente ou ausente, não se mede. Não há Estado mais soberano que o outro[74].

Por essa razão JELLINEK sustenta que a soberania não é inerente aos estados[75]. Se a quantidade ou a extensão dos poderes estatais não se relaciona com a existência ou não de soberania, sua ausência não produz nenhuma repercussão no uso desses poderes. Cita os estados medievais como exemplo de estados desprovidos de soberania, mas que ainda assim mantinham a qualidade de estados.

b) Tratamento do direito internacional clássico

A soberania existe e é exercida, principalmente em dois domínio básicos: um interno e outro externo[76]. De um lado significa supremacia, ou o direito de dar ordens a todos os indivíduos que compõe a nação e aos que residem no território nacional. De outro, independência perante os outros Estados[77], ou o direito de representar a nação nas suas relações com as outras nações, sem se sujeitar a nenhuma delas[78]. As próximas considerações estão dedicadas ao aspecto externo.

Depois de consolidados os Estados nacionais e resolvida a questão da distribuição interna do poder — agora concentrada nas mãos dos reis — os *soberanos* passaram a reconhecer-se mutuamente, encarando-se como iguais[79].

---

[74] Como anota Machado Paupério «a soberania não é o conjunto dos poderes exercidos pelo Estado. O conjunto das funções ou atribuições do Estado em cada momento da sua vida constitui, como já vimos, o poder estatal» (MACHADO PAUPÉRIO. *Teor. Dem. da Sob., op. cit.*, p. 137). Jellinek já afirmava que a soberania é uma propriedade que não é suscetível nem de aumento, nem de diminuição (JELLINEK. *Teor. Gen. Est., op. cit.*, p. 373). No mesmo sentido: VIGNALI. «O atrib. da Sober.», *op. cit.*, p. 54 (nota 38).

[75] Zippelius é outro autor que faz uma observação muito interessante a este respeito: «O conceito empírico de um poder de domínio do Estado, superior a todos os outros poderes nele existentes, tem, porém, o seu fundamento na evolução histórica e numa determinada situação política. Este facto alerta-nos para que não se erga em dogma rígido a soberania e unidade do poder estatal.» (ZIPPELIUS, *Teor. Ger. do Est., op. cit.*, p. 74)

[76] Vide as considerações de p. 169.

[77] ZIPPELIUS. *Teor. Ger. do Est., op. cit.*, p. 85.

[78] DUGUIT. *Os elem. do Estado, op. cit.*, p. 62 e MARCELO CAETANO. *Dir. Const., op. cit.*, p. 169.

[79] Ver considerações a respeito traçadas à página 169.

Neste contexto, foi produzido em 1648, um grande acordo, incluindo a quase totalidade dos Estados europeus da época[80], que ficou conhecido como a Paz de Westfalia[81]. Os tratados de Westfalia representaram a consolidação de uma ordem mundial constituída exclusivamente pelos governos de Estados, que teriam liberdade absoluta para governar um espaço nacional. De acordo com Westfalia, os governos eram soberanos e iguais por *fiat* jurídico[82].

A lógica de Westfalia manteve equilibrado o cenário internacional até o início deste século[83], quando as crescentes desigualdades de fato suplantaram a pretendida igualdade teórica. Além disso, a expansão do comércio internacional ocasionou a ampliação das relações entre indivíduos de diversos Estados, contribuindo para a crise que veio a desembocar na 1ª Guerra Mundial[84].

Criou-se então a Liga das Nações, numa tentativa de empreender um esforço de cooperação internacional, através da limitação consensual do arbítrio dos Estados no exercício de suas competências. Este novo modelo fracassou rapidamente, devido à incapacidade demonstrada por ingleses e franceses em assegurarem esta ordem em escala internacional[85].

Com o término da 2ª Guerra Mundial, instaurou-se a chamada *Pax Americana*, com a instituição da ONU, sob a liderança dos EUA[86], decisiva para o bom funcionamento da coordenação entre os Estados — principalmente os desenvolvidos — através da atuação de órgãos como o GATT e o FMI.

Desenvolveram-se soluções para as relações internacionais dos Estados baseadas na intergovernamentalidade, com a proliferação de organizações internacionais, cujo processo decisório se caracteriza pela regra da unanimidade, em função da qual os Estados soberanos só se sentem obrigados àquilo que tenha sido decidido com seu voto favorável[87]. Permaneceu a idéia de que a soberania importa no exercício de um poder supremo, que não comporta outro igual ou concorrente ao seu. Sendo assim, o soberano não aceita qualquer tipo de subordinação à autoridade estrangeira, reconhecendo

---

[80] No séc. XVII a Europa era certamente o centro do Mundo, reunindo as forças políticas e econômicas de maior expressão de então. O que acontecia na Europa, mesmo que restrito a um continente, era o que importava em nível internacional.

[81] VIGNALI. «O atrib. da Sober.», *op. cit.*, p. 16.

[82] CELSO LAFER. «Os dil. da sober.», *op. cit.*, p. 69 e 70. Ver também: JORGE MIRANDA. *Man. Dir. Const.*, *op. cit.*, p. 165.

[83] VIGNALI. «O atrib. da Sober.», *op. cit.*, p. 14.

[84] CELSO LAFER. «Os dil. da sober.», *op. cit.*, pp. 72 e 73.

[85] CELSO LAFER. «Os dil. da sober.», *op. cit.*, p. 74.

[86] CELSO LAFER. «Os dil. da sober.», *op. cit.*, p. 75.

[87] REZEK. *Direito Internacional Público - Curso elementar*. São Paulo: Saraiva, 1989, p. 253.

como limitações ao seu poder apenas as expressamente consentidas[88]. Foi neste contexto que surgiram as bases do Direito Internacional clássico[89].

HELLER ressalta que a soberania não é, de forma nenhuma, um impedimento à existência do direito internacional, mas, pelo contrário, seu pressuposto básico. Para que surja um direito internacional é necessária a presença de, ao menos, dois Estados soberanos. Defende que o conceito jurídico-político de supremo não quer dizer único. Se houvesse uma unidade decisória planetária e efetiva, o direito internacional seria, na verdade, direito estatal. É justamente da diversidade de Estados soberanos que surge o direito internacional[90].

O que caracteriza a soberania, em última instância, é o poder de decidir de forma exclusiva e efetiva dentro de seu território[91]. É o que ZIPPELIUS chama de **princípio da não-ingerência** nos assuntos internos de outro Estado, do qual deriva a regra de que no território nacional de um Estado não possam ser exercidas competências jurídicas autônomas de outro Estado[92].

Esse caráter absoluto dos Estados no interior de seus territórios, por outro lado, serve de fundamento exatamente para a sua capacidade jurídica de criar vinculações de direito internacional[93]. Ganhou força, portanto, a idéia da possibilidade de autolimitação dos Estados soberanos, ou seja, da viabilidade de eles próprios criarem obrigações para si, através de acordos e compromissos mútuos[94], geralmente materializados por tratados.

Surge então um problema com relação à natureza jurídica da relação que se institui entre os Estados. Como justificar o obrigatoriedade de normas de direito internacional para Estados soberanos? KELSEN afirma que a ordem jurídica internacional baseia-se na norma encerrada pela expressão *pacta sunt servanda*, ou melhor expressada como : «Os Estados devem se conduzir como

---

[88] Marcelo Caetano, ao concluir que a soberania significa o exercício de um poder supremo e independente, define como poder supremo aquele que não está limitado por nenhum outro na ordem interna e poder independente, aquele que, na sociedade internacional, não tem de acatar regras que não sejam voluntariamente aceites e está em pé de igualdade com poderes supremos dos outros povos. (MARCELO CAETANO. *Dir. Const., op. cit., p.* 169)

[89] CELSO LAFER. «Os dil. da sober.», *op. cit.*, p. 71.

[90] HELLER. *La soberanía, op. cit.*, pp. 225 a 229 e 290.

[91] HELLER. *La soberanía, op. cit.*, p. 225.

[92] ZIPPELIUS. *Teor. Ger. do Est., op. cit.*, p. 85.

[93] *Idem.*

[94] VIGNALI. «O atrib. da Sober.», *op. cit.*, p. 20 e 22. Segundo este autor, «o atributo da soberania não exclui a possibilidade de que os sujeitos soberanos, sem perder seu atributo, obriguem-se por regras jurídicas que devem cumprir e às quais não podem renunciar unilateralmente, sempre que tais regras não lhe sejam impostas por um poder estranho, mas que sejam o resultado de decisões conjuntas, livremente aceitas por todos os obrigados». No mesmo sentido: MACHADO PAUPÉRIO. *Teor. Dem. da Sob., op. cit.*, p. 158.

têm se conduzido de costume»[95]. Desta norma fundamental deriva o princípio internacional da eficácia que determina a obediência aos tratados. Esta opinião também é seguida por ZIPPELIUS[96].

HELLER, por outro lado, contesta a validade deste raciocínio. Afirma que a validade do direito internacional está fundada na vontade comum dos Estados, de forma que suas normas situam-se sobre eles e, ao mesmo tempo, estão a sua disposição e arbítrio[97]. Nenhum Estado pode ser obrigado a traçar relações diplomáticas ou firmar determinado tratado, mas se o fizer deverá se submeter a suas regras[98]. A positivação do direito internacional é realizada dentro da suposição de que todos os demais Estados se conduzirão em cumprimento daquelas normas[99]. No entanto, como não existe um poder superior aos Estados, a execução internacional torna-se um problema insolúvel: ou se constrói um Estado sobre os demais, ou se desiste de qualquer ato de execução das normas de direito internacional, contentando-se com a realização dos interesses do grupo internacional mais poderoso[100].

Outra questão muito discutida, tem sido a relação entre estes tratados — que instituem normas de direito internacional — e o direito interno dos Estados. A polarização entre monistas e dualistas ocupou grande espaço neste século e a questão da aplicação interna dos tratados tem gerado muitos estudos e muitas teorias diferentes. Há quem defenda o primado do direito internacional, outros o primado do direito interno, e ainda a equiparação de ambos, predominando o mais recente[101]; há também quem defenda a completa impossibilidade de haver conflitos entre tais normas, já que pertenceriam a ordenamentos jurídicos distintos. Essa questão, no entanto, por sua importância, demanda um estudo específico, que foge ao escopo desse trabalho, que se limita a traçar as principais linhas do desenvolvimento do que se entende por soberania.

---

[95] KELSEN. *Teoria Geral do Direito e do Estado*. São Paulo: Livraria Martins Fontes editora, 1990, p. 359.

[96] «(...) o fato de um tratado de direito internacional ser vinculativo não pode ter o seu fundamento jurídico na própria declaração, mas só numa regra jurídica já existente segundo a qual os tratados uma vez concluídos também devem ser cumpridos (*pacta sunt servanda*).» (ZIPPELIUS. *Teor. Ger. do Est., op. cit.*, p. 87 e 88)

[97] HELLER. *La soberanía, op. cit.*, p. 230.

[98] HELLER. *La soberanía, op. cit.*, p. 233.

[99] HELLER. *La soberanía, op. cit.*, p. 231.

[100] HELLER. *La soberanía, op. cit.*, p. 236.

[101] Esta é a solução que vem sendo adotada no Brasil, consagrada depois do julgamento do RE nº 80.004 (RTJ 83/809-848) e, mais recentemente, da Adin nº 1.480 (Informativo nº 135 do STF, estando a decisão que recebeu a ação publicada na RDA 205/247).

4. A soberania e as transformações do Estado contemporâneo

Ultimamente, a idéia de soberania tem passado por algumas transformações, que vão se perpetrando ainda de forma lenta, mas que já são bastante visíveis. O próprio conceito de Estado tem sido muito criticado e, em todo mundo se discute as reformas da estrutura estatal. A razão da atual crise do Estado está no fenômeno conhecido como globalização, provocado pelo enorme progresso conhecido por nosso século, notadamente no ramo das telecomunicações, que acabou levando à facilitação da livre circulação do capital e à conseqüente abertura do espaço econômico internacional aos grandes grupos financeiros, cujas riquezas circulam com rapidez e eficiência inacreditáveis por todos os cantos do globo.

A esta volatilidade do capital tem estado associada sua crescente concentração, o que tem levado à estruturação de poderes econômicos privados, que escapam freqüentemente ao controle estatal e ao controle internacional, realizado por organismos intergovernamentais, lentos por natureza[102]. Além do mais, este acelerado progresso científico, com o surgimento de novas tecnologias a cada instante, as quais tornam-se obsoletas em muito pouco tempo, tem revelado a necessidade de uma capacidade razoável de investimento, a que os Estados não estão prontos para desempenhar isoladamente. Todos estes fatores têm resultado em pressões irresistíveis exercidas sobre os Estados, como membros da comunidade internacional[103].

Hoje, a cooperação intergovernamental é uma necessidade. Os Estados não são mais auto-suficientes, o relacionamento entre eles é cada vez mais essencial. Esta cooperação por vezes, se mostra tão essencial e urgente, que mecanismos de decisão típicos de organizações internacionais — baseados no consenso — se revelam ineficientes face à lentidão que os caracteriza, provocada pela assimetria das partes e pelas desigualdades de fato[104].

Tem-se buscado, modernamente, soluções que conciliem o conceito de soberania, com estas necessidades atuais de cooperação e integração entre os Estados. O exemplo mais bem sucedido, até o momento, é o da Comunidade Européia, que introduziu o que se vem chamando de **supranacionalidade**, um instituto novo do direito internacional, que levou a criação de uma ramificação : o direito comunitário[105].

---

[102] CELSO LAFER. «Os dil. da sober.», *op. cit.*, p. 80.

[103] CASELLA. *MERCOSUL - exigências e perspectivas*. São Paulo: LTr, 1996, p. 209.

[104] CELSO LAFER. «Os dil. da sober.», *op. cit.*, p. 76 a 79.

[105] O direito comunitário europeu atualmente está solidamente estruturado e dispõe de uma série de órgãos dotados de supranacionalidade. O **Conselho**, regulado nos artigos 150 e seguintes do Tratado de Roma é composto por um representante de cada país, ao nível ministerial. O Ministro enviado por cada Estado-membro pode variar conforme o assunto a ser tratado. É o órgão maior na

A supranacionalidade consiste basicamente a) na existência de instâncias de decisão independentes do poder estatal, as quais não estão submetidas ao seu controle; b) na superação da regra da unanimidade e do mecanismo de consenso, já que as decisões — no âmbito das competências estabelecidas pelo tratado instituidor — podem ser tomadas por maioria, ponderada ou não e c) no primado do direito comunitário frente às legislações internas[106]. A integração européia produziu a reordenação das competências soberanas, que passaram a ser divididas entre os Estados e os órgãos comunitários[107].

Daí nasce a teoria da soberana compartilhada, pela qual os Estados membros, num processo de integração, procedem à transferência de parcelas de seu poder, que passam a ser exercidas, em conjunto, por todos os Estados

---

hierarquia comunitária, responsável pela coordenação das políticas comuns. Suas decisões são tomadas por maioria ponderada — países como Alemanha, França, Itália e Inglaterra dispõem de votos com maior peso — e obrigam a todos os membros. A **Comissão**, regulada pelos artigos 155 e seguintes, é o órgão executivo. Entre as suas competências está exercer as funções a ela atribuídas pelo Conselho para executar as regras por ele estabelecidas. São vinte os membros da Comissão, sujeitos a aprovação do Parlamento, com mandato de 5 cinco anos. Este mandato lhes confere independência para agir no interesse da Comunidade e não no de seus Estados de origem. O Tratado dispõe expressamente que seus membros não solicitarão nem aceitarão instruções de nenhum governo ou qualquer outra entidade. O **Parlamento Europeu**, regulado pelos artigos 137 e seguintes, é composto por representantes do povo. São os únicos membros de instituição comunitária eleitos por sufrágio direto e universal. Sua função principal até o momento tem sido a fiscalização e o controle orçamentário, mas tem crescido cada vez mais sua participação no processo legislativo comunitário, como forma de atenuar o tão falado *deficit* democrático da Comunidade. O **Tribunal de Justiça**, regulado pelos artigos 164 e seguintes, tem sido, segundo a opinião de alguns autores, o maior responsável pela consolidação de um espaço comum europeu. Sua principal função é harmonizar a interpretação do direito comunitário. É competente para julgar, entre outras, a ação por incumprimento, que visa à controlar a ação dos Estados-membros e o cumprimento de suas obrigações; o recurso de anulação, que é dirigido contra atos de órgãos comunitários que, porventura, exorbitem se suas atribuições; a ação por omissão, que também é dirigida aos órgãos comunitários e a ação de indenização, nas hipóteses em que a atuação de algum órgão comunitário tenha causado prejuízos injustificáveis a Estado ou a particular. A atuação do Tribunal de Justiça pode ser provocada por Estados-membros ou por particulares, já que os tratados criam direitos subjetivos, diretamente exercitáveis. Qualquer cidadão tem acesso à Corte européia. Além destes instrumentos, há ainda o chamado reenvio prejudicial, cuja importância tem sido indiscutível na busca de tornar o mais efetivo possível o direito comunitário. Sempre que o juiz nacional, ao decidir uma ação proposta perante sua jurisdição, se deparar com questão prejudicial que envolva a interpretação de norma do direito comunitário, poderá formulá-la ao Tribunal de Justiça para que este profira a decisão mais adequada aos interesses comunitários. Deve-se notar que o reenvio é obrigatório sempre que da decisão a ser proferida não couber mais recurso.

São estes os principais órgãos comunitários. Para um estudo mais aprofundado da estrutura orgânica da Comunidade ver: CELSO MELLO. *Direito Internacional da Integração*. Rio de Janeiro: Renovar, 1996, pp. 225 a 258; CARTOU. *L'Union européenne*. 2ª ed. Paris: Dalloz, 1996, pp. 83 a 181 e BOULOIS. Droit institutionnel de l'Union européenne. 6ª ed. Paris: Montchrestien, 1996, pp. 81 a 118.

[106] RUI MOURA RAMOS. *O MERCOSUL e a União Européia*. Jornal do Brasil, domingo, 28/09/97, Rio de Janeiro, p. 11.

[107] CELSO LAFER. «Os dil. da sober.», *op. cit.*, p. 78.

membros daquela Comunidade[108]. Como já vimos, a soberania não se confunde com os poderes do Estado, os quais podem ser repartidos por diversos órgãos, cuja competência é estabelecida com a anuência do poder soberano[109].

Paulo B. CASELLA ressalta que este é um processo em que não há apenas «perdas», mas também há «lucros» para os Estados, na medida em que, através de sua participação nessa organização supranacional, estendem sua influência aos demais, bem como podem se colocar, de modo estratégico, como interlocutores em relação a outros países no cenário internacional[110].

É importante notar que os Estados membros não renunciam à sua soberania, mas tão somente passam a exercê-la de forma compartilhada com os outros Estados, naquelas matérias expressamente previstas nos tratados constitutivos, os quais são a base para a definição da distribuição de poderes (competências) entre a Comunidade e seus membros[111].

Como se vê, os Estados membros conservam todo o poder que não tenham espontaneamente transferido aos chamados órgãos supranacionais[112]. Na experiência da União Européia, o Tribunal Constitucional Federal da Alemanha já teve ocasião de se manifestar expressamente sobre o tema[113], estabelecendo, em longo julgamento, que cabe sempre àquele Tribunal determinar se os poderes inerentes à soberania, exercidos pelos órgãos comunitários, estão ou não dentro dos limites acordados pela Alemanha. Neste julgado, a Corte deixou claro que as competências estabelecidas pelos tratados não comportam extensão, que não por outro tratado. Sendo assim, qualquer ato contrário a este entendimento, não vinculará a Alemanha.

O que se propõe, portanto, não é a perda da soberania, nem muito menos, a perda de parcelas de soberania — o que como já vimos é impossível, pois soberania não é algo que se possa ter em maior ou menor medida[114] — mas sim o que se convencionou chamar de soberania compartilhada. O processo de integração, quando atinge níveis mais avançados, importa na criação dos chamados órgãos supranacionais, os quais são investidos, pelos Estados, de poderes para atuar em campos específicos, em que a soberania de cada Estado membro é compartilhada por todos.

---

[108] OBRADOVIC. *Comunity Law and the doctrine of Divisible Sovereignty*. Legal Issues of European integration, 1993/1, p. 8.

[109] Ver considerações traçadas à p. 173.

[110] CASELLA. *MERCOSUL, op. cit.*, p. 210.

[111] OBRADOVIC. Comunity Law, op. cit., p. 14.

[112] DROMI. *Derecho Comunitario*. Buenos Aires: Ediciones Ciudad Argentina, 1995, p. 168.

[113] A íntegra desta decisão, versada para o inglês, foi publicada em: International Legal Materials, v. XXXIII, 1994 (33 I.L.M. 388).

[114] Ver as considerações a este respeito feitas no final do § 3.a., e especialmente na nota 74.

Essas novas categorias jurídicas que se vem de expor, foram soluções criadas diante de circunstâncias de fato, que reclamavam a ação dos Estados em direção à integração, já que o Direito não pode se colocar como um entrave ao avanço da sociedade, apegando-se a instituições ultrapassadas. Como bem alerta Jorge MIRANDA, o Estado não existe por si, mas sim para resolver problemas da sociedade[115]. Se for necessário, o Direito pode e deve ser alterado para permitir o transcursos da vida social.

Bibliografia

BODIN, Jean. *Los seis libros de la república*. Madrid : Aguilar, 1973.
BONAVIDES, Paulo. *Ciência Política*. 10ª ed. São Paulo : Malheiros editores, 1997.
BOULOIS, Jean. Droit institutionnel de l'Union européenne. 6ª ed. Paris : Montchrestien, 1996.
CAETANO, Marcelo. *Direito Constitucional*. 2.ed. Rio de Janeiro : ed. Forense, 1987. 2 v.
CANOTILHO, José Joaquim Gomes. *Direito Constitucional e Teoria da Constituição*. 2ª ed. Coimbra : Livraria Almedina, 1998.
——————. *Direito Constitucional*. 6ª ed. Coimbra : Livraria Almedina, 1993.
CARTOU, Louis. *L'Union européenne - Traités de Paris, Rome, Maastricht*. 2ª ed. Paris : Dalloz, 1996.
CASELLA, Paulo Borba. *MERCOSUL - exigências e perspectivas*. São Paulo : LTr, 1996.
CRETELLA JR., José. *Comentários à Constituição Brasileira de 1988*. 2ª ed. Rio de Janeiro : Forense Universitária, 1990.
DALLARI, Dalmo de Abreu. *Elementos de Teoria Geral do Estado*. 16ª ed. São Paulo : Saraiva, 1991.
DROMI, Roberto. *Derecho Comunitario*. Buenos Aires : Ediciones Ciudad Argentina, 1995.
DUGUIT, Léon. *Os Elementos do Estado*. 2ª ed. Lisboa : Editorial Inquérito, s/a.
FLANTZ, Gisbert H. «La signification de la separation des pouvoirs dans le developpement du constitucionnlisme et dans les constitutions contemporaines». *In : Le Constitutionnalisme Aujourd'hui* (org. Jean-Louis SEURIN). Paris : Economica, 1984, pp. 91 a 107.
HAURIOU, Maurice. *Derecho Publico y Constitucional*. 2ª ed. Madrid : Instituto Editorial Reus, s/a.
HELLER, Hermann. *La soberania – Contribución a la teoría del derecho estatal y del derecho internacional*. México, DF : Universidad Nacional Autónoma de México, UNAM, 1995.
HESSE, Konrad. *Escritos de Derecho Constitucional*. Madrid : Centro de estudios constitucionales, 1992.
JELLINEK, Georg. *Teoria General del Estado*. Buenos Aires : Editorial Albatroz, s/d.
KELSEN, Hans. *Teoria Geral do Direito e do Estado*. São Paulo : Livraria Martins Fontes editora, 1990.
LAFER, Celso. «Os dilemas da soberania». *In : Possibilidades e Paradoxos*. Rio de Janeiro : Nova Fronteira, 1982, pp. 66 a 91.
MACHADO PAUPÉRIO, Arthur. *Teoria Democrática da Soberania*. 3ª ed. Rio de Janeiro : Forense Universitária, 1997. vol. 2. (Teoria Democrática do Poder).
MATTEUCCI, Nicola. «verbete : soberania». *In : Dicionário de Política* (org. Norberto Bobbio et alli.). 9ª ed. Brasília : editora UnB, 1997.
MELLO, Celso D. de Albuquerque. *Direito Internacional da Integração*. Rio de Janeiro : Renovar, 1996.
MIRANDA, Jorge. *Manual de Direito Constitucional*, 5ª ed. Coimbra : Coimbra editora, 1996. 4 v.

---

[115] JORGE MIRANDA. *Man. Dir. Const.*, op. cit., t. III, p. 158.

OBRADOVIC, Daniela. *Comunity Law and the doctrine of Divisible Sovereignty*. Legal Issues of European integration, 1993/1.

PECES-BARBA, Gregorio. *Ética, Poder y Derecho*. Madrid : Centro de Estudios Constitucionales, 1995. (Cuadernos y Debates n° 54).

RAMOS, Rui Manoel Moura. *O MERCOSUL e a União Européia*. Jornal do Brasil, domingo, 28/09/97, Rio de Janeiro, p. 11.

REZEK, José, Francisco. *Direito Internacional Público - Curso elementar*. São Paulo : Saraiva, 1989.

ROUSSEAU, Jean-Jacques. *Du Contrat Social*. 1ᵉ ed. Paris : Bordas, 1972.

SALDANHA, Nélson. *O Estado moderno e a Separação de Poderes*. São Paulo : Saraiva, 1987.

SEABRA FAGUNDES, Miguel. *O controle dos atos administrativos pelo Poder Judiciário*. 5ª ed. Rio de Janeiro, Forense, 1979.

TOMÁS DE AQUINO, Santo. *Summa Teologica*. t. VI (tratado de la ley; tratado de la gracia). Madrid : Biblioteca de Autores Cristianos, 1956.

VIGNALI, Herber Arbuet. «O atributo da Soberania». *In : Estudos da Integração*, vol. 9. Brasília : Senado Federal, 1996.

ZIPPELIUS, Reinhold. *Teoria Geral do Estado*. Lisboa : Fundação Cloustre Gulbenkian, 1994.

Resenhas e Notícias

Em torno de alguns livros...

Política externa e integração como objeto
de estudo acadêmico e de reflexões diplomáticas

Paulo Roberto de Almeida : *Relações internacionais e política externa do Brasil : dos descobrimentos à globalização*. Porto Alegre : Editora da UFRGS, 1998; Coleção Relações internacionais e Integração, 1.

Paulo Fagundes Vizentini : *A política externa do regime militar brasileiro : multilateralização, desenvolvimento e construção de uma potência média (1964-1985)*. Porto Alegre : Editora da UFRGS, 1998; Coleção Relações internacionais e Integração, 2.

Paulo Roberto de Almeida : *Mercosul : fundamentos e perspectivas*. São Paulo : LTr, 1998.

As relações internacionais enquanto objeto de estudo vem desenvolvendo-se de maneira amplamente satisfatória nos últimos anos no Brasil, com o acúmulo quantitativo e o progresso qualitativo dos trabalhos divulgados nesse campo. Muito desse avanço é devido ao surgimento de cursos de pós-graduação — nem todos *stricto sensu* — que colocam as relações internacionais de modo geral e a inserção externa do Brasil de modo particular no centro das preocupações de pesquisa e de elaboração de monografias. Outro tanto pode ser visto como o resultado de iniciativas propriamente editoriais, com a tradução de bons livros publicados no exterior e a publicação, isoladamente ou em coleções especializadas, dos trabalhos produzidos por cientistas sociais e historiadores do Brasil.

Os dois primeiros livros aqui resenhados inauguram, precisamente, uma nova coleção editorial, a «relações internacionais e integração» da UFGRS, ao passo que o terceiro é veiculado por uma editora mais tradicional no campo das letras jurídicas. Os dois autores militam, um de modo pleno, o outro em tempo parcial, nas pesquisas e na docência acadêmica, combinando a interpretação sociológica com uma visão histórica das relações internacionais do Brasil. Essa visão histórica é mais centrada no caso da pesquisa de Paulo Vizentini, enfocando a política externa do regime militar no Brasil entre 1964 e 1985, e mais dispersa no caso de Paulo Almeida, indo dos séculos XV-XVI («diplomacia dos descobrimentos»), passando pela emergência do multilateralismo contemporâneo, a partir do século XIX, até o recente surgimento (1995) da Organização Mundial de Comércio («diplomacia do desenvolvimento»).

O primeiro livro de Paulo Almeida, como revelado em Nota aos Trabalhos no final do volume, é na verdade uma compilação de trabalhos produzidos nos

299

últimos 8 anos, quase todos publicados em revistas acadêmicas mesmo se alguns são total ou parcialmente inéditos. Eles revelam uma preocupação com a pesquisa e sistematização do conhecimento sobre as relações exteriores do País, seja na vertente do multilateralismo econômico — relação de atos e organizações econômicas internacionais apresentada ao final —, seja no campo da sociologia política — longo ensaio sobre o papel dos partidos nas relações exteriores de 1930 a nossos dias —, seja ainda no terreno propriamente metodológico — textos sobre o estudo e a historiografia das relações internacionais do Brasil. O autor, diplomata de carreira com experiência na área econômica, explicita em sua introdução que ele não pretendeu escrever trabalhos *de* diplomacia brasileira, mas ensaios *sobre* as relações internacionais e a política externa do Brasil, demonstrando talvez uma certa contenção de propósitos que costuma caracterizar o perfil discreto dos membros da Casa de Rio Branco. De fato, são poucos os textos que se pronunciam sobre a política externa operacional e efetiva do Governo brasileiro, muito embora alguns revelem um certo distanciamento crítico em relação ao que se poderia chamar de «pensamento único» do Itamaraty : Tal é o caso, por exemplo, do pequeno ensaio sobre a «ideologia» da política externa, na verdade uma crítica levemente irônica sobre alguns dos «mitos fundadores» da diplomacia oficial. Outro ensaio de dimensões relativamente reduzidas — comparativamente à longa extensão dos demais — toca na «economia» da política externa, de fato um esquema interpretativo suscetível de sustentar um vasto programa de pesquisa sobre as relações econômicas internacionais do Brasil (segundo estou informado, o autor já terminou uma primeira parte, «Formação da Diplomacia Econômica no Brasil : as relações econômicas internacionais no Império», apresentada sob a forma de dissertação no Curso de Altos Estudos do Instituto Rio Branco). Nessa mesma área, Paulo Almeida já investigou a participação do Brasil nas conferências de Bretton Woods (1944) e de Havana (1947-48), mas ainda não divulgou todos os resultados de sua pesquisa, como esclarece na nota ao «diplomacia do desenvolvimento».

O trabalho mais elaborado, em termos de pesquisa, parece ser o relativo à «política» da política externa, contendo uma extensa compilação de todos os elementos de relações internacionais inscritos nos programas partidários a partir de 1930, uma discussão sobre o posicionamento dos partidos políticos em relação à política externa oficial e, não menos importante, uma apresentação comentada sobre temas e problemas «internacionais» levantados pelos partidos e candidatos nas campanhas eleitorais presidenciais de 1989, 1994 e 1998. Os estudantes encontrarão no último capítulo uma sistematização há muito tempo sentida das obrigações internacionais contraídas no plano multilateral pelo Brasil desde o século XIX até a recente adesão ao Tratado de Não-Proliferação Nuclear, durante muito tempo a *bête noire* da diplomacia nacionalista e defensora da «autonomia nuclear» do País. Em suma, para os que buscam uma boa introdução ao estudo e ao conhecimento prática da diplomacia brasileira, o livro «semi-acadêmico» de Paulo Almeida pode constituir um exemplo de equilíbrio entre pesquisa teórica e conhecimento prático das relações exteriores do Brasil.

Paulo Vizentini, apesar de jovem, é um «velho» conhecido dos estudiosos da diplomacia brasileira, graças, entre outros trabalhos a sua extensa pesquisa sobre o nacionalismo e o desenvolvimentismo nas relações exteriores, entre 1951 e o final da Política Externa Independente (PEI), em 1964 (Editora Vozes, 1995). Fechando uma das lacunas mais evidentes de nossa historiografia especializada, ele dá agora continuidade a esse trabalho ao levantar sistematicamente todas as etapas da política externa durante o longo interregno militar, de 1964 a 1985. Os capítulos são lineares, cada um voltado para uma presidência, mas a interpretação permeia o processo que o autor identificou como de «mundialização» e de «multilateralização» da diplomacia brasileira. De fato, cada uma das etapas está identificada aos «rótulos» pelos quais ficaram conhecidas as diplomacias respectivas dos cinco generais-presidentes que ocuparam a chefia do Estado nesse período.

Assim, numa primeira parte, o «modelo ascendente», são analisadas a política externa «interdependente» e de segurança nacional defendida por Castelo Branco, a «diplomacia da prosperidade» de Costa e Silva — de fato um certo retorno aos padrões «desenvolvimentistas» e «nacionalistas» da era civil imediatamente anterior — e a «diplomacia do interesse nacional» de Médici, quando se buscou o que o autor chama de «autonomia no alinhamento». Na segunda parte, se assiste ao «apogeu» e ao «declínio» do modelo, o primeiro epitomizado no «pragmatismo responsável» de Geisel e o segundo na «diplomacia do universalismo» de Figueiredo. Em cada um desses cinco densos capítulos a política externa é colocada na perspectiva das orientações políticas e econômicas internas, próprias a cada uma das presidências militares — que foram bastante diversas em termos de orientações econômicas e de escolhas política, a despeito da uniformidade mais aparente do que real do regime militar —, e enfocados então as diversas dimensões do relacionamento externo: no plano bilateral (sobretudo em relação aos Estados Unidos), no contexto hemisférico, no cenário internacional e no âmbito multilateral (este tanto na vertente econômica como na da segurança).

O resultado é um panorama bastante abrangente do referido processo de «multilateralização» da política externa brasileira, iniciado na era da PEI e continuado de forma consistente na era militar, não tanto por iniciativa própria como em conseqüência da extrema profissionalização da diplomacia brasileira. Com efeito, a diplomacia nunca foi tão «autônoma» — dos partidos, dos grupos de interesse, da opinião pública em geral — como sob o regime militar, durante o qual todos os chanceleres, com a breves exceções de Juracy Magalhães e de Magalhães Pinto, foram diplomatas de carreira. Para isso deve ter contribuído o mesmo sentido de responsabilidade «profissional» dos militares, que — à exceção de Geisel, extremamente interessado em política externa — permitiu larga latitude de ação ao Itamaraty.

Paulo Vizentini descreve a multilateralização como a «busca de novos espaços, regionais e institucionais, para além dos relacionamentos tradicionais (que não são interrompidos), de atuação política e econômica», processo que caracteriza, de fato, a diplomacia brasileiro desde então. Paradoxalmente, o regime mais ideologicamente alinhado aos Estados Unidos é o que conduz na prática um afastamento político, econômico e até tendencialmente tecnológico — como tentado no programa de cooperação nuclear com a Alemanha — em relação ao aliado da Guerra Fria. São elucidados no livro todos esses passos : a busca de novos parceiros dentre os países desenvolvidos e sobretudo o relacionamento com as potências médias do mundo em desenvolvimento. O reatamento de relações com a China, por exemplo, representou uma das «crises» políticas mais evidentes na ideologia do edifício militar, mas o restabelecimento de relações diplomáticas com Cuba — patrocinadora de movimentos guerrilheiristas nessa fase — teria de esperar o fim do regime militar e a volta à democracia.

Vizentini retraça em detalhes as dificuldades do relacionamento com os países árabes exportadores de petróleo, assim como as diferentes fases da rivalidade com a Argentina, aliás superada em grande medida ainda na fase militar. Ele constata o sucesso e as desventuras do modelo de desenvolvimento econômico, a expansão das exportações e a crise externa na fase final do regime, no quadro das grandes mudanças do cenário mundial a partir dos anos 80, o que levou à redefinição do próprio conceito de «interesse nacional». Suas fontes não foram exclusivamente as diplomáticas — cuja parte confidencial não se encontrava de resto disponível quando da pesquisa — mas também os órgãos da imprensa escrita, o que permitiu explorar aspectos normalmente não revelados no discurso oficial. Trata-se, sem dúvida alguma, de uma obra de referência para uma visão fatual e dotada de interpretação própria sobre um período relevante da história republicana, merecendo figurar em toda e qualquer bibliografia que doravante se arrolar não apenas sobre a política externa brasileiro mas também sobre o regime militar-modernizador de 1964 a 1985.

O último livro, também do diplomata Paulo Almeida, possui objetivos mais enfocados do ponto de vista temático e um escopo mais declaradamente «vulgarizador», qual seja, o de apresentar a um público geralmente universitário, e supostamente leigo na matéria, as origens, o funcionamento e os desafios atuais do processo de integração sub-regional do Mercosul. De fato, os primeiros capítulos são basicamente descritivos, baseando-se em grande medida em sua obra anterior sobre o mesmo assunto (*O Mercosul no contexto regional e internacional*, 1993), mas a parte sobre o «futuro» do Mercosul está longe de ser uma simples sistematização dos conhecimentos disponíveis sobre o assunto. Trata-se de uma discussão em profundidade sobre os dilemas e opções com que se defrontam atualmente os países-membros, confrontados à necessidade de aprofundar a coesão econômica interna — de fato cumprir o que estipula o Artigo 1º do Tratado de Assunção, isto é, constituir de fato um mercado comum — e de afastar o perigo de sua diluição numa vasta zona de livre-comércio hemisférica, como promete o projeto da ALCA, liderado pelos Estados Unidos.

Paulo Almeida conhece o funcionamento efetivo do Mercosul e por isso evita alguns dos problemas e «ilusões» que permeiam muitas teses universitárias e artigos acadêmicos sobre o assunto, entre eles o do aprofundamento da institucionalidade — ou, o que vem a resultar no mesmo, o «salto para a supranacionalidade» — e o da visão «anti-imperialista» ou «anti-globalização» incorporado numa certa concepção ingênua, em geral de «esquerda», sobre esse processo. Completam o livro, de concepção bastante didática, uma excelente cronologia sobre o desenvolvimento da integração regional, desde a primeira conferência americana de 1889 até o final das negociações da ALCA (em 2005), assim como a documentação básica de referência para o enquadramento jurídico-diplomático desse processo (Tratado de Assunção e Protocolos de Ouro Preto e de Brasília). Seu livro também merece figurar na bibliografia de referência sobre o processo de integração sub-regional, ainda que se possa fazer a mesma restrição anterior em relação à postura talvez excessivamente discreta — derivada sem dúvida de sua condição profissional — em relação a certas questões sensíveis desse processo.

Os três livros se completam e correspondem aliás aos objetivos temáticos da nova coleção da UFRGS : o estudo sério e academicamente embasado sobre as relações internacionais e os processos de integração. A coleção deverá abrigar, proximamente, um livro do acadêmico inglês Fred Halliday, *Repensando as relações internacionais*. Dessa forma, as abordagens propriamente brasileiras nas contribuições de acadêmicos e diplomatas do País podem ser complementadas por trabalhos dotados de perspectiva verdadeiramente mundial. Trata-se, provavelmente, de um exemplo de globalização editorial.

Pedro Rodrigues

*

Reflexões e desafios na virada do século

Gustavo Tepedino : *Temas de Direito Civil*. Rio de Janeiro : Editora Renovar, 1998; 519 págs.

Eis uma obra indispensável para o novo Direito Civil brasileiro que abre as portas do próximo milênio : "Temas de Direito Civil", do professor doutor Gustavo Tepedino. Trabalho exemplar, é um verdadeiro chamamento à comunhão que a renovada civilística brasileira celebra, rente à vida e ciente de seu compromisso social.

Fruto da pesquisa séria e constante, marco dos estudos do Autor que já deixara indelével seu leitmotiv no doutoramento em Camerino, nas atividades no magistério (em especial na cadeira de professor titular da UERJ- Universidade do Estado do Rio de Janeiro) e no exercício do munus ministerial, o volume que emerge é um testemunho de uma vitalidade reencontrada no Direito Civil, apta a nela reconhecer esse movimento de renascença intelectual.

Plural e profundo, alicerçado em mosaico temático contemporâneo, instaura possibilidades, indica caminhos e convida a um vôo denso no mapa da nova geografia epistemológica. Para tanto, soube captar de Pietro Perlingieri, entre outros, os novos perfis reclamados para o Direito Civil.

Sólido e corajoso, enaltece um diferenciado saber jurídico e edifica, numa adequada mise au point, postura coerente com a crítica e a construção. E aí apreendeu, não apenas "la morte del codice ottocentesco", como escreveu M. Giorgiani, mas também o equilíbrio entre a transformação e a esperança, antes espelhado em Seixas Meirelles na crítica histórica do "paradigma civilístico".

Sem descurar dos Mestres, do que é exemplo a merecida homenagem aos professores Caio Mário e Darcy Bessone, nem deixar de arrostar os desafios incerto futuro, do que é flagrante ilustração o debate sobre a codificação civil, o professor Tepedino veicula meios e instrumentos da cultura jurídica autêntica, trazendo novas premissas metodológicas, nas quais avulta o fenômeno da constitucionalização, da repersonalização, dos direitos humanos, e do repensar das titularidades e das relações familiares. O presente e o futuro conjugam-se no objeto das reflexões, que no Direito Civil, quer na dimensão concreta do exercício do ensino, quer nos dilemas da modernidade.

Os olhos contemporâneos irão desfrutar desse convite para a viagem que conduz ao próximo século. E na caminhada, através da pena iluminada de Gustavo Tepedino, o palco receberá em cena duas dimensões inseparáveis do fenômeno jurídico que se superlativam no Direito Civil: de uma parte, o direito feito ciência, no incontornável purgatório dos dramas que afetam as instituições, a doutrina e a jurisprudência num País que ainda não realizou o atendimento as necessidades básicas de seu povo; de outro lado, o direito feito arte, a lembrar na magia do inapreensível a melhor veia da poética, como a de Lorca que proclama "Verde, que te quero verde".

Meritória iniciativa da Editora Renovar, que tem se pautado por publicações de relevo nessa perspectiva, um evento ímpar que faz tremular a mesmice sumária da civilística dogmatizante. Ritmo e reflexão embalam um empreendimento editorial que merece elogios e estímulo.

Por essas sendas tem andado a sombranceira produção intelectual do professor Gustavo Tepedino, que vem de contribuir, uma vem mais, para fundar novos ancoradouros ao Direito Civil brasileiro. Eis uma obra vocacionada ao debate e guiada pelo firme élan que dá ao Direito sentido e paixão.

Luiz Edson Fachin[1]

*

---

[1] Professor de Direito Civil da UFPR e IBEJ.

Noam CHOMSKY, Heinz Dieterich STEFFAN : *La Aldea Global.* **Txalaparta : Tafalla, 1997. 208 págs.**

En la Introducción al libro, el alemán Heinz Dieterich Steffan, profesor de Sociología de la Universidad Autónoma Metropolitana de México, plantea la ruptura profunda de las formas de vida y reproducción tradicionales de la sociedad industrial y señala que nos encontramos ante la tercera revolución existencial en la historia humana. Luego de la revolución agraria y de la revolución industrial se está produciendo la revolución semiótica, que libera del espacio y del tiempo. El nuevo sujeto histórico-mundial son las élites del gran capital internacional. En la nueva religión del mercado y del consumismo el Estado sólo tiene razón de ser como empresa de servicios para el gran capital y la democracia ha desaparecido por completo del decálogo de los arquitectos de la "aldea global".

El profesor Dieterich señala al actual intento de la alta burguesía de liquidar al sujeto, como repetición de la ofensiva antipopular y antihumanística de los años treinta. Asimismo denuncia las desviaciones del reformismo (oportunismo) y de la derecha modernizada e indica que no hay un proyecto concebido con la audacia emancipadora y la consistencia lógica necesarias para canalizar las energías de trasnformación a nivel global hacia un mismo objetivo : una sociedad más democrática y justa.

En la primera parte de la obra, debida al lingüista norteamericano Noam Chomsky, se tratan la democracia y los mercados en en nuevo orden mundial. El autor considera el desarrollo del poder norteamericano, imponiéndose al mundo como una verdad duradera de la realidad. Asimismo denuncia las tensiones que se producen en la realidad sobre la democracia, los mercados y los derechos humanos y la crisis económica que ha dejado a una tercera parte de la población mundial virtualmente sin medios de subsistencia.

En la segunda parte del libro, producida por Heinz Dieterich Steffan, se tratan la globalización, la educación y la democracia. La problemática de la globalización es considerada en relación con el Estado nacional y el Estado mundial, la educación, la socialización, el humanismo y la democracia en América Latina.

Merece particular atención la denuncia que se hace en esta parte respecto del radical cambio de las relaciones sociales de producción mediante la sustitución del Estado benefactor keynesiano por el capitalismo reaccionario de Estado, que fue de gran importancia en el proceso de globalización del capital. El cambio de las relaciones de producción se proyectó a nivel global en dos sentidos fundamentales : la liberalización de los flujos de inversión a través de las fronteras nacionales y, en menor medida, de los flujos de mercancías, así como la privatización de las empresas y patrimonios públicos. También corresponde considerar la crítica de Dieterich a la ideología de la globalización y sus proyecciones en la educación y la democracia y las propuestas para su superación.

Dice el profesor Dieterich que "A la globalización del capital y la universalización del *homo oeconomicus*, hay que contraponerle el proyecto histórico de la democracia universal y de la sociedad hermanada" (pág. 197). Afirma que "sería ignominioso que al atardecer de la evolución humana, las fuerzas oscurantistas lograran su triuno definitivo sobre el *homo sapiens*" (pág. 197).

El epílogo del libro sostiene que son las empresas transnacionales, los estados capitalistas nacionales y el proto-Estado mundial burgués los que bloquean el progreso histórico. La tarea política primordial que se propone respecto de la aldea global consiste en someter a las tres entidades a un profundo proceso de democratización que logre devolver la soberanía política a las mayorías. Se afirma la "audaz decisión de reemplazar el protagonismo del mercado mundial capitalista por el nuevo sujeto-mundo de las mayorías" (pág. 202).

Dotado de un inteligente desarrollo, en base a numerosísimos casos de la realidad, el libro es un importante desafío para repensar la comprensión predominante respecto del actual proceso de globalización/marginalidad.

Miguel Angel Ciuro Caldani

*

Ricardo SEITENFUS, Deisy VENTURA. *Introdução ao Direito Internacional Público.* **Porto Alegre : Livraria do Advogado, 1999, 224 p, R$ 29,-. ISBN 85-7348-099-8**

O Rio Grande do Sul, por estar no centro do MERCOSUL, talvez seja o estado brasileiro mais afetado pelos fenômenos da internacionalização da economia. Não é de se admirar, portanto, que tenha surgido do seio da academia jurídica gaúcha a última valiosa contribuição para a literatura didática internacionalista. Em *Introdução ao Direito Internacional Público*, os Professores Deisy Ventura e Ricardo Seitenfus lançam mão de toda sua experiência em ensino desta disciplina na produção de um texto dinâmico e acessível destinada aos alunos de Direito e leigos interessados no tema em geral.

A obra é, como o próprio nome diz, uma introdução, abordando de forma superficial, mas não simplória, os aspectos mais relevantes dessa matéria. Cumpre a missão de uma introdução, dando os subsídios e estímulo para o futuro aprofundamento. Exemplos disso são as atualizadíssimas bibliografias – só com obras em português - indicadas no início de determinados tópicos de especial interesse, bem como a completa bibliografia internacional clássica exposta ao final do volume. Muito úteis são também as tabelas utilizadas em vários pontos para sistematizar e condensar as informações, permitindo uma visão geral das mesmas.

Introdução apresenta um retrato panorâmico do atual estado do Direito Internacional Público e também de muitos aspectos da conjuntura internacional, revelando as fortes relações daquela matéria com outras disciplinas, como a ciência política, as relações internacionais, a economia etc, tendo em conta a experiência pessoal dos autores. Por isso, é de grande auxílio para a compreensão da realidade e da evolução dos acontecimentos que estão quotidianamente nos noticiários. Essa qualidade é, ao mesmo tempo, uma limitação, já que o livro corre o risco de rapidamente se tornar obsoleto, requerendo constante atualização. Esta, no entanto, se dará facilmente, pois a obra contem fundamentos teóricos sólidos e está estruturada na forma de parágrafos numerados, aos quais se refere o índice analítico, de modo que a paginação poderá ser facilmente alterada sem prejudicar a orientação do leitor. É interessante notar, ainda, que outra qualidade da obra é a de apresentar os efeitos e reações na realidade brasileira desses temas internacionais.

O livro está estruturado de acordo com uma linha de raciocínio inteligível e que dá continuidade à tradição da melhor literatura internacionalista brasileira. Seus 5 capítulos analisam, na ordem seguinte: as noções elementares da disciplina; as fontes do Direito Internacional Público; o conceito de personalidade jurídica internacional; a regulamentação jurídica das relações entre os detentores dessa personalidade jurídica internacional; e, finalmente, as evoluções mais recentes do direito internacional.

No primeiro capítulo, **Noções Elementares**, são abordados a história e função da disciplina, a delimitação de seu objeto, suas características fundamentais, suas relações com disciplinas afins e com o direito interno. A descentralização do ordenamento jurídico internacional, a eterna disputa entre monismo e dualismo no relacionamento entre direito interno e direito internacional, e o tratamento dado pela Constituição Federal brasileira à esfera internacional são os pontos altos deste capítulo.

A seguir, em **Fontes do Direito Internacional Público**, são expostos o conceito de fonte de direito e a idiossincrática diversidade de fontes observada neste ramo da ciência jurídica. Analisam-se minuciosamente essas fontes, classificando-as de acordo com o critério de serem ou não convencionadas pelos detentores de personalidade jurídica internacional.

Em **Personalidade Jurídica Internacional**, o terceiro capítulo, são apresentados e estudados os sujeitos do Direito Internacional Público: o Estado, a Organização Internacional, o Indivíduo, a Organização Não-Governamental (ONG) e a Empresa Multi- ou Transnacional.

No capítulo 4, **Marco Jurídico das Relações Internacionais**, são analisados os mecanismos jurídicos que regulam as relações entre os agentes expostos no capítulo anterior, especialmente, as relações interestatais. Nele estão contidos, por exemplo, o estudo das relações diplomáticas e consulares, das solução pacíficas de litígios e do Direito Internacional Econômico.

Finalmente, o último capítulo, **O Direito Internacional em Movimento**, traz à tona os fenômenos mais candentes do direito internacional de nossos dias : a globalização e o conseqüente surgimento do direito da integração econômica. Este se concretiza no Direito Comunitário Europeu e no Direito de Integração do MERCOSUL, ambos devidamente expostos nesse capítulo.

Assim, a leitura de *Introdução ao Direito Internacional Público* possibilita uma visão do conjunto orgânico dos tópicos da disciplina Direito Internacional Público, sendo um instrumento eficaz para dar aos que se iniciam na matéria a possibilidade de tomar contato com o assunto, e aos que já a conhecem, aperfeiçoar e atualizar suas informações.

Daniel Nogueira Leitão[2]

*

João Paulo dos Reis VELLOSO, Luciano MARTINS (coord). *A Nova Ordem Mundial em Questão*. 2a. ed. Rio de Janeiro: José Olympio, 1994, 433 p.

O livro "A Nova Ordem Mundial em Questão" é composto pelos textos das intervenções realizadas na Conferência Internacional sobre a Nova Ordem Mundial, organizada pelo Instituto Nacional de Altos Estudos, em Abril de 1992, no Rio de Janeiro.

O livro está composto em quatro partes. Na primeira, denominada "Panorama da Ordem Mundial Emergente", Helmut Schmidt, Robert McNamara, Louis Emmerij e Georgi Arbatov fazem uma avaliação política da nova ordem mundial.

Na segunda parte, com o título "O Novo Equilíbrio Político Internacional", diversas personalidades vindas de quadrantes diferentes – Luciano Martins, Robert Gilpin, Laurence Martins, Kazuo Takashi e Andrei Kortunov – examinam o perfil das relações internacionais à luz da nova realidade internacional.

Na terceira parte, designada "A Reorganização Econômica e as Novas Tecnologias", a análise do impacto econômico da nova ordem mundial e da revolução tecnológica fica a cargo de um outro leque de estudiosos, como Francisco Sagasti, Gregorio Arévalo, Nicolai Shmelyov, Carl Dahlman, Zoltan Acs, David Andertsch e Yasunori Baba.

Finalmente, a quarta e última parte, chamada "As Tendências à Regionalização e as Perspectivas dos Países de Industrialização Recente", é dedicada ao estudo da formação de blocos regionais, com um enfoque

---

[2] Estudante de graduação do 5º período de Direito da Pontifícia Universidade Católica do Rio de Janeiro, bolsista por desempenho acadêmico e do Programa Especial de Treinamento em Direito da CAPES.

marcadamente econômico, feito por um grupo composto por Sylvia Ostry, Albert Fishlow, Colin Bradford Jr., Carlos Augusto Santos Neves e Winston Fritsch.

A primeira parte do livro é bastante homogênea, com as mesmas preocupações sobre meio-ambiente e demografia aparecendo, por exemplo, nas análises de Helmut Schmidt e Robert McNamara.

Nesta parte da obra, Helmut Schmidt analisa a nova ordem mundial não mais com base unicamente no princípio do equilíbrio do poder militar e político mas sim também no princípio da cooperação econômica e monetária internacional, em razão da unificação dos mercados.

Já Robert McNamara salienta a necessidade de criação de um novo padrão de segurança. A este propósito propõe a criação de um sistema de segurança coletiva, que obedeça aos seguintes princípios : a) renúncia ao uso da força nas disputas entre si; b) renúncia das grandes potências à ação unilateral na solução dos conflitos regionais; c) adoção de sanções econômicas e não militares. McNamara, com conhecimento de causa, lembra que o esforço e as despesas militares podem levar à asfixia da economia.

Louis Emmerij aborda a substituição do conceito de segurança militar internacional pelo de segurança econômica internacional. Nessa abordagem, Emmerij salienta as diferenças de ritmos de desenvolvimento entre os diferentes Estados e afirma que, na verdade, o mercado global é integrado por poucos países, pois somente poucos países têm efetivamente condições de participar no livre-câmbio. Para Louis Emmerij a nova segurança econômica mundial depende de duas vertentes: uma interna que é a da vontade política e outra externa que é a necessidade de coerência no uso dos diferentes mecanismos de ação econômica internacional por parte dos Estados. Em especial, o autor refere a possibilidade de se utilizar "contratos de desenvolvimento" de longo prazo, entre regiões geográficas, para promover a segurança econômica.

A preocupação maior de Georgi Arbatov é também com a segurança, tanto do indivíduo como da sociedade. Esse conceito de segurança foi profundamente atingido com a Guerra Fria, com três consequências principais: a) a destruição da noção de interesses nacionais, substituídos por ideais messiânicos de política externa; b) a aquisição, por dois países (USA e União Soviética), de uma importância maior do que na realidade deveriam ter; c) a militarização exacerbada. O final da Guerra Fria obrigou os países a aprender a viver sem o espectro de um inimigo. A ausência de uma perspectiva de guerra, obrigou a se repensar a noção de segurança, onde a paz deixou de ser a ausência de conflito e passou a representar a garantia necessária ao desenvolvimento econômico, social e espiritual.

Na segunda parte do livro, a questão da segurança está ainda muito presente. Esta parte abre com um texto de Luciano Martins, onde o mesmo começa por expor as principais orientações intelectuais que influenciaram o estudo das relações internacionais. Estas influências são resumidas no binômio interesses nacionais e poder, a partir do qual vai surgindo a ordem internacional, definida pelo autor como um "conjunto formal ou informal de princípios, normas, instituições e procedimentos decisórios que, refletindo a correlação de forças em plano mundial, regulam as relações internacionais". O autor demonstra que, atualmente, o mundo vive uma situação de independência assimétrica, na qual o poder militar tende a perder importância. Neste novo contexto, o poder é econômico e os conflitos tem por limite a linha além da qual os danos inflingidos ao adversário podem se voltar contra o causador do dano, em razão das relações de interdependência entre as economias nacionais.

No texto seguinte, Robert Gilpin defende a tese que os fatores econômicos têm um efeito profundo e decisivo sobre a natureza da nova ordem mundial, ainda que seja discutível qual o seu exato papel. Para uns, a economia vai obrigar à criação de um mercado mundial, sem fronteiras e autônomo com relação aos Estados, encorajando a interdependência e desestimulando a guerra. Para outros, a economia entrará numa fase de profunda concorrência internacional, onde os Estados competirão para obter mais bem-estar, prejudicando a possibilidade de uma atuação cooperativa. Para Gilpin, o mundo é dominado por três economias (a norte-americana, a européia e a japonesa) e os demais países certamente serão atraídos para uma dessas três economias. Este fato reforça o poder das economias preponderantes, que dominam instrumentos tais como o capital de investimento e a tecnologia, em detrimento das economias marginais.

O terceiro texto é de Laurence Martin. O autor analisa as situações de instabilidade que surgiram após o final da Guerra Fria onde uma situação de estabilidade global deu origem a uma série de conflitos localizados e dificilmente controláveis. A segurança mundial depende, então, de uma das duas possibilidades: ou os USA assumem o papel de xerife do mundo ou a ONU passa a realizar este papel. Segundo o autor, a solução poderia ser o surgimento de um sistema híbrido de organizações multilaterais, sob a regência da ONU. No entanto, este sistema seria largamente dependente da atuação de determinados Estados chave, o que poderia transformar o sistema em um "diretório informal de nações principais" agindo através de instituições internacionais.

Kazuo Takaashi, autor do quarto texto, prevê que a administração dos assuntos mundiais passará a ser dividida entre três Estados: USA, Alemanha e Japão. Cada um destes Estados atuará de forma individual. Entre as tarefas que esses Estados enfrentarão, o autor – premonitoriamente – inclui a solução dos conflitos étnicos. No entanto, para o efeito, os Estados não poderão contar com os sistemas de administração de crises que existiam – apesar de tudo – na época da Guerra Fria. Para paliar este problema, o autor sugere a criação de instrumentos políticos, como fóruns reunindo diversos países, e o estabelecimento de uma diretriz para a administração das crises, através da qual as tarefas sejam repartidas entre os Estados. Essa diretriz deveria ser negociada no âmbito do Conselho de Segurança da ONU e depois aprovada pela Assembléia Geral.

O quinto e último texto é de autoria de Andrei Kortunov. O autor volta ao tema central – segurança mundial – fazendo uma extensa análise da situação da antiga União Soviética. Essa análise envolve os problemas da presença militar, do regionalismo e correspondente separatismo, do comércio inter-repúblicas, e das relações de amor/ódio/desconfiança que ligam os Estados membros da CEI

A terceira parte do livro aborda a "Reorganização Econômica e as Novas Tecnologias". O primeiro texto – de Francisco Sagasti e Gregorio Arévalo – faz uma detalhada abordagem da situação da América Latina. Os autores descrevem primeiro a decadência econômica e o progressivo desengajamento da América Latina na economia mundial durante a década de 80, denominada "década perdida". A partir deste balanço e das experiências vividas, os autores propõem uma agenda para a região, em torno de três temas: questão social (fazer face às crescentes demandas sociais), capacidade científica e tecnológica (indispensável ao desenvolvimento) e condução política (através da consolidação da democracia).

No segundo texto, Nicolai Shmelyov analisa a situação da Rússia face à reorganização econômica, propondo três tarefas principais: restaurar a capacidade do rublo; prosseguir com o processo de privatização; criar uma rede de segurança social que proteja a Rússia contra a explosão social.

No terceiro texto, Carl Dahlman demonstra que o ritmo da mudança tecnológica tem efeitos sobre as perspectivas industriais dos países menos desenvolvidos. A este propósito, o autor destaca, como tendência das mudanças tecnológicas o aumento do ritmo da inovação, a difusão das novas tecnologias, a redução temporal dos ciclos de vida de processos e produtos, a redução da participação de mão de obra não qualificada na produção, a qualidade e a rapidez na entrega ao mercado, entre outros. Estas mudanças tecnológicas afetam os países menos desenvolvidos, mas devem ser exploradas. O autor propõe, como meios para estes países obterem êxito na exploração da tecnologia, a aquisição de tecnologia estrangeira (mais barata do que a desenvolvida nacionalmente), a difusão dessa tecnologia, o aperfeiçoamento da tecnologia já disponível e, acima de tudo, o investimento em capital humano.

Zoltan J. Acs e David B. Audretsch são os autores do quarto texto, onde analisam a superação da crença que a mudança tecnológica seria melhor desenvolvida através de empresas gigantes, com poder de exploração do mercado. Segundo os autores, paralelamente a estas empresas, outras pequenas e novas, tem dado uma contribuição enorme à inovação. Esta demonstração é realizada com grande riqueza de dados e informações, criteriosamente analisados.

O último texto desta parte é de autoria de Yasumori Baba. Este texto realiza a análise do modelo japonês face à transformação tecnológica e a consequente necessidade de uma maior flexibilidade e variedade de produção. Esta análise é realizada através do estudo do caso da indústria de matrizes e moldes.

A quarta parte do livro cuida de um tema essencial, quando se fala em nova ordem mundial, que é o da regionalização.

No primeiro texto, Sylvia Ostry demonstra que a tendência à regionalização esconde uma grande diversidade, pois o regionalismo presente na Europa, nos USA e na Ásia tem origem, motivos e características diferentes. Por outro lado, segundo a autora, o regionalismo está destruindo as relações multilaterais. O comércio mundial passou a ser regido diretamente pelos grandes blocos formados em torno dos USA e do Japão e da Comunidade Européia. Para alguns, esta situação permitiria uma gestão mais eficaz e eficiente do comércio mundial. No entanto, ela não seria sem risco, na medida em que a competição por investimento poderia levar à formação de cartéis setoriais.

No segundo texto, Albert Fishlow também analisa o conflito entre o regionalismo e o sistema multilateral do comércio internacional. A partir da análise dos ffluxos de comércio e de investimento, o autor examina a política de regionalismo no hemisfério ocidental, em especial a Iniciativa para as Américas, que veio dar origem à ALCA, assim como o regionalismo na região da Ásia-Pacífico. O autor conclui que apesar do crescimento da idéia do regionalismo, a mesma pode estar comprometida, pois os Estados que compõe os mais importantes blocos regionais têm também uma estratégia de atuação global, mais compatível com um sistema comercial multilateral. O autor também explica que a mobilidade do capital obrigará as empresas a procurar uma estratégia global, incompatível com a criação das barreiras dos blocos regionais. Finalmente, o autor demonstra que um livre comércio regional não é politicamente mais satisfatório que um livre comércio multilateral. Assim, o autor sustenta que a década de 90 seria a década da conciliação entre globalismo e regionalismo, em vez de se privilegiar este último em detrimento do primeiro.

O terceiro texto, de Colin Bradford Jr., faz a defesa clara do sistema multilateral, afirmando inclusive que o regionalismo acaba por favorecê-lo. O autor demonstra que vários blocos regionais, inclusive na América Latina, não assentam em critérios de exclusividade, mas sim de "poligamia", havendo liberdade para a negociação simultânea de acordos bilaterais, regionais e multilaterais. Por outro lado, o autor apresenta vários números para explicar que o regionalismo acaba por impulsionar o comércio global. Colin Bradford

Jr. analisa o caso do Brasil, nessa perspectiva de conciliação da regionalização com um sistema multilateral.

Carlos Augusto Santos Neves é o autor do quarto texto onde se faz uma rápida análise do panorama da situação política e econômica do mundo e no Brasil, que infelizmente já se encontra desatualizada.

O quinto texto é de Winston Fritsch, e sofre do mesmo mal que o anterior. O texto analisa as alterações na política comercial brasileira ocorridas a partir de 1990. No entanto, lido sob um enfoque histórico é interessante pois aí se encontram algumas advertências sobre a importância da estabilização macroeconômica para o futuro do Mercosul, observação das mais atuais depois da crise de Janeiro de 1999.

A leitura do livro ora resenhado inspira alguns comentários. O primeiro diz respeito à composição dos autores. O livro reúne autores dos USA, da Europa, da Ásia, da América Latina, mas sente-se a falta de um ponto de vista africano.

O segundo comentário diz respeito à preocupação excessivamente politico-econômica do livro. Poucas são as referências aos aspectos sociais. Na verdade, a questão social aparece sempre atrelada à segurança e à economia. Ora, talvez devesse ser o contrário. O econômico e o político deveriam estar condicionados ao social, uma vez que os dois não são finalidades em sim mas instrumentos para a realização do bem-estar da sociedade. Ainda neste diapasão, nota-se também uma ausência de referência ao aspecto jurídico dos problemas debatidos.

O terceiro comentário é que o tempo decorrido entre a data da realização do seminário que deu origem ao livro – 19992 – e a data da elaboração desta resenha – 1999 – não passou impune. Em 1992 o mundo tinha acabado de assistir à queda do muro de Berlim e a Rússia ainda podia ser considerada uma potência. A nível mundial a Rodada Uruguai ainda não havia sido concluída e o Mercosul estava na sua fase preliminar. Atualmente, após a unificação da Alemanha, a crise econômica da Rússia, do México, da Ásia e, finalmente, do Brasil os dados contidos no livro modificaram-se substancialmente. No entanto, a indagação de base permanece a mesma: qual o perfil da ordem mundial a ser criada?

José Gabriel Assis de Almeida[3]

---

[3] Doutor em Direito pela Universidade de Paris II, Professor da Escola de Ciências Jurídicas da UNI-RIO e da Universidade Candido Mendes - Ipanema, Coordenador de Pesquisa no PIDIG.

Varia

Em torno de algumas pesquisas...

A propósito de algumas pesquisas do
Programa Interdisciplinar Direito e Globalização

1

« Direito Comunitário e Justiça do MERCOSUL »[1]

O MERCOSUL e o Ensino Jurídico :
Propostas para inserção no atual currículo de ensino

Nadia de Araujo

SUMÁRIO : I. Introdução. II. Os cursos jurídicos no Brasil. III. O fenômeno da integração. IV. O tema do Mercosul na área jurídica. V. Exemplos do estágio atual. VI. Sugestões para o futuro. VII. Bibliografia escolhida sobre o tema.

I. Introdução

O pertinente convite da Pontíficia Universidade de São Paulo, promovendo este «II Seminário Mercosul – as atividades das universidades sobre o MERCOSUL – Presente e futuro», encontrou eco em uma série de iniciativas já em andamento no Rio de Janeiro, na área jurídica, e especialmente inseridas na linha de preocupações do Programa Interdisciplinar Direito e Globalização – PIDIG – UERJ. O presente trabalho pretende discutir sobre a importância da inclusão do tema MERCOSUL no currículo dos cursos jurídicos, bem como sobre a maneira de fazê-lo. Para isso, em um primeiro momento far-se-á um breve resumo do desenvolvimento histórico do ensino jurídico no Brasil e seu estágio atual. Em seguida, abordar-se-á a questão relativa ao tópico proposto, apresentando-se alguns dados sobre experiências já existentes, e, ao final, sugestões para o futuro.

---

[1] Coordenadora : Prof. Nádia de Araujo, Professora de Direito Internacional Privado no Departamento de Direito, PUC-Rio e Visitante na Faculdade de Direito, UERJ, Programa de Pós-Graduação ; Doutora em Direito Internacional, FADUSP, e Mestre em Direito Comparado, George Washington University.

II. Os cursos jurídicos no Brasil

A instalação do ensino jurídico no Brasil representou o primeiro esforço de funcionamento de cursos superiores a serem instituídos no país, cinco anos depois da proclamação da Independência, através da Lei de 11 de agosto de 1827. A Faculdade de Direito de Olinda e a Faculdade de Direito de São Paulo, ambas criadas em 1827, constituíram-se nos principais centros de formação da elite intelectual, administrativa e política do Brasil durante o século XIX e primeiras décadas do século XX.

A formação do bacharel em direito, até os anos cinqüenta deste século, caracterizou-se por seu caráter abrangente, tendo sido mais voltada para a preparação de elites dirigentes do que de indivíduos tecnicamente habilitados ao exercício da profissão. O processo de industrialização, que se acelerou no país após o período de 1930, obrigou a uma reavaliação crítica da formação do profissional de direito. Quase uma década após o término do conflito mundial, em 1955, o Professor San Tiago Dantas[2], em texto clássico, formulou e sistematizou as grandes linhas de reforma da educação jurídica brasileira, a ser realizada tendo em vista os desafios colocados pela crise de modernização no campo político, social e econômico.

Mas a reforma do currículo do curso de direito, preocupada em atender às novas demandas operadas no Brasil pós-64, só foi estabelecida pela Resolução nº 3/72. Esta reforma instituiu um modelo de formação jurídica rígido que não atendia às necessidades profissionais, e o que é pior, retirava do ensino jurídico disciplinas de formação geral, além de não contemplar no currículo mínimo novas disciplinas, como por exemplo, o Direito Ambiental e o Direito do Consumidor. No início da década de oitenta, houve uma nova tentativa de mudança do currículo, propondo-se a inclusão nos currículos jurídicos de disciplinas de habilitação profissional, mas sem êxito.

Os anos noventa presenciaram o recrudescimento das críticas ao modelo curricular, estabelecido em 1972. A mobilização foi levada adiante principalmente pela OAB. Um novo projeto de mudança curricular foi elaborado, procurando atender às exigências do mercado de trabalho, o que foi estabelecido pela Portaria MEC nº 1886/94. Entre as novidades da Portaria estão a obrigatoriedade de disciplinas como Direito Romano, Filosofia do Direito e Direito Internacional, além da instituição da monografia de final de curso e uma certa flexibilização nas chamadas atividades complementares, que não podem ser confundidas com o estágio profissional.

---

[2] DANTAS, SanTiago, *O ensino jurídico no Brasil*, São Paulo, Ed.RT, 1955.

A volta da disciplina de Direito Internacional possui importância significativa para este seminário, pois não só as categorias tradicionais – Direito Internacional Privado e Direito Internacional Público— retornam ao currículo, como se pretende estabelecer uma nova sistemática de ensino, na medida em que tudo é agrupado sob a rubrica «Direito Internacional». Isso possibilita uma ampla revisão dos conteúdos programáticos, podendo inserir-se novos temas da atualidade como o Direito Internacional dos Direitos Humanos, o Direito da Integração e o Direito do Comércio Internacional.

III. O fenômeno da Integração

A integração econômica é um fenômeno que se desenvolveu na Europa após o término da 2a. guerra mundial e tem se expandido em outros continentens, com especial reflexo na América Latina, cujos exemplos mais significativos são o Pacto Andino, o Mercosul e o NAFTA.

Nesse processo, é preciso passar da simples supressão de barreiras alfandegárias para a criação de uma ordem jurídica nova e adequada a este processo, que não é meramente técnico, exigindo que os níveis de associação entre os países seja definido de forma precisa, com a reestruturação dos padrões tradicionais, como a definição de soberania e o exercício da jurisdição de cada um dos Estados-membros. Os efeitos da integração econômica se fazem sentir em todos os campos da área jurídica, podendo ser um fator de estímulo ou um obstáculo à consecução do objetivo integracionista.

Nesse sentido, no caso do Mercosul, o próprio Tratado de Assunção estabelece entre os seus princípios e propósitos básicos o compromisso dos Estados-Membros de harmonizar suas legislações, para que se logre o fortalecimento do processo de integração. E antes que se alcance o universalismo no plano político, é preciso consolidá-lo no plano econômico, e isto só será possível se o plano jurídico preparar o caminho pela supressão dos nacionalismos.[3]

Para o Brasil, o Mercosul representa uma nova opção de política externa, sublinhando uma mudança fundamental na atitude tradicional brasileira no que ser refere ao seu relacionamento global com os vizinhos imediatos, bem como a aceitação implícita de uma evolução no conceito de soberania absoluta que sempre pautou as relações exteriores do país.[4]

---

[3] DOLINGER, Jacob, *Direito Internacional Privado*, 2a. ed., Rio de Janeiro, Ed. Renovar, 1993, p. 247.

[4] ALMEIDA, Paulo Roberto, *O Mercosul, no contexto regional e internacional*, São Paulo, Edições Aduaneiras, 1993, p. 15.

E a teoria da integração não pode ser estudada sem referência aos seus exemplos concretos, especialmente o MERCOSUL, pelo interesse que apresenta para o ordenamento jurídico nacional. Por outro lado, o estudo da Comunidade Européia e seus exemplos se impõe, pela praxe já desenvolvida e por ser o modelo por excelência dos novos processos em curso em outros continentes.

Tendo em conta a crescente importância econômica das trocas comerciais realizadas no âmbito do Mercosul e o incremento da produção legislativa – de natureza comunitária –, a regular determinados aspectos das relações entre os Estados-membros, entre si, e com pessoas físicas e jurídicas integrantes de relações comerciais e institucionais estabelecidas nesta arena comum, pareceu-nos relevante tratar o Mercosul ao ângulo do seu relacionamento com a ordem jurídica brasileira.

IV. O tema do Mercosul na área jurídica

O desafio que se coloca para o Direito é sobre o caminho a seguir para atingir a finalidade do mercado comum. Pode-se encetar um esforço de regulamentações setoriais sucessivas, ou buscar linha mestra que possa orieintar o conjunto das matérias. Na nossa opinião, uma das ferramentas para viabilizar tal síntese nos é dada pelo instrumental das normas de conflito, da disciplina do Direito Internacional Privado. A criação dessas normas para resolver os conflitos sobre a lei aplicável quando uma situação jurídica é multiconectada faz com que se promova certeza e estabilidade nas relações jurídicas, já que o caminho a seguir será sempre o mesmo. Por este sistema, as partes poderão saber como funciona essa rota para a determinação das normas aplicáveis ao caso concreto, promovendo-se, consequentemente a estabilidade necessária ao bom andamento das relações jurídicas.

Mas o sistema acima é insuficiente, pois a noção de um meio jurídico harmonizado, quer dizer que além desses métodos para regular as normas conflituais, outras áreas também sejam objeto de regras materiais comuns, propiciando o funcionamento do mercado comum segundo as mesmas regras. Nesse sentido, temos o exemplo das legislações sobre *dumping*, concorrência e consumidor, que deverão ser uniformizadas e substituir as dos quatro países.

É preciso que os países membros acordem sobre a criação ou não de um verdadeiro direito comunitário. Para que o Mercosul funcione de forma integrada, é necessário que essas regras ofereçam, ao menos substancialmente, uma mesma proteção ao indivíduo em todo o espaço do mercado comum. As disparidades na legislação interna dos países membros -- como por exemplo na área trabalhista, direito do consumidor, regulamentação da concorrência, e etc-- impede a plena realização dos objetivos propostos no Tratado de Assunção. A livre circulação dos fatores de produção econômica, ao mesmo tempo, meio e fim dos processos de integração econômica, sem a concomitante harmonização jurídica acarretará distorções. A existência de regras internas diversas nos países-membros, que atinjam a livre circulação garantida pelo Tratado, pode impedir, na prática, a plena realização do mercado comum.

V. Exemplos do Estágio Atual

Vários cursos jurídicos já se deram conta da necessidade de estudar separadamente a temática do MERCOSUL, em face dos problemas acima relacionados, e sua especificidade. Apenas a título exemplificativo, em São Paulo, na USP, há uma disciplina Direito da Integração na Graduação e várias abordagens na Pós-Graduação. No Rio de Janeiro, existe como eletiva no Departamento da PUC-Rio e na Cândido Mendes. Além disso, o tópico foi incluído no programa de Direito Internacional Privado, mas permeia outros, como o Direito Constitucional, Direito Civil, Direito Processual Civil, e o Direito Tributário. Em nível de pós-graduação, está presente no programa de Direito Constitucional Internacional, da PUC-RIO, e como disciplina autônoma, no Programa de Pós-Graduação da Faculdade de Direito da UERJ, como «Direito da Integração».

No campo da pesquisa, tem sido objeto de escolha de diversos projetos de pesquisa, com bolsas de iniciação científica agraciadas pela FAPERJ, além de monografias de final de curso. A produção acadêmica sobre MERCOSUL também cresceu bastante, como pode se ver das teses já defendidas na PUC-Rio e em São Paulo.

E um primeiro resultado da Pós-Graduação da UERJ foi a publicação de uma compilação das normas do MERCOSUL,[5] -- Código do Mercosul—a partir de pesquisa elaborada no âmbito daquele programa, que tem sido muito útil como material didático, além de servir a outros operadores do direito.

VI. Sugestões para o Futuro e Conclusões

Sem dúvida a inclusão de um disciplina sobre o MERCOSUL nos currículos de alguns cursos de direito é um avanço e uma iniciativa que deve ser ampliada, pois demonstra a importância que este tema está ganhando. No entanto esta iniciativa é insuficiente para resolver a questão do ensino do tema.

---

[5] CÓDIGO DO MERCOSUL, org. Nadia de Araujo, Frederico do Valle Magalhães Marques, Marcio Monteiro Reis, Rio de Janeiro, Ed. Renovar, 1998.

É preciso integrar a temática com o currículo de outras disciplinas e utilizá-la, mais freqüentemente nos exemplos e casos estudados. Por exemplo, no Direito Internacional Privado, quando se estuda o conflito de leis, deve-se procurar utilizar exemplos saídos do MERCOSUL. Ultimamente já existe, inclusive, uma importante jurisprudência do Supremo Tribunal Federal sobre o Protocolo de Las Lenas, que deve ser objeto de estudos tanto no DIPr quanto no Processo Civil. Também no Direito Constitucional, a questão da soberania precisa ser enfocada tendo em conta o MERCOSUL. E poder-se-ia fazer aqui uma lista interminável.

No campo das pesquisas jurídicas, é necessário desenvolver estudos comparados. A título exemplificativo, no Direito Internacional Privado, é preciso estudar as normas vigentes nos países do MERCOSUL, procurando estabelecer as bases comuns e as normas que são diferentes, para então propor bases para sua harmonização. Outra pesquisa que merece ser desenvolvida diz respeito ao estabelecimento da extensão das diversidades dos sistemas jurídicos dos países membros, delimitando-se, ao final, as bases comuns a partir das quais será realizada a proposta de harmonização do direito material, em consonância com o funcionamento deste novo espaço econômico integrado.

VI. Bibliografia

Para poder trabalhar com essas novas categorias jurídicas, uma extensa gama de livros especializados já está disponível na literatura brasileira, além das obras originárias de outros países. A seguir, apresentamos uma pequena lista de alguns dos livros mais utilizados na PUC-Rio e na UERJ, a título exemplificativo :

ALMEIDA, Paulo Roberto, O mercosul, no contexto regional e Internacional, RJ. Aduaneiras, 1993.
ARAUJO, Nadia de et alli (coord.). Cadernos de Direito Internacional Privado (Resumos de Jurisprudência de DIPr no STF e STJ, vol. 1). PUC-Rio, ano II, n° 2., 1996.
ARAUJO, Nadia de, et allii. «Cooperação Interjurisdicional no Mercosul». In Mercosul, org. Maristela Basso, 2a. ed. Porto Alegre, Livraria do Advogado, 1997.
ARAUJO, Nadia de. «O Direito do Comércio internacional e o MERCOSUL». Contratos Internacionais, 2a. ed., rev. e ampl., Coord. Grandino Rodas, SP, RT, 1995, pp. 279/303.
ARAUJO, Nadia de. Contratos Internacionais e autonomia da vontade, Rio de Janeiro, Ed. Renovar, 1997.
BAPTISTA, Luiz Olavo. «A Solução de divergência no MERCOSUL». In Mercosul, org. Maristela Basso, Porto Alegre, Livraria do Advogado, 1995, pp. 91/116.
BAPTISTA. Luís Olavo. «Impacto do Mercosul sobre o sistema legislativo brasileiro». In Mercosul, org. Baptista et allii, SP, LTr, 1994, pp. 11/25.
BORJA, SÉRGIO. «O Mercosul pela ótica do direito constitucional». In : O ensino jurídico no limiar do novo século (org. Antonio Paulo Cachapuz de Medeiros). Porto Alegre : EDIPUCRS, 1997.
CASELLA, PAULO BORBA. «A Integração Econômica e seu tratamento constitucional». In : MERCOSUL - Desafios a vencer. São Paulo : Conselho Brasileiro de Relações Internacionais, 1994.

CASELLA, Paulo Borba. «Arbitragem : entre a praxe internacional, integração no MERCOSUL e o direito brasileiro» In Arbitragem - a nova lei brasileira (9.307/96) e a praxe internacional, São Paulo, LTr, 1997, pp.169/187.

CASELLA, PAULO BORBA. MERCOSUL - exigências e perspectivas. São Paulo : LTr, 1996.

CORREA, ANTONIO. MERCOSUL - SOLUÇÃO DE CONFLITOS PELOS JUÍZES BRASILEIROS, PORTO ALEGRE, FABRIS, 1997, PP. 109/230.

COSTA, José Augusto Fontoura. Aplicabilidade direta do direito supranacional", in "Contratos Internacionais e Direito Econômico no MERCOSUL" São Paulo, ed. LTr, 1996, pp. 141/162.

DALLARI, Dalmo de Abreu. «O Brasil e a Europa Integrada». In O Mercosul em movimento, org. Deisy de Freitas Lima Ventura, Porto Alegre, Livraria do Advogado, 1995, pp. 117/129.

DALLARI, PEDRO BOHOMOLETZ DE ABREU. «O MERCOSUL perante o sistema constitucional brasileiro». In : MERCOSUL (org. Maristela Basso). 2ª ed. Porto Alegre : Livraria do Advogado, 1997.

DOLINGER, JACOB. «AS SOLUÇÕES DA SUPREMA CORTE BRASILEIRA PARA OS CONFLITOS ENTRE O DIREITO INTERNO E O DIREITO INTERNACIONAL : UM EXERCÍCIO DE ECLETISMO». REVISTA FORENSE, VOL. 334, PP.71/107.

DROMI, ROBERTO. Derecho Comunitario. Buenos Aires : Ediciones Ciudad Argentina, 1995.

FARIA, Werter R.. «Métodos de harmonização aplicáveis no Mercosul e incorporação das normas correspondentes nas Ordens Jurídicas Internas» In Mercosul - seus efeitos juídicos, econômicos e políticos nos Estados-Membros, Porto Alegre, Livraria do Advogado, 1995, pp. 77/88.

GAMA e SOUZA Jr., Lauro da. «Reconhecimento e execução de sentenças arbitrais estrangeiras», In Arbitragem - a nova lei brasileira (9.307/96) e a praxe internacional, São Paulo, LTr, 1997, pp. 309/324.

GREBLER, Eduardo. «O Mercosul Institucional e a solução de controvérsias», in ... pp.11/20

MEDEIROS, Antonio Paulo Cachapuz de. O Poder de celebrar Tratados, Porto Alegre, Fabris, 1995, pp. 409/472

MELLO, CELSO ALBUQUERQUE. Direito Internacional da Integração. Rio de Janeiro : Renovar, 1996.

MERCADANTE, Aramita de Azevedo. «A processualística dos atos internacionais : Constituição de 1988 e MERCOSUL». In Contratos Internacionais e Direito Econômico no MERCOSul. São Paulo : ed. LTr, 1996, pp. 458/505.

MOREIRA NETO, Diogo de Figueiredo. «Mercosul - Minilateralismo e metaconstitucionalismo». In Revista de Informação Legislativa, ano 32, n. 128, 1995, pp.207/220.

PETERMANN, Rolf. «Considerações sobre o direito econômico e o MERCOSUL». In Contratos Internacionais e Direito Econômico no MERCOSUL, São Paulo, ed. LTr, 1996, pp. 575/596.

RAMOS, André de Carvalho. «O reconhecimento de sentença arbitral estrangeira e a cooperação jurisdicional no MERCOSUL». In Arbitragem - a nova lei brasileira (9.307/96) e a praxe internacional, São Paulo, LTr, 1997, pp.281/308.

SAMTLEBEN, Jürgen e SALOMÃO FILHO, Calixto. «O Mercado comum sul americano - Uma análise jurídica do Mercosul». In Contratos Internacionais, 2a. ed., rev. e ampl., Coord. Grandino Rodas, SP, RT, 1995, pp. 239/278.

VENTURA, Deisy de Freitas Lima. A ordem Jurídica do Mercosul, Porto Alegre, Livraria do Advogado, 1996, pp. 41/76.

DREYZIN DE KLOR, Adriana. El Mercosur. Buenos Aires : Zavalia, 1997.

ARBITRAGEM - A NOVA LEI BRASILEIRA (9.307/96) E A PRAXE INTERNACIONAL. São Paulo : LTr, 1997.

AMÉRICA LATINA - Cidadania, Desenvolvimento e Estado. Porto Alegre : Livraria do Advogado, 1997.

CÓDIGO DO MERCOSUL, (org. Nadia de Araujo, Frederico do Valle Magalhães Marques, Marcio Monteiro Reis, Rio de Janeiro, Ed. Renovar, 1998.

CONTRATOS INTERNACIONAIS, 2a. ed., rev. e ampl., Coord. Grandino Rodas, SP, RT, 1995.
DIREITO COMUNITÁRIO DO MERCOSUL. (org. Deisy Ventura). Porto Alegre : Livraria do Advogado, 1997.
INSTITUIÇÕES POLÍTICAS COMPARADAS DOS PAÍSES DO MERCOSUL. (org. José Antônio Giusti Tavares e Raúl Enrique Rojo). Rio de Janeiro : Fundação Getúlio Vargas editôra, 1998.
MERCOSUL - seus efeitos juídicos, econômicos e políticos nos Estados-Membros, Porto Alegre, Livraria do Advogado, 1995.
MERCOSUL (ORG. MARISTELA BASSO). 2ª ed. Porto Alegre : Livraria do Advogado, 1997.
O MERCOSUL EM MOVIMENTO. (org. Deisy de Freitas Lima Ventura). Porto Alegre : Livraria do Advogado, 1995.
TEMAS DA INTEGRAÇÃO. Rio de Janeiro : Universidade do Rio de Janeiro e Universidade de Coimbra, 1o. vol, 1996.

*

2

« A política externa brasileira e os processos de integração regional »[6]

Miriam Gomes Saraiva

Até a segunda metade da década de 50, a política externa brasileira dava prioridade às relações multilaterais entre os países americanos, nos marcos do panamericanismo, tendo nos Estados Unidos sua principal referência. Este panamericanismo atuava como mecanismo de ordenamento dos países da região em torno de uma identidade que permearia o continente americano como um todo.

Por outro lado, as possibilidades de estabelecer algum tipo de integração ou articulação nos marcos da América Latina ou com os vizinhos imediatos não aparecia como algo importante para a diplomacia brasileira.

No início dos anos 50, durante o segundo governo de Getúlio Vargas, houve uma tentativa de aproximação por parte da Argentina buscando a formação do bloco ABC -Agentina, Brasil e Chile- que foi rechaçado pela Chancelaria brasileira que seguia aferrando-se ao panamericanismo como marco de referência para o comportamento na região.[7]

---

[6] Coordenadora : Prof. Miriam Gomes Saraiva, UERJ/Departamento de História/Pidig.

[7] Mónica Hirst -A política externa do segundo governo Vargas. In: J.A.Guilhon de Albuquerque (org.), *Sessenta anos de política externa brasileira 1930-1990. Crescimento, modernização e política externa.* São Paulo, Cultura Editores Associados/Núcleo de Pesquisa em Relações Internacionais da USP. 1996. p.211-230- comenta sobre a perspectiva brasileira frente ao projeto argentino de integração do período.

Nos últimos anos da década de 50, porém, o Brasil experimentou modificações em seu comportamento em relação a processos de integração regional com a abertura para a criação e participação na Alalc (Associação Latino-Americana de Livre Comércio); no entanto através de um apoio com ressalvas.

Na passagem para os anos 90, a partir das modificações ocorridas na ordem internacional e na conjuntura brasileira interna, a questão da integração com os países vizinhos passou a ocupar um lugar prioritário na política externa brasileira, com destaque para o processo de integração com a Argentina nos marcos do Mercosul. A forma como a diplomacia brasileira passou a abordar o tema assumiu uma perspectiva distinta da percepção existente antes dos anos 80 sobre as vantagens e limitações dos processos de integração regional.

Sem pretender dar conta da complexidade do tema, este artigo busca identificar os traços gerais da evolução da política externa brasileira frente aos processos de integração regional e sub-regional, de caráter econômico, tomando como referência o período que vai até os anos 80 e, em seguida, a inflexão que teve lugar na passagem para os anos 90.[8]

1960-1980
O apoio relativo aos processos de integração regional

Após a Segunda Guerra Mundial, tiveram lugar no cenário internacional uma série de processos de cooperação regional, de cunho econômico ou de defesa, mas limitados por um sistema bipolar que submetia as experiências neste campo à dinâmica Leste/Oeste. No caso específico latino-americano, depois da II Guerra Mundial as relações dos países da região com os Estados Unidos, embora então organizadas em instituições intergovernamentais multilaterais, apresentaram uma diferença de expectativas. Enquanto os norte-americanos buscavam manter a região dentro dos limites do bipolarismo, os países latino-americanos esperavam um avanço, não ocorrido, no campo do desenvolvimento econômico.

No decorrer da década de 50, economistas vinculados à Cepal (Comissão Econômica para a América Latina e Caribe) começaram a pensar em um projeto comum para o desenvolvimento regional. Este projeto se baseava na necessidade de um desenvolvimento industrial interno através do processo de substituição de importações como forma de superar a situação de periferia -o projeto desenvolvimentista. Este precisava, por seu turno, de um mercado interno de consumo que, poderia ser mais significativo com a formação de um

---

[8] Serão considerados processos de integração regional os projetos de caráter econômico que se enquadrem nas definições de Bela Balassa, qual sejam, Area de Livre Comércio, União Aduaneira, Mercado Comum, União Econômica. Sobre esta classificação, ver Vicente Guillermo Arnaud. *Mercosur, Unión Europea, Nafta y los procesos de integración regional*. Buenos Aires, Abeledo-Perrot, 1996.

mercado regional.⁹ A partir de estudos sobre o pensamento cepalino começaram debates acerca das possibilidades de se implementar um processo deste tipo.

Dentro deste novo quadro, mais no final da década, duas novas atuações redefiniram o comportamento brasileiro no sentido de uma abertura maior para os processos de integração regional.

Por um lado, o governo brasileiro lançava a OPA (Operação Pan-Americana), instrumento multilateral que buscava articular o comportamento dos países latino-americanos para conseguir dos Estados Unidos insumos para o desenvolvimento de suas economias. Embora não tenha sido uma experiência propriamente de integração, a OPA foi inovadora ao articular temas como autonomia, multilateralismo e desenvolvimento, e apontou para um alargamento da diplomacia brasileira frente à questão.¹⁰ Por outro, participava de uma discussão, junto com a Argentina, Chile e Uruguai, com vistas a se formar uma área de livre comércio no Cone Sul.

O ano de 1960 inaugurou a primeira fase positiva da política externa brasileira frente aos processo de integração regional com a formação da Alalc; associação que incluia os países da América do Sul e México e apontava para a formação de uma área de livre comércio. Tratava-se de uma experiência resultante dos debates promovidos na parte Sul do continente sobre as proposições da Cepal, mas que não contemplava questões ligadas à industrialização; tinha, ao contrário, um caráter estritamente comercial.

No que diz respeito ao comportamento brasileiro frente à Alalc, durante os governos de Jânio Quadros (bastante breve) e João Goulart a diplomacia brasileira, sob a influência do pensamento cepalino, manifestou seu apoio à integração regional, mas sem traduzir este apoio em uma atuação significativa. A orientação universalista da Política Externa Independente, somada aos problemas internos vividos no período, diluiram a atenção brasileira frente ao tema.

Com o início do governo militar, a política externa brasileira experimentou uma inflexão tanto a nível geral quanto nos temas de integração. O paradigma americanista foi recuperado como referência recolocando uma aproximação com os Estados Unidos e, sem abandonar a Alalc, a diplomacia brasileira passava a classificar a opção integracionista como utópica. Na prática, o Brasil afastou-se dos círculos multilaterais da região e buscou consolidar sua posição de país ocidental, assim como seus laços com os EUA. Andavam par a par a premissa da hegemonia norte-americana e o projeto de desenvolvimento

---

⁹ Cabe lembrar que tratava-se de um projeto orientado para o interior que visava, em última instância, produzir internamente os insumos provenientes dos países industrializados e, com isto, romper os traços de dependência que mantinham os países da região na situação de periferia.

¹⁰ Sobre a OPA, ver Alexandra de Mello e Silva. Desenvolvimento e Multilateralismo: um estudo sobre a Operação Pan-Americana no contexto da política externa de JK. *Contexto Internacional* vol.14 n.2. Rio de Janeiro, IRI-PUC/RJ, jul./dez.1992. p.209-239.

associado, articuladas no conceito de soberania limitada e no ideal panamericanista. Neste quadro, a integração econômica continental era entendida sob a égide da Aliança para o Progresso e da OEA (Organizaão dos Estados Americanos).

No período de 1966 a 1980, embora a posição da diplomacia brasileira frente ao tema tenha se flexibilizado, em momento algum assumiu um comportamento de fato articulado com os processos de integração, dando assim um contorno mais claro ao que seria o apoio com ressalvas aos processos de integração.[11] Embora a nível de discurso o apoio se colocasse, na prática a opção brasileira seguia mais a alternativa de um desenvolvimento autônomo vis a vis os parceiros da região.

A percepção brasileira tinha, em princípio, elementos causais tanto externos quanto internos. Externamente, o projeto integracionista do momento orientava-se para uma integração no âmbito comercial, numa região onde o comério era reduzido. Internamente, o projeto de crescimento econômico, de cunho desenvolvimentista, orientava-se para a industrialização nacional em detrimento de parceiros externos. Em termos políticos, o governo militar não mostrava disposição para partilhar espaços de soberania nacional. Desta forma, o modleo que swe apresentava não apresentava uma congruência efetiva com os interesses domésticos, que, ao contrário, orientavam-se por projetos de crescimento econômico interno e projeção nacional externa[12].

E[13]m termos mais específicos, durante o governo de Costa e Silva, nos marcos de um esforço limitado de reaproximação com países em desenvolvimento, a Chancelaria brasileira defendeu uma integração progressiva que preservasse os interesses das empresas brasileiras e a identidade nacional; junto com tentativas, sem êxito, de utilizar a Alalc como canal para abrir mercados para a exportação de manufaturados.[14]

---

[11] Questões sobre os governos militares e a integração, podem ser vistas em linhas mais gerais nos trabalhos de Williams da Silva Gonçalves e Shiguenoli Miyamoto. Os militares na política externa brasileira: 1964-1984. *Estudos Históricos* vol.6 n.12. Rio de Janeiro, CPDoc/FGV. 1993. p.211-246; de Carlos Estevam Martins. A evolução da política externa brasileira na década 64/74. *Estudos Cebrap* n.12. 1975; e Sérgio Abreu e Lima Florêncio. O modelo brasileiro de industrialização diante das novas realidades da integração no hemisfério, Mercosul e Nafta. In: J.A.Guilhon de Albuquerque (org.), *Sessenta anos de política externa brasileira 1930-1990. Diplomacia para o Desenvolvimento.* São Paulo, Cultura Editores Associados/Núcleo de Pesquisa em Relações Internacionais da USP, 1996. p.79-102.

[12] Interessante ressaltar que, nos marcos de uma industrialização de caráter nacional com reservas de mercado, os agentes econômicos privados que atuavam internamente não tiveram interesse em integrar-se, ao contrário, temiam qualquer competição vinda do exterior. Sobre as reações dos países latino-americanos em geral frente à Alalc, ver Miriam Gomes Saraiva. Dos momentos en la integración latinoamericana: La experiência Alalc y la apertura econômica. In: Héctor Alimonda (org.), *Integración, Políticas y Democracia* - Cuadernos Nueva Sociedad 2. Caracas, Segundo Semestre, 1998. p.161-174.

[13]

[14] O relacionamento interno na Alalc sempre foi marcado pelas diferenças entre o países comercialistas (Brasil, Argentina e México) e os desenvolvimentistas (os demais).

No decorrer dos anos 70 a questão da integração entre países da América Latina seguiu ocupando um papel secundário na política externa brasileira. A própria Alalc entrou em uma etapa de marasmo, enquanto o Brasil, cujo desenvolvimento no momento se encontrava em um nível distinto da maioria de seus vizinhos latino-americanos, seguia com a ênfase nas relações bilaterais com a região. O termo integração foi substituído pelo de cooperação, que incluia também o multilateralismo e o bilateralismo.[15] Em termos mais gerais, mantinha-se o discurso multilateralista nas Nações Unidas, no GATT, na Unctad.[16]

Na primeira metade dos anos 80, no contexto da crise da dívida externa o Brasil deu uma guinada em seu comportamento buscando uma aproximação com os parceiros da região. Neste processo, passou a priorizar as atuações em termos multilaterais de países latino-americanos, assim como seguir sua atuação em experiências de integração agora na Aladi (Associação Latino-Americana de Integração).[17]

Anos 90
Apoio a processos de integração de novo tipo

Na segunda metade da década, coincidindo com a ascensão de um governo civil, as questões vinculadas à integração voltam a se colocar. A coincidência entre os processos de democratização e a crise da dívida externa vividos pelos países latino-americanos contribuíram para uma aproximação entre países da região. Neste período, o Brasil iniciou a experiência de integração com a Argentina, pautada pelas identidades que se forjaram entre ambos no momento.

Em 1985, Brasil e Argentina assinam a Declaração de Iguaçu, que abriu caminho para uma série de tratados e protocolos no campo econômico que culminaram com a formação do Mercosul, em 1991. A Declaração desencadeou um processo de integração entre dois países que, historicamente, haviam mantido relações difíceis, entremeadas por períodos maiores de rivalidade e algumas tentativas -sem êxito- de aproximação.

Mas apesar se tratar-se de uma integração basicamente econômica, neste período foi conduzida principalmente pela vontade política de seus presidentes. Os problemas econômicos internos vividos por ambos, resultantes da crise da

---

[15] Ver Amado Cervo. Multilateralismo e integración: evolución del pensamiento diplomático brasileño. *Ciclos*, Año VIII, n.14-15. Buenos Aires, Instituto de Investigaciones en Historia Económica y Social/Universidad de Buenos Aires, 1er. semestre/1998. p.205-226.

[16] Em 1978 o Brasil havia assinado o Tratado de Cooperação Multilateral na Amazônia como primeiro passo para um processo de integração sub-regional.

[17] Em 1980, sem muito alarde e sem um impacto inicial sobre a política externa brasileira, a Alalc é substituída pela Aladi.

dívida e dos planos de estabilização heterodoxos postos em prática no período, limitavam os resultados práticos de uma integração.[18]

Por fim, na passagem para os anos 90, apresentaram-se novos fatores tanto externos quanto internos que favoreceram uma inflexão significativa na posição brasileira frente ao tema.

Externamente, a dinâmica das experiências de integração regional na América Latina, ganhou um novo impulso, dentro de um cenário internacional de superação definitiva da ordem bipolar e estruturação de uma nova ordem. Esta ordem apontava, no campo político, para a necessidade das sociedades partilharem as normas identificadas com o pluralismo democrático como forma legítma de organização. No campo econômico, o paradigma neoliberal passou a ser referência da economia internacional e da reformulação e execução de políticas de ajustes e mudanças estruturais no interior dos Estados. Os estímulos e pressões para abertura econômica, menor intervenção governamental na economia, desregulamentação e equilíbrio fiscal passaram a ser frequentes.

A idéia de economia de mercado veio acompanhada de uma internacionalização crescente dos circuitos produtivos e da transnacionalização do movimento de capitais e investimentos, o que acirrou a competição entre os Estados para atrair investimentos. Com isto, os Estados passaram a buscar, com mais vigor, corresponder às expectivitas externas; o que limitou o grau de autonomia na gestão das políticas econômicas nacionais.[19]

Em termos regionais, os países latino-americanos viviam os problemas decorrentes da crise da dívida externa e dificuldades de inserção na economia internacional. Também experimentavam pontos de convergência pelos processos de consolidação democrática e pelos projetos de ajuste econômico comprometidos com a abertura das economias nacionais. Em termos externos, viviam uma diminuição em seu poder de negociação, assim como sua participação na economia internacional.[20]

Neste espectro, estruturou-se um modelo de integração distinto do anterior, complementar ao novo projeto de desenvolvimento econômico, que foi visto pelos países latino-americanos como uma forma de aumentar a capacidade de competir por insumos externos no campo econômico, assim como enfrentar desafios e pressões internos e externos ressurtantes da economia globalizada. A incerteza da nova ordem levou-os a buscar mecanismos alternativos de

---

[18] Sobre a evolução do processo de integração Brasil-Argentina, ver Sonia de Camargo. *A integração do Cone Sul*. Rio de Janeiro, IRI-PUC/RJ, 1993. (Textos IRI n.13)

[19] Sobre a questão da transnacionalização da economia e os processos de integração, ver Stefan A. Schirm. Globalização transnacional e Cooperação regional na Europa e na América Latina. *Contexto Internacional* vol.18 n.2. Rio de Janeiro, IRI-PUC/RJ, jul./dez. 1996. p.257-290.

[20] Sobre os processos de integração e os países da América Latina, ver Miriam Gomes Saraiva, Dos momentos en la integración latinoamericana: La experiência Alalc y la apertura econômica. In: Héctor Alimonda (org.), *Integración, Políticas y Democracia* - Cuadernos Nueva Sociedad 2. Caracas, Segundo Semestre 1998. p.161-174.

inserção externa em termos econômicos e políticos.[21] Em termos políticos, poderiam garantir a manutenção do pluralismo democrático. O esgotamento dos mecanismos no interior da Aladi e a superação de políticas externas de cunho autonomistas, abriram espaço para os esquemas sub-regionais.

Internamente, o esgotamento do modelo de crescimento econômico baseado na dinâmica da substituição de importações já vinha sendo sentido desde os anos 80 e, politicamente, o Brasil entrava nos anos 90 com um embate entre o pensamento liberal e outro mais nacionalista sobre os rumos da estratégia de desenvolvimento a seguir. No que diz respeito às linhas gerais da política externa, a globalização da economia internacional e a superação definitiva das premissas vinculadas ao nacional-desenvolvimentismo que pautavam as ações da diplomacia brasileira trouxe certos constrangimentos ao projeto nacional de comportamento externo; rompeu o consenso que existia internamente sobre o projeto de política externa e condicionou o próprio comportamento externo do país.

Neste quadro, a política externa brasileira passou a considerar os arranjos de integração como instrumento prioritário de sua ação externa, com especial destaque para o Mercosul. Para o Brasil, tornou-se importante trabalhar a partir de um esquema de integração, que lhe permitisse consolidar a posição de negociação com terceiros Estados e reforçar seu papel no contexto latino-americano. No que diz respeito aos temas mais políticos da ordem internacional, a conformação de um arranjo deste tipo poderia favorecer sua projeção externa.[22] Em relação à economia interna, situou-se como um mecanismo de acesso a mercados externos e elemento capaz de impulsionar transformações capazes de dar maior eficiência ao parque produtivo.

Este comportamento não foi seguido de forma linear. Foi durante o governo de Collor de Mello que esta mudança de percepção (que já vinha se gestando durante o governo de José Sarney) se apresentou de forma mais clara. Em 1990 foi assinada a Ata de Buenos Aires que acelerava o processo de integração e em 1991 o Tratado de Assunção incorporando Uruguai e Paraguai ao processo; este previa a formação de um Mercado Comum para final de 1994 através da eliminação de barreiras e da formação de uma tarifa externa comum (o que corresponderia na prática a una união aduaneira). Mas teve seu prazo de consolidação prorrogado em função das dificuldades em implementar o previsto no prazo definido.

A coincidência na aplicação de políticas econômicas de corte mais liberal pelos governos de Collor e Menem -embora com menos êxito no caso brasileiro- contribuiram para a adoção de um modelo de integração de novo

---

[21] Ver Gladys Lechini de Alvarez e María Alejandra Saccone. El Mercosur. Una perspectiva desde Argentina. In: Conselho Brasileiro de Relações Internacionais (CBRI) (org.), *Mercosul: desafios para vencer*. São Paulo, CBRI, 1994. p.37-54.

[22] Sobre o Mercosul e a política externa brasileira até o início do governo Cardoso, ver Miriam Gomes Saraiva. El Mercosur como una prioridad de la política exterior brasileña. *América Latina Hoy*, Segunda Epoca n.14. Madrid, Sepla, Oct./1996. p. 55-59.

tipo com abertura para o exterior. E como elemento importante, este modelo despertou o interesse e participação de setores empresariais no processo.

A ascensão de Itamar Franco trouxe consigo uma percepção um pouco diferente sobre o tema.[23] Partindo de uma visão mais nacionalista, apontava para um projeto de integração de caráter mais introspectivo, dando mais importância à formação de uma área de livre comércio na América do Sul (Alcsa).[24] Mas na prática, a integração nos marcos do Mercosul foi impondo-se. Apesar de suas limitações, o Mercosul assumiu um papel importante na política externa brasileira, passando a ocupar um lugar importante na agenda política governamental. No campo comercial, a integração avançou, assim como passou a ser um mecanismo importante de atuação em relação a parceiros externos.

Durante o governo de Fernando Henrique Cardoso, o Mercosul como experiência de integração, seguiu sendo uma das prioridades da política externa brasileira tanto pelo que significou em termos do desenvolvimento nacional e da inserção brasileira na economia internacional, quanto por seu papel como instrumento de legitimação, fortalecimento e canal de atuação externa do Brasil no contexto regional e frente a parceiros extra-regionais.

A percepção dos processos de integração, porém, não chegou a ultrapassar os limites do que uma perspectiva realista entenderia por soberania nacional. A diplomacia brasileira buscou sempre evitar que o arranjo de integração viesse a significar uma partilha de soberania no que diz respeito ao comportamento brasileiro com outros parceiros externos ou em relação às grandes decisões econômicas internas.

A ascensão de Cardoso coincidiu e com a abertura da nova fase no processo de integração, que foi facilitado pelo sucesso do Plano Real que, por sua vez, diminuiu as divergências no campo macroeconômico com destaque para o setor cambial. No âmbito interno ao grupo, a defesa da democracia assumiu um papel importante na crise vivida pelo governo paraguaio em 1996.

Em termos externos, para o Brasil, o Mercosul seguiu contribuindo em relação ao comércio e enquanto pólo de atração de investimentos privados externos. Em termos políticos, persistiu a idéia de que este poderia funcionar como um elemento de reforço da capacidade brasileira de negociação proporcionando-lhe maior peso na arena internacional.

---

[23] Sobre as políticas externas de Collor de Mello e Itamar Franco, ver Mónica Hirst e Letícia Pinheiro. A política externa do Brasil em dois tempos. *Revista Brasileira de Política Internacional* Ano 38 n.1. Brasília, 1995. p.5-23.

[24] Ver Amado Cervo, Multilateralismo e integración: evolución del pensamiento diplomático brasileño. *Ciclos*, Año VIII, n.14-15. Buenos Aires, Instituto de Investigaciones en Historia Económica y Social/Universidad de Buenos Aires, 1er. semestre/1998. p.205-226.

A guisa de conclusão

Na prática, a percepção da política externa brasileira sobre os processos de integração - onde o Mercosul ocupa o papel principal- experimentou uma modificação na passagem para os anos 90 e, progressivamente, foi apontando para uma convergência maior de ações entre setores distintos da Chancelaria brasileira e das lideranças políticas do país, assim como dos agentes econômicos nacionais. Embora alternando fases de avanços significativos com etapas de passos lentos, e evoluindo de forma pragmática, é atualmente um exemplo de atuação onde existe mais definição em seus objetivos. Significou para a diplomacia brasileira a adoção de um modelo de comportamento num setor específico das relações exteriores do Brasil em um momento onde o paradigma mais geral estava em crise. O Mercosul vem atuando como um mecanismo de utilização da regionalização como instrumento para tratar com a dinâmica da globalização.

O que se coloca atualmente, e que ainda não existe um consenso no interior das elites políticas e econômicas brasileiras sobre o tema, é a proposta norte-americana de se formar uma Area de Livre Comércio das Américas (Alca). De qualquer forma, é importante ressaltar que trata-se de um modelo de integração de caráter mais comercial, diferente do Mercosul e não necessariamente incompatível com este. E sendo um modelo distinto, e que inclui os Estados Unidos, não pode ocupar na política externa brasileira o mesmo papel que vem sendo dedicado às experiências de integração entre países latino-americanos.

*

3

Intervenções nas reuniões da Linha 1 das Pesquisas do PIDIG
"**Regulação jurídica da integração econômica no contexto da globalização**"

Compatibilidade entre o Mercosul e a Ordem Jurídica Brasileira

José Gabriel Assis de Almeida[25]

A Constituição da República Federativa do Brasil é cronologicamente anterior ao Mercosul e que não contém regras explicitas a respeito deste.

Assim, o ponto a examinar é se a Constituição da República contem dispositivos que, na prática, impeçam a realização do Mercosul, nomeadamente dispositivos de natureza discriminatória.

Analisando a evolução temporal da Constituição, constata-se que há uma nítida modificação da postura constitucional, a partir de 1995, levando quase a se dizer que na verdade, existem duas Constituições, a de 1988 e a que incorporou as disposições posteriores a 1995.

A Constituição de 1988 era resolutamente contrária à realização do Mercosul. Com efeito, essa Constituição era ferrenha defensora das empresas nacionais. O nacionalismo constitucional manifestava em vários artigos tais como o arts. 171, §§ 1 e 2, que estabelecia a diferença entre a empresa brasileira e a empresa brasileira de capital nacional dando preferência a estas sobre as demais. Ou o art. 178 que reservava aos brasileiros a propriedade, a armação e o comando das embarcações reservando às embarcações brasileiras o monopólio da navegação de cabotagem e interior.

Estas regras eram contrárias ao Mercosul, uma vez que as empresas dos demais Estados Partes não estariam em igualdade com as empresas brasileiras. Ora, a integração econômica tem como pressuposto essencial a absoluta igualdade de tratamento entre os agentes econômicos.

A Constituição de 1995 suprimiu praticamente todas estas restrições. O acesso dos estrangeiros à atividade econômica é livre, com uma exceção. Trata-se do art. 222 que reserva a brasileiros natos ou naturalizados há mais de 10 anos a propriedade, a administração e a responsabilidade intelectual das

---

[25] Doutor em Direito pela Universidade de Paris II, Professor da Escola de Ciências Jurídicas da UNI-RIO e da Universidade Candido Mendes - Ipanema, Coordenador da Pesquisa "Institucionalização Jurídica do Mercosul" do PIDIG.

empresas jornalísticas e de radiodifusão sonora e de sons e imagens. Mesmo assim, assinale-se que já está em tramitação proposta de emenda constitucional permitindo a participação do capital estrangeiro.

Cabe observar que a Constituição de 1995 em certos dispositivos - arts. 192, inciso III e 199, § 3° - afirma que a lei disporá sobre o tratamento a ser dado à participação estrangeira. No entanto, até à data, essa participação estrangeira tem sido permitida (ex. Lei sobre Assistência à Saúde).

Finalmente, é ainda de mencionar que há certas atividades que a Constituição reserva ao Estado (ex. art. 21, X, serviço postal e art. 21, XXIII, exploração de atividades nucleares). Esta restrição não é contrária ao Mercosul, pois aplica-se indiscriminadamente, tanto às empresas nacionais quanto às empresas dos demais Estados Partes. Não há assim um tratamento privilegiado para a empresa nacional, em detrimento da empresa estrangeira.

Em conclusão, atualmente a Constituição permite a realização do Mercosul, na medida em que não há um tratamento diferenciado entre nacionais e estrangeiros.

No entanto, é também de observar que a Constituição não estabelece um regime diferenciado entre os estrangeiros e os investimentos vindos do Mercosul e os vindos dos Estados Terceiros. O investimento vindo do Japão terá o mesmo tratamento do investimento vindo do Uruguai. Nesse sentido, é de lamentar que as reformas constitucionais de 1995 não tenham introduzido uma diferenciação entre os dois tipos de investimento.

Quanto à compatibilidade entre o Mercosul e a legislação infra-constitucional brasileira, saliente-se que as normas infra-constitucionais contêm inúmeros casos onde o estrangeiro é discriminado, com relação ao brasileiro. Nesse sentido, por exemplo, os arts. 2° e 3° da Lei 8.666/93, o art. 7° do Código de Mineração (com a redação dada pela Lei 8.901/94) e a Lei 6.019/74. Nestes dispositivos se estabelece uma preferência em favor de sociedades cujo capital social seja de propriedade de brasileiros.

O ponto agora em exame é o da legalidade das eventuais discriminações contidas na legislação infra-constitucional face ao Mercosul. Em diversos pareceres esta questão foi abordada, ainda que indiretamente (cf. Parecer da Procuradoria Geral da Fazenda Nacional nr. 1615/96, publicado no DOU de 10/10/96, Parecer da Procuradoria do Departamento Nacional de Produção Mineral PROGE nr. 30/95 publicado no DOU de 12/02/96, Parecer da Consultoria Jurídica do Ministério do Trabalho nr. 342/97, publicado no DOU de 30/06/97).

A solução parece ser a que as condições discriminatórias contidas na legislação infra-constitucional são inconstitucionais. Isto porque a Constituição da República suprimiu o tratamento favorável à empresa de capital nacional ou discriminatório em desfavor da empresa de capital estrangeiro. Esta supressão resulta, em especial, da revogação do art. 171 da Constituição da República. Ora, as normas constitucionais neste particular são auto aplicáveis. Assim, a legislação infra-constitucional não pode estabelecer distinções onde a Constituição não distingue.

No entanto, dois aspectos são de ressalvar.

O primeiro é que a legislação infra-constitucional não pode discriminar em detrimento da empresa brasileira de capital estrangeiro, ou seja, da empresa que foi constituída de acordo com as normas brasileiras e tem a sede da sua administração no Brasil (requisitos do art. 60 do Decreto-Lei 2.627/40) e cujo capital social seja de propriedade de estrangeiros.

Mas a legislação infra-constitucional pode discriminar em detrimento da empresa estrangeira, assim entendida aquela que não foi constituída de acordo com a lei brasileira e cuja sede da administração encontra-se fora do Brasil.

Com efeito, a Constituição da República unicamente proíbe, no art. 5, caput, o tratamento inegualitário entre os nacionais e os estrangeiros residentes no país.

Deste modo, a Constituição admite a restrição com relação às empresas estrangeiras. Assim, indiretamente, a Constituição admite a restrição a empresas que estejam constituídas em outros Estados Partes do Mercosul e ali tenham a sede de sua administração.

O segundo aspecto é que a igualdade constitucionalmente assegurada nada tem a ver com o Mercosul. Ou seja, as empresas do Mercosul não têm um tratamento específico, estando abrangidas no regime geral, juntamente com as empresas dos Estados que não participam no Mercosul. Conclui-se, portanto, que o Mercosul ainda não chegou à legislação infra-constitucional.

*

Aplicação das normas oriundas do Mercosul no Brasil

Márcio Monteiro Reis[26]

1. Disciplina constitucional dos tratados no Brasil

No Brasil a disciplina constitucional a respeito das normas internacionais é bastante escassa. Limita-se a prever que os tratados serão celebrados pelo Presidente da República (art. 84, VIII, CF), o qual deve submetê-lo à aprovação do Congresso Nacional (art. 49, I, CF). Uma vez vigente internamente, é quase uníssona a afirmação doutrinária e jurisprudencial de que o tratado equipara-se

---

[26] Mestrando em Direito Público na Universidade do Estado do Rio de Janeiro – UERJ. Pesquisa : " Direito Comunitário e Justiça Comunitária do MERCOSUR " – Coordenadora : Prof. Nádia de Araujo.

à lei federal[27], sendo comum a referência às normas dos artigos 102, III, «b» e 105, III, «a» da Constituição, como argumento em favor desta equiparação.

Os tratados não fazem parte do processo legislativo previsto no artigo 59 da Constituição brasileira, não havendo nenhuma regra constitucional que discipline sua votação, procedimentos de revisão, emenda, denúncia ou forma pela qual entra em vigor. Aos tratados foi conferido caráter complementar aos direitos e garantias elencados pelo texto constitucional (art. 5°, §2°, CF) e as causas nele fundadas devem ser submetidas à competência da Justiça Federal (art. 109, III e V, CF).

Uma vez celebrado e aprovado pelo Congresso, o tratado ainda deve ser ratificado pelo Chefe de Estado[28] e, enfim, promulgado mediante decreto presidencial[29]. A ratificação é uma exigência do direito internacional. Através deste ato, a autoridade com poderes para celebrar o tratado afirma que este já passou pelos procedimentos internos necessários e a vontade estatal de aderir àquele acordo já se aperfeiçoou. Realiza-se através de troca ou depósito dos chamados instrumentos de ratificação[30]. É a partir deste momento que pode iniciar-se a vigência internacional de um tratado. Em certos casos, envolvendo tratados multilaterais, é comum estabelece-se que sua vigência só terá início depois que um certo número de Estados houverem procedido à ratificação.

A promulgação é o passo seguinte. Refere-se à vigência interna dos tratados e consiste normalmente na sua publicação oficial. No Brasil é realizada através de decreto do Poder Executivo. A exigência de promulgação para introduzir o texto de um tratado no ordenamento jurídico interno não está expressa na Constituição brasileira. Nenhuma norma regula este ato. Trata-se de um costume que remonta à data do Império[31]. Apesar de nunca ter sido expressa em nenhuma das cartas constitucionais a necessidade do decreto de promulga-

---

[27] REZEK. *Direito Internacional Público - Curso elementar*. São Paulo: Saraiva, 1989, pp. 105 e 106; DOLINGER. «As soluções da Suprema Corte brasileira para os conflitos entre o direito interno e o direito internacional: um exercício de ecletismo», *Revista Forense*. Rio de Janeiro, vol. 334, pp. 79 a 99; CAPUTO BASTOS. «O processo de integração do MERCOSUL e a questão da hierarquia constitucional dos tratados». *In: Estudos da Integração*, vol. 12. Brasília: Senado Federal, 1997, p. 12.

[28] «A ratificação é a manifestação, também de cunho discricionário, do Poder Executivo, no sentido de que o propósito de pactuar o tratado continua firme, atendendo aos interesses superiores do Estado. Tal propósito confirmado e reiterado é transmitido às contra-partes estrangeiras, através do depósito do instrumento de ratificação, no intuito de formalizar, perante elas, o início da exigibilidade do pactuado, imediatamente ou após o decurso de prazo determinado pelas partes.»(NADIA DE ARAUJO. «A internalização dos tratados e os direitos humanos». *mimeo com o autor*, p. 18.); «(...) o ato internacional celebrado, i.e., negociado pelo executivo, requer, para sua validade, o referendo do Congresso, autorizando-se assim, sua ratificação.»(CARLOS BRONZATTO. «Os efeitos do artigo 98 do Código Tributário Nacional e o processo de integração do MERCOSUL». *In: Estudos da Integração*, v.6. Brasília: Senado Federal, 1996, p. 16).

[29] CACHAPUZ DE MEDEIROS. *O Poder de Celebrar Tratados*. Porto Alegre: Sergio Antonio Fabris editor, 1995, pp. 468 a 470 e NADIA DE ARAUJO. «A intern. dos trat. e os dir. hum.». *op. cit.*, p. 18.

[30] CACHAPUZ. *O Pod. de Cel. Trat.*, *op. cit.*, p. 469.

[31] NADIA DE ARAUJO. «A intern. dos trat. e os dir. hum.». *op. cit.*, p. 22.

ção, este sempre foi considerado requisito para o início da vigência interna das normas internacionais[32].

Muito se tem discutido sobre o fundamento legal da necessidade de promulgação dos tratados. Há quem defenda que o decreto de promulgação cumpre a exigência de publicação, necessária para que qualquer norma seja válida no território nacional[33], contida no artigo 1º da Lei de Introdução ao Código Civil[34]. Com relação aos tratados, esta norma, de cunho sobrelegal, estaria regulada pelo Decreto nº 96.671/88, o qual em seus artigos 1º, II; 2º, I e 3º, II determina sua integral publicação no Diário Oficial da União[35].

No entanto, não parece suficiente apenas este fundamento legal para a existência do decreto de promulgação. O que há neste caso é um raro exemplo, no ordenamento brasileiro, de costume constitucional, o qual remonta à época em que os brasileiros viviam sob um governo imperial. Apesar de não ser comum no direito brasileiro — dotado de uma Constituição formal —, é com ele perfeitamente compatível o surgimento de costumes constitucionais, os quais completam o ordenamento constitucional vigente naquilo em que for omisso[36].

A celebração dos tratados e o momento em que inicia sua vigência internacional e interna são, sem dúvida, assuntos materialmente constitucionais e que na Constituição brasileira não encontram tratamento adequado, abrindo espaço para o aparecimento de costumes que se encarreguem de esclarecer as lacunas

---

[32] «No Brasil se promulgam por decreto do Presidente da República, todos os tratados que tenham feito objeto de aprovação congressional. (...) o decreto de promulgação não constitui reclamo constitucional: ele é produto de uma praxe tão antiga quanto à independência e os primeiros exercícios convencionais do Império.» (REZEK. *Dir. Intern. Públ., op. cit.*, p. 84).

[33] Esta é, *e.g.*, a posição do Prof. José Gabriel ASSIS DE ALMEIDA, expressada em seu «A legislação aplicável ao transporte aéreo internacional». *In: Revista brasileira de Direito Aeroespacial* nº 75, Rio de Janeiro, pp. 33 a 39, nov./1998, especialmente às pp. 34 a 38. A mesma opinião é expressada em NADIA DE ARAUJO. «A intern. dos trat. e os dir. hum.». *op. cit.*, p. 23.

[34] «artigo 1º Salvo disposição em contrário, a lei começa a vigorar em todo o país 45 dias depois de oficialmente publicada.»

[35] **«Decreto nº 96.671/88**
art. 1º Incumbe ao Poder Executivo, através do Departamento de Imprensa Nacional do Ministério da Justiça, a publicação: (...)
II – dos tratados, convenções e outros atos internacionais aprovados pelo Congresso Nacional.
art. 2º O Departamento de Imprensa Nacional do Ministério da Justiça exerce as suas funções de publicar atos e documentos oficiais por meio dos seguintes órgãos:
I – Diário Oficial (...)
art. 3º São obrigatoriamente publicados, na íntegra, no Diário Oficial: (...)
II – os tratados, convenções e outros atos internacionais aprovados pelo Congresso Nacional e os respectivos decretos de promulgação.»

[36] «A existência de Constituição formal não determina a sua exclusividade; determina (parafraseando HELLER) a primazia da normatividade constitucional. O que a Constituição formal implica não é a proibição de normas constitucionais criadas por outra via que não a legal; é que tais normas se lhe refiram, nela entronquem e formem com ela, e sob sua égide, uma incindível contextura sistemática.» (JORGE MIRANDA. *Manual de Direito Constitucional*, 5.ed. Coimbra: Coimbra editora, 1996. t. II, p. 119)

deixadas[37]. Como todas as constituições brasileiras têm revelado tratamento insuficiente da questão, este costume, tão antigo, vem subsistindo e completando-as[38]. Ora, dizer que há costume constitucional regulando a matéria é o mesmo que afirmar a incidência de norma constitucional[39]. Sendo assim, as normas da Lei de Introdução ao Código Civil ou do Decreto nº 96.671/88 só podem ser compreendidas como conseqüência da norma constitucional examinada, a qual lhes é superior e na qual buscam seu fundamento.

Como se vê não é simples o tratamento desta questão e, por isso mesmo o comportamento dos tribunais tem estado sujeito a muitas oscilações. No entanto, tais oscilações têm se referido mais aos fundamentos e classificações adotados e menos quanto aos seus efeitos práticos como se constatará a seguir.

2. Evolução da jurisprudência brasileira

Nas décadas de 40 e 50 predominou, no Supremo Tribunal Federal, uma orientação monista com primado do direito internacional[40]. Contudo os acórdãos proferidos nesta época referiam-se a tratados bilaterais, celebrados em matéria tributária, tendo o Supremo reconhecido neles uma **natureza contratual**, como noticia Jacob DOLINGER em trabalho dedicado ao tema[41].

Depois de muita discussão sobre o assunto, o Supremo Tribunal Federal proferiu, em junho de 1977, acórdão que se notabilizou e tornou-se referência

---

[37] «(...) não pode banir-se o costume do Direito constitucional, não pode recusar-se-lhe qualquer virtualidade de acção. O seu lugar haverá de ser o que resultar da sua capacidade para conformar situações da vida — neste caso, situações de vida política, situações constitucionalmente significativas»(JORGE MIRANDA. *Man. Dir. Const.*, *op. cit.*, p. 118).

[38] «Algumas vezes trata-se de práticas cronologicamente anteriores à lei constitucional (...)» (JORGE MIRANDA. *Man. Dir. Const.*, *op. cit.*, p. 119).

[39] «As normas criadas por costume constitucional tornam-se normas formalmente constitucionais pela sua específica referência às normas da Constituição formal. Há um só ordenamento constitucional, centrado na Constituição formal; não dois sistemas constitucionais, um de origem legal, outro de origem consuetudinária.

Elas possuem, por conseguinte, **valor supralegislativo** e só podem ser substituídas ou por lei constitucional ou por outro costume constitucional. Como é próprio das normas formalmente constitucionais, vêm a ser susceptíveis de garantia através dos mecanismos de fiscalização que estejam previstos; a sua violação implica inconstitucionalidade; se houver leis ordinárias anteriores de sentido discrepante, elas ficarão revogadas ou tidas por inconstitucionais supervenientemente (consoante se entender)» (JORGE MIRANDA. *Man. Dir. Const.*, *op. cit.*, p. 123 – grifo nosso).

[40] DOLINGER. *Direito Internacional Privado (Parte Geral)*. 5ª ed. Rio de Janeiro: Renovar, 1997, p. 87; BARROSO. *Interpretação e Aplicação da Constituição*. São Paulo: Saraiva, 1996, p. 18 e CARLOS BRONZATTO. «Os efeitos do art. 98 do CTN...», *op. cit.*, p. 62. Ver também resumo da decisão proferida pelo Supremo Tribunal Federal na Ap. Cível nº 9.587 (publicada no DJ de 18.10.51), representativa dessa linha de jurisprudência, em Cadernos de Direito Internacional Privado (Resumos de Jurisprudência de DIPr no STF e STJ, vol. 1), PUC-Rio, ano II, nº 2, 1996, p 13.

[41] «(...) No Brasil, os casos da década de 40 afirmaram o primado dos tratados bilaterais em matéria tributária sobre a lei interna posterior, em razão dos tratados com o Uruguai, os Estados Unidos e a Inglaterra.» (DOLINGER. «As soluções da Suprema Corte brasileira...», *op. cit.*, p. 99.)

da posição da Corte Suprema brasileira sobre o assunto. Trata-se do julgamento do RE nº 80.004[42], cuja ementa, interpretada pela doutrina majoritária, reconheceu no Brasil o que se convencionou chamar de **monismo moderado**, ao assentar o entendimento de que entre a lei e o tratado prevalece o mais recente, adotando-se a regra *later in time* e seguindo a tradicional jurisprudência da Suprema Corte norteamericana.

O resultado deste julgamento gerou acaloradas discussões, que duram até os presentes dias[43]. Para se ter uma idéia dos debates que lhe precederam basta dizer que o Supremo começou a apreciar o caso em 1975, tendo havido seis pedidos de vista, o que arrastou a decisão final para o ano de 1977. Há oito votos compondo o referido acórdão, cada um com características próprias, dando a impressão de haver várias decisões de cunho diferente contidas numa só[44].

Foi designado para redigir o acórdão o Ministro Cunha Peixoto, cujo voto contém a seguinte afirmação, a qual pode ser tomada como o núcleo central do que significou este julgamento, justificando sua transcrição :

> «*A lei, provinda do Congresso, só pode ter sua vigência interrompida, se ferir dispositivo da Constituição, e nesta não há nenhum artigo que declare irrevogável uma lei positiva brasileira pelo fato de ter sua origem em um Tratado. Do contrário, teríamos, então — e isto sim, seria inconstitucional — uma lei que só poderia ser revogada pelo Chefe do Poder Executivo, através da denúncia do Tratado. Portanto, ou o Tratado não se transforma, pela simples ratificação, em lei ordinária, no Brasil, ou, então, poderá ser revogado ou modificado pelo Congresso, como qualquer outra lei.*»[45]

Com estas palavras o Ministro Relator Cunha Peixoto, deixou bem clara a equiparação hierárquica dos tratados, no ordenamento jurídico brasileiro, às leis ordinárias, estabelecendo que estes revogam a legislação anterior com eles conflitante mas, por outro lado, podem ser revogados pela lei posterior. Em um conflito entre o texto legal e o texto de um acordo internacional, vale o mais recente.

---

[42] RTJ (83/809-848). Na ementa deste julgamento, encontra-se a seguinte afirmação: «Embora a Convenção de Genebra que previu uma lei uniforme sobre letras de câmbio e notas promissórias tenha aplicabilidade no direito brasileiro, não se sobrepõe ela às leis do País, disso decorrendo a constitucionalidade do DL nº 427/69, que instituiu o registro obrigatório da Nota Promissória em repartição fazendária». Sobre esta decisão do Supremo Tribunal Federal, ver o artigo do Prof. Jacob Dolinger, «As soluções da Suprema Corte brasileira para os conflitos entre o direito interno e o direito internacional: um exercício de ecletismo», publicado às pp. 71 a 107 do vol. 334 da Revista Forense.

[43] Contestando severamente a decisão do Supremo: PAULO BORBA CASELLA. *MERCOSUL - exigências e perspectivas*. São Paulo: LTr, 1996, pp. 207 a 227.

[44] Para um bom resumo de cada um dos votos que a compõem, consultar os Cadernos de Direito Internacional Privado vol. 1, PUC-Rio, *op. cit.* , pp. 15 a 21 e DOLINGER. *Dir. Intern. Priv., op. cit.*, p. 96 a 99.

[45] RTJ (83/809). RE nº 80.004.

Mais recentemente, alguns acórdãos do Supremo, baseados nos precedentes da ADIN nº 1.480-3[46] — cujo relator foi o Ministro Celso de Mello — e da decisão tomada pelo mesmo juiz ao ocupar a presidência do tribunal, nos autos da Carta Rogatória nº 8.279[47], proveniente da República Argentina, vem apontando para uma nova direção na jurisprudência daquele tribunal. É reafirmada categoricamente a necessidade de promulgação do tratado através de decreto do Presidente da República para que tenha início a sua vigência interna[48] e, aduzida uma novidade a respeito do tema, com a classificação do sistema constitucional brasileiro como **dualista moderado**, já que, apesar de não exigir a edição de lei para o efeito de incorporação do ato internacional ao direito interno (visão dualista extremada), exige a adoção de um *iter* procedimental, que compreende a aprovação congressional e a promulgação executiva do texto convencional[49].

3. MERCOSUL e as normas de direito interno

Deve-se reconhecer de início que, ao contrário do que se observa na União Européia, o MERCOSUL não adotou uma estrutura composta por órgão dotados de poderes supranacionais, nem mecanismos de decisão que permitam uma in-

---

[46] Não há notícia da publicação deste acórdão em nenhum repositório oficial de jurisprudência. Contudo, já houve uma publicação parcial no Informativo nº 135 do Supremo Tribunal Federal. A seleção realizada, no entanto, não contemplou todos os trechos a que nos referiremos. A decisão do Relator, que recebeu a inicial está publicada em: RDA 205/247.

[47] Este julgamento foi posterior ao da ADIN 1480 e ainda não foi publicado na íntegra. Seu texto pode ser encontrado nos Informativos nºs 109 e 115 do Supremo Tribunal Federal. Para uma análise detalhada dessa decisão recomendamos a leitura do capítulo denominado «A posição da jurisprudência brasileira» em: NADIA DE ARAUJO. «A intern. dos trat. e os dir. hum.». *op. cit.*, especialmente na parte contida às pp. 35 a 40.

[48] «O exame da vigente Constituição Federal permite constatar que **a execução dos tratados internacionais e a sua incorporação à ordem jurídica interna decorrem**, no sistema adotado pelo Brasil, de um ato subjetivamente complexo, resultante da **conjugação** de duas vontades homogêneas: **a do Congresso Nacional**, que resolve, definitivamente, **mediante decreto legislativo**, sobre tratados, acordos ou atos internacionais (CF, art. 49, I) **e a do Presidente da República**, que, **além** de poder celebrar esses atos de direito internacional (CF, art. 84, VIII), **também** dispõe - **enquanto Chefe de Estado que é** - da competência para promulgá-los **mediante decreto**.

O iter procedimental de incorporação dos tratados internacionais - **superadas** as fases prévias da **celebração** da convenção internacional, de sua **aprovação** congressional e da **ratificação** pelo Chefe de Estado - **conclui-se** com a expedição, pelo Presidente da República, de **decreto**, de cuja edição derivam **três efeitos** básicos que lhe são inerentes: **(a)** a **promulgação** do tratado internacional; **(b)** a **publicação** oficial de seu texto; e **(c)** a **executoriedade** do ato internacional, que passa, então, **e somente então**, a vincular e a obrigar no plano do direito positivo interno. **Precedentes.**» (ADIN 1.480, Info 135/STF)

[49] «Sob tal perspectiva, o sistema constitucional brasileiro - que **não** exige a edição de lei para efeito de incorporação do ato internacional ao direito interno (**visão dualista extremada**) - satisfaz-se, para efeito de executoriedade doméstica dos tratados internacionais, com a adoção de iter procedimental que **compreende** a aprovação congressional e a promulgação executiva do texto convencional (**visão dualista moderada**)» (CR nº 8.279, Info 109/STF)

corporação diferenciada de suas normas nos ordenamentos nacionais[50]. A redação do artigo 38 do Protocolo de Ouro Preto deixa clara a necessidade de atos internos para a validade das normas produzidas pelos órgãos do MERCOSUL, ao dispor expressamente que :

> Os Estados-Partes comprometem-se a adotar todas as medidas necessárias para assegurar, em seus respectivos territórios, o cumprimento das normas emanadas dos órgãos do MERCOSUL, previstos no artigo 2 deste Protocolo.

Partindo dessa premissa, podemos passar ao exame de dois casos de aplicação de normas oriundas do MERCOSUL, já julgadas pelo Supremo Tribunal Federal. O primeiro envolveu a aplicação do Protocolo de Las Leñas, promulgado no Brasil pelo decreto n° 2.067/96, cujo artigo 19[51] permite a tramitação de pedidos de reconhecimento e execução de sentenças estrangeiras por via de carta rogatória.

Ao apreciar pedido fundamentado neste dispositivo, o Supremo Tribunal Federal entendeu, no julgamento do Agravo Regimental em Carta Rogatória n° 7.613-4[52], que o referido protocolo afastou a aplicação das normas internas quanto às sentenças provenientes de Estados integrantes do MERCOSUL. Nesses casos, a homologação será concedida através da tramitação de simples carta rogatória, encaminhada pelo próprio juízo de origem, cujo *exequatur* poderá ser deferido pelo STF independentemente de citação do requerido :

> Sentença estrangeira : Protocolo de Las Leñas : homologação mediante carta rogatória.
>
> O Protocolo de Las Leñas («*Protocolo de Cooperação e Assistência Jurisdicional em Matéria Civil, Comercial, Trabalhista, Administrativa*» entre os países do MERCOSUL) não afetou a exigência de que qualquer sentença estrangeira — à qual é de equiparar-se a decisão interlocutória concessiva de medida cautelar — para tornar-se exequível no Brasil, há de ser previamente submetida à homologação do Supremo Tribunal Federal, o que obsta à admissão de seu reconhecimento incidente, no foro brasileiro, pelo juízo a que se requeira a execução; inovou, entretanto, a convenção internacional referida, ao prescrever, no art. 19, que a homologação (dito reconhecimento) de sentença provinda dos Estados partes se faça mediante rogatória, o que importa admitir a iniciativa da autoridade judiciária competente do foro de origem e que o exequatur se defira independentemente da citação do requerido, sem prejuízo da posterior manifestação do requerido, por meio de agravo à decisão concessiva ou de embargos ao seu cumprimento.

Quanto às sentenças provenientes dos demais países, deve-se continuar a observar o procedimento de delibação tradicional, regulado nos artigos 483 e 484 do Código de Processo Civil e 218 e seguintes do Regimento interno do

---

[50] FREITAS JR. Globalização, MERCOSUL e Crise do Estado-Nação. São Paulo, LTr, 1997, pp. 37 a 39 e 43 a 46.

[51] «artigo 19 O pedido de reconhecimento e execução de sentenças e de laudos arbitrais por parte das autoridades jurisdicionais será tramitado por via de cartas rogatórias e por intermédio da Autoridade Central.» (O texto completo desse protocolo pode ser consultado em: NADIA DE ARAÚJO. *Código do MERCOSUL, op. cit.*, pp. 107 a 121)

[52] Carta Rogatória n° 7.613-4. Relator Ministro Sepúlveda Pertence, *in* DJ de 09.05.97.

Supremo Tribunal Federal. Foi aplicada aqui a regra de interpretação que determina a supremacia da norma especial sobre a genérica. Entendeu o Pretório Excelso que o Protocolo de Las Leñas criou uma exceção à disciplina do Código de Processo Civil. Prevalece a norma do tratado, não em função de seu caráter internacional, mas por força da regra de interpretação que determina o predomínio das normas especiais em face das gerais, nas hipóteses alcançadas por aquelas.

Outro caso importante para o MERCOSUL foi o julgamento da Carta Rogatória nº 8.279, através da qual uma empresa pretendia cumprir, em território nacional, atos de caráter executório provenientes de juízo argentino, baseando-se no Protocolo de Medidas Cautelares[53], já ratificado pelo Brasil. Pode-se constatar nesse acórdão que o Supremo admite a possibilidade da existência de um tratado pelo qual o Brasil já tenha se obrigado externamente — através da ratificação —, dando início à vigência internacional antes mesmo da vigência interna, só iniciada após a devida promulgação. Tal entendimento ficou muito claro, como se vê do trecho adiante transcrito :

> «*O Protocolo de Medidas Cautelares adotado pelo Conselho do Mercado Comum (MERCOSUL), por ocasião de sua VII Reunião, realizada em Ouro Preto/MG, em dezembro de 1994, embora aprovado pelo Congresso Nacional (Decreto Legislativo nº 192/95), não se acha formalmente incorporado ao sistema de direito positivo interno vigente no Brasil, pois, a despeito de já ratificado (instrumento de ratificação depositado em 18/3/97), ainda não foi promulgado, mediante decreto, pelo Presidente da República.*»[54]

É, portanto, coerente a posição do Supremo ao classificar o sistema adotado no Brasil como dualista, já que reconhece estarem separadas a vigência internacional da interna, demandando um procedimento de internalização para que a norma, já vigente em âmbito internacional, possa ser aplicada nacionalmente. Fica, então justificada a conclusão expressada pelo Supremo de que a Constituição brasileira adotou um sistema dualista com efeito direto dos tratados, ou como preferiu chamar : dualista moderado.

Conclui-se, portanto, que as normas oriundas do MERCOSUL não gozam, no Brasil, por enquanto, de nenhum privilégio no que diz respeito à sua vigência interna. Para produzirem efeitos em nosso ordenamento, tais normas — como qualquer outra oriunda de tratado — devem submter-se a todas as fases do procedimento constitucional.

---

[53] O texto integral deste protocolo pode ser consultado em: ARAÚJO, Nadia de; MARQUES, Frederico V. Magalhães e REIS, Márcio Monteiro. CÓDIGO DO MERCOSUL - Tratados e Legislação. Rio de Janeiro: Renovar, 1998, às pp. 137 a 146.

[54] CR nº 8.279, Info 109/STF. Posteriormente a este julgamento o Protocolo de Medidas Cautelares foi promulgado pelo Decreto nº 2.626, publicado no DO de 16/06/98.

Bibliografia

ARAUJO, Nadia de e ANDREIUOLO, Inês da Matta. «A internalização dos tratados e os direitos humanos». *mimeo com o autor*.

——————— *et alli* (coord.). Cadernos de Direito Internacional Privado (Resumo de Jurisprudência de DIPr no STF e STJ, vol. 1). PUC-Rio, ano II, n° 2., 1996.

———————; MARQUES, Frederico V. Magalhães e REIS, Márcio Monteiro. *CÓDIGO DO MERCOSUL – Tratados e Legislação*. Rio de Janeiro : Renovar, 1998.

ASSIS DE ALMEIDA, José Gabriel. «A legislação aplicável ao transporte aéreo internacional». *In : Revista brasileira de Direito Aeroespacial*, n° 75, Rio de Janeiro, pp. 33 a 39, nov./1998.

BARROSO, Luís Roberto. *Interpretação e Aplicação da Constituição*. São Paulo : Saraiva, 1996.

BASTOS, Carlos Eduardo Caputo. «O processo de integração do MERCOSUL e a questão da hierarquia constitucional dos tratados». *In : Estudos da Integração*, vol. 12. Brasília : Senado Federal, 1997.

BRONZATTO, Carlos Alberto e BARBOZA, Márcia Noll. «Os efeitos do artigo 98 do Código Tributário Nacional e o processo de integração do MERCOSUL». *In : Estudos da Integração*, vol. 6. Brasília : Senado Federal, 1996.

DOLINGER, Jacob. «As soluções da Suprema Corte brasileira para os conflitos entre o direito interno e o direito internacional : um exercício de ecletismo», *Revista Forense*. Rio de Janeiro, vol. 334, pp. 71 a 107, jun./1996.

———————. *Direito Internacional Privado (Parte Geral)*. 5ª ed. Rio de Janeiro : Renovar, 1997.

FREITAS JR, Antônio Rodrigues de. *Globalização, MERCOSUL e Crise do Estado-Nação*. São Paulo, LTr, 1997.

MEDEIROS, A. Cachapuz de. *O Poder de Celebrar Tratados*. Porto Alegre : Sergio Antonio Fabris editor, 1995.

MIRANDA, Jorge. *Manual de Direito Constitucional*, 5ª ed. Coimbra : Coimbra editora, 1996. 4 v.

REZEK, José, Francisco. *Direito Internacional Público - Curso elementar*. São Paulo : Saraiva, 1989.

PIDIG

Programa Interdisciplinar Direito e Globalização[1]

I – Contexto e dimensão científica

A Globalização está invadindo todos os espaços da vida social, econômica e política da atualidade. Nesse contexto, pergunta-se : como o direito e as ciências jurídicas podem ficar de fora dessas transformações brutais ora em curso?

Os modelos de produção estão mudando, a atividade econômica se desloca com enorme facilidade, contribuindo à emergência de uma nova divisão internacional do trabalho. Os mercados de capitais transnacionais estão em franco desenvolvimento e os investimentos internacionais fluem com grande liberdade no mercado internacional. As empresas multinacionais aumentam seu poder de contratação e em uma economia planetária, escapam à regulamentação nacional e internacional. Por conseguinte, temos a instauração de uma nova lex mercatória, consubstanciando princípios que formam a base de um direito do comércio internacional regido por novas regras.

O Estado, que sempre teve, em princípio, o monopólio do direito, passa a ser uma estrutura cada vez mais ausente desse processo.

Nesse contexto, novas negociações comerciais tem lugar, com a formação de importantes blocos econômicos regionais, como o Mercosul, a União Européia, o Nafta, etc. Que papel exerceram essas novas formas de integração regional em relação à regulamentação em andamento no plano mundial e nacional?

A sociedade civil (partidos políticos, associações, organizações não governamentais, movimentos sociais diversos) quer ter um papel importante neste processo de regulamentaçào social em plena mutação.

Em outros países, a globalização já está promovendo um desenvolvimento, de caráter mundial, nos princípios da democracia, na proteção aos direitos humanos, nos estados de direito e no aumento do poder jurisional.

Essas transformações dão partida a modificações expressivas na vida cotidiana. A crise das instituições (família, justiça, etc) não pode ficar alheia a esse problema. A globalização da informação e das comunicações coloca, também, novos problemas nesta arena.

Por tudo isso, a UERJ decidiu criar, na Pós-Graduação da Faculdade de Direito no âmbito do NUSEG, um "Programa Interdisciplinar de Direito e Globalização" [PIDIG] com o propósito de oferecer aos, alunos, bem como às empresas do setor privado e às administrações públicas, um espaço comum para o debate dessas questões.

---

[1] Diretores : Prof. André-Jean Arnaud e Vicente Barretto. O PIDIG é um Programa da Pós-Graduação em Direito da Faculdade de Direito da Universidade do Estado do Rio de Janeiro.

II – Objetivos do Programa – Orientações prioritárias

1) Objetivos

O PIDIG propõe às diversas equipes que desejem integrar-se ou associar-se, um projeto de ações que transcende os projetos particulares, recentrando-os em torno de uma problemática muito contemporânea e que pode ter um impacto sobre a vida prática. Trata-se de pesquisar sobre diversas matérias que dizem respeito a disciplinas que freqüentemente se ignoram no quadro de um processo de integração global, simbólica, econômica, política e jurídica, questionando a especificidade dos Estados, a sua resistência como a resistência das Regiões e o desenvolvimento do " local", assim como do renascimento da sociedade civil.

2) Orientações prioritárias do Programa

O Programa consiste em várias atividades complementares : pesquisas, documentação, formação e ações.

A) Pesquisas

O programa é subdividido em três linhas : 1°) linha « Integração » : Regulação jurídica da integração econômica no contexto da globalização; 2°) linha « Crime e controle » : Transnacionalização do crime e do controle; 3°) linha « Família, Grupos, Pessoas, Movimentos Sociais » : Mudança das instituições face à globalização.

Cada linha inclui diferentes pesquisas, dirigidas por um coordenador que é responsável pela composição da equipe de pesquisa, pela condução da pesquisa, pela obtenção dos créditos necessários e de sua realização nos prazos requeridos. A direção do PIDIG assegura a unidade do Programa, a convergência das várias pesquisas sobre a temática central do Programa : Observar os efeitos da globalização sobre a regulação social, política, econômica, jurídica numa perspectiva interdisciplinar; avaliar a importância dos blocos regionais; examinar a importância da emergência da sociedade civil.

B) Documentação

Um Boletim do PIDIG é publicado e um Web foi criado para dar visibilidade ao PIDIG. A língua portuguesa é, o mais freqüentemente possível, acompanhada de uma tradução em inglês para o exterior.

Uma Revista « Anuário Direito e Gloablização » é publicada pela Editora RENOVAR (RJ).

Na Biblioteca de Pós-Graduação em Direito da UERJ, uma parte é dedicada especialmente à globalização.

C) Formação

Uma formação em nível de pós-graduação permite capacitar estudantes de alto nível e descobrir futuros pesquisadores. Os colegas são convidados a orientar as dissertações e teses sobre os temas próprios ao PIDIG. Conferências, aulas e cursos são oferecidos às escolas de magistrados e às escolas de formação de administradores públicos.

D) Ações

São ações : Seminários, Mesas Redondas, Colóquios, Congressos, Conferências, Fóruns, etc. Para viabilizar e dar visibilidade às ações do Grupo, está previsto que : 1.

Cada coordenador procurará integrar na pesquisa alunos de graduação (bolso de iniciação científica) e mestrandos (com teses na área); 2. Deverão ser publicados no *Boletim do PIDIG*, resumos das reuniões e ações desenvolvidas; 3. Deverão ser publicados os trabalhos escritos desenvolvidos na pesquisa (Working-Papers); 4. Será realizado pelo menos um evento semestral com convidados de fora e duas reuniões de trabalho, com data e pauta divulgadas com antecedência, para que a comunidade acadêmica possa participar.

Linhas de Pesquisa :
(Março de 1999)

Linha 1 - Regulação jurídica da integração econômica no contexto da globalização
Pesquisas
- (1/1) Integração Econômica e Globalização : Frederico A. de Carvalho
- (1/2) Direito Comunitário e Justiça Comunitária do Mercosur : Nádia de Araujo
- (1/3) Institucionalização Jurídica do Mercosul : Prof. José Gabriel Assis de Almeida
- (1/4) O Impacto da Globalização sobre o Trabalho : O Caso do MERCOSUL : Prof. Márcia Ruchiga Assis de Almeida
- (1/5) Pesquisa O Mercosul, a política externa brasileira e as experiências de atuação externa comum : Prof. Miriam Gomes Saraiva

Linha 2 Transnacionalização do Crime e do Controle
Pesquisas :
- (2/1) Estudos sobre segurança pública e ordem democrática (face ao "crime organizado") : Cesar Caldeira
- (2/2) Redes de tráfico de drogas e estilos de consumo em três bairros do Rio de Janeiro : Alba Zaluar
- (2/3) A Explosão do Panótico : Espaços Vigiados e Novas Estratégias Transnacionais de Controle : Prof. Wanda Capeller

Linha 3 Mudança das instituições face à Globalização
Pesquisas :
- (3/1) Transformações da Família na Globalização : Heloisa Helena Barboza
- (3/2) Globalização, reestruturação produtiva e precariedade das relações familiares em uma comunidade popular do Rio de Janeiro : Geraldo Tadeu Moreira Monteiro
- (3/3) Reforma da Justiça e Globalização : Silvio Capanema e Jacques Commaille
- (3/4) Panorama Atual dos Direitos Humanos : Celso de Albuquerque Mello e Ricardo Lobo Torres
- (3/5) Dicionário da Globalização : André-Jean Arnaud, Celso de Albuquerque Mello e Vicente Barretto
- (3/6) A Mulher e a Lei na Era da Globalizacão : Esboço de uma Harmonização Legislativa : Prof. Fanny Tabak

Para qualquer informação complementar, contactar:
PIDIG/UERJ
Tel:.(021) 587-7675 – Fax: (021) 587-7625
http://www.fdir.uerj.br/pidig/
e-mail - aja@uerj.br

English Summary

Globalization is currently a necessary presence in every aspect of our social, economic, and political scenario. In this contest, we often ask ourselves, "How can Law and the Juridical Sciences remain apart from the deep, ongoing changes?" Production models are changing, economic activity is easily deployed, thus contributing to be the emergence of a new international division of the labor. The crossborder capital markets are in full development, and international investments flow with the greatest ease in a common forum for the debate of these issues.

Research Lines :

Line 1 Juridical regulation of economic integration in the globalization context
Researches
- (1/1) Economic Integration and Globalization : Frederico A. de Carvalho
- (1/2) Community Law and Community Justice at the Mercosur : Nádia de Araujo
- (1/3) Mercosul Judicil Institucionalization : Prof. José Gabriel Assis de Almeida
- (1/4)Impact of Globalization on Work : the MERCOSUL Case : Prof. Márcia Ruchiga Assis de Almeida
- (1/5) Mercosul, Brazilian Foreign Policy and experiences of copmmon foreign work : Prof. Miriam Gomes Saraiva

Linha 2 Crossborder Crime and Control
Researches :
- (2/1) Studies on public security and democratic order vis-à-vis organized crime : Cesar Caldeira
- (2/2) Drug traffic networks and consumption styles at three Rio de Janeiro quarters : : Alba Zaluar
- (2/3) The Panoptic Explosion : Sighted Spaces and New Transnational of Control : Prof. Wanda Capeller

Line 3 Change in Institutions in view of Globalization
Researches :
- (3/1) Family changes on account of globalization : Heloisa Helena Barboza
- (3/2) Globalization, productive restructuring and fragility of family bonds at a popular community in Rio de Janeiro : Geraldo Tadeu Moreira Monteiro
- (3/3) Justice Reform and Globalization : Silvio Capanema e Jacques Commaille
- (3/4) Current Human Rights Scenario : Celso de Albuquerque Mello e Ricardo Lobo Torres
- (3/5) Globalization Dictionary : André-Jean Arnaud, Celso de Albuquerque Mello e Vicente Barretto
- (3/6) Woman and the Law in the Globalization Age : Scratches of a Legislative Harmonization : Prof. Fanny Tabak

For further details, kindly contact :
PIDIG/UERJ
Tel :.+ 55 (021) 587-7675 – Fax : + 55 (021) 587-7625
http://www.fdir.uerj.br/pidig/
e-mail : aja@uerj.br

Ouvrage fabriqué à titre gracieux par
l'Atelier typographique *Droit et Société*,
dans le cadre de la
coopération entre le PIDIG et le RED&S
(*Maison des Sciences de l'Homme de Paris*).

ANUÁRIO DIREITO E GLOBALIZAÇÃO

Revista do PIDIG
Programa Interdisciplinar Direito e Globalização

Diretores: Prof. André-Jean Arnaud e Vicente de Paulo Barretto

Objetivos da Revista

Os objetivos da revista são:
a) veicular os trabalhos jurídicos e interdisciplinares de qualidade no campo das vinculações entre direito e globalizaçõ;
b) veicular os trabalhos jurídicos de qualidade dos corpos docente e discente da UERJ bem como de autoria de terceiros;
c) divulgar para todos os interessados textos de relevância e propagar a cultura jurídica;
d) proporcionar a integração dos docentes e discentes da UERJ e instituições ligadas ao PIDIG na comunidade jurídica brasileira e internacional;

Temática da Revista

A revista é centrada nos temas jurídicos ligados às vinculações entre direito e globalizaçõ (direito constitucional, direito econômico, direito tributário, direito do consumidor, direito da concorrência, direito ambiental, direito trabalhista, direito previdenciário, direito contratual, direito societário, direito processual societário e em especial falimentar, direito penal econômico, direito da propriedade intelectual, direito financeiro, direito bancario, direito dos mercados financeiros, direito do Mercosul etc.)

A revista procura promover o estudo destes temas sob a ótica social e do impacto dos mesmos na sociedade.

Comitê Consultivo

Os Membros do Comitê Consultivo poden ser consultados na seleção dos textos para publicação.

Estrutura da Revista

A revista está estruturada em três seções, a saber:
a) primeira seção, onde serão publicados textos relativos a um tema específico escolhido pelo Grupo Editorial;
b) segunda seção, onde serão publicados estudos ligados à globalização sem ser relevantes do tema específico da primeira seção;
c) terceira seção, onde serão publicadas resenhas de livros e de referências bibliográficas de todos os livros e artigos publicados nas revistas jurídicas especializadas – e que tenham relação com a globalização – no período anterior a cada número da revista.

Os manuscritos deben ser enviados com disquete e indicação do material e programa informático utilizados ao endereço seguinte :

PIDIG – Faculdade de Direito da UERJ
Universidade do Estado do Rio de Janeiro
Rua São Francisco Xavier n° 524,
Bloco D, 7° andar – sala 7003
CEP 20550-013 MARACANÃ
RIO DE JANEIRO – RJ – Brasil

Impresso em offset nas oficinas da
FOLHA CARIOCA EDITORA LTDA.
Rua João Cardoso, 23 - Tel.: 253-2073
Fax: 233-5306 - CEP 20220-060 - Rio - RJ